Hubert Ch. Ehalt – Gernot Heiß – Hannes Stekl (Hg.)

Glücklich ist, wer vergißt . . . ?
Das andere Wien um 1900

W0095292

KULTURSTUDIEN

Herausgegeben von
Hubert Ch. Ehalt und Helmut Konrad

Band 6

Hubert Ch. Ehalt · Gernot Heiß
Hannes Stekl (Hg.)

Glücklich ist,
wer vergißt . . .?

Das andere Wien um 1900

1986

HERMANN BÖHLAUS NACHF. WIEN · KÖLN · GRAZ

Gedruckt mit Unterstützung
des Bundesministeriums für Wissenschaft und Forschung

CIP-Kurztitelaufnahme der Deutschen Bibliothek

Glücklich ist, wer vergißt . . .? Das andere Wien
um 1900 / Hubert Ch. Ehalt . . . (Hg.). — Wien;
Köln; Graz: Böhlau, 1986.

    (Kulturstudien; Bd. 6)
    ISBN 3-205-08857-3

NE: Ehalt, Hubert Ch. (Hrsg.); GT

ISBN 3-205-08857-3
Druck: Novographic, Wien

,,The Emperor himself in full robes walked bareheaded behind the gorgeously gowned priests . . . and as far as you could see, the streets that led to St. Stephan's were scarlet and gold and purple."

Erich von Stroheim (1930)

,,Manchmal aß man Butterbrot und billiges Obst. Einige tranken auch ein Glas Bier und tunkten Brot ein. Wenn uns vor dieser Nahrung schon ekelte, dann holten wir uns aus dem Gasthaus das Essen. Für fünf Kreuzer entweder Suppe oder Gemüse. Die Zubereitung war selten gut, der Geruch des verwendeten Fettes abscheulich, . . . "

Adelheid Popp (1909)

INHALT

HUBERT CH. EHALT

WIEN UM 1900. LEBENSWELTEN UND DISKURSE

Die Beschäftigung mit der Jahrhundertwende in Wien in großen Ausstellungen, in den Medien, in einer großen Zahl von Publikationen – die Art und Weise, wie hier mit Geschichte umgegangen wird – ist Ausdruck aktueller Wirklichkeitsinterpretationen und Mentalitäten, von Träumen und Sehnsüchten, die in letzter Zeit gern mit dem modischen Prädikat des „Postmodernen" versehen werden. Die Verzerrungen, die Aussparungen und blinden Flecken, die Asymmetrien des Bildes einer Vergangenheit, die von unseren Großeltern und Urgroßeltern noch erlebt und gestaltet wurde, unterscheiden sich in ihrer Qualität kaum von denen, die ganz allgemein das Denken und Bewußtsein über Gesellschaftliches in Vergangenheit und Gegenwart heute prägen; am Beispiel der Reflexion der Kultur der Jahrhundertwende sind sie so signifikant, daß sich an ihrer Analyse einiges aufzeigen läßt. Die Thematisierung und Erforschung des Wien der Jahrhundertwende – in vergangenen und gegenwärtigen Reflexionen und Diskursen, aber auch in der Beschäftigung mit den Lebenswelten – lohnt sich in mehrfacher Hinsicht:

sie ermöglichen

– eine Aufklärung von Mythen, Klischees und Mystifikationen, die eine adäquate Wahrnehmung vergangener Wirklichkeit verstellen;

– die radikale Korrektur und Differenzierung des Bildes von der Vergangenheit als der „guten alten Zeit" durch die historische Analyse der Strukturen einer Gesellschaft in der Krise, des „Fin de siècle" in Wien. Der historische Vergleich der Jahrhundertwende mit der Gegenwart zeigt die Dynamik des gesellschaftlichen Wandels, der nicht nur Kunst und Politik, sondern vor allem auch die Sphären der „primären Erlebniswelt"

(Familie, Erziehung, Schule, Sexualität, Wohnen etc.)
betraf, er zeigt auch „Kosten und Nutzen" des Wandels — eines rapid fortschreitenden Prozesses der Zivilisation, Technisierung und neuer „industrieller Revolu-
tionen". Die sozialgeschichtliche Analyse der komplexen Realität zeigt auch das „Substrat" und den „Nähr-
boden", der die „großartigen und innovativen Leistungen in Kunst und Wissenschaft" zur Zeit der Jahrhundertwende entstehen und sich entfalten ließ;

— eine Kritik der Verwendung des Kulturbegriffes unter
dem ausschließlichen Aspekt künstlerischer Ausdrucks-
form. Dieser Kulturbegriff, der die Diskussion in Wissenschaft und Alltag bis heute prägt, ist methodisch
insofern höchst problematisch, als die Aufarbeitung
der Vergangenheit unter dieser Perspektive in jenen
Kategorien und Begriffen stecken bleibt, die in der Zeit
selbst angewendet wurden. Was bisher weitgehend
fehlt — und was der vorliegende Band zu leisten versucht —, sind Untersuchungen über die Verflechtungen
und Zusammenhänge zwischen „Kunst" und „Leben".
Unter dem Aspekt eines weiteren Kulturverständnisses
interessieren nicht nur Alltagswelten und künstlerische
Ausdrucksformen, sondern auch die neuen Kulturtech-
niken (Fotografie, Cinematografie, Rad- und Autofahrt
etc.);

— eine Auseinandersetzung mit dem „Mythos vom Zeit-
geist", dem „Geist der Epoche". Die Beiträge des
Buches arbeiten zahlreiche „Ungleichzeitigkeiten" im
Vergleich der unterschiedlichen Milieus, aber auch innerhalb der sozialen Klassen heraus. Der Band zeigt,
daß um die Jahrhundertwende sehr gegensätzliche Kul-
turen und Mentalitäten nebeneinander bestanden; erst
das 20. Jahrhundert hat, wenigstens in Europa, als Ausdruck eines sich verdichtenden Waren- und Nachrich-
tenverkehrs, zu einer gewissen „Synchronisierung" und
Angleichung geführt;

— ein deutliches Bild von der Differenziertheit und Kom-
plexität der Lebensverhältnisse. Es ist ein in einigen
Beiträgen des vorliegenden Bandes angesprochenes Defizit historischer Forschung, daß die heterogenen Wirk-

lichkeiten, die hinter den Begriffen „Bürgertum",
„Aristokratie" und „Arbeiterschaft" stehen, von der
Forschung bisher kaum erarbeitet wurden. Das Leben
der Arbeiter wurde in den letzten Jahren unter der
Perspektive von „Alltagskultur" untersucht; obwohl
dabei noch eine Reihe inhaltlicher und methodischer
Probleme zu bewältigen sind, hat dieser Forschungs-
zweig bereits beeindruckende Ergebnisse erzielt, die
auch in diesem Band sichtbar werden; für das Bürgertum muß diese Arbeit erst geleistet werden.

Die mangelnde Entsprechung zwischen den Reflexionen
über die Jahrhundertwende (einst und jetzt) einerseits und
den vergangenen Wirklichkeiten selbst, resultiert aus einer
massiven Überbewertung der Kultur, die einen schriftlichen oder künstlerischen Niederschlag gefunden hat. Je
weiter man in der Geschichte zurück geht, umso größer
werden die Verzerrungen, die aus dieser Perspektive entstehen. Die Art und Weise, wie die „kleinen Leute" in der
Vergangenheit ihre Lebenswelt wahrgenommen und be-
wältigt haben, fand kaum je einen schriftlichen Niederschlag; und die historischen Zeugnisse von Auflehnung
und Widerstand wurden zudem durch die jeweils herrschenden Mächte häufig zerstört und dann von der Geschichtsschreibung in einem dies verstärkenden Nachziehverfahren ignoriert. In einer kritischen Wendung gegen
diese Tradition der Geschichtswissenschaft versuchen zwei
Beiträge zur Wohn- und Lebenssituation der Wiener Arbeiter „versunkene Wirklichkeit" zum Sprechen zu bringen,
indem sie mit den Methoden der „Oral history" auch die
Erfahrungen und das Leben jener Menschen erschließen,
die von der Geschichtswissenschaft bisher totgeschwiegen
bzw. nur als „stumme Opfer" beschrieben wurden.

Die intensive und enthusiastische Rezeption der
Wiener Kultur der Jahrhundertwende hat unterschiedliche
Gründe:

— Eine zunehmende Skepsis gegenüber dem „Fortschritt"
in einer Situation, die durch fortschreitende Umwelt-
zerstörung und die Bedrohung durch den atomaren
Selbstmord und durch Arbeitslosigkeit gekennzeichnet

ist. Die Enttäuschung über die Defizite des bisher Erreichten provoziert eine Sehnsucht und Suche nach der verlorenen Zeit. Die Untergangsstimmung des „Fin de siècle" kommt den aktuellen Ängsten über Atomwaffen und Umweltprobleme entgegen. Der Krise der gegenwärtigen Gesellschaft wird häufig – ähnlich wie um die Jahrhundertwende – mit Ästhetizismus begegnet. „Im Ästhetizismus kehrt das vom Kapitalismus Verdrängte entfremdet – und das heißt: aus allen historisch-konkreten Sinnbezügen herausgelöst – wieder. Seine Opposition ist zutiefst loyal. Die Gegnerschaft des Ästhetischen, die er aufrichtet, bleibt ein Reich der folgenlosen Sinnlichkeit . . . Im Kern entpuppt sich sein Protest als Ja . . . zur eigenen Ohnmacht, zum Isoliertsein von der Geschichte. Weil er in keiner Geschichtszeit sich entfaltet, ist seine Fülle leer. Zu sagen: ‚Es hat doch alles keinen Sinn' – und zu sagen: ‚Alles hat ästhetischen Reiz', wie nah liegt dies beisammen" (W.F. Haug).

– Gesellschaftliche Konflikte wurden in der philosophisch-theoretischen Reflexion der Jahrhundertwende unter ästhetischer Perspektive als Gegensatz zwischen hypotropher Form und Funktion, zwischen „Ornament und Askese" beschrieben; soziale Widersprüche und gravierende Mißstände wurden von der politischen auf eine ästhetische Ebene verschoben. Statt politischer Aktion forderte die intellektuelle Avantgarde gutes Design und einen besseren Geschmack und lenkte damit mehr oder weniger bewußt vom Kern der Probleme, von den Problemen selbst ab. Die aktuelle Auseinandersetzung mit dem „Fin de siècle" hat eine ähnliche Tendenz: Perzipiert wird vor allem diese Spielart der Realitätsflucht. In der Konzentration auf künstlerische und wissenschaftliche Großleistungen, die weitgehend nur unter dem Gesichtspunkt des Stils und der isolierten, genialen Leistung geschieht, und die in den heutigen Formen ihrer Präsentation eine zusätzliche Ästhetisierung erfährt, gerät sie zur perfekten Inszenierung eines harmonisierenden Geschichtsbildes. „Glücklich ist, wer vergißt . . . ?" Der Umgang mit der Vergangen-

heit, der die Chance einer Aufklärung aktueller Klischees böte, gerät so zur „Zelebrierung eines Gesamt-
kunstwerkes", dessen Objekte nicht auf ihre Aussagen
über die Gesellschaft der Jahrhundertwende befragt,
sondern — von einer hermetischen Aura des Erlesenen
umgeben — zu bloßen Bildern einer Ausstellung geraten.

Ausgeblendet bleiben die Lebensverhältnisse und die
alltägliche Kultur aller sozialen Schichten, so zum Beispiel jene der „kleinen Leute", ihren Freuden und Sorgen,
ihr Aufbegehren, ihr Widerstand. Wien war in seiner Funktion als Reichs- und Residenzstadt seit jeher eine typische
Konsum- und Luxusstadt. Die zahlreichen Berichte, die
dieses Bild gestalten, schildern jedoch nur das Leben der
Salons und der Feste. Selbst über das alltägliche Leben der
Mittel- und der Oberschichten haben sie nichts zu berichten. Das Bild vom Backhendl essenden Wiener stammt jedenfalls aus einer Zeit der Massenarmut, der ökonomischen
Krisen, der großen Epidemien und Kindersterblichkeit.

Gegen die nostalgische Harmonisierung des „Wien um
1900" wollen die in diesem Band gesammelten Analysen
und Skizzen die vielfältigen kulturellen Ausdrucksformen,
die schicht- und geschlechtspezifischen Erfahrungen und
die sozialen Strukturen im Wien der Jahrhundertwende
in ihren Zusammenhängen aufzeigen. Darüber hinaus wird
in einigen Beiträgen die Diskussion um die kulturellen,
sozialen und politischen Aspekte der diversen Verklärun-
gen des Wien-Bildes weitergeführt. Die Autoren hoffen,
damit gegen das Vergessen anzuschreiben und einen Beitrag zur Aufklärung des Verhältnisses von „Kultur", „Politik" und „Alltag" in Geschichte *und* Gegenwart zu leisten.

LEBENSWELTEN:
ERINNERUNGEN, VERGESSENES, VERDRÄNGTES

HANNES STEKL

„SEI ES WIE ES WOLLE, ES WAR DOCH SO SCHÖN"[1]
Bürgerliche Kindheit um 1900 in Autobiographien

„Geschichte der kleinen Leute" oder „Geschichte von unten" ist in jüngster Zeit zu einem zentralen Forschungsbereich im Schnittpunkt von Historie, Sozialwissenschaften und historischer Anthropologie geworden. Diese Schwerpunktsetzung ist mit recht unterschiedlichen Fragestellungen, Erkenntnisinteressen und Darstellungsformen verbunden. Eine übereinstimmende methodische Vorgangsweise besteht jedoch darin, daß man von den Erfahrungen, Einstellungen und Erlebnissen der Betroffenen selbst ausgeht. Ein derartiger Ansatz scheint auch für erste Aussagen über den Themenkomplex „bürgerliche Kindheit" zielführend. Entgegen landläufigen Vorstellungen oder hartnäckigen Klischees stellt nämlich die Alltagswelt des Wiener – wie auch des österreichischen und deutschen – Bürgertums ein weithin unbekanntes Kapitel sozialhistorischer Forschung dar.

Dieses Defizit war maßgeblich dafür, den Einstieg über eine Auswahl von Lebenserinnerungen aus verschiedensten Schichten des Wiener Bürgertums zu wählen. Die quellenkritischen Fragen bei der Auswertung von Autobiographien sind wiederholt andiskutiert worden: Position des Verfassers und damit verbundene Aussagekraft des Erzählten, Rechtfertigungszwänge, unterschiedliche Gewichtung der einzelnen Lebensabschnitte, Gestaltung nach literarischen Vorlagen, Einseitigkeit, individuelle Interessen, Nähe zur historischen Belletristik u.a.m. beeinflussen Aussagekraft und Wahrheitsgehalt von Memoirenwerken.[2]

Bürgerliche Selbstbiographien sind bisher für mannigfaltige Themen ausgewertet worden: Für eine Aufarbeitung verschiedener Phasen der politischen Geschichte[3] ebenso wie für Spezialstudien zur Frauenforschung[4] oder

für die Vertiefung pädagogischer Erkenntnis.[5] Die Kind-
heitsphase an der Schwelle zum 20. Jahrhundert selbst
hat jedoch für den deutschen Raum nur punktuelle,[6] für
Österreich hingegen keinerlei Beachtung gefunden. Da
sich der Lebenszusammenhang von Kindern aus bürgerlichem Milieu fast ausschließlich in der Reproduktions-
sphäre aufbaute, kommt subjektiven Erfahrungen und
Eindrücken besondere Bedeutsamkeit zu. Man wird in
den Darstellungen freilich stets das Bestreben der Autoren berücksichtigen müssen, einer zutiefst bürgerlichen
Subjektivität Ausdruck zu verleihen. Individuelle Entwicklung und Persönlichkeitsformung erweisen sich als Leitmotive, an denen das eigene Leben gemessen wird. Ein
blinder Fleck zwischen Ambitionen der Schreiber und
Ansprüchen der Leser bleibt gewiß vorhanden – wenngleich dies nicht immer so offenherzig zugegeben wird wie
von Oskar Kokoschka: ,,Ich soll meine Biographie schreiben.
Was heißt Biographie? Mit Daten jonglieren? Idealisieren?
Das hieße eine Geschichte schreiben, die gar nicht wahr
ist. Es ist unmöglich, zwischen dem, was einen verflucht
selber angeht, und dem, was an Zeitgeschmack oder Zeit-
philosophie etwa eine verwöhnte Dame in aller Naivität
von einer Lebensgeschichte erwartet, eine Gleichung zu
suchen."[7] Diese Diskrepanz durch ,,harte" Daten biographischer Studien und quantitativer Erhebungen zu
überbrücken, wird noch eingehender Forschungen be-
dürfen.

,,Wir waren unseren Eltern durch das uns selbstverständlich
scheinende Band der Liebe verbunden . . . "[8]

Diese Bemerkung in den Lebenserinnerungen des
Historikers Heinrich Benedikt entspricht voll und ganz
dem Klischee der goldenen Kindheit, das in bürgerlichen
Memoiren des 19. und 20. Jahrhunderts häufig anzutreffen ist.[9] Das Bild der Eltern und besonders jenes des
Vaters wurde aus einer solchen Perspektive zum Ideal
hochstilisiert: ,,Unser Abgott, auch der meiner Mutter,
war der Vater, für uns der unfehlbare, allwissende, gütigste
und weiseste aller Menschen."[10] Vor allem die Güte des

Vaters erweist sich als ein immer wiederkehrender Topos
in bürgerlichen Memoiren, mochte es sich auch um so
gegensätzliche Menschentypen handeln wie die spätere
sozialdemokratische Politikerin Käthe Leichter („Meine
Kindheit, das ist zum großen Teil mein Vater") [11] oder
um den Schauspieler Paul Hörbiger („Mein Vater war eine
imponierende Erscheinung und ein von Grund auf gütiger
Mensch"). [12]
   Es bedürfte wohl eingehender biographischer Forschungen, um eindeutig feststellen zu können, ob es sich
bei solchen Aussagen um Schönfärberei, um die Projek-
tion von Wunschvorstellungen oder tatsächlich um enge
Gefühlsbindungen handelte. Unabhängig davon lassen
sich aus Autobiographien doch einige Schlüsse auf das
Beziehungsgeflecht in bürgerlichen Familien im Wien der
Jahrhundertwende ziehen. Schon der Verzicht auf kritische Distanz — sieht man von der geradezu haßerfüllten
Abrechnung der Schriftstellerin Vicky Baum mit ihrem
Vater ab („Der einzig wirkliche Feind, den ich jemals
hatte, war mein Vater . . . Er war die einzige Person, die
ich aus tiefstem Herzen fürchtete und haßte . . . ") [13] —
legt die Vermutung nahe, daß die bürgerliche Familie als
wirksame Sozialisationsagentur funktionierte. Das hohe
Maß an Identifikation sowie die unverkennbare Bereitschaft, Konflikte und Spannungen auch im Rückblick
nicht an die „Öffentlichkeit" dringen zu lassen, scheinen
klare Indizien dafür.
   Eine solche Haltung ist offenbar unter eindeutig vorgegebenen Hierarchien sowie unter dem Druck verbind-
licher Verhaltensmuster entwickelt worden. Einen unab-
dingbaren Bestandteil des Normengeflechts bürgerlicher
Familien bildete die Anerkennung der väterlichen Autorität, welche sich auf eine weit zurückreichende Tradition
berufen konnte und rechtlich wie auch religiös abgesichert
war. Die Rolle des bürgerlichen Familienvaters als Allein-
erhalter stabilisierte die überkommenen Abhängigkeiten.
Diese erfaßten sämtliche Mitglieder eines Haushalts. Rücksichtnahme auf Wünsche und Gewohnheiten des Vaters
war ein durchgehendes Strukturelement des Alltagslebens
und wurde dem Kind von klein auf zur Selbstverständlichkeit. Im Haus des Neurologen Alfred Fuchs z.B. hielt

die Hausfrau Ausschau am Fenster, sobald die Zeit des Mittagessens gekommen war; das Nahen des Hausherrn wurde prompt der Küche mitgeteilt; die Glocke im Hausflur ersparte Wartezeit an der Wohnungstür: „Eine Minute darauf ist er im Zimmer und er löst die gelinde Spannung, die ihn empfangen hat, in einem freundlichen Gespräch."[14]

Auch in kleinbürgerlichen Familien war ein derartiges Ritual verbreitet. Seine Nichteinhaltung kam der Verweigerung eines Rechtes gleich. Die Entrüstung darüber konnte, ohne Rechtfertigung zu gestatten, in hemmungslose Aggressivität umschlagen. So bauten sich in der frühkindlichen Psyche Abwehrmechanismen gegen einen Vater auf, „der nicht nur schlagen, sondern auch Unrecht tun durfte".[15]

Die „Tötung" des Vaters im Freud'schen Sinn hat jedoch kaum einer der bürgerlichen Autoren vollzogen — im Gegenteil: Der Vater wurde, wie beim Dichter Felix Braun, rückblickend zur ausgewogenen Verkörperung von Strenge und Gerechtigkeit: „ . . . er konnte streng sein, und seine Art zu unterweisen, war die eines nach den Gründen forschenden, die Entschuldigung nie gelten lassenden ironisch herabsetzenden Lehrers. Doch er strafte nie ein Vergehen, dessen Zeuge er nicht selbst gewesen war . . . "[16] Und auch der spätere Präsident des Nationalrates, Alfred Maleta, hat dem soldatischen Erziehungsstil seines Adoptivvaters (dieser war Militärapotheker im Range eines Obersten) letztlich positive Seiten abgewonnen: „Autorität, Disziplin, Gehorsam, das waren undiskutable Grundsätze seiner Erziehung . . . Wenn ich das Leben trotzdem durch Selbstdisziplin, Selbstkritik und harten Willen meisterte, dann danke ich dies vor allem den eisernen Erziehungsmethoden meines Adoptivvaters, der mich nur aus Liebe und Sorge züchtigte."[17]

Während der Vater oft nur als eine Art patriarchalischer Despot strafend in das Leben der Kinder eingriff, war die unmittelbare Erziehungstätigkeit vielfach der Hausfrau überlassen: „Mit Kindererziehungsfragen ließ sich Papa nur sehr ungern befassen. Felsenfest verließ er sich hierin — wie in allen anderen Dingen des häuslichen Lebens — auf seine Frau", resümiert Therese Schobloch, deren Vater in der Chemiebranche tätig war.[18] Eine derartige Rollenteilung erwuchs aus den noch immer weithin gültigen Auffassungen von den sogenannten „Geschlechts- charakteren". Diese Mischung von Normen und Wesens- aussagen fixierte die Frau auf Haushalt und Mutterpflich- ten, auf Funktionen, die naturhaft vorgegeben und nicht sozial bedingt schienen.[19]

Dieses Rollenverständnis sollte die Erziehung bürger- licher Mädchen das gesamte 19. Jahrhundert hindurch prägen. Vereint mit der Bereitschaft zur Unterordnung waren so Voraussetzungen geschaffen, daß die Frau den gesellschaftlichen Rang des Mannes glänzend hervorzu- heben vermochte. Thorsten Veblen hat in seiner satiri- schen Analyse westlicher Zivilisation im demonstrativen Konsum und demonstrativen Müßiggang zentrale Auf- gaben der Frau in einer kapitalistischen Gesellschaft gesehen.[20] Und so blieben die Mütter der Jahrhundert- wende in Wien, dem gesellschaftlichen Zentrum der Mo- narchie, ihren Kindern auch vielfach in Erinnerung: Ihre Schönheit, die „Natürlichkeit und Entspanntheit der Be- wegung", das jugendliche Aussehen, die weitreichende humanistische Bildung.[21]

Wo sich Frauen aber mit Repräsentations- und Prestige- funktionen voll identifizierten und all ihr Bemühen daran setzten, die dafür erforderlichen Fähigkeiten und Fertig- keiten zu vervollkommnen und zur Hebung ihres eigenen Ansehens einzusetzen, stießen sie bei den Kindern auch auf Unverständnis. Käthe Leichter hat „Ehrgeiz, Geltungs- streben, Blenden" ihrer Mutter zwar aus der sozialen Situation des Elternhauses sowie dem Altersabstand zwischen den Ehepartnern erklärt. Ihre spätere Hinwen- dung zum Gedankengut der Sozialdemokratie ließ sie je- doch dem Renommieren, dem Streben nach äußerem Er- folg, dem parvenuehaften Protzen und der davon abge- leiteten Unbeherrschtheit und ständigen Unzufriedenheit der Mutter mit unverhohlener Kritik begegnen.[22]

Freilich blieb eine mehr oder weniger bewußte Aufleh- nung gegen die Herrschaftsmechanismen, welche in den Geschlechtsrollenmustern verborgen waren, auch für die Kinder nicht ohne Folge. Der Sohn eines Parkettenfabri- kanten und spätere Historiker Friedrich Engel-Janosi sah sich und seine Geschwister einer energischen und überaus

selbständigen Mutter „fast . . . ausgeliefert". Ihre Energie,
(gepaart mit Scharfzüngigkeit), ihr Organisationstalent sowie die Suche nach ständig neuen Betätigungsfeldern,
welche unverkennbar aus emanzipatorischen Bestrebungen erwuchsen, machten es nur schwer möglich, Konflikte zu vermeiden. [23]

Man wird daher die bürgerliche Familie um die Jahrhundertwende nicht nur unter dem Aspekt der Emotiona-
lisierung sehen dürfen. Gewiß pflog man in weiten Kreisen
intensive Tischgespräche und Abendrunden, vor allem
wenn die Kinder herangewachsen waren; man unternahm
gemeinsame Sonntagsspaziergänge und Ferienreisen. Zeit-
lich längerfristiges Beisammensein bildete aber noch keine
Garantie für tiefe zwischenmenschliche Beziehungen. Die
Betonung kindlicher Abhängigkeit, das elterliche Engagement in Berufs- und Repräsentationsanforderungen sowie
die ständige Modellierung kindlicher Verhaltensstandards
durch Lektüre[24] und ständige Einübung ließen emotionale
Dichte nur schwer aufkommen. „Meine Mutter war zeit-
lebens eine der fleißigsten Frauen gewesen, die ich je gekannt habe, und es war sehr schwer, sie allein und in Ruhe
zu sprechen." (der Schriftsteller Arnolt Bronnen); [25] –
„Mein Vater war mir nie sehr nahe" (der Maler Oskar
Kokoschka);[26] – „ . . . zu Gesprächen (des Vaters) mit
uns kam es eigentlich nie" (der Historiker Friedrich Engel-
Janosi);[27] – diese Bemerkungen sind wohl Hinweise darauf, daß bürgerliche Kindheit stets auch durch Distanz
gekennzeichnet war. Gerade Menschen kleinbürgerlicher
Herkunft wurden sich rasch der Tatsache bewußt, „daß
auch Besitz, Bildung und gesellschaftlicher Rang im Elternhaus gefährliche Notstände erzeugen können." Dem
späteren Unterrichtsminister Heinrich Drimmel ist als
jugendlichem Nachhilfelehrer in „besseren Häusern"
dieses Konstrasterlebnis besonders tief bewußt geworden:
„Einige dieser Schüler hatten eine wunderschöne Mama,
aber keine Mutter; sie hatten Angst, so mit den Eltern zu
reden, wie ich es zu tun gewohnt war."[28]

Zwischen den als „gnädige Frau" bzw. „gnädiger Herr"
distanzierten Eltern und die bürgerlichen Kinder traten
vielfach Hausangestellte. Wohlhabende Familie gaben die
Kleinsten oft unter die Obhut einer eigenen Kinderfrau.

Diese überwiegend jungen Frauen − 1910 waren 78,5 %
der weiblichen Dienstboten in Wien noch nicht 30 Jahre
alt − stammten meist aus dem ländlichen Milieu und waren
gemäß der Gesindeordnung strengen Abhängigkeitsver-
hältnissen unterworfen.[29] Sie wirkten gewöhnlich als ver-
längerter Arm ihrer „Herrschaft", indem sie alle schwereren
Verfehlungen ihrer Zöglinge den Eltern berichteten, welche dann die entsprechenden Strafsanktionen verfügten.
Wo aber die Kontrolle von seiten der Dienstgeber nicht
sehr streng war − die Mutter von Alice Herdan-Zuckmayer z.b. befand sich häufig auf Reisen − eröffneten
sich den Kindern über die Kinderfrau mehr oder weniger
zufällig Einblicke in Sorgen und Wünsche einer ihnen ansonsten verschlossenen Lebenswelt.[30]
Sobald die Kinder ins schulpflichtige Alter kamen,
wurde im Großbürgertum die Kinderfrau durch ein „Fräulein" ersetzt. Bei diesem spezialisierten Dienstpersonal
handelte es sich überwiegend um gebildete Frauen (klein)
bürgerlicher Herkunft. Therese Schobloch beschreibt ihr
„Fräulein" als eine „schon recht ältliche und ein klein
wenig schrullige Dame", die gerne ihren „pädagogischen
Unterricht" hervorhob.[31] Für Alice Herdan-Zuckmayer
wieder hatte man eine verarmte, bigotte Witwe ausge-
sucht; „klein, dick und alt", mit „einem Zwicker auf der
Nase", eine wenig liebenswerte Frau − so blieb sie ihrem
Zögling in Erinnerung.[32] Wenn man nicht gleich eine
französische Gouvernante anstellte − Heinrich Benedikt
berichtet von den „schwarzgekleideten Missionärinnen
französischer Kultur" in den Wiener Nobelparks[33] − so
hatte man in guten Häusern wenigstens eine französische
Sprachlehrerin. Und bei den Knaben wieder waren es
eigene Hauslehrer, welche die erste Bildung bürgerlichen
Zuschnitts vermittelten und dabei den Besuch einer öffentlichen Schule ersetzten.

„Die Mutter hatte doch immer unsere Zukunft im Auge..."

„ . . . also legte sie Wert darauf, daß wir gut gekleidet
gingen, nur in den besten Kreisen verkehrten, Hausbälle
gaben. Mein Vater lag im ständigen Kampf gegen diese

Flausen", charakterisierte Käthe Leichter die – in diesem
Fall keineswegs übereinstimmenden – Vorstellungen von
Erziehungsstil und -zielen in einer großbürgerlichen Familie. [34] Mädchenbildung war vielfach nur nach tradiertem
Rollenverhalten ausgerichtet. Aus emanzipatorischer Perspektive wurde das beliebte Privatlyzeum verständlicherweise als Schulform eingeschätzt, mit der „im wirklichen
Leben nichts anzufangen ist, da sie weder zum Besuch der
Hochschule berechtigt, noch den Mädchen irgendwelche
praktischen Kenntnisse vermittelt". Die „Bildung allerdings war, namentlich was Sprachen, Literatur und Geschichte betraf, in der Regel eine gute Bildung: man
konnte sicher sein, daß die Absolventinnen sich in den
Kreisen der besten Gesellschaft würden behaupten können." [35]

Eine gezielte Berufsvorbereitung für Töchter galt in
großbürgerlichen Kreisen als unstandesgemäß und bloße
Verlegenheitslösung. „Wenn alle Stricke reißen, dann
wird sie einmal noch eine Lehrerin", hörte die kleine
Therese Schobloch ihre Mutter einmal sagen – diese
Redewendung hatte allerdings die unbeabsichtigte Folge,
daß das Kind schon früh eine Abneigung gegen den Lehr-
beruf faßte. [36] Und den Eltern von Friderike Maria
Zweig waren die schlechten Schulerfolge ihrer Tochter
keineswegs unwillkommen; umso leichter fiel es ihnen,
ihr die „überspannte Idee" auszureden, ein Doktorat
anzustreben. Von derartigen Einschätzungen her ist es
kein Zufall, daß die Autorin ihre Bemühungen, „der-
einst auf festen Füßen zu stehen", als „feministische
Ambitionen" einschätzt. Dem insgesamt doch wachsenden Bildungsangebot für junge Frauen [37] stand die
Elterngeneration also noch äußerst reserviert gegenüber.

Völlig anders war dagegen die Situation bei Söhnen
aus gutem Haus. Hier galt eine höhere Schulbildung
durchaus als Selbstverständlichkeit. Privatlehrer versuchten schon früh, etwa verborgene Talente zu wecken und
in zentrale Bereiche humanistischer Bildung einzuführen.
Heinrich Benedikt wurde von seinem Hauslehrer schon als
Sechsjähriger mit Schiller, Grillparzer sowie Hauff bekannt gemacht und dazu angeregt, „ein Reclambüchlein

nach dem anderen" von seinem Taschengeld zu kaufen.[38] Unterweisung im Zeichnen, Klavierunterricht, Opern-, Theater- und Museumsbesuche waren aus dem frühen Erziehungsprogramm ebenfalls nicht wegzudenken. Auch der spätere Werdegang der Knaben war genau vorgezeichnet. Wer den Anforderungen eines Gymnasiums nicht entsprach, wechselte von der vierten Klasse zur Handelsakademie über; gleichsam als letzter Ausweg stand noch die Kadettenschule offen. „Aber nur die sogenannte ‚akademische' Bildung, die zur Universität führte, verlieh in jenen Zeiten des ‚aufgeklärten' Liberalismus vollen Wert; darum gehörte es zum Ehrgeiz jeder ‚guten' Familie, daß wenigstens einer ihrer Söhne vor dem Namen irgend einen Doktortitel trug."[39] Dieses Statusdenken ließ im Vater Friedrich Engel-Janosis auch den Wunsch wach werden, keiner seiner beiden Söhne möge „das Geschäft" übernehmen; beide sollten vielmehr studieren, Friedrich in den Staatsdienst treten und daneben eine Dozentur bekleiden.[40] Eine solche Haltung — sie spiegelt sich auch im Ehrgeiz des Neurologen Alfred Fuchs — (Karriere — allerdings — klar begrenzt von Streberei — war sein Lebensinhalt), war typisch für eine Gesellschaft, in der neue Formen von Ungleichheit und damit auch neue Herrschaftsbeziehungen gebildet wurden.

Die „Zukunft" eines Kindes aus großbürgerlichem Haus hing allerdings auch wesentlich von der Verinnerlichung schichtspezifischer Verhaltensstandards ab. „Gutes Benehmen" lernte man teils im Umgang mit Erwachsenen, teils im engeren Bereich des Kinderzimmers. Nach vielen Manierenbüchern gehörten Kinder z.B. nicht zu Tafeln, bei denen Gäste geladen waren — offenbar empfand man durchaus mögliche Verstöße gegen die herrschende Etikette als peinlich.[41] Andere Normen hingegen konnten nur unter unmittelbarer Aufsicht der Eltern oder anderer Erziehungspersonen eingeübt werden: Sauberkeit, kontrollierte Haltung, korrektes Grüßen, manierliche Konversation, Mimik, Gestik — all das verlangte eine sorgfältige Erziehung. Albert Fuchs hat die vielfältigen Formen von „Feinheit" beschrieben, welche auch schon Kindern ein hohes Maß an Affektsteuerung abverlangten und durch ständiges

Miterleben anerzogen wurden:

„Z.B. wäre es unfein gewesen, hätten wir Kinder auf der Straße ge-
pfiffen, gesungen oder ein Butterbrot verzehrt. Es war ausgesprochen unfein, Wiener Dialekt zu reden, noch unfeiner allerdings, zu jüdeln. Unser Haushalt hätte nicht als fein gelten können,
wäre nicht für Frühstück, Mittagessen und Jause je ein anderes
Tischtuch aufgelegt worden und hätte nicht das Stubenmädchen
vom späteren Vormittag an ein schwarzes Kleid mit weißer Schürze
getragen . . . Weiters war es den Mädchen, die bei Tag zusammen
arbeiteten, bei Nacht das Zimmer teilten, verboten, einander zu
duzen. Kam der Mutter ein „du" zu Ohren, so schritt sie mit
strenger Verwarnung ein und referierte der Familie über den Vorfall, in welchem sie einen Beweis angeborener Ordinärheit erblickte." [42]

Selbst die Namengebung der Kinder erfolgte nach solchen Ehrbarkeitsvorstellungen. Der allem Luxus und über-
triebenen Aufwand abgeneigte Hof- und Gerichtsadvokat
Pick wollte seine Tochter nach einer alten Lieblingstante
Kathi nennen. Dem Geltungsbedürfnis seiner Frau war
dies zu vulgär, sie wünschte das feiner klingende Marianne.
Das Ergebnis war ein Kompromiß: Die Tochter erhielt
den Namen Marianne Katharina, zu Hause wurde sie
Käthe (vom Vater Kathl) genannt. [43]

Im Interesse familiärer Harmonie, gesellschaftlicher
Anerkennung sowic einer glanzvollen beruflichen Karriere
mußten somit bestimmte Spielregeln eingehalten werden.
Dazu bedurfte es auch moralischer Qualitäten, einer
kontrollierten inneren Haltung, die nicht nur äußeres Auftreten, sondern auch das persönliche Handeln selbst bestimmte. „Pflicht und Selbstüberwindung" ließ Alice Herdan-Zuckmayer [44] ihre Internatslehrerin als Leitmotive
nennen. Damit waren später nicht nur Mühsal und Leid
leichter zu ertragen, wie die Lehrerin meinte. Man konnte
solche „Tugenden" auch als Mittel der sozialen Abgrenzung zu anderen Bevölkerungsschichten einsetzen. Allerdings wurden so auch Grundlagen für schwere psychische
Spannungen gelegt, die besonders dann fühlbar wurden,
wenn Erfolg und Leistung mit unterdrücktem Genuß-
streben kollidierten. [45]

In diesen Zusammenhang gehört auch die rigorose
Verdrängung alles Sexuellen, die im innerfamilialen Bereich einsetzte und bis in den Ästhetizismus des fin de

siècle ihren Niederschlag fand.[46] Im Elternhaus von Käthe
Leichter wurden die Mädchen „um ein Glas Wasser" aus
dem Zimmer geschickt, wenn von Ehescheidungen, Kin-
derkriegen und ähnlich „unpassenden Dingen" geredet
wurde.[47] Bei der Arztfamilie Fuchs galten Worte wie
Verhältnis und Schwangerschaft oder gar Homosexualität,
Syphilis oder Prostitution selbst noch für erwachsene
Söhne als unumstößliches Tabu. Und Paul   Hörbiger
wurde erst nach dem Tod seines Vaters bekannt, daß
dieser ein „lediges Kind" gewesen war.[48]

Schon Kindheit und Jugend wurden von dieser Sexualmoral stark geprägt — und zwar bis hinunter in die Mit-
telschichten. Mädchen waren so wohlbehütet, daß sie
ohne Anstandsdame oder andere Begleitung kaum je das
Haus verließen. Joseph T. Simon übertreibt wohl, wenn er
von seiner Mutter berichtet, sie habe bis zur Begegnung
mit seinem Vater mit keinem jungen Mann (die Brüder
ausgenommen) gesprochen. Ihr Vater hielt sich wie viele
andere an die Devise: „Man hat nur einen Ruf zu verlieren."[49] Romantische   Schwärmereien   und   sexuelle
Unterdrückung waren Konsequenzen dieser Einstellung.
Und nichts kennzeichnet die Doppelbödigkeit der Gesellschaft besser als die größeren Freiheiten, welche
Männern zugestanden wurden und in tolerierten Initia-
tionsriten ihren Anfang nahmen. Die Voraussetzungen für
das Leben „ausschweifender Männer und unterdrückter
Frauen", wie William Johnston es formuliert hatte, wurde
jedenfalls schon früh geschaffen.[50]

„ . . . wir sollten nur mit feinen Kindern spielen, nicht
   mit Gassenbuben."[51]

Bürgerliche Kindheit war über weite Phasen hin ein
ständiges Behütet-Sein, das spontane und ungeplante Begegnungen mit anderen Kindern stark beeinträchtigte.
Der anerkannt große Wert eines geordneten, ja bisweilen
eng abgekapselten Familienlebens macht es verständlich,
daß man die längste Zeit mit den Geschwistern oder Kindern von Verwandten verbrachte. Diese Beziehungen
gestalteten sich jedoch keineswegs spannungsfrei. Ver-

meintliche oder tatsächliche Zurücksetzung hat das Verhältnis zu Geschwistern das gesamte Leben lang geprägt.
Käthe Leichter etwa hat ihrer Schwester gegenüber zeit-
lebens eine ziemlich kritische Haltung eingenommen. Sie
wurzelte in der Bevorzugung der „Älteren" durch ihre
Eltern; sei es, daß diese alle Bücher und Schreibsachen
neu und die Jüngere sie aus zweiter Hand erhielt; sei es,
daß die Jüngere der oft kranken Schwester alle Wünsche
erfüllen sollte. Das Verhalten der Schwester wird bald als
„Herrschsucht" empfunden, Auflehnung erwacht, Prüge-
leien „nach allen Regeln der Kunst" sind „zum Entsetzen
der Eltern" auch im großbürgerlichen Haus keine Seltenheit. [52]
    Namentlich in den weitverzweigten jüdischen Familien
erweiterte sich der Horizont rasch. Die Mutter des späteren
Nationalökonomen Gustav Stolper beherbergte stets eine
Reihe von Nichten oder Kinder von Freunden teils als
Pensionäre, teils um Gotteslohn. [53] Und die Tanzstunden
im Hause Engel-Janosi versammelten an Sonntagnach-
mittagen mit bis zu 70 Personen einen Querschnitt durch
das Wiener Kulturleben. [54]
    Komplizierter lagen die Dinge bei Einzelkindern. Hier
ließ man sich auf keine zufälligen „Dauerfreundschaften"
ein, falls solche bei den geringen Freiräumen der Kinder
überhaupt entstehen konnten. Vielmehr waren jene Kinder, die zu Besuch und Spiel eingeladen wurden, sorgfältig ausgewählt. Persönliche Bekanntschaften der Eltern
oder Empfehlungen bildeten Voraussetzungen für eine
Kontaktnahme.
    Ort solcher Begegnung und primäre Lebenswelt bil-
dete in wohlhabenden Familien des Bürgertums das Kin-
derzimmer. Es gibt zwar keine zeitgenössischen Erhebungen über Zweckwidmung einzelner Räume in Wiener
Wohnungen. Statistische Daten aus den Jahren 1890 —
1919 liefern jedoch Belege, daß in den traditionell guten
Wohnvierteln der Residenz die überdurchschnittlich
großen Wohnungen eine kontinuierliche Vergrößerung
erfuhren. [55] Damit waren Voraussetzungen für eine weitere
Differenzierung und für die Schaffung einer kindgerechten Wohnwelt gegeben. Hell, groß, mit kindgerechten Einrichtungsgegenständen, voll mit Spielsachen ist das Kin-

derzimmer in der Erinnerung geblieben.[56] Es ist der Ort
für Schulaufgaben und für Spiele: den Ankerbaukasten,
die Eisenbahn, den Kaufmannsladen, bei Mädchen vor
allem aber für Puppen und Puppenhaus, die kaum irgendwo fehlten und schon früh milieuspezifische Wertmuster
und überkommenes Rollenverhalten einprägten.[57] Nur
in Ausnahmefällen eröffneten sich den Kindern auch
andere Räume des Hauses. Therese Schobloch bezeichnet es als „größtes Glück" der Weihnachtsfeiertage, wenn
man im Salon auf dem Teppich unter dem Christbaum
die Geschenke ausbreiten und spielen durfte.[58]

Größere Freiräume boten sich während der üblichen
Spaziergänge in einen der vielen Wiener Parks. Therese
Schobloch zeigt recht eindrucksvoll die zahlreichen
Hemmschwellen, welche ein Kind zu überwinden hatte,
ehe es mit anderen Kontakt aufnahm. Freilich gab es
auch in „Paradiesen" wie dem Schwarzenbergpark eine
ganze Reihe von Beschränkungen. Es war kaum möglich,
sich der Aufsicht des Kinderfräuleins zu entziehen, dem
die Eltern höchste Wachsamkeit eingeschärft hatten; das
bürgerliche Kind wurde so nicht selten zum verzärtelten,
unbeholfenen Angsthasen, dem nur schwer eine Einglie-
derung in spontan gebildete Spielgruppen gelang.[59] Der
verbreiteten Prüderie entsprechend wurden Mädchen auch
Kontakte mit Knaben untersagt. Heinrich Benedikt erinnert sich an seine Tante, die „sittenstreng" die „Unschuld ihrer Schützlinge" bewachte (und daher auch
einen zehnjährigen Buben aus der Frauenabteilung einer
Schwimmschule weisen ließ);[60] Therese Schoblochs
Mutter galten alle Buben „als Quelle der Gefahren für
kleine Mädchen" − daher auch Mißbilligung, Kälte,
Liebesentzug, als sie erfuhr, daß ein fast zwölfjähriger
Knabe versucht hatte, die Neunjährige im Park zu küssen;
daher auch die Anordnung: „Es darf nie wieder mit
einem Buben gesprochen werden" − „Glassturzprinzip",
Tabuisierung an Stelle von Zuwendung und Aufklärung.[61]

Das Spielen im Park stieß freilich noch an andere
Grenzen. Die Benützungsordnung für die Grünanlagen
kannte eine ganze Reihe von Verboten, deren Respek-
tierung von Parkwächtern streng überwacht wurde. Oskar
Kokoschka wie Albert Fuchs[62] drohten als Kindern bei

Verstößen allerlei Unannehmlichkeiten zu erwachsen.
Entscheidendere Nachwirkung als die Begegnung mit
Repräsentanten der Obrigkeit aber hatten klassenspezi-
fische Barrieren. Während Kinder aus dem Kleinbürgertum — wie Paul Hörbiger z.B. — ungeniert mit dem Sohn
des Hausmeisters umherstreiften[63], war „nobleren" Kindern der Umgang mit „Proletariern" strikt untersagt:

„Bedeutend ärgere Feinde als die Aufseher waren die Gassenbuben,
das heißt die Proletarierkinder, mit denen wir keinen Umgang
haben sollten. Da die anderen Bürgerkinder demselben Gesetz unterlagen, existierte im Park eine genaue Klassenscheidung. Die
Klassenkämpfe, die resultierten, nahmen für die Bürgerlichen
einen ungünstigen Verlauf. Zwar, jene zahlenmäßige Überlegen-
heit, die sonst den Unterschichten zustatten kommt, fehlte; im
Rathausviertel standen nur Herrschaftshäuser, und die proletarische Jugend rekrutierte sich ausschließlich aus den Söhnen
der Hausbesorger. Aber diese Burschen waren ungleich stärker
und angriffslustiger als die „feinen" Kinder. Deren Situation
wurde noch dadurch erschwert, daß die Fräuleins, gemäß
elterlicher Weisung, größere Gefechte nach Tunlichkeit verhin-
derten. Das wirkte lähmend auf die Moral. Kein Wunder, daß
die Hausmeisterbuben die Oberhand behielten."[64]

Die Kluft zwischen „Bürgern" und „Arbeitern" tat
sich schon im Kindesalter auf — mochte man die „Kinder
auf der Straße" als nur „böse" oder „schmutzig" ein-
schätzen und sie daher meiden[65]   oder mochte man wie
Käthe Leichter im Volksgarten ein aggressives „Die ist ja
von der Protzenfamilie am Rudolfsplatz" vernehmen.[66]
Gutbürgerliche Kreise waren jedenfalls auch während der
Sommeraufenthalte bestrebt, Distanz zu wahren. Nur
Kinder anderer Villenbewohner in Baden bei Wien
schienen für Käthe Leichters Eltern akzeptable Spielge-
fährtinnen, obwohl sie rückblickend als „schrecklich wohl-
erzogen und langweilig" empfunden wurden: „Aber mit
den sicher lustigeren barfüßigen Kindern, die auf dem
kleinen Fußweg hinter dem Haus aus dem Helenental
kommen, wo sie Beeren und Holz geklaubt haben, darf
man natürlich nicht spielen."[67] In manchen Situationen
wurde die Sehnsucht nach einem ungezwungenen und
unbeschwerten Spielen schier übermächtig. Der „von
ängstlicher Elternsorge und ewigem Lebertran heimge-
suchte Knabe" Anton Wildgans beneidete die „abge-

härteten und unbeaufsichtigten Gassenjungen, die im
Winter in ruhigen Seitengassen rodelten, Schneebälle warfen oder auf Eisflächen ‚schliffen' ".[68]
Und ein zweiter Gegensatz wurde Kindern des ausgehenden 19. Jahrhunderts oft rasch und schmerzlich bewußt: ihre Zugehörigkeit zum Judentum. Der wachsende Antisemitismus, welcher seit dem Aufstieg der Christlichsozialen die Wiener Politik mitbestimmte, wurde auch
den Kindern deutlich spürbar. Felix Braun hebt hervor,
daß zu Wahlzeiten viele jüdischen Kinder nicht auszugehen wagten und ihm seine Religion auf den Spielplätzen
der Parks gleichwie in der Schule „mit Hohn" vorgehal-
ten wurde. Und als die Familie Ende der neunziger Jahre
den Sommer in Königstetten bei Tulln verbrachte, sah
sie sich genötigt, den Ort wegen ständiger Belästigungen
durch Jugendliche zu verlassen.[69] Nicht überall wurde
die Situation so qualvoll empfunden und nicht jeder
wischte Beleidigungen so prompt vom Tisch wie Friedrich Engel-Janosi, der das Schimpfwort „Saujud", „mehr
prompt als geistreich", mit „Sauchrist" beantwortete.[70]
Jüdisches wie christliches Bürgertum waren indessen
durchaus keine homogenen Gruppen — das Kriterium
„Vermögen" bestimmte, wie bereits mehrfach angedeutet, zu einem hohen Grad das soziale Ansehen der Kinder.
Als Arnolt Bronnen 1909 in das großbürgerliche Döbling
übersiedelte, fiel der Sohn eines Mittelschullehrers in den
billigen oder gewendeten Anzügen „völlig aus dem Rahmen dieser adrett gekleideten jeunesse dorée".[71] Und der
Augenblick, wo man im Gymnasium vor den Schulkame-
raden um Befreiung vom Schulgeld ansuchte, wurde ebenso als Demütigung und Herabsetzung empfunden[72] wie
der „Freiplatz" im Internat.[73] Eine Atmosphäre der
Knappheit, ein Zwang zu Verzicht und zum Zurück-
schrauben von Ansprüchen gehörte zum Alltag vieler
Beamten- und Offiziersfamilien. Also wurde das Vorbild
„spartanischer Selbstzucht und Einfachheit" auch für den
nachmaligen Bundeskanzler Kurt Schuschnigg zum
Prestigesymbol, zum Zeichen von Selbstüberwindung und
Ausdauer.[74]

„Ich bin ein Kind der Stadt . . . "(Anton Wildgans)

Ganz unterschiedliche Facetten des Wiener Alltagslebens um 1900 sind es, welche die autobiographischen
Schriften eröffnen. Die Perspektiven verschieben sich
deutlich nach Schichtzugehörigkeit und Wohnwelt der
Autoren. Die alltäglichen Verrichtungen sowie das Leben
der kleinen Leute sind gerade dem Kind des Kleinbürgers
aus der Vorstadt in Erinnerung geblieben: Der Waschtag,
die rußenden Petroleumlampen, die Werkelmänner und
Musikanten im Hof, die monatliche Zahlung des Miet-
zinses beim Hausherrn, der Greißler an der Ecke, die
Lavendelverkäuferinnen, der Wachmann als Respektsper-
son, die Pferdefuhrwerke, die Budiken für „Likör, Rum,
Spirituosen", die Erlebnisse in der Schule, das Gepränge
an kirchlichen Feiertagen u.v.a. Auf Spaziergängen erschließt sich langsam die nähere Umwelt, an Wochenenden weitet sich der Horizont zu den Ausflugszielen
wie Hütteldorf, Neuwaldegg oder Pötzleinsdorf, und der
Blick vom Kahlenberg war nicht nur späteres Klischee im
Wienerlied, sondern Realität.[75]
Anders gestaltete sich das Milieu des Großbürgertums.
Hier ist es die Innere Stadt, die bevorzugte Wohn- und
Einkaufsgegend, welche bei Einkäufen oder Spaziergängen zum bekannten Bereich wird. An vielen schönen Sonn-
tagen war es ein beliebtes Vergnügen wohlhabender Fami-
lien, mit der eigenen Equipage oder einem gepflegten
Mietwagen („Gummiradler" hatten den Vorzug) in der
Stadt umherzukutschieren, wobei der Prater mit seinen
zahlreichen Gartenrestaurants ein beliebtes Ziel bildete.
Je nach Neigung unternahm man oft auch Ausflüge in die
Umgebung — Fußwanderungen in die Gegend von Kloster-
neuburg, Mödling und Baden, an Doppelfeiertagen Fahrten
bis ins Rax- und Semmeringgebiet.[76] Das „alte Wien" als
Schmelztiegel der Monarchie eröffnete sich freilich auch
dem Kind aus dem Großbürgertum: Vor allem die zahlreichen Wanderhändler mit ihrer fremdländischen Kleidung und ihren melodischen Kaufrufen sind Alice Herdan-
Zuckmayer im Gedächtnis geblieben.[77] Doch es ist dies
eine Welt, die bestenfalls das Kolorit des Vielvölkerreichs
vermittelt, zu der es aber keinen Zugang gibt.

Es ist in diesem Zusammenhang aufschlußreich, dem Heimatverständnis nachzugehen, welches in dieser kindlichen Lebenswelt wurzelte. Selbstfindung im großstädtischen Raum allein schien nicht vollziehbar. Vielleicht hatten Bilder einer scheinbar „urtümlich" ländlichen „Natur" frühere Eindrücke überlagert und verändert, wenn Anton Wildgans 1928 schreibt: „Und dennoch kann auch die Großstadt Heimat sein, wenn auch freilich mit der unterbewußten Beziehung auf Umgebung, auf Land und Erde" – und wenn ihm daher die Lastenstraße zum Identifikationssymbol wird – weil sie eine Art „Landstraße" war, wo die heubeladenen Pferdefuhrwerke „in den Brodem von Staub, Pfeifenrauch und Pferdemist für Augenblicke den zarten, welken Duft frischgemähter Wiesen" bringen.[78] Der Arztsohn Albert Fuchs hingegen ist kein reines „Kind der Stadt" mehr, wenngleich ihn Studium und Beruf in Wien festhielten und er dessen kulturelle Atmosphäre schätzte. Mit „Heimat" assoziierte der gereifte Mann das Reichenauer Tal, mit dem ihn enge Gefühlsbeziehungen verbanden.[79]

Eine solche Haltung war typisches Ergebnis bürgerlichen Lebensstils. In den Sommermonaten übersiedelten reichere Familie mit Sack und Pack in die Sommerfrische, während der Vater als Familienerhalter in der Stadt zurückblieb. Nähere Ziele wie Mödling oder Baden wechselten mit weiteren wie dem Semmering, Alt-Aussee oder Pörtschach.

Solche Ferienaufenthalte gestalteten sich je nach Einstellung der Eltern recht unterschiedlich. Wo man sportliche Betätigung schätzte, waren Schwimmen, Tennis und Wandern bevorzugte Vergnügungen.[80] Wo aber Ängstlichkeit oder vornehme Zurückhaltung überwogen, waren die Freiräume der Kinder doch erheblich eingeschränkt: Unvorteilhafte Kleidung auf kurzen Spaziergängen, einsames Spielen ohne viele Kontakte, Zwang zu beherrschter Haltung ließen eine Kinderwünschen entsprechende Atmosphäre erst gar nicht aufkommen. „Auch das Lustigsein war nämlich von Mama nicht unbeschränkt geduldet. Jedes Zuviel an fröhlichem Herumspringen bei Wald- und Wiesenspaziergängen wurde von ihr mit energischen Befehlen brüsk abgestellt." Ein derart strenges Regiment,

wie es im Hause Schobloch herrschte, [81] mag ein Extrem-
fall sein. Er zeigt aber immerhin, daß es neben elitär-über-
schwenglichen Jugendlichen von der Art Stefan Zweigs
oder vielseitigst Gebildeten wie Käthe Leichter auch Bürgerfamilien gab, in denen — bei Mädchen vor allem — Passivität, Introvertiertheit, Ängste geradezu gezüchtet wurden: die Neurose als „bürgerliches" Phänomen entstand
bereits im Kindesalter.

Anmerkungen

1   Therese Schobloch, „Hinterlegte Zeichen". Kindheits- und Jugender-
    innerungen aus den Jahren 1898–1914, 1. Teil 1898–1905, Wien
    1971, S. 5.
2   Etwa: Axel v. Harnack, Gedanken über Memoiren und Tagebücher.
    In: Die Welt als Geschichte 10, 1950, S. 28 ff.; Klaus Hurrelmann (Hg.),
    Sozialisation und Lebenslauf. Empirie und Methodik sozialwissenschaft-
    licher Persönlichkeitsforschung (rororo studium 90), Reinbek bei Ham-
    burg 1976, bes. S. 129 ff. (Beitrag von Kurt Lüscher) und S. 203 ff.
    (Abschnitt von John A. Clausen). Bernd Neumann, Identität und Rol-
    lenzwang. Zur Theorie der Autobiographie, Frankfurt a. M., 1970.
    Helmut Scheuer, Kunst und Wissenschaft. Die moderne literarische
    Biographie. In: Biographie und Geschichtswissenschaft. Aufsätze
    zur Theorie und Praxis biographischer Arbeit (Wiener Beiträge zur
    Geschichte der Neuzeit 6, hg. v. Grete Klingenstein, Heinrich Lutz,
    Gerald Stourzh), Wien 1979, S. 81 ff. Peter Sloterdijk, Literatur und
    Lebenserfahrung. Autobiographien der Zwanziger Jahre, München/Wien
    1978.
3   Z.B. Walther Hubatsch, Deutsche Memoiren 1945–1955. Eine kritische
    Übersicht deutscher Selbstdarstellung im ersten Jahrzehnt nach der
    Katastrophe, Laupheim 1956.
4   Dokumentation der Tagung „Weibliche Biographien" in Bielefeld, Okt.
    81, Red. Erika Adolphy u.a. (beiträge zur feministischen theorie und
    praxis 7), München 1982.
5   Dieter Baacke, Theodor Schulze (Hg.), Aus Geschichten lernen. Zur
    Einübung pädagogischen Verstehens, München 1979.
6   Irene Hardach-Pinke, Kinderalltag. Aspekte von Kontinuität und Wan-
    del der Kindheit in autobiographischen Zeugnissen 1700–1900, Frank-
    furt a.M./New York 1981. Ingeborg Weber-Kellermann, Die Kindheit,
    Frankfurt a.M. 1979, bes. S. 89 ff.
7   Oskar Kokoschka, Mein Leben, München 1971, S. 31.
8   Heinrich Benedikt, Damals im alten Österreich. Erinnerungen, Wien/
    München 1979, S. 9.
9   Ernst Hanisch, Arbeiterkindheit in Österreich vor dem Ersten Weltkrieg.
    In: Internationales Archiv für Sozialgeschichte der deutschen Literatur
    7, 1982, S. 109 ff.

10 Benedikt (wie Anm. 8), S. 9.
11 Käthe Leichter, Leben und Werk. Hg. v. Herbert Steiner, Wien 1973, S. 259.
12 Paul Hörbiger, Ich habe für euch gespielt. Erinnerungen. Aufgezeichnet v. Georg Markus, München/Berlin 1979, S. 32.
13 Vicky Baum, Es war alles ganz anders. Erinnerungen, Berlin/Frankfurt a.M./Wien 1962, S. 88.
14 Albert Fuchs, Ein Sohn aus gutem Haus, London 1943, S. 7.
15 Arnolt Bronnen, Arnolt Bronnen gibt zu Protokoll. Beiträge zur Geschichte eines modernen Schriftstellers, Hamburg 1954, S. 9.
16 Felix Braun, Das Licht der Welt. Geschichte eines Versuches als Dichter zu leben, Wien 1949, S. 89.
17 Alfred Maleta, Bewältigte Vergangenheit. Österreich 1932–1945, Graz/Wien/Köln 1981, S. 18.
18 Schobloch (wie Anm. 1), S. 37.
19 Karin Hausen, Die Polarisierung der „Geschlechtscharaktere". Eine Spiegelung der Dissoziation von Erwerbs- und Familienleben. In: Werner Conze (Hg.), Sozialgeschichte der Familie in der Neuzeit Europas, Stuttgart 1976, S. 363 ff.
20 Thorsten Veblen, Theorie der feinen Leute. Eine ökonomische Untersuchung der Institutionen, München 1971.
21 Benedikt (wie Anm. 8), S. 19 ff.
22 Leichter (wie Anm. 11), S. 276 ff.
23 Friedrich Engel-Janosi, . . . aber ein stolzer Bettler. Erinnerungen aus einer verlorenen Generation, Graz/Wien/Köln, 1974, S. 24 ff.
24 Horst-Volker Krumrey, Entwicklungsstrukturen von Verhaltensstandarden. Eine soziologische Prozeßanalyse auf der Grundlage deutscher Anstands- und Manierenbücher von 1870 bis 1970, Frankfurt a.M. 1984.
25 Bronnen (wie Anm. 15), S. 22.
26 Kokoschka (wie Anm. 7), S. 39.
27 Engel-Janosi (wie Anm. 23), S. 23.
28 Heinrich Drimmel, Die Häuser meines Lebens. Erinnerungen eines Engagierten, Wien/München 1975, S. 46.
29 Zur Geschichte der Wiener Dienstboten vgl. die Literaturübersicht bei Hannes Stekl, Soziale Sicherheit für Hausgehilfen. In: Ernst Bruckmüller, Roman Sandgruber, Hannes Stekl, Soziale Sicherheit im Nachziehverfahren, Salzburg 1978, S. 174 ff. sowie Marina Tichy, Alltag und Traum. Leben und Lektüre der Wiener Dienstmädchen um die Jahrhundertwende, Wien 1984.
30 Alice Herdan-Zuckmayer, Das Kästchen. Die Geheimnisse einer Kindheit, Frankfurt a.M. 1962, über Liebschaft und Heirat eines Dienstmädchens, S. 109 ff. und 179 ff.
31 Schobloch (wie Anm. 1), S. 38.
32 Herdan-Zuckmayer (wie Anm. 30), S. 92 ff.
33 Benedikt (wie Anm. 8), S. 23.
34 Leichter (wie Anm. 11), S. 284.
35 Leichter (wie Anm. 11), S. 305.
36 Schobloch (wie Anm. 1), S. 39; Spiegelungen des Lebens Friderike

Maria Zweig, 1964, S.

37   Edith Rigler, Frauenleitbild und Frauenarbeit in Österreich vom ausge-
     henden 19. Jahrhundert bis zum Zweiten Weltkrieg (Sozial- und Wirt-
     schaftshistorische Studien 8), Wien 1976, S. 69 ff.
38   Benedikt (wie Anm. 8), S. 137.
39   Stefan Zweig, Die Welt von gestern. Erinnerungen eines Europäers,
     Wien 1948, S. 52.
40   Engel-Janosi (wie Anm. 23), S. 23.
41   Krumrey (wie Anm. 24), Beispiele S. 338 f.
42   Fuchs (wie Anm. 14), S. 16.
43   Leichter (wie Anm. 11), S. 250.
44   Herdan-Zuckmayer (wie Anm. 30), S. 136.
45   Eric J. Hobsbawm, Die Blütezeit des Kapitals. Eine Kulturgeschichte
     der Jahre 1848–1875, München 1977, S. 296.
46   Carl Schorske, Wien. Geist und Gestalt im Fin-de-siecle, Frankfurt a.M.
     1982, S. 315 f.
47   Leichter (wie Anm. 11), S. 271.
48   Hörbiger (wie Anm. 12), S. 24 f.; Fuchs (wie Anm. 14), S. 16 f.
49   Joseph T. Simon, Augenzeuge. Erinnerungen eines österreichischen So-
     zialisten, Wien 1979, S. 17.
50   William Johnston, Österreichische Kultur- und Geistesgeschichte. Ge-
     sellschaft und Ideen im Donauraum 1848–1938, Wien/Köln/Graz 1974.
51   Fuchs (wie Anm. 14), S. 30.
52   Leichter (wie Anm. 11), S. 289 ff.
53   Toni Stolper, Ein Leben in Brennpunkten unserer Zeit, Wien/Berlin/
     New York. Gustav Stolper 1888–1947, Tübingen 1960, S. 23.
54   Engel-Janosi (wie Anm. 23), S. 26.
55   Peter Feldbauer, Stadtwachstum und Wohnungsnot. Determinanten un-
     zureichender Wohnungsversorgung in Wien 1848 bis 1914 (Sozial- und
     Wirtschaftshistorische Studien 9), Wien 1977, S. 181 ff.
56   Herdan-Zuckmayer (wie Anm. 30), S. 43 ff.; Leichter (wie Anm. 11),
     S. 236. Vgl. auch Ingeborg Weber-Kellermann, Die gute Kinderstube.
     Zur Geschichte des Wohnens von Bürgerkindern. In: Lutz Niethammer
     (Hg.), Wohnen im Wandel, Wuppertal 1979, S. 44 ff.
57   Gottfried Korff, Puppenstuben als Spiegel bürgerlicher Wohnkultur. In:
     Niethammer (wie Anm. 56), S. 28 ff.
58   Schobloch (wie Anm. 1), S. 47.
59   Schobloch (wie Anm. 1), S. 23 ff.
60   Benedikt (wie Anm. 8), S. 108.
61   Schobloch (wie Anm. 1), S. 61 ff.
62   Zitate bei Schorske (wie Anm. 46), S. 305 ff.; Fuchs (wie Anm. 14),
     S. 30.
63   Hörbiger (wie Anm. 12), S. 16.
64   Fuchs (wie Anm. 14), S. 31.
65   Herdan-Zuckmayer (wie Anm. 30), S. 50.
66   Leichter (wie Anm. 11), S. 302.
67   Leichter (wie Anm. 11), S. 237.
68   Anton Wildgans, Musik der Kindheit und andere autobiographische
     Skizzen, Wien 1953, S. 34.

69 Braun (wie Anm. 16), S. 135, 166 f.
70 Engel-Janosi (wie Anm. 23), S. 31.
71 Bronnen (wie Anm. 15), S. 25.
72 Braun (wie Anm. 16), S. 158 f.
73 Herdan-Zuckmayer (wie Anm. 30), S. 128 ff.
74 Kurt Schuschnigg, Dreimal Österreich, Wien 1937, S. 33.
75 Wildgans (wie Anm. 68), S. 36 ff.; Maleta (wie Anm. 17), S. 21.
76 Fuchs (wie Anm. 14), S. 33 ff.
77 Herdan-Zuckmayer (wie Anm. 30), S. 8 f.
78 Wildgans (wie Anm. 68), S. 21 f.
79 Fuchs (wie Anm. 14), S. 34 f.
80 Benedikt (wie Anm. 8), S. 121 ff.
81 Schobloch (wie Anm. 1), S. 56.

REINHARD SIEDER

„VATA, DERF I AUFSTEHN?"

Kindheitserfahrungen in Wiener Arbeiterfamilien um 1900

Während die Kinder des Bürgertums längst von Erwerbsarbeit entlastet waren, wurden die Kinder der ‚einfachen Leute' um die Jahrhundertwende noch immer auf vielerlei Weise in Arbeitsprozesse einbezogen. 1908 arbeitete ein gutes Drittel von über 400.000 österreichischen Schulkindern, deren Lehrer man dazu befragt hatte, in der Landwirtschaft, in der Industrie oder im häuslichen Bereich. Am häufigsten arbeiteten Kinder in Böhmen, in Mähren und in Vorarlberg, in Ländern also, in denen die Heimindustrie besonders verbreitet war.[1] In der k.k. Haupt- und Residenzstadt Wien war zwar Kinderarbeit in Industrie und Gewerbe selten geworden,[2] aber es gab sie hinter den Mauern der ‚Privatheit': in den Wohnungen der Arbeiter halfen Kinder ihren Müttern bei der Heimarbeit und im Haushalt. Noch in den 20er Jahren schätzte Otto F. Kanitz die durchschnittliche Arbeitszeit von Kindern in Arbeiterhaushalten auf vier bis sechs Stunden pro Tag.[3]

Solche und ähnliche Zahlen sind freilich nur vage Indikatoren dafür, was es hieß, um die Jahrhundertwende in einer Wiener Arbeiterfamilie Kind zu sein. Die Eigentümlichkeit proletarischer Kindheit kann nur auf der Grundlage von Quellen beschrieben werden, in die Erfahrungen von Arbeiterkindern eingegangen sind. Dies ist bei den nicht allzu zahlreichen Autobiographien ehemaliger Arbeiterkinder zwar der Fall, aber sie tendieren – wie Ernst Hanisch gezeigt hat – zum Cliché der „nur schwarzen Kindheit".[4] Die agitatorische Absicht, die Selektivität des Mediums (welcher ‚gewöhnliche' Arbeiter griff schon zur Feder, um über seine Erfahrungen zu schreiben?) und die Stilisierungszwänge, die die Literaturgattung der Autobiographie auf die meist arrivierten Autoren ausübte, beschränken den Wert dieser Quelle. Autobiographien aus

der Arbeiterschaft stehen in der überwiegenden Mehrzahl
in der Tradition der Arbeiterbewegung. In der legitimen
Absicht, den Aufstieg der Arbeiterbewegung ins rechte
Licht zu rücken, hat die Darstellung der eigenen Kindheit
oft nur die Aufgabe, das Elend und die Armut der Arbeiterfamilien vor den Erfolgen der Arbeiterbewegung drastisch zu schildern. Die Autoren scheinen sich — wie Peter
Sloterdijk bemerkt hat — „vor allem an solche Erinnerungen zu halten, die durch ihre sozialdokumentarische Dra-
stik sich in die Grundlinie (des) politisch-exemplarischen
Lebensberichts einfügen. Das übrige verfällt der Aussonderung."[5]
    Während wir für das 18. und 19. Jahrhundert auf den
überkommenen Bestand literarischer Zeugnisse angewiesen sind, deren mangelnde Repräsentativität und thematische Selektivität wir nur kritisch in Rechnung stellen
können, besteht für unser Jahrhundert noch die Chance,
Männer und Frauen, die um die Jahrhundertwende in Arbeiterfamilien geboren wurden, über ihre Kindheit in ausführlichen Interviews erzählen zu lassen. Obwohl auch
diese Erzählungen vorgegebenen Organisationsprinzipien
des Erzählens unterliegen[6] und auch hier das Grundpro-
blem jeder Kindheitsgeschichte: das der ‚Kindheitsam-
nesie‘, des Vergessens und Verdrängens besteht, ist es
hier zumindest möglich, eine Einseitigkeit zugunsten der
gebildeten und arrivierten, zu Arbeiterschriftstellern oder
Parteifunktionären aufgestiegenen Söhne und Töchter
von Arbeitern zu vermeiden. Die Technik des Narrativ-
interviews[7] erlaubt es auch, der Aussonderung des Ge-
wöhnlichen zugunsten des Spektakulären und Besonderen
entgegenzuwirken. Der folgenden Analyse liegen dreißig
lebensgeschichtliche Großerzählungen von Arbeiterinnen
und Arbeitern zugrunde, die um die Jahrhundertwende in
Wien geboren wurden.[8] Ich habe sie nach dem Gesichtspunkt einer maximalen Varianz der Herkunftsmilieus
(nach den Variablen geographische und ethnische Herkunft sowie Ausbildung und Beruf der Eltern) und nach
dem Kriterium des Geburtsjahres (1898 — 1911) aus
einer umfangreichen Interviewsammlung ausgewählt
(siehe die tabellarische Übersicht S.41 f.). Auf der Grundlage dieser dreißig Erzählungen soll eine möglichst genaue

TABELLARISCHE ÜBERSICHT*)

Int.-Nr.	Geburtsjahr der Int.-Person	Geschlecht (m/w)	Beruf des Vaters	Herkunft des Vaters	Beruf der Mutter	Herkunft der Mutter	Anzahl der Kinder	Wohnung	Aftermieter (AM) Bettgeher (BG) Verwandte (V)	Haushaltsgröße
2	1899	w	Eisengießer	Mähren	Heimnäherin	Mähren	4	Zi-Kü	1 AM	7
4	1901	w	Hilfsarbeiter	--	Heimnäherin	--	8	Zi-Kü-Kab.	1 AM	11
6	1901	m	Transportarbeiter	Böhmen	Heimarbeiterin (Stickerin)	--	2	Zi-Kü-Kab.		4
7	1902	w	Maurer	Sudetenl.	Hausmeisterin	Sudetenl.	3	Zi-Kü.		5
8	1902	m	Rauchfangkehrergehilfe	Wien	Lohnwäscherin	Böhmen	2	Zi-Kü.		4
9	1903	w	Kutscher bei Transportuntern.	Wien	Lohnwäscherin	Böhmen	3	Zi-Kü.		5
10	1903	w	Fabrikarbeiter	Wien	Nähen und Waschen	Tirol	6	Zi-Kü.		8
11	1903	w	Schneidergehilfe (ab 1910 selbst. Stückmeister)	Böhmen	Waschen/Bügeln	Polen	2	Zi-Kü-Kab.	2 BG	6
12	1903	w	Silberschmiedgehilfe	Wien	Hausfrau	Wien	6	Zi-Kü-Kab.		8
14	1903	m	Zimmermalergehilfe	Mähren	Hausfrau u. Bedienerin	Slowakei	2	Zi-Kü.		4
15	1905	w	Lackierer u. Tapezierer	Slowakei	Hausfrau	Böhmen	7	Zi-Kü-Kab.		9

Fortsetzung:

Int.-Nr.	Geburtsjahr der Int.-Person	Geschlecht (m/w)	Beruf des Vaters	Herkunft des Vaters	Beruf der Mutter	Herkunft der Mutter	Anzahl der Kinder	Wohnung	Aftermieter (AM) Bettgeher (BG) Verwandte (V)	Haushaltsgröße
16	1905	w	Gürtlergehilfe	Wien	Heimarbeiterin (Hutstaffiererin)	Wien	3	Zi-Kü.		5
17	1905	w	Faßbindergehilfe in Brauerei	Böhmen	Hausfrau	Böhmen	7	Zi-Kü.	1 BG	10
18	1905	w	Kutscher b. Arzt	– –	Hausmeisterin	– –	9	Zi-Kü.		11
19	1905	w	Maurer	– –	Heimarbeiterin (Stickerin)	– –	9	Zi-Kü-Kab.		11
20	1906	m	„Stukkaturer" (Baufacharbeiter)	Budapest	Hausfrau	Wien	7	Zi-Kü.		9
23	1907	m	Pflasterergehilfe	Wien	Schirmnäherin	Wien	8	Zi-Kü.		10
29	1903	w	(Unteroffizier, verließ die Fam.)	– –	Heimarbeiterin (Federnschmücker.)	– –	2	Zi-Kü.	1 BG	4
30	1902	m	Spenglergehilfe	Böhmen	Bedienerin	Böhmen	5	Zi-Kü.		7
31	1902	m	Goldschläger	Böhmen	Hausfrau	– –	2	Zi-Kü.	1 V	5
32	1904	w	Hilfsarbeiter in Eisengießerei (gelernter Schuhm.)	– –	Lohnwäscherin	– –	10	Kellerwohnung, ab 1913 Zi-Kü-Kab.		12
33	1905	w	Lithograph	Wien	Hausfrau	– –	7	Zi-Kü-Kab.		9
40	1906	m	Taglöhner/Fahrer bei Konsum	Wien	Taglöhnerin	– –	6	Zi-Kü.	3 AM (befreundete Fam.)	11
41	1903	m	Maschinenschlosser bei Eisenbahn	Mähren	Hausfrau	Mähren	6	Zi-Kü.		8

Fortsetzung:

43	1909	m	gelernter Schlosser	Königgrätz	Hausfrau	Mähren	9 Zi-Kü.	11
46	1903	m	gel. Bäckereiarbeiter/später E-Werk	Wien	Heimarbeit	– –	4 Zi-Kü.	6
48	1898	w	Maurer/dann Briefträger	Mähren	Hausfrau	Mähren	6 Zi-Kü.	8
52	1911	m	Vergoldergeh.	Bayern	Hausfrau	Mähren	6 Zi-Kü.	8
61	1901	m	Maurer	Mähren	Maurerweib	Mähren	7 Zi-Kü.	9
62	1899	m	Maurer	Wien	Haushalt	Wien	5 Zi-Kü.	7
30 Summe der interviewten Personen		14 m, 16 w				Gesamtzahl der Kinder: 163 durchschnitt. Kinderzahl pro Fam. 5,4	Anzahl der Wohnungsteile: 67 auf 1 Wohnungsteil wohnten im Durchschnitt 3,5 Personen	Gesamtzahl d. Personen: 232 durchschnitt. Haushaltsgröße: 7,7

*) diese tabellarische Übersicht erfaßt die Familien- und Wohnverhältnisse der interviewten Personen im Zeitraum ihrer Kindheit; einige Angaben der int. Personen sind naturgemäß ungenau: so werden einmal früh verstorbene Geschwister dazugezählt, ein anderes Mal nicht. Die Angaben zum Beruf der Eltern beziehen sich ebenfalls auf den Zeitraum der Kindheit; Berufswechsel werden nur angegeben, wenn sie vor dem 14. Lebensjahr des Interviewpartners erfolgten.

Beschreibung von Kindheitserfahrungen in Wiener Arbeiterfamilien erfolgen. Dabei soll hier gefragt werden, welche Sozialisationsprozesse hinter den beschriebenen Bildern und den erzählten Geschichten vermutet werden
können.

Ein, zwei, wieviele ‚Milieus‘?

Wer waren ‚die Arbeiter‘ Wiens, deren Kinder hier zu
Wort kommen sollen? Um die Jahrhundertwende war die
Wirtschaftsstruktur Wiens noch vorrangig vom Kleingewerbe geprägt. 87 Prozent der Betriebe hatten höchstens
fünf Beschäftigte. Allerdings hatten sich zahlreiche ehe-
mals selbständige Gewerbetreibende im Verlauf der Industriellen Revolution aus Kapitalmangel dem Verlags-
system unterwerfen müssen. Die Arbeiterschaft Wiens
setzte sich mehrheitlich aus Arbeitern zusammen, die
in Kleinbetrieben beschäftigt waren, zu einem geringeren
Teil aus Fabriks- und aus Heimarbeitern.[9] Schließlich ist
die Häufigkeit von Lohnabhängigen nicht zu übersehen,
die aufgrund ihrer Tätigkeit Züge des früheren Hausper-
sonals an sich hatten: Kutscher, Hausmeister, Lohn-
wäscherinnen, ‚Zugehfrauen‘ usw. machten in der k.k.
Haupt- und Residenzstadt einen erheblichen Anteil der
Arbeiterschaft aus.

Ein großer Teil der Wiener Arbeiterschaft stammte
„aus der Provinz“, vor allem aus Böhmen und Mähren.
Dies spiegelt sich auch im Sample der hier verwendeten
Interviews: Ca. die Hälfte der Mütter und Väter der Interviewpartner stammte aus einem dieser Länder der
Monarchie. Viele Mütter waren in jugendlichem Alter in
die Stadt gekommen, um hier eine Stelle als Dienstmädchen oder als Fabriksarbeiterin anzunehmen. Spätestens
mit der Heirat hatten sie den Dienstposten bei der ‚Herrschaft‘ verlassen, denn die hier geforderten extensiven
Arbeitszeiten waren mit einem eigenen Haushalt oder gar
der Mutterschaft unvereinbar. Wenn es das Einkommen
des Ehemannes erlaubte, versuchten sie, auch außerhäus-
liche Lohnarbeit in Fabriken und Werkstätten nach der
Heirat einzuschränken oder durch eine Beschäftigung zu

ersetzen, die sie zuhause ausüben konnten. Dies gilt vor
allem für die vielen Frauen in der Textilindustrie, die um
die Jahrhundertwende erst in den Anfängen der Mechani-
sierung steckte. Je nach familiärer Situation wechselten
hier viele Frauen zwischen außerhäuslicher Lohnarbeit
und Heimarbeit, ohne den erlernten Beruf aufgeben zu
müssen. In der Wäscheindustrie und in der Posamenterie
zum Beispiel wurden gelernte Fabriksarbeiterinnen nach
ihrer Heirat oder nach Geburt einiger Kinder häufig vom
selben Betrieb als Heimarbeiterinnen weiterbeschäftigt. [10]
Auch dies spiegelt sich in der Zusammenstellung der Interviews. Ein großer Teil der Mütter übte zuhause Textil-
berufe aus (,,Heimnäherin'', ,,Strickerin'', ,,Stickerin''
usw.). Hingegen finden sich seltener Mütter, die einer
regelmäßigen außerhäuslichen Lohnarbeit nachgingen:
eine Schirmnäherin aus Ottakring, deren Mann seinen
Lohn hauptsächlich in Gasthäusern verbrauchte, eine
Taglöhnerin, die mit einem Taglöhner verheiratet war,
dessen Lohn nicht ausreichte, die Familie zu ernähren,
ein ,Maurerweib', das seinen Mann, einen Maurer, als
Mörtel und Ziegel schleppende Hilfskraft auf die Baustellen begleitete, usw.
  Von einer kulturell homogenen und alteingesessenen
Arbeiterschaft kann für das Wien der Jahrhundertwende
also keine Rede sein. [11] Es sind verschiedene Milieus der
Arbeiterschaft zu unterscheiden: Das Milieu der Arbeiter,
die in Handwerkerfamilien der Wiener ,Vorstadt' aufgewachsen waren, selbst noch eine Handwerkslehre in der
Werkstatt eines Meisters absolviert hatten und in kultureller Hinsicht dem städtischen Kleinbürgertum sehr nahe
standen; das Milieu der vorwiegend ungelernten Arbeiter
in den Vororten Wiens, in Favoriten, Meidling oder Ottakring, und schließlich jene inselartigen Milieus ethnischer
Minderheiten, vor allem tschechischer Arbeiter, inmitten
der Wiener Arbeiterviertel. [12] Im Hinblick auf die hier
interessierenden Eigentümlichkeiten proletarischer Kindheit können vier Grundtypen von Arbeiterfamilien unterschieden werden:
— Familien, in welchen die Kinder (oder eines von ihnen)
   in Produktionsprozesse der Heimarbeit oder eines ver-
   legten Gewerbes einbezogen waren. In unserem Sample

sind dafür die Beispiele einer Heimstickerin, einer Hut-
staffiererin, einer Stickerin und einer Federnschmük-
kerin enthalten. In solchen Familien wurden Kinder
häufig als Hilfskräfte herangezogen. Mehrere Stunden
am Tag mußten sie Wolle abspulen, Federn sortieren
u.ä.m. Darüberhinaus wurde ihnen oft die Durch-
führung wichtiger Hausarbeiten übertragen, um die
Mutter für die Heimarbeit freizuhalten. Einkaufen,
Kochen, Aufräumen, Kinderhüten usw. waren meist
die Aufgaben von Töchtern.

– Familien, in denen Vater und Mutter untertags abwesend waren, um außerhäuslicher Lohnarbeit nachzugehen, und sich die Kinder – außerhalb der Schulzeit – ,auf der Gasse' aufhielten, oft sogar das ,Mit-
tagessen' (ein Stück Brot, beim Pferdefleischhauer er-
standene Wurstreste u.ä.) auf der Gasse, z.B. auf der
Gehsteigkante sitzend, einnahmen.

– Familien, deren Kinder zwar die Nachmittage auch
mit Spiel auf der Gasse verbrachten, die jedoch insgesamt dem Typus der „respektablen Arbeiterfamilie"
zugerechnet werden können, nicht zuletzt deshalb,
weil sie eine an bürgerlichen Familien orientierte Er-
ziehungsleistung erbrachten: in denen der Vater regelmäßig die Schulaufgaben kontrollierte, die Notwendigkeit guter Schulerfolge betonte und besonderen
Wert auf eine „solide" Berufsausbildung seiner Kinder
legte. In unserem Sample trifft dies vor allem für die
Familien von Facharbeitern zu, die meist gewerkschaftlich und politisch organisiert waren und sich
dem Bildungsideal der sozialdemokratischen Arbeiterbewegung angeschlossen hatten. (Int. 14: gelernter
Zimmermaler, später Eisenbahner; In. 16: Gürtlerge-
selle; Int. 19: Baupolier; Int. 20: Stukkateur, Int. 33:
Lithograph usw.);

– schließlich Familien ethnischer Minderheiten, in
denen ein oder beide Elternteile nicht deutschsprachi-
ger Herkunft waren. In solchen Familien herrschte
Zwei- oder bisweilen sogar Dreisprachigkeit. Allerdings erlernten die Kinder oft nur die deutsche
Sprache in Wort und Schrift, da sie meistens deutsch-
sprachige Schulen besuchten. In der Familie eines aus

Mähren zugewanderten Eisengießers wurde von den Eltern zuhause nur Tschechisch gesprochen; „No und mir Kinder haum natürlich nur deitsch gredt." (Int. 2 S. 14). Ähnlich „gemischtsprachig" war die Familie von Frau W. (Int. 17). Der Vater, ein in der Brauerei beschäftigter Faßbinder, hatte nach dem Tod seiner ersten Frau ein Dienstmädchen aus Brünn geheiratet: „Meine Mutter konnte jo nix Deutsch, so haben wir zuhause Tschechisch gesprochen und in der Schule und unter den Kindern Deutsch." (Int. 17 S 4). Daß Kinder die Muttersprache der Eltern oft nicht oder nur unzureichend erlernten, weist auf die geringe sprachliche Kommunikation in vielen Arbeiterfamilien hin (s.u.). Andererseits kam zweisprachig aufwachsenden Kindern häufig die Funktion von „Dolmetschern" zwischen ihren Eltern und Arbeitgebern, Ämtern und Behörden zu.

In mancher Hinsicht unterschieden sich der Verlauf und die Charakteristika der Arbeiterkindheit je nach Zugehörigkeit zu einer dieser Typen. Zwei Hauptdeterminanten proletarischer Kindheit aber waren allen diesen Typen gemeinsam: die Teilhabe der Kinder am Familienleben als einer Ökonomie der knappen Mittel und die Enge des Wohnraums, der den Arbeiterfamilien zur Verfügung stand.

Materielle und kulturelle Hintergründe: eine Skizze

Die sozialen Verhältnisse in den Wiener Arbeiterfamilien sind um die Jahrhundertwende in erster Linie durch die materiellen Zwänge bestimmt. Das Familienleben — im Bürgertum vor allem seit der Zeit der Romantik eine Metapher für Geborgenheit und Sentimentalität — ist bei den Arbeitern noch immer Kampf ums Überleben, die Organisation des Mangels, in dessen Zeichen sich die Arbeiter reproduzieren. Das Familienleben der Arbeiter ist primär und sinnfällig erfahrbar Reproduktion ohne jeglichen Luxus, ist Kampf um Nahrung, um Kleidung, um Brennstoff und — nicht zuletzt — um die Wohnung. Infolgedessen ist auch das Verhältnis von Mann und Frau

und jenes zwischen Eltern und Kindern primär der spezifischen Ökonomie der Reproduktion bei knappen Mitteln und auf engstem Raum unterworfen.

Der Vater leitet seinen Anspruch auf Respekt, diverse
Vorrechte und Entscheidungsgewalt in wichtigen Angelegenheiten aus seiner Rolle als primärer Familienerhalter
ab, und eben aus dieser Rolle begründet sich auch die Zu-
stimmung bzw. die Akzeptanz seiner Privilegien seitens
der Ehefrau und der Kinder. Im Unterschied zu bürgerlichen Familien basiert sein Herrschaftsanspruch weder
auf dem Besitz von Produktionsmitteln oder sonstigem
Vermögen noch auf frei disponierbaren Einkünften aus
seiner Lohnarbeit. Der Großteil der Arbeiter verdient um
die Jahrhundertwende nicht genug, um über das Einkommen nach persönlichen Vorlieben disponieren zu können.
Die Verwendung des Geldes für die allernotwendigsten
Lebenszwecke steht fest: einen Wochenlohn für die
Miete, der Rest für Nahrung und Kleidung. Der Autori-
tätsanspruch des Arbeitervaters resultiert ausschließlich
aus seiner Leistung, mit seiner Hände Arbeit die Existenz
seiner Familie sicherzustellen, und aus einem kulturellen
Überhang des Patriarchalismus, der in anderen, besitzenden Schichten auf der sozialen und ökonomischen Herrschaft des ‚Hausvaters‘ beruhte.

Dieser materiell und ideologisch begründete Herrschaftsanspruch des Arbeitermannes wurde weder durch
Erwerbsarbeit der Frau noch durch vorübergehende Arbeitslosigkeit grundsätzlich in Frage gestellt. Allenfalls
schwächte Erwerbstätigkeit der Ehefrau ihre Unterordnung ab. Arbeitslosigkeit des Familienvaters - deren materielle Folgen in der Regel durch Erwerbsarbeit der Ehefrau und/oder der erwerbsfähigen Kinder teilweise ‚aufgefangen‘ wurden — bewirkte, daß der Mann seinen Herrschaftsanspruch nur noch nachdrücklicher vertrat: Wenn
die materielle Grundlage des Patriarchalismus brüchig
wurde, mußte die Ideologie um so stärker bemüht werden.
Wiederholt begegnen in den Interviews Aussagen darüber,
daß sich arbeitslose Väter weigerten, als „weiblich“
geltende Arbeiten — zum Beispiel im Haushalt — zu übernehmen. Das Selbstwertgefühl und die Identität männlicher Arbeiter scheinen wesentlich auf ihrer Lohnarbeit be-

Der Vater: Nach seiner Heimkehr von der Arbeit gilt ihm alle Aufmerksamkeit der Frau und der Kinder

Zur inneren Schichtung der Arbeiterklasse: ein „Maurerweib"

„Arbeiteraristokraten": hochqualifizierte, gut verdienende Facharbeiter.
Für Facharbeiter in der Maschinenindustrie, die mit abnehmbarem weißem
Hemdkragen zur Arbeit gingen, den sie vor Beginn der Arbeit abnahmen
und über dem Arbeitsplatz an einen Nagel hingen, kannten die Zeitgenossen die Bezeichnung „Stehkragenmechaniker" (vgl. die im anglo-ameri-
kanischen Bereich gängige Unterscheidung von Hand- und Kopfarbeitern,
die sich ebenfalls auf das offenbar statusrelevante Merkmal des Hemdkra-
gens bezieht: „blue-collar-" und „white-collar-workers"; vorne: Robert O.,
Lichtdrucker, geb. 1876; *aus: Der Kuckuck, 1930*)

Proletarisches Familienleben: in der Küche . . .
(im Vordergrund ein kleiner Kindertisch, Frau und Kinder stehen beim
Essen, nur der Mann sitzt; an den Wänden die Petroleumlampe und das
Kochgeschirr . . .)

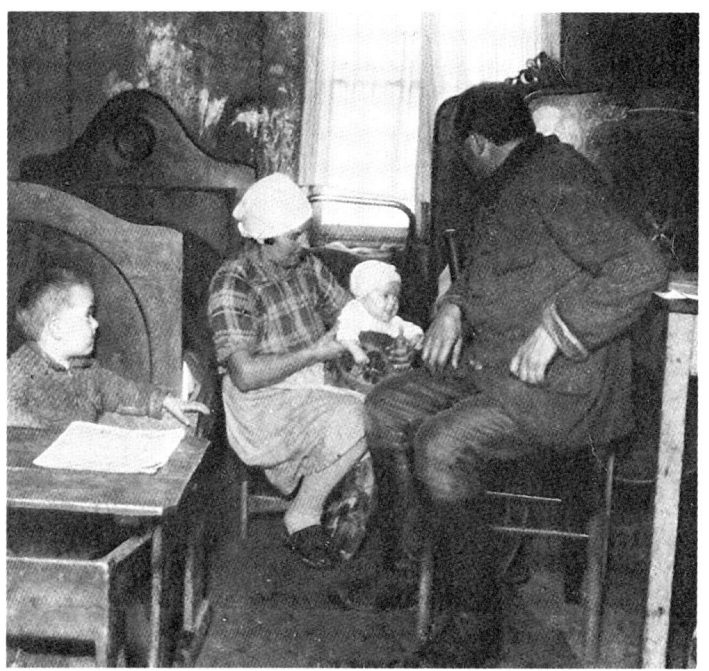

im Zimmer . . .

Das Zimmer: vollgepfercht mit Betten. (Rechts im Vordergrund ein „Stokkerl", am Fußende des „Ehebetts" ein zusammengeklapptes Klappbett, der Kinderwagen muß das fehlende Gitterbett ersetzen . . .; die Aufnahme wurde in den Wohnbaraken von Marienthal gemacht; aus: *Der Kuckuck*, 22. 6. 1930)

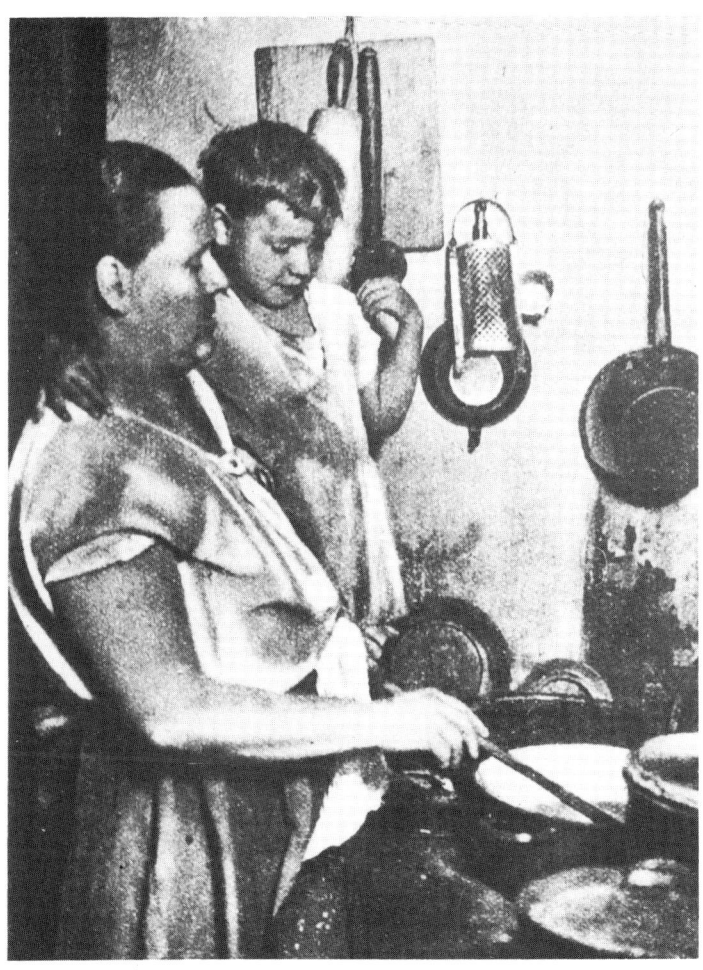

Die Mutter am Herd, in der Küche einer typischen Wiener „Zinskaserne"

Das Familienphoto: der gelernte Zimmermaler und spätere Eisenbahner
Wenzel Z. mit Frau und Söhnen; zweiter von links der mehrfach zitierte
Willi Z. (Interview 14)

ruht zu haben. Die Gefährdung dieser Identität durch
längerdauernde Arbeitslosigkeit führte bei vielen dazu,
daß sie noch genauer darauf achteten, gegen die schicht-
und milieuspezifischen Merkmale ,männlichen' Verhaltens nicht zu verstoßen.

Arbeitermütter werden von ihren Kindern als mehr
oder weniger umsichtige und geschickte ,Verwalterinnen'
des Familieneinkommens erinnert. Die weitaus überwiegende Mehrheit der Ehemänner lieferte ihren Wochenlohn
an ihre Ehefrauen ab und behielt nur ein geringes Taschengeld für persönliche Zwecke. Aus diesem Sachverhalt
haben manche Autorinnen und Autoren auf eine besondere Machtposition der Frau in der Arbeiterfamilie geschlossen. [18] Eine sorgfältige Analyse zahlreicher Erzählungen jedoch ergibt, daß die meisten Ehefrauen aus der
Verwaltung des Familieneinkommens keinen Statusge-
winn ,verbuchen' konnten: der Wochenlohn des Arbeiters
war zu gering, um die primären Bedürfnisse der Familie
befriedigen zu können. „Zuerwerb" der Frau und der
Kinder war häufig nötig, um das Notwendigste an Nahrung, Kleidung, Brennstoff und ,Zinsgeld' sicherzustellen,
und selbst dann blieben Hunger und Mangel an Kleidern
und Brennstoff eine alltägliche Erfahrung. Wie sollte aus
der Verwaltung des Mangels ,Macht' entstehen? Nur in
Familien besser verdienender Facharbeiter blieb ein dis-
ponierbarer ,Überschuß' an Geld, der nicht sofort für
das Essen ausgegeben oder für die nächste Miete beiseitegelegt werden mußte. Hier aber überließ der Arbeiter-
mann seiner Ehefrau in der Regel ein knapp kalkuliertes
,Wirtschaftsgeld' und behielt den Rest in seiner Verwaltung. Nur dieser disponierbare ,Überschuß' wurde im
ehelichen Machtverhältnis zu einer relevanten Ressource
– in der Mehrzahl der Fälle zu einer Ressource des
Mannes, gleichgültig ob er diesen ,Überschuß' im Wirtshaus vertrank oder entschied, das Geld müsse für die
Anschaffung neuer Möbel oder dergleichen beiseitegelegt
werden. Unter den dreißig Arbeiterfamilien, über deren
Verhältnisse die hier zugrundegelegten Erzählungen
handeln, findet sich aber auch die extreme Variante,
daß Vater und Mutter des Erzählers erwerbstätig waren,
der Vater jedoch praktisch nichts zum Unterhalt der

Familie beitrug und seinen Verdienst ausschließlich für
sich selbst verwendete, während die Frau mit ihrem
Einkommen den Lebensunterhalt der Familie bestritt
(Int. 23), Ein Indiz für den spezifischen Patriarchalismus
in Arbeiterehen ist auch der Umstand, daß viele Ehefrau-
en nicht wußten, welchen Lohn ihr Mann ‚wirklich'
erhielt, und daher auch nicht überprüfen konnten, ob das
ihnen zur Haushaltsführung überlassene „Wirtschaftsgeld"
und der Verdienst des Mannes zueinander in einem angemessenen Verhältnis standen. Die Festsetzung der Höhe
des Wirtschaftsgeldes bildete so ein wirksames Instrument
zur Sicherung der Herrschaft des Mannes. Vor diesem —
hier nur zusammenfassend berichteten — Hintergrund der
Ökonomie der knappen Mittel in den Haushalten der Arbeiterschaft wird im folgenden das Leben der Kinder in
den Arbeiterfamilien als Einübung in materiell begründete
und ideologisch überhöhte Systeme von Herrschaft und
Unterordnung sowie als Einübung in die geschlechtsspezifischen Rollen „der Arbeiterfrau" und „des Arbeitermannes" zu beschreiben sein.
    Ehe ich mich einzelnen Aspekten der proletarischen
Kindheit zuwende, soll auch die zweite Hauptdeterminante noch knapp umrissen werden: die Enge des Wohnens. Die Wohnverhältnisse zwangen den Arbeiterfamilien
eine spezifische zeitliche und räumliche Strukturierung
ihres Alltags auf. Die Mehrzahl der Wiener Arbeiterfamilien konnte sich nur eine Zimmer-Küche-Wohnung
leisten. [14)] In meinem Sample wohnten 22 der 30 Arbeiterfamilien auf Zimmer und Küche; eine zwölfköpfige
Familie bewohnte zunächst nur eine Kellerwohnung;
sieben Familien verfügten über Zimmer, Küche und Kabinett. 1890 hatte die Volkszählung ergeben, daß ein Viertel aller Zimmer-Küche-Wohnungen im Arbeiterbezirk
Ottakring von mehr als sechs Personen belegt waren, noch
höhere Werte wurden für Favoriten, Simmering und die
Leopoldstadt errechnet; im proletarischen Untermeidling
lebten sogar in 36 Prozent der Zimmer-Küche-Wohnungen
mehr als 6 Personen. [15)] In den Herkunftsfamilien meiner
Interviewpartner variiert die angegebene Haushaltsgröße
zwischen 4 und 12 Personen. 232 Personen in 30 Haushalten ergeben eine durchschnittliche Haushaltsgröße von

7,7 Personen. Zum Vergleich: die durchschnittliche Haushaltsgröße für alle Wiener Haushalte betrug 1900 4,4 Personen, bis 1910 fiel sie auf 4,1.[16] Die weit überdurchschnittliche Wohnungsdichte bei den Arbeitern ergab sich vor allem aus den höheren Geburtenziffern. In den Herkunftsfamilien meiner Interviewpartner betrug die durchschnittliche Kinderzahl 5,4.

In Relation zur verfügbaren Wohnfläche waren gerade die Kleinwohnungen der Arbeiterfamilien besonders teuer. Die Mietzinserhebung von 1900 ergab, daß ein großer Teil der Wiener Haushalte mehr als 20 % des monatlichen Einkommens für die Wohnungsmiete ausgeben mußte. [17] Nahezu alle Interviewpartner berichten, ihre Eltern hätten etwa einen Wochenlohn für „den Zins" weglegen müssen. Dies wieder zwang viele, Bettgeher oder Untermieter aufzunehmen, um die Miete aufbringen zu können (1910 wohnten 9 Prozent aller Wiener als Untermieter oder Bettgeher [18]). Sieben von 30 Interviewpartnern berichten über Bettgeher oder Untermieter im elterlichen Haushalt.

Diese familien- und wohnungsstatistischen Daten können wiederum nur die ‚Rahmenbedingungen' proletarischen Familienlebens und proletarischer Kindheit andeuten. Welche Erfahrungen, welche Eindrücke, welche ‚Prägungen' der Arbeiterkinder waren mit diesen räumlichen Verhältnissen verbunden?

Die weitreichendste und zugleich offensichtlichste Folge war, daß Arbeiterkinder sich nur solange in der Wohnung aufhielten, als dies unbedingt erforderlich war: zum Schlafen, zum Waschen, zu den Mahlzeiten, zur Erledigung der Schulaufgaben. Einen Großteil des Tages verbrachten sie, wenn es das Wetter zuließ, „auf der Gasse".

„Wir waren alle Gassenkinder. Zu der Zeit waren alle nur Gassenkinder. Also wir sind auf der Gassen, auf der Straße sind wir aufgewachsen ..." (Int. 43bS 23)

Mit Ausnahme jener, die ihren Müttern bei der Heimarbeit helfen mußten (und dabei so manchen sehnsüchtigen Blick durch das Fenster auf die Gasse warfen, in der ihre Altersgenossen spielten), bestätigen alle Interviewpartner die Bedeutung der Gasse als ‚Spielfeld'. Immer

wieder wird der Gegensatz zwischen der Enge der Wohnung und der Freiheit der Gasse hervorgehoben:

„ ... als Kinder is es uns gut gegangen, weil wir haben *viel Freiheit* genießen können; aber so in den Wohnungen wars klein halt,
Zimmer-Küche nur ..." (Int. 2 S 6)

Die vielfältigen Formen des Spielens auf der Gasse, die
Bedeutung der Kinder- und Jugendgruppen für die An-
eignung klassenspezifischer Erfahrungen und Fähigkeiten
habe ich an anderer Stelle beschrieben.[19] Hier interessiert, wie in den Wohnungen der Arbeiterfamilien die Mo-
torik der „freiheitsgewohnten" Gassenkinder eingedämmt
und unterdrückt werden konnte, um die Regeneration der
erwerbstätigen Familienmitglieder nicht zu gefährden.
Hier interessiert auch, wie jene autoritären Strukturen,
von denen schon die Rede war, auf engstem Raum, also
bei unvermeidlicher körperlicher Nähe, aufrechterhalten
werden konnten.

Heimkehr der Väter: Rituale der Macht

Arbeiterkinder erfuhren früh, daß die Reproduktion des
„Hauptverdieners" — in der Mehrzahl der Fälle war dies
der Vater — absoluten Vorrang hatte. Der Tagesablauf der
Frauen war — ob sie selbst erwerbstätig waren oder nicht —
ganz auf die Heimkehr des Ehemanns ausgerichtet. Davon waren auch die Kinder betroffen. Während Frau und
Kinder mittags meist nur „eine Kleinigkeit" aßen, wurde
für das Abendessen vergleichsweise großer Aufwand betrieben. Das Abendessen war für die meisten Arbeiterfamilien die einzige gemeinsame Mahlzeit an Wochentagen.
Ein gemeinsames Frühstück gab es nur selten und das Mittagessen nahmen viele Arbeiter am Arbeitsplatz ein. Frau
und Kinder hatten zuhause zu sein, wenn der Ehemann
und Vater von der Arbeit nachhause kam. Nachbarinnen,
die auf dem Gang oder im Hof des Zinshauses beisam-
menstanden und tratschten, warnten einander: „Sie, Ihna
Mann kummt scho! — Husch, san-ma scho grennt, auf-
gsperrt und woar-ma scho drin!". Auch die auf der Gasse

spielenden Kinder hatten sich auf die Heimkehr des Vaters einzurichten. Karl Auer, 1907 geborener Sohn eines Pflasterers und einer Schirmmacherin, erinnert sich, „im besten Spiel" gegen Abend immer wieder nach dem Vater Ausschau gehalten zu haben:

„ ... waun mir auf da Gossn gspüt hom, hom-ma miassn scho aufpassn, waun er kummt; haum-ma miassn hingehn, net, schauen, rennen schauen, wo is er, jetzt kummt er, haum miassn sogn, bittschen Vata, derf-ma no heruntbleiben auf da Gossn? – Nau und daunn hot's ghaßn: Waunn die erschte Latern brennt: auffa!" (Int. 23 S 10)

In ,rituellen Anerkennungsgesten'[20] versicherten Frau und Kinder dem Ehemann und Vater, dessen Vorrangstellung als ,Verdiener' und Oberhaupt der Familie anzuerkennen. Die Kinder brachten ihm die Hausschuhe, halfen ihm aus dem Mantel, deckten den Tisch oder zogen sich bloß still in eine Ecke des Zimmers zurück. In der Familie des Eisenbahners Wenzel Z. war der rituelle Charakter der Heimkehr besonders deutlich:

„Wenn der Vater vom Dienst nach Haus kommen ist, hat er die Tür aufgemacht, mit strengem Blick den Raum überblickt, dann hat er gesagt: Wasser ins Lavoir! Essen auf den Tisch! Dann haben wir ihm den Mantel ausgezogen, nicht wahr, und die Kappe aufgehängt, und dann hat er sich also die Hände gewaschen, nicht, und hat gefragt, was los war. Dann hat's eben gleich eine Strafe, Wix, eine Watschen oder sonst was gegeben ..." (Int. 14 S 16)

Anna N., 1903 in der Familie eines Lithographen geboren, erinnert sich, daß sie und ihre Geschwister dem von der Arbeit heimgekehrten Vater zuerst die Schulaufgaben vorweisen mußten. Anschließend war ,Befehlsausgabe':

„Wann da Vota auf d'Nocht hamkumma is von da Fabrik, haumma miassn uns aunstön, die erste mit da Aufgob, wos ma hoit aufsogn haum miassn, auswendig lerna, die zweite und des dritte, und dann hot da Vota gsogt: So, und ramt's ma des Tischerl ob; du ziagst ma d'Schuach aus, du hoist a Wossa, du tuast ma die Pfeifn stopfn und du gibst ma die Biachln, wos i brauch! .... Und des hot miassn funken, der hätt's jo goa net aundas taun, waun ma do net olle wundaboa pariert hättn ... " (Int. 33 S 6)

Wenn das Essen nicht sofort auf den Tisch kam, pflegten sich viele Arbeiterväter an den Küchentisch zu setzen
und die Zeitung zu lesen. In vielen Fällen zog die Heimkehr des Vaters bei den Kindern eine angespannte Ruhe
nach sich:

„ ... natürlich wir haben uns immer in ein Winkerl ... , da war vor
dem Bett ein Tischerl und die Sessel, und da sind wir gesessen und
wir mußten brav sein. Da haben wir uns nicht getraut, so wie heute
die Kinder, dieses Mitreden dürfen und so -, ach, wir waren En-
gerln!' (Int. 17 S 7)

Für die Kinder endete der Tag mit der Heimkehr des
Vaters in einer physisch und psychisch einengenden Erfahrung: vom weitläufigen „Spielplatz" der Gasse, der
nahen Wiesen, der Hausflure und Höfe mußten sie in die
enge Zinskasernenwohnung zurück. Hier aber herrschte
notwendig das Interesse des Vaters, sich von den Stra-
pazen des Arbeitstages zu erholen; es mußte gegen die
Lebendigkeit der Kinder, gegen ihren Bewegungsdrang
und gegen ihr neugieriges Fragen durchgesetzt werden.
Wie in der eben zitierten Interviewpassage ausgedrückt,
war es Kindern meist verboten, sich in ein Gespräch der
Eltern einzumischen.[21] Bei Tisch galt häufig Sprech-
verbot für die Kinder:

„Do woars stü, da war Stille!" (Int. 19 S 10)

Auch die verschiedenen Formen der *Bestrafung* waren
vor allem auf die Ruhigstellung der Kinder ausgerichtet.
Die Abwesenheit des Vaters untertags wurde durch seine
Frage, ob etwas „Besonderes" vorgefallen sei, und Berichte der Mutter über „Vergehen" der Kinder sowie die
darauf verhängte „Strafe" des Vaters „aufgewogen"; der
Vater übte „häusliche Gerichtsbarkeit":

„Die Mutter hat die Strafen mehr an den Vater abgeschoben,
nicht, weil der woar jo schließlich der Allmächtige, der hot des
Göd verdient, der hot olles eingeteilt, der hot des olles bestimmt."
(Int. 14 S 16 - 17)
„ ... waunn wir halt schlimm waren, hat die Mutter gesagt: Warte,
wann der Vater kommt, dann kriegst du's ... mh, jetzt haben wir
schon immer Federn ghabt, wenn er z'haus kommen is." (Int. 7
S 11)

Häufiger als die Bestrafung durch Schläge scheint das Knien-lassen gewesen zu sein. Dies hing offenbar mit dem Ruhebedürfnis des Vaters zusammen:

„Ghaut bin i, san-ma überhaupt net wordn, mei Bruada amoi, oba sunst haum-ma miassn knian, ana bei *dem* Fenster, ana bei *dem*. No und mei Bruada, da Öteste, waun der a bißl kniat is, hot er scho gsogt: bittschen Vata, derf i scho aufsteh'? – und i hob's net zaumbrocht, i bin kniat, hob miassn die Händ am Buckl hobn, san ma kniat und san mit'n Kopf so an der Mauer ... i hob's net zaumbrocht, daß i gsogt hätt', derf i aufstehn; bis daunn die Mutti gsogt hot, jetzt loß eam scho amoi aufsteh' – Er muaß wissen, wos er z'tuan hot! – i hob's net gsogt; no daunn hot er doch gsogt: Schau daß'd eini kummst ins Bett! – No und daunn hob i mi niedaglegt ..." (Int. 23 S 10)

Nicht nur Buben wurden so bestraft. Auch Maria F. berichtet:

„ ... haum-ma se glei miassn zwa Stund auf's Holzscheitl knian ... Geh Vater, derf i aufstehn? – Bleib nu knian! oder so. Mir haum miassn die zwa Stund dortn bleibn; mir san sehr streng erzogen worden." (Int. 4 S 15)

Eine Konsequenz dieser offenkundig zur Herstellung von Ruhe dienenden Form der Bestrafung und des Sprechverbots bei Tisch war, daß in den wenigen Stunden des Zusammenseins der Familienmitglieder an den Abenden der Werktage zwischen Eltern und Kindern wenig gesprochen wurde. Die Dialoge zwischen ihnen scheinen selten über pragmatisch-notwendige Verständigung hinausgegangen zu sein. Nörgeln und Schimpfen gegenüber den Kindern dominierten. Als Konsequenz kann vermutet werden, daß Arbeiterkinder aus der sprachlichen Kommunikation mit ihren Eltern geringere Bildungsanreize erhielten als etwa Kinder bürgerlicher Eltern, die auf die Einübung entwickelter Konversationsformen bei Tisch meist großen Wert legten. Aus der Notwendigkeit, die Arbeitskraft unter den knappen Bedingungen des Arbeiterhaushalts so gut es ging zu reproduzieren, reduzierte sich auch der Einsatz der Sprache auf das „Not-wendige": Die gesprochene Sprache und mit ihr der Spracherwerb der Kinder blieben an die vorgefundene Umwelt gebun-

den. Die Sprache transportierte keine Erweiterung der
Umwelt und der Handlungsperspektiven.[22]

Die eingeschränkte sprachliche Kommunikation, der
häufige Gebrauch formelhaften, pragmatisch verkürzten
Sprechens und die Haupttendenz aller „Erziehungs"maßnahmen, die Kinder „ruhig zu stellen", müssen auch im
Zusammenhang mit den Arbeitsbedingungen der Arbeiter
gesehen werden. Arbeitereltern vermittelten im Alltag
des Familienlebens ihren Kindern jene Verhaltensweisen,
zu denen sie selbst am Arbeitsplatz gezwungen waren. Dazu zählte vor allem die Fähigkeit, sich an vorgegebene,
von vorgesetzten Meistern, Ingenieuren, Angestellten und
Chefs gestaltete und bestimmte Situationen anzupassen.
Diese Anpassung erfolgte im Betrieb wie in den Familien
der Arbeiter ohne viele Worte. Die immer wieder beschriebene Wortkargheit vieler Arbeiter war wohl primär
ein ‚Sozialisationsprodukt' der Verhältnisse am Arbeitsplatz: die langen — um die Jahrhundertwende noch bis zu
12 Stunden dauernden Arbeitstage verbrachten sie oft
weitgehend stumm, oder sie tauschten mit Arbeitskol-
legen nur die wichtigsten Verständigungsformeln aus. Für
Maschinenarbeiter war sprachliche Verständigung infolge
des Maschinenlärms oft nur unter großer Anstrengung
möglich und wurde daher auf absolut notwendige Zurufe
beschränkt usw. So wie am Arbeitsplatz ‚vorgefundene'
und individuell nicht veränderbare Sachzwänge herrschten, war es auch zuhause: die Einschränkungen der Bewegungsfreiheit der Kinder bedurften keiner diskursiven
Begründung, — die meisten Gebote und Verbote hatten
ohnehin einsichtige Gründe. Daß der müde Vater seine
Ruhe haben wollte, daß die Mutter mit den knappen
Nahrungsmitteln äußerst sparsam umgehen mußte, daß
der Hausmeister nicht übermäßig geärgert werden durfte,
weil sonst unter Umständen die Kündigung drohte usw.
usf., das alles zählte bald zum klassenspezifischen Wissen
und zur alltäglichen Erfahrung eines Arbeiterkindes. Das
zentrale Sozialisationsziel der Arbeitereltern und das
Sozialisationsprodukt der Lebensverhältnisse in den Ar-
beiterwohnungen konnte deshalb nur *Anpassungsfähig-
keit* sein.

Die in Arbeiterfamilien angewandten Erziehungstechniken hatten — darin stimmen mehrere Untersuchungen überein[23] — ein geringeres Maß an „Verinnerlichung" der Verhaltenszumutungen zur Folge als die Erziehung in bürgerlichen Familien. Die diversen Formen der Bestrafung der Kinder zielten nicht so sehr auf „Verinnerlichung" als auf „äußerliche Ruhigstellung". Die Motive und die subjektive Erfahrung der Kinder waren dabei eher sekundär. Primär war die Anpassung der Kinder an die Bedürfnisse des Kollektivs. Drastisch wird dies sichtbar, wenn der Vater, wie oft berichtet wird, nach seiner Heimkehr alle Kinder „gleich" bestrafte, unabhängig davon, welches der Kinder der eigentliche Urheber der Klagen der Mutter gewesen war.

Daraus folgte allerdings, daß die Autorität des Vaters in den Augen der Kinder keineswegs unbezweifelbar war. Es scheint, als hätten Arbeiterkinder die „Ungerechtigkeit" und Unbeherrschtheit eines Vaters durchaus als solche wahrgenommen. Arbeitereltern hatten weniger Chancen als bürgerliche Eltern, sich gegenüber ihren Kindern als „unfehlbar" zu zeigen. Das physische und psychische Elend eines müden, sich früh verschleißenden Arbeiters ließ sich auf Zimmer und Küche schlecht verbergen. Hildegard Hetzer kam, wenn auch mit moralisierendem Unterton, in ihrer Untersuchung Ende der 20er Jahre zu einem ähnlichen Schluß: „Die engen räumlichen Verhältnisse, die Unbeherrschtheit der Erwachsenen, die sich vor ihren Kindern blind gehen lassen (...) bewirken, daß das U (= „das ungepflegte Kind") früh den Glauben an die Unfehlbarkeit seiner Eltern verliert, daß es ihre Schwächen frühzeitig kennen und nachsichtig beurteilen lernt.[24]

Neben der Einsichtigkeit ihrer Fehler und Schwächen wurden proletarische Familienväter in ihrer „Erziehungsmacht" auch durch ihre geringen Anwesenheiten beschränkt. Maria S. sah ihren Vater, einen Lohnkutscher, der spät abends von der Arbeit nach Hause kam, nur selten. Aus der Sicht des Kindes waren die häuslichen Verhältnisse von der Mutter dominiert:

„Oiso, die Mutter woar sozusogn der Haushoidsvorstaund. Den Vater hob i den gaunzen Tog net gsehn, die ganze Wochen net, außer Sonntog ..." (Int. 9 S 2)

Alfons Petzolds „Franzl" sah den Vater meist nur, wenn
dieser seinen Rausch ausschlief, denn „wenn der Vater heim-
kam, schlief er schon, und nur der laute, häßliche Streit
der Eltern zerriß manchmal seine harmlosen Kinder-
träume."[25] Auch pflichtbewußte und um ihre Kinder
besorgte Eltern werden von ihren Kindern oft als distan-
ziert erinnert. Zärtlichkeiten zwischen Vätern und Kindern scheinen eher selten gewesen zu sein, und dies, obwohl die Kinder häufig bei ihren Vätern schliefen. Frau
Skorepa antwortete auf die Frage, ob sie als kleines Kind
manchmal von ihrem Vater auf dem Schoß gehalten und
gestreichelt worden sei:

„Na, nein, do kann ich mich nicht erinnern. Nein, nein! Wie ich
Ihnen sag, seine Sorge hat sich um das gedreht, daß er für uns gesorgt hat! Das war uns Aufmerksamkeit genug!" (Int. 27 S 22)

Knappes Essen und kleine Freuden

Der Logik der Reproduktion in einer Hauhaltsökonomie
der knappen Mittel entsprach auch die Vorrangstellung
der „Verdiener" beim Essen. In der Aufteilung der verfügbaren Nahrung verspürten die Kinder diese Logik sozusagen am eigenen Leib: Sie hatten hinter dem Vater oder
schon erwerbstätigen Geschwistern zurückzustehen, wenn
das Essen zur Verteilung gelangte.

„Wia ma klein woarn, is in der Mitte vom Tisch ein Weidling mit
Mohnnudeln gstandn und do hamma oft aufn Teller vom Vater
gschaut, wann der a Fleisch kriegt hot. Haums gsogt, jo Kinder,
wanns amol vadients, kennts a a Fleisch hobn." (Int. 4 S 2)

Wenn genügend Fleisch für alle da war, wurde dem Vater
das größte Stück gegeben: „des is kloar ". „Diese Taktik
entsprang der Notwendigkeit, Ehemänner in armen Familien gesund und, wenn möglich, glücklich zu erhalten."
schreibt Peter N. Stearns, der sich dabei auf Berichte über
Londoner Arbeiterfamilien um die Jahrhundertwende bezieht.[26] Über den funktionalen Aspekt der physischen
und psychischen Rekreation hinaus ist der symbolische
Gehalt derartiger Verhaltensmuster unübersehbar. Die

Ritualisierung der Handlungsabläufe, bei denen oft nur wenige Sätze gesprochen wurden, die – wie im Beispiel der Heimkehr des Vaters gezeigt – oft Befehlsformeln waren, bedingte die diskussionslose Anerkennung der hier praktizierten Herrschaft nach Alter (Erwerbsfähigkeit) und Geschlecht („Arbeitsteilung").

Keine Herrschaft ist jedoch auf die Dauer nur durch Repression zu sichern. Auch die Arbeiterväter hatten keineswegs nur autoritäre und repressive Züge. Aus der Sicht der Kinder brachten vor allem die Wochenenden die angenehmen Seiten des Vaters zum Vorschein.

„Natürlich war er nicht nur der strenge, er war auch der *gütige* Vater. So zum Beispiel kann ich mich erinnern, das ist schon recht oft gewesen, daß wir zusammen einen Drachen gebastelt haben und daß wir dann aufs Feld gegangen sind Drachen steigen. Das war nicht sehr weit, zwischen den alten Bahnhäusern in Ober-St. Veit war ja ein freies Feld. ..." (Int. 14 S 17)

Häufig werden mit dem Vater unternommene Sonntagsausflüge mit oralen Erlebnissen verbunden. Jeden zweiten Sonntag Vormittag nahm der Stukkateur Josef Horvath seinen Sohn zur Zahlstelle der Gewerkschaft mit. An den dazwischenliegenden Sonntagen besuchten die beiden die Großmutter:

„I bin mit ihm jeden Sonntag, jeden Sonntag vormittag ins Arbeiterheim gegangen einzahln die Gewerkschaft (den Gewerkschaftsbeitrag, RS), und jeden zweiten Sonntag – immer abwechselnd – in die Staudgossn noch Währing zu meiner Großmutter, also zu seiner Mutter, die in einem Lehrerheim Bedienerin woar. I kann mi erinnern, in guten Zeiten, wenn er also gearbeitet hot (und nicht, wie meist über den Winter, arbeitslos war, RS), da is in der Kalvarienberggossn a größerer Konditor, und do hob i jedesmal so a Nußschnitte kriegt, net, des woarn natürlich Höhepunkte!" (Int. 20 S 12)

Maria Baier, die 1902 geborene Tochter eines Baupoliers, erhielt vom Vater jedes Wochenende „ein Fünferl" (fünf Kreuzer):

„Da haben wir uns kaufen können, was wir wollten. Da haben wir zwei Kreuzer fürs Kino am Sonntag ... und das andere, da haben wir uns ein Stückerl Roßwurst kauft oder ein paar Zuckerl." (Int. 7 S 12 - 13)

Gegenüber dem strengen Regime der Mutter, die an Wochentagen jeden Kreuzer dreimal umdrehte, ehe sie ihn ausgab und die sich aus ihrer Verantwortung für den Haushalt den Kindern kaum großzügig zeigen konnte, erschien der Vater an manchen Sonntagen als der „gütige" Vater. Auch hier schlug die „Arbeitsteilung" auf seinem innerfamilialen Machtkonto zu Buche: mit den von ihm gewährten kleinen oralen Freuden befriedigte er sein eigenes Bedürfnis nach positiver Emotionalität und stabilisierte zugleich seine Herrschaft.

Die ökonomische Priorität der „Verdiener", die den Weiterbestand des Patriarchats in besitzlosen Arbeiterfamilien sicherstellte, regelte nicht nur das Verhältnis von Mann und Frau. Auch die Kinder verhielten sich zueinander entsprechend dieser Logik und wurden dabei in ihrem geschlechtsspezifischen Verhalten vom commonsense laufend bestätigt. Schon lange bevor die Berufswahl zu treffen war, bei der die meisten Arbeiterkinder dieser Generationen allerdings kaum eine „Wahl" hatten, begann sich unter den Kindern eine geschlechtsspezifische Arbeitsteilung einzuschleifen.[27] Mädchen wurden frühzeitig auf Reproduktionsaufgaben festgelegt. Sie gingen einkaufen, putzten die Wohnung, halfen beim Wäschewaschen und bereiteten Mahlzeiten vor, besonders dann, wenn die Mutter außer Haus erwerbstätig war oder eine Heimarbeit hatte.[28] Manche Mädchen mußten schon im Alter von sieben oder acht Jahren die Aufgaben einer Hausfrau übernehmen, Buben wurden deutlich weniger zur Hausarbeit herangezogen. Man ließ sie wesentlich öfter „ihre Wege gehen": sie hatten sich auf der Gasse zu bewähren. Sie zogen in Gruppen herum, spielten Krieg oder organisierten „nützliche Dinge": Altmetall, das sich gut verkaufen ließ, Ähren oder Rüben von den umliegenden Feldern, Abfallobst und Gemüse auf den städtischen Märkten usw.[29]

Zuhause wurden ältere Brüder von ihren Schwestern ebenso „bedient" wie der Vater von der Mutter. Dies spätestens ab dem Zeitpunkt, zu dem ein Bruder aus der Schule gekommen war und als Hilfsarbeiter oder als Lehrling erstmals Geld verdiente. Damit rückte er in die Nähe des Vaters, und damit beanspruchte er auch das väterliche Privileg, von den weiblichen Mitgliedern der Familie bedient zu werden. Maria Bauer erinnert sich:

„Na und mein ältester Bruder, des war ein Striezi. Der hat bei Werner & Pfleiderer (Metallverarbeitende Firma in Wien/Ottakring, RS) gearbeitet. Der is nach Haus kommen, hats Schlossergewand auszogen, hingworfen, no, und dann hat er sich gewaschen. Na, da is die halbe Küche geschwommen, nicht, und dann hat er sich angezogen. Sag ich: no und wer wird das wegräumen? Sagt er: zu was bist denn du da?! Einmal hat er mir's Wasserhefen nachghaut bis ins Zimmer hinein, weil ich zurückgeredet hab. Der war immer gleich so rabiat." (Int. 7 S 14)

Vordergründig übten Arbeitersöhne auf diese Weise das Verhalten ihrer Väter ein. Was sich die Mutter von ihnen nicht bieten ließ, sollte die Schwester hinnehmen. Psychoanalytischer Theorie zufolge hatten derartige Verhaltensweisen von Arbeitersöhnen im ödipalen Vater-Sohn-Konflikt ihre Wurzel: war der Sohn im unbewußten Kampf um die begehrte Mutter hoffnungslos unterlegen, reagierte er nun aus der Identifikation mit dem Vater, in dem er diesen nachahmte: er wollte zuhause „ein Mann" sein und „wie ein Mann" behandelt werden. (s.u.) Dies betraf vor allem auch seine Vorrechte beim Essen. Die 1898 geborene Frau Skoda erinnert sich deutlich an die Bevorzugung ihres älteren, schon verdienenden Bruders durch die Mutter:

„ ... und wenn die Mutter gekocht hat, hat sie die Rein aufgehoben für den älteren Bruder. Der is erst am Abend nach Haus kommen, mittags überhaupt nicht. Und der hat gschlickt! Und i bin aufgstandn und hab gsagt: Franzl laßt mir gar nix? – Mußt warten was übrig bleibt, hat er gsagt." (Int. 48 S 2)

Die Arbeit der Töchter im Haushalt galt auch in Arbeiterfamilien als die beste Vorbereitung auf Ehe und Mutterschaft. Die älteren Töchter wurden vor allem auch zur Beaufsichtigung ihrer jüngeren Geschwister eingesetzt. Das Tragen der Kleinkinder konnte bei Mädchen, die selbst noch im körperlichen Wachstum waren, körperliche Schäden hervorrufen.

„ ... do is ma das eine Kind am Buckl (auf den Rücken, RS) bunden
worden, die Jüngste; das andere hob i an der Hand ghabt... und
do bi i amol über die Stiegn runtergfalln; do hob i trotzdem meine
Tochtln kriagt. – Des woar trist, es woar trist, weil sie, die Mutta,
hot miassn oabeiten ...“ (Int. 19 S 7)

Über die Verpflichtung, auf die kleinen Geschwister
aufzupassen, reduzierte sich der „Spielraum“ der Mädchen in der Wohnung und in der Gasse. Hatten sie in der
Wohnung wesentlich mehr Pflichten im Haushalt als ihre
Brüder, zwangen ihnen ihre Aufgaben als „Ersatzmütter“
auch auf der Gasse ein höheres Maß an Verantwortung
und Zeitdisziplin auf:

„ ... do is gwesen a bestimmte Zeit, daß i mit die Gschroppn zhaus
kum, und durch das weil ich eben die Kinder bei mir ghabt hab,
die drei Kleinen, net, woar es für mich schwer ... . Ich woar grod
um vier Joahr älter.“ (Int. 19 S 9)

Wenn die meisten der hier untersuchten Lebensge-
schichten von Arbeitertöchtern auch Elemente der „Gas-
sensozialisation“ enthalten, konnten sich Mädchen doch
nicht annähernd so frei auf der Gasse bewegen wie ihre
Brüder. Vor allem das weitere Umland des jeweiligen
Wohnviertels war eine Domäne der Buben. Mädchen
hatten zumeist in der Nähe der Wohnung zu bleiben. War
ihre Mutter zuhause, mußten sie damit rechnen, jederzeit
von ihr zu Hilfe gerufen zu werden. Wenn die Mutter aus-
ser Haus war, trug so manches Mädchen den Wohnungs-
schlüssel an der Schnur um den Hals und achtete darauf,
zeitgerecht in die Wohnung zurückzukehren, um das
Abendessen vorzubereiten. Seine spätere „Einschließung“
in den Haushalt warf ihre Schatten voraus.

Nähe und Distanz: Tabuierung der Körper

Von den Wohnverhältnissen als einer Hauptdeterminante
proletarischen Familienlebens war eingangs schon die
Rede. Die Enge des Wohnens zwang zur Hierarchisierung
der alltäglichen Lebensprozesse. Nach dem gemeinsamen

Abendessen wurde das abendliche Waschritual vollzogen. In einer meist feststehenden Reihenfolge wuschen sich die Kinder im Lavoir. Dieses Lavoir stand meist in der Küche auf einem „Stockerl", darunter der Blechkübel, mit dem das Wasser von der Bassena am Gang hereingeholt wurde. Ebenso streng war die Reihenfolge, in der an Samstagabenden gebadet wurde.[30] Dazu wurde meist der Waschtrog aus der Waschküche in die Küche geholt. Ein Kind nach dem anderen wurde hier gebadet; da das Wasser auf dem Herd gewärmt werden mußte, war man sparsam; meist badete die ganze Familie im selben Badewasser, allenfalls wurde warmes Wasser zugegossen. Die gebadeten Kinder wurden sofort in die Betten gesteckt. Erst wenn die Kinder im Bett waren, badeten auch die Eltern. Sorgfältig wurde darauf geachtet, daß die Kinder ihre Eltern nicht nackt zu Gesicht bekamen. Maria S. erinnert sich, das Baderitual der Eltern nur durch die geschlossene Zimmertür mitverfolgt zu haben:

„Mitunter hot sich mein Vater nicht gern gwoschen (lacht) und do ist die Mutter olleweu hergaungen und hot's gsogt: So jetzt gehst her, i werd dich reiben! – die hot die Ausreibbürsten gnommen und hot ihm den Buckl gwoschen, des woar immer des Theater, wos ma ghört haum, sunst haum-ma nix ghört, des hot sich ois unter eahner obgspüt, vielleicht waun ma gschlofen haum, net." (Int. 9 2. Gespr. S 7)

Auch an Wochentagen wurden die Kinder meist früh in die Betten geschickt. Es entsprach dies dem Bedürfnis der Eltern, wenigstens ein, zwei Stunden am Abend ungestört zu sein. Es war ihre einzige Chance, sich „auf Zimmer und Küche" für einige Zeit von den Kindern zu separieren.[31]

„Wir haum um Siebene ins Bett gehn müssen." (Int. 9 S 11)

Wenn die Väter etwas später nach Hause kamen, sei es, daß sie einen langen Fußmarsch vom Arbeitsplatz nach Hause zurückzulegen hatten, sei es, daß sie nach der Arbeit noch in einem Gasthaus eingekehrt waren, lagen die Kinder oft schon im Bett. Sie hörten dann den heimkehrenden Vater durch die Zimmertür:

„ ... und do hot er dann die Mutter gfrogt, ob mir Kinder eh wos
zum Essen kriagt haum ..." (Int. 9 S 11)

Wie beim samstägigen Familienbad wurde auch wochen-
tags streng darauf geachtet, das Tabu des nackten Körpers
zu schützen. Kaum eines der Arbeiterkinder dieser Generation scheint seine Eltern einmal nackt gesehen zu haben,
– und dies, obwohl Eltern und Kinder im selben Raum
schliefen. Sorgfältig verbargen die Eltern ihre Körper vor
den Blicken der Kinder. Die meisten Interviewpartner
versichern, infolge ihres Spielens auf der Gasse, der Mit-
hilfe bei der Hausarbeit etc. abends derart müde gewesen
zu sein, daß sie immer sofort eingeschlafen wären und das
Zu-Bett-Gehen der Eltern kaum je beobachtet hätten. In
der Regel habe man sich auch nicht vollständig entkleidet, sondern die Unterwäsche zum Schlafen anbehalten.
Andererseits wurde körperliche Nähe durch den Mangel
an Räumen und vor allem durch den Mangel an Betten
erzwungen. Kaum eines der hier zitierten Arbeiterkinder
hatte ein Bett für sich allein. Die typische Situation war,
daß die jüngsten Kinder bei den Eltern im Doppelbett
schliefen und sich die übrigen Kinder – meist zu zweit –
eine „Ottomane", einen „Diwan", ein „Tafel-" oder
„Kastenbett" teilten. Das Zimmer und – so vorhanden –
das Kabinett waren meist derart mit Schlafstellen vollgepfercht, daß sie zu anderen Zwecken als zum Schlafen
gar nicht zu benützen waren. Daraus erklärt sich, warum
die Küche der Wohnraum der Arbeiterfamilien war. Die
„Schlafkonstellationen" änderten sich im Verlauf des
Familienzyklus.

„Wir haum olle im Zimmer gschlofn, die Ötan haum alla gschlofn
zuerst, daun hot mei Bruada im Gitterbett gschlofn und i am
Ottoman, net, daun is der Jüngere auf die Wöt kummen, der hot
zwischen die Ötan gschlofn. Gaunz zum Aunfang hob i miaßn mit
mein Bruader, der wos noch mir kommen is, im Gitterbett schlofn.
Ober daun hot die Mutter gsogt, des geht net, do haums so an
oitn Diwan wo kriagt und do hob i daun am Diwan gschlofn, net...
A Doppelbett, a Gitterbett und a Diwan. Na jo, goar groß woar's
net, ... oba im Zimmer haum-ma sich eh net aufghoidn. Grod waun
ma kraunk woan, haumma miaßn olle drei in die Ehebetten liegen."
(Int. 9 S 8)

War mit einem Kabinett zusätzlicher Wohnraum vorhanden, konnte die Vorrangstellung des ‚Verdieners' auch
hier zum Tragen kommen. In der Familie eines Eisengies-
sers zum Beispiel schlief die Mutter mit den zwei kleinsten Kindern im Ehebett, das dritte Kind schlief auf
einem „Kastenbett", das jeden Abend am Fußende des
Ehebettes aufgebaut wurde. Der Vater schlief im Kabinett, „weil der hot schwer arbeiten müssen" (Int. 2 S 8).

Besonders drastisch war die Wohnungsnot in Familien,
in welchen die Mutter bis spät in die Nacht Heimarbeit
verrichten mußte. Die Kinder schliefen oft in jenem
Raum, der der Mutter auch als Werkstätte diente:

„ ... die Mutter hot auf die Herrenhemden Knöpfe angnäht, damit
ma unser Leben fristen ham können ... (sie hat ...) höchstens zwa
Stunden gschlofn ... jo kloar, wia ma scho gschlofn haum, hot die
Mutter scho hie und do mit der Maschin' goarbeit, oba des woar
olles leise, net ... wir woarn acht Kinder und die Eltern, olle in an
Zimmer, net ..." (Int. 4 S 1)

Noch 1923 mußte Käthe Leichter feststellen: „ ... diese
Zimmer sind vom Lärm der Näh- oder Strickmaschine,
von Materialstaub und schlechter Luft erfüllt, für sie (die
Kinder, RS) bleibt kein Winkel zum Spielen und Lernen,
kaum für die Nachtruhe."[32]

Nahezu alle Interviewpartner haben in ihren ersten
Lebensjahren zwischen Vater und Mutter geschlafen.
Franz P. schlief — obwohl er nur eine Schwester hatte —
bis zu seinem vierzehnten Lebensjahr zwischen seiner
Mutter und seinem Stiefvater (Int. 6 S 2). Frau M. (Int.
18) berichtet, „lange" mit ihrem Bruder in einem Gitterbett geschlafen zu haben. Später habe sie auf einem Tafelbett in der Küche geschlafen. Immer aber seien die
jüngsten Geschwister zwischen den Eltern in den Ehebetten gelegen. (Insgesamt neun Kinder! Int. 18 S 16).

Die neun Kinder eines Maurers und einer Heimstickerin (Int. 12) verteilten sich zum Schlafen in Zimmer und
Kabinett auf folgende Weise: Im Kabinett schliefen zwei
Töchter im ersten, zwei Söhne im zweiten und zwei Söhne
im dritten Bett. Im Schlafzimmer schliefen die Eltern mit
den zwei kleinsten Kindern im Ehebett, und zwar so,
daß Eltern und Kinder mit den Füßen zueinander lagen

(Int. 19 S 2). Von den fünf Kindern der Familie A.
(Int. 23) schliefen zwei in einem „Teppichbett" in der
Küche („einer unten, einer oben"), zwei Kinder im Zimmer auf einem „Diwan" und das Jüngste im Ehebett
zwischen den Eltern (Int. 23 S 13). In der Familie M.
(Int. 30) schliefen Mutter und Tochter in der einen
Hälfte, Vater und Tochter in der anderen Hälfte des Ehebetts. Zu ihren Füßen schlief die dritte Tochter. Der
Sohn hatte — als einziger — ein eigenes „Bett": einen
Strohsack „auf der Erde". Die älteste Schwester schlief
auf einem Klappbett (einem „dreiteiligen Drahtbett") in
der Küche, die „klein, schmal und dunkel" gewesen
sei (Int. 30 S 6).
Die meisten Interviewpartner erinnern sich, es nicht als
unangenehm empfunden zu haben, bei den Eltern zu
schlafen. In der Mehrzahl waren es die jüngsten Kinder,
die das Bett mit ihren Eltern teilten. Die körperliche Nähe vermittelte Wärme und Geborgenheit. Für die späteren
Jahre, in denen die meisten Arbeiterkinder ein Bett mit
einem oder zwei Geschwister teilten, erinnern sich viele
an den Platzmangel und daran, daß man „sich nicht
richtig umdrehen" konnte. Die von den Geschwistern geteilten Betten waren meist wenig komfortable Klappbet-
ten oder schmale „Ottomane" und „Diwans": „ ... mir
haum in da Früh immer olle Knochen wehtaun ..."[32]
Unterhalb des Bewußtseins der sich erinnernden Interviewpartner können allerdings Erfahrungen vermutet
werden, die auf die Persönlichkeitsbildung der Arbeiterkinder erheblichen Einfluß gehabt haben dürften.
Charlotte Bühler, die 1925 zusammen mit Karl Bühler
die Leitung des Psychologischen Instituts der Universität
Wien übernahm, sowie ihre Schülerinnen Hetzer und Rada,
die Ende der 20er Jahre Studien zur Sozialisation des
Kindes in Wiener Arbeiterfamilien unternahmen, waren
sich einig, daß das proletarische Kind, aufgrund der
Wohnverhältnisse von klein auf mit der Sexualität der Erwachsenen konfrontiert, stärker dazu neige, seinen Trieben nachzugeben. In der Pubertät erfolge bei proletarischen Kindern daher auch viel seltener eine Sublimierung
der sexuellen Wünsche in intellektuellen oder künstleri-

schen Ambitionen. Infolgedessen bleibe das kulturelle
Niveau des proletarischen Menschen auch lebenslang nied-
riger als jenes des Bürgers.[34]

Dahinter steht offensichtlich Freuds zentrale These
vom Kulturgewinn aus Triebverzicht. Weniger mittel-
schichtorientiert als die Interpretationen Hildegard
Hetzers und Margarete Radas ist die 1935 von Siegfried
Bernfeld verfaßte Theorie der „einfachen männlichen
Pubertät", die vor allem auf proletarische und kleinbäuer-
liche Familien anzuwenden sei. Bernfelds Theorie hat den
Vorteil, daß ihre soziologischen Prämissen einigermaßen
klargelegt werden. Die wichtigste Bedingung für einen
„einfachen" Pubertätsverlauf bilde ein „enges Zusammenwohnen der Familie" und die daraus sich ergebenden
„Beobachtungsmöglichkeiten" der Kinder. Alle „biologischen Tatsachen", darunter auch „die sexuellen im
engsten Sinne des Wortes" drängten sich dem Kind „un-
ausweichlich und andauernd" auf. Ein „unbekümmertes
Verhalten der Eltern" ermögliche es dem Kind, „volle
Einsicht in die natürlichen Zusammenhänge und Vorgänge zu gewinnen." Dies kompensiere das völlige Fehlen
von verbaler Aufklärung durch die Eltern.[35]

Die in den Erinnerungen ehemaliger Arbeiterkinder ent-
haltenen Hinweise auf die Wohn- und Schlafsituation und
das Verhalten der Eltern stimmen mit diesen Prämissen
der Bernfeld'schen Theorie nur zum Teil überein. Zwar
war „ein enges Zusammenwohnen der Familie" in allen
Herkunftsfamilien der Interviewpartner gegeben. Aber ein
„unbekümmertes Verhalten der Eltern", das den Kindern
„reiche Beobachtungsgelegenheit" geboten hätte, scheint
eher die Ausnahme gewesen zu sein. Eine Fülle von Maßnahmen, vor allem eine strenge Ritualisierung und zeitliche Staffelung des Waschens und Zu-Bett-Gehens sollte
verhindern, daß Kinder „die biologischen Tatsachen" un-
gehindert wahrnehmen konnten. Eine „volle Einsicht in
die natürlichen Zusammenhänge und Vorgänge" haben
die meisten Interviewpartner auch in jugendlichem
Alter noch nicht besessen. Anna Sturm glaubte mit
16 Jahren, von einem Kuß schwanger zu werden:

„ ... daunn hob i in da Nocht gwant. Und mei Schwester (die mit ihr

das Bett teilte, RS) sogt: Jo wos host denn? Sog i zu ihr: I kriag a
Kind! Sogt sie: Jessas Maria, wo woarst denn mit ihm? — No im
Schönbrunner Park wor-i. — Na wos hobts denn dort gmocht? —
Sie woar jo um sieben Joahr öta wiar-i, net — No, sog i, do hot er
mir a Busserl gebn; es hot kana zuagschaut und jetzt kriag i a Kind.
Sogt sie: Du deppate Gauns, du kriagst jo kans! (lacht) — Des werd
i net vagessn." (Int. 12 S 14)[36]

Franz Pollak, der bis zu seinem 14. Lebensjahr zwischen den Eltern im Ehebett geschlafen hatte, wurde mit
18 Jahren, nach eigener Aussage völlig unwissend, von
einer älteren und sexuell erfahrenen Frau auf dem Heimweg von einem Heurigenbesuch verführt (Int. 6, 2. Gespr.
S 24). Karl Ziak sammelte seine ersten Informationen über
das Aussehen der weiblichen Geschlechtsteile auf der
Gasse, wo er Mädchen beim Urinieren beobachtete, usw.

Andererseits waren, trotz aller Vorsicht der Eltern, Be-
obachtungen des Geschlechtsverkehrs der Eltern durch
die im selben Raum schlafenden Kinder unvermeidlich.
Die meisten Interviewpartner beteuern zwar, „nie etwas
davon gemerkt" zu haben. Sie seien nach einem langen
Tag, den sie großteils im Freien verbracht hatten, zu
müde gewesen und hätten immer „fest geschlafen". Dem
widerspricht die in anderem Zusammenhang wiederholt
berichtete Störung der Nachtruhe durch später heimkeh-
rende Väter oder ältere Geschwister. Verdrängung oder
auch Scheu, darüber zu sprechen, scheinen wahrscheinlich.
Wenn eines der Kinder aufwachte und seine Eltern beim
Geschlechtsverkehr „überraschte", mußte es — völlig un-
aufgeklärt — den Vater als Aggressor wahrnehmen. Karl
Ziak erinnert sich:

„Ich habe mindestens einmal, oba vielleicht woars a poamal, kann
ich mich erinnern, als ich damals in da Mitte gschlofn hob, do bin
i vielleicht net amoi mehr in die Volksschul gaungen, jedenfois hob
i miassn schlofngehn, die haum draußn no goi bat oda trotscht, und
do hob ich bemerkt, daß der Vota bei da Mutta, sogma auf da
Mutta sogoa — mehr im Schlafen — i hob nur imma ghört das
Stöhnen meiner Mutta und i hob glaubt, mei Vata tuat meina
Mutta wos, und ois Bub hängt ma jo an da Mutta, hob i mehr oda
weniga an Zorn ghobt. I hob jo net gwußt, worum es sich handelt.
Daß des ein Luststöhnen woa, des hob i net begriffen. Der tuat ihr
wos — oba i hob daunn wieda weitagschlofn." (Int. 31 S 38)

Das nächtliche Erlebnis des kleinen Karl symbolisiert den ödipalen Konflikt. Ist das Kind ursprünglich mit der bedürfnisbefriedigenden, idealisierten und körperlich nahen Mutter identifiziert, bricht der Vater in die Mutter-Kind-Beziehung ein. Er tut dies in einer dem Kind gewalthaft scheinenden Weise: der Vater als Aggressor.[37] Daß das Ereignis, von dem Karl Ziak andeutet, es habe sich mehrere Male wiederholt, an das Ende der Volksschulzeit gerückt wird, schließt nicht aus, daß er derartige Erfahrungen im „halbwachen" Zustand auch schon früher gemacht hatte. Hinter der artikulierten Angst des Buben, der Vater füge der Mutter ein Leid zu, und hinter dem „Zorn" auf den Vater verbirgt sich – psychoanalytischer Theorie zufolge – die Verletzung des Knaben, der die geliebte Mutter wie der Vater besitzen will.

Siegfried Bernfeld meinte nun, daß unter derartigen Verhältnissen die inzestuösen Wünsche des Sohnes dauernd wachgehalten würden. Anders als in bürgerlichen Familien, die das elterliche Schlafzimmer vor den Kindern verschließen, könne der sexuelle Gehalt des Vaterbildes nicht „ausgestrichen" werden, wie dies bei bürgerlichen Söhnen in einem umfassenden Verdrängungsschub meist geschehe. Die Folge sei, daß proletarische Eltern die inzestuösen Wünsche ihrer Kinder nachdrücklicher abwehren müßten. Andererseits aber beschränke sich die Abwehr der sexuellen Wünsche des Kindes auf die unmittelbar an die Eltern gerichteten Wünsche. Die Eltern würden als inzestuöse Wunschobjekte durch andere Familienmitglieder, vor allem durch Geschwister, aber auch durch erwachsene Verwandte, Bettgeher oder Untermieter abgelöst. Hier finde das proletarische Kind reichlich Gelegenheit, seine inzestuösen Wünsche „mit geringen Zielablenkungen" und unter Einschluß seiner sinnlichen Regungen eine Zeit lang zu befriedigen. [38]

Zitate aus Erinnerungsinterviews, die diese theoretischen Aussagen Bernfelds „empirisch" untermauern würden, finden sich naturgemäß selten. Ein Zusammenliegen von Kindern und erwachsenen Verwandten, Bettgehern oder Untermietern kam in den hier untersuchten 30 Arbeiterfamilien nicht vor. Wenn erwachsene Verwandte, Untermieter oder Bettgeher vorhanden waren (in sieben

von dreißig Fällen, s. o.), wurde versucht, durch das Arrangement der wenigen Möbel (z.B. durch das Postieren
eines Kastens, – Int. 4 S 5) eine „familiale Schlafgruppe"
von den übrigen Mitbewohnern abzutrennen. „A Bettgeher hot meistens in da Kuchl gschlofn,unter Umständen
auf an Faltbett." (Int. 31 S 6). Offenkundig gab es in diesen Familien eine Vorstellung von „familialer Privatheit
und Intimität", die man vor familienfremden Personen
auch auf engstem Raum zu schützen versuchte. Hier ist
allerdings in Rechnung zu stellen, daß „deviante" Familien wie etwa die Herkunftsfamilie von Willy C., dessen
„Fall" Hildegard Hetzer im Anhang zu ihrer Studie
„Kindheit und Armut" beschreibt, [39] im hier untersuchten Sample nicht enthalten sind. Solche Verhältnisse
hatte aber auch Bernfeld nicht im Sinn, als er seine
Theorie einer „einfachen männlichen Pubertät" für
„typische" Arbeiterfamilien entwarf. Lassen wir nochmals die oben beschriebene Anordnung der schlafenden
Eltern und Kinder Revue passieren, so fällt auf, daß meist
Buben mit Buben und Mädchen mit Mädchen oder Väter
mit Söhnen und Mütter mit Töchtern schliefen, und daß
die Eltern offenbar versuchten, den größeren Kindern so
bald als möglich eine eigene Schlafstelle zuzuweisen, und
war es nur ein Strohsack auf dem Boden. Dies spricht
nicht für eine völlige „Unbekümmertheit", die Bernfeld
den proletarischen Eltern unterstellt. Dennoch ist es
wahrscheinlich, daß die zusammenliegenden Geschwister
einen Teil ihrer inzestuösen Wünsche befriedigen konnten, was sich freilich einer Verbalisierung im Interview entzieht. Großteils noch nicht genital-zentriert, wird der
sinnliche Kontakt zwischen Geschwistern auch ex post
nicht als Ausdruck ihrer Sexualität wahrgenommen und
kann allenfalls in vordergründigen Deckerinnerungen[40]
angedeutet werden. So ist es nicht erstaunlich, daß im
Zusammenhang mit den Schlafverhältnissen meist nur
über das Zusammenliegen von Mutter und Kind ausführlicher berichtet wird.

„Ich hab mit meiner Mutter geschlafen, und mein Bruder hat beim
Vater geschlafen. Wir haben nur zwei Betten gehabt (...). Das
Mutter-Kind-Verhältnis war ja viel besser dadurch, daß die Mutter

ein Kind bei sich gehabt hat. Ich bin im Atem meiner Mutter eingeschlafen. So wie sie geatmet hat, so bin ich ... und die größte Strafe
war, wenn sie gesagt hat: Du darfst nicht mit mir schlafen! Das ist
die schönste Erinnerung in meinem Leben. Das Behütetsein bei der
Mutter." (Int. 11 S 9)

Das Ausmaß der Tabuierung des Körpers und des Sexuellen, das sich nicht zuletzt aus der Enge des Zusammen-
wohnens ergab, zeigt sich auch im Umgang mit Schwangerschaft und Geburt. Bis zum Ersten Weltkrieg war die
,,Hausgeburt" in der Wiener Arbeiterschaft noch die Regel. In den Betten, in denen die Kinder gezeugt worden
waren, wurden sie auch geboren. Der typische Ablauf der
Ereignisse war, daß die Kinder nicht über die Schwangerschaft der Mutter informiert wurden. War der Zeitpunkt
der Niederkunft gekommen, wurden die Kinder entweder
zu Verwandten gebracht oder von Nachbarn für einige
Tage aufgenommen. Damit sollte das Kind von der ,,bio-
logischen Tatsache" (Bernfeld) der Geburt ferngehalten
und die Mutter für einige Tage entlastet werden.

,,Meine Eltern wollten gern ein zweites Kind. Ich war damals 12
Jahre alt. I hob also gsehen, also daß die Mutta a bißl dicker woa,
oba i hob so tan, als ob i nix wissen tät; hob mi bleder gstöt
ois i woa. Es ist nicht drüber gredt wordn; nix, goar nix; vielleicht
haum die Nachbarinnen miteinander gwischpert: Wie gehts Ihna
denn? oder so wos. Oiso: ich hob mich dumm gstellt, und wenige
Tage vor dem Ereignis hots ghaßn, i soll zu meiner Großmutter auf
a poar Toge gehn. Nun woa des goa nicht so selten. Mei Großmutter woa a Kohlenhändlerin (...) bei da Ulrichskirchn, do woar ich
gerne (...) Do woa ich a poa Tog dort, dann is da Vata auf amoi
erschienen: ,,Also Du host a Schwesterl kriagt, willst es anschaun?"
– Nau, do bin i wieder zurückgführt wordn, und das Kind, das so
häßlich woa wie alle Neugeborenen, is also im Bett neben der Mutter glegen. So hat sich bei uns alles abgespielt." (Int. 31 S 12-13)

In der Familie sei darüber nicht geredet worden. Nur die
Frauen im Haus hätten einander zugeflüstert ... Schwan-
gerschaft, Geburt, Abtreibung waren ein Thema der Frau-
en; Kinder und Männer hatten an diesem Diskurs der
Frauen keinen Anteil. Mehrmals wird berichtet, daß auch
Ehemänner aus Anlaß der Niederkunft ihrer Frauen die
Wohnung verließen und für einige Tage bei Bekannten
oder Verwandten in der Nachbarschaft Unterschlupf fan-

den (Int. 15 S 49). Willi Zvazek erinnert sich, daß zwei
Schwestern seiner Mutter gekommen und mit dieser im
Zimmer verschwunden waren. Allein in der von einer
Petroleumlampe erhellten Küche versuchte er, die Zim-
mertür zu öffnen ...

„ ... und ich hör die Mutter schreien: das Kind! Gebts das Kind
weg! Und ich bin da herumgelaufen in dem Zimmer, und man
hat mich schließlich eingefangen und hat mich dann zwei Stock-
werke tiefer, zu Kraupers, das war der Malermeister (bei dem
Willis Vater Geselle war, RS); die haben mich dann in Empfang
genommen, ham mich getröstet, ham mit mir geplaudert und gesagt, ich müßte hier schlafen. Hob dann da geschlafen, am nächsten
Tag in der Früh sind s' gekommen und haum gsogt: Du hast a Brü-
derlein bekommen! – Also i weiß net, ob i domois sehr begeistert
woar." (Int. 14 S 7)

Das Ereignis der Geburt eines Geschwisters erfuhr –
über die allgemeine Problematik der Geschwisterrivalität
hinaus – eine milieuspezifische Verschärfung: Als Karl
Ziak nach einigen Tagen von seinem Vater in die Wohnung zurückgeführt wird, liegt die neugeborene Schwester
„oiso im Bett neben da Mutta", auf jenem Platz also, der
bis dahin ihm gehört hatte. Bedenken wir, daß bei durchschnittlich fünf bis sechs Kindern dieser Elterngeneration
immer wieder eines der Kinder auf diese Weise „aus dem
Nest geworfen" wurde, scheint es plausibel, daß die häufig artikulierte Spannung zwischen den Geschwistern darin ihre „tiefere" psychische Ursache hatte.

Im Zinshaus: Nachbarschaften

Wie schon im Zusammenhang mit Hausgeburten angedeutet, kam der Nachbarschaft in den Arbeiterwohnhäusern eine kompensatorische Aufgabe zu: Was innerhalb
der Wohnungen nicht möglich war, konnte teilweise
durch die Solidarität der Hausgemeinschaft ersetzt werden. Das charakteristische Arbeiterwohnhaus in Wien war
das „Bassenahaus" der Gründerzeit mit langen, hofseiti-
gen Gängen, über die der Zugang in die Wohnungen erfolgte. Die „Bassena", die gemeinsame Wasserentnahme-
stelle je Stockwerk, repräsentierte den Fortschritt: vom

Hofbrunnen zum Wasser am Gang. Von der Bassena holten Frauen und Kinder mehrmals täglich das Wasser. Hier
wurde getratscht und gestritten, hier kamen auch die Kinder mit Erwachsenen in Konflikt, wenn sie Wasser ver-
schütteten: „pritschelten", wie es hieß. Die einzelnen
Wohnungen waren zum Gang hin nicht hermetisch abgeschlossen. Die auf den Gang führenden Küchenfenster
und die Küchentüren standen häufig offen, um die Kü-
chen zu belüften. Es gab keine Vorzimmer, die – wie
später in den Gemeindebauten – das Familienleben wirksam abgeschirmt hätten. Die Kinder besuchten einander
in den Wohnungen und gingen bei Nachbarn ein und aus.

„Da waren lauter Arbeiter bei uns. In einer einzigen Familie war
der Vater Postangestellter, sonst waren lauter Arbeiter, und die
haben die Türen offengelassen, jede Familie hat zwei bis vier Kinder gehabt bei uns im Haus, und die Türen waren offen am Gang.
Die Kinder sind untereinander einigrennt. Man ist zum Nachbarn
gangen schauen,was die Kinder machen ... das war halt das Übliche.
Da haben die Kinder, die dort gesessen san, des war zum Beispiel
Jausenzeit, da hat die fremde Frau Brote aufgeschnitten, a Schmalz
draufgeschmiert und hat jedem Kind a Schmalzbrot geben. Und am
nächsten Tag hat's halt die nächste Frau g'macht; sodaß in Wirklichkeit niemand draufzahlt; aber des war eine gewisse Verbunden-
heit, des war so üblich." (Int. 46 S 5)

Wie in diesem dreistöckigen Zinshaus mit insgesamt 18
Parteien in der Columbusgasse in Favoriten scheint es in
vielen Arbeiterwohnhäusern gewesen zu sein.[41] Mit der
Gegenseitigkeit nachbarlicher Betreuung der Kinder
spricht Herr Sch. ein Prinzip an, das die Nachbarschaft in
den Wohnhäusern in vielerlei Hinsicht organisierte und
gegen das nicht verstoßen werden durfte: das Prinzip der
„*Reziprozität*".[42] Es kam in Notsituationen besonders
deutlich zum Tragen.

„ ... also ich kann mich erinnern, meine Mutter – also wir waren
wirklich noch klein – haben die Nachbarn den Tee zubereitet und
haben sich gekümmert, daß ein Umschlag gemacht wird zum Beispiel und haben sich auch gekümmert, daß die Kinder was zu essen
bekommen, wenn die Mutter nicht kochen hat können. Das war
sehr stark ausgebaut. Gegenseitige Hilfsbereitschaft war da." (Int.46
S 5 - 6)

Vereinzelt wird sogar berichtet, daß in Not geratene Familien von dieser ‚Solidargemeinschaft' des Hauses finanziell unterstützt wurden. Da die Bezahlung der Miete als eine Angelegenheit der Frauen angesehen wurde, konnten Frauen mitunter auf die Hilfe der anderen Frauen im Haus hoffen:

„Wenn man den Eindruck gehabt hat, daß jemand aus wirklicher Not ohne eigenes Verschulden (die Miete, RS) nicht zahlen hat können, ist man sogar dazu übergegangen und hat gesammelt. Da haben 20, 25 Frauen jede ein paar Groschen gegeben und haben damit die Miete bezahlt. Hat man aber den Eindruck gehabt, daß die Frau nicht richtig wirtschaftet, daß sie schuld ist an dem Elend, da wars finster, da hat man nix gemacht. Da hat man gesagt, Du wirtschafte erst anders! Aber wenn man so gsehen hat – wie's vorkommen is – daß a Familie in solche Not geraten ist durch einen Krankheitsfall oder weil der Vater arbeitslos war, eine Zeit lang nix verdient hat, hat man schon zusammengeholfen ..." (Int. 46 S 9)

Mit der Solidarität der Nachbarn war immer auch ein hohes Maß an sozialer Kontrolle verbunden. So wie die Hausbewohner eine diskursiv entstandene Meinung darüber hatten, ob Frau N. in ihrem Haushalt „gut" oder „schlecht" wirtschafte, bildete sich in der „Semi-Öffentlichkeit" des Miethauses auch eine Meinung darüber, wer seine Kinder „richtig" oder „falsch", „zu streng" oder „zu nachlässig" erzog. Aus der spezifischen Geselligkeit des Miethauses ergab sich, daß auch der Umgang der Eltern mit ihren Kindern einer gewissen Kontrolle unterlag. „Die Öffentlichkeit, die Nachbarn, die übrigen Hausbewohner mischen sich viel mehr in Familien- und Erziehungsangelegenheiten ein", fand auch Hildegard Hetzer noch Ende der 20er Jahre.[43]

Durch die dichte Sphäre des Zinshauses kam zwischen proletarischen Eltern und Kindern – verglichen mit bürgerlichen Familien – eine weniger konkurrenzlose Beziehung zustande. Wenn sie nicht im Freien spielten oder bei ihren Großeltern waren, die häufig (vor allem bei Berufstätigkeit der Mutter) die Betreuung der Kinder übernahmen, hatten Arbeiterkinder auch im Zinshaus meist mehrere Bezugspersonen: eine Nachbarfamilie, einen kinderfreundlichen alten Mann usw.. Kinder waren nicht alter-

nativlos auf ihre Eltern angewiesen. Wenn zum Beispiel
tschechische Arbeiter der ersten Zuwanderergeneration
die deutsche Sprache noch zu wenig konnten, kam eine
Nachbarin in die Wohnung, um den Kindern aus einem
Märchenbuch vorzulesen. Aber auch hier wurde mit der
Heimkehr des Vaters von der Arbeit die „Ordnung der
Familie" wiederhergestellt (s.o.). Wenn der Vater kam,
ging die Nachbarin nach Hause.

„... wir haben eine Nachbarin gehabt, do is eingeheizt worden in so
einem Gußofen, wie hot ma denn die früher genannt? Die hoben
einen eigenen Naumen ghobt ... („Piperlofen", RS). Der is in der
Küche gestanden und do is die Nachbarin rüberkommen; wir haben
uns hingelegt aufn Boden und die hot uns Geschichten erzählt!
   Die Nachbarin, war das auch eine Tschechin?
Auch eine Tschechin.
   Hat sie das auf Tschechisch erzählt, oder?
Nein auf Deutsch. Natürlich wie halt a Tschech deutsch spricht.
Und do hot sie erzählt und wir haben zugehört.
   War das eine ältere Frau?
Sie war in dem Alter wie meine Mutter. Aber die Leute sind früher
mehr zusammengegangen.
   War sie verheiratet?
Ja ja, sie hat selber Kinder ghabt, net. Aber sie is herüberkommen
und wir haben ihre Geschichten gehört. Das war das Schönste,
wissen Sie. Nau, dann is der Vater zhaus kommen, wir sind auf
unseren Platz ...
   Wenn der Vater nach Hause kam, war diese Frau ... ?
Sie ist gegangen, wenn er gekommen ist." (Int. 17 S 9)

Als ihre kleine Schwester starb, wurde Maria C. zu einer
Nachbarin gebracht (Int. 15 S 28). Als bei Maria Wuks
Mutter die Wehen einsetzten, „da war sie beim Wasch-
brett; und da ist die Hebamme ins Haus gekommen und
die Nachbarin hat ihre Wäsche gewaschen und hat ihr ge-
holfen." (Int. 11 S 7). Nachbarinnen nahmen vorübergehend Kinder auf, wenn die Mutter im „Wochenbett" lag.
Nachbarfamilien schützten Kinder vor einem betrunkenen
Familienvater. Im Haus Koppstraße 14 in Ottakring hatten
die Frauen für solche Notfälle ein Nachrichtensystem entwickelt: Wurde dreimal mit der Faust an die Wand oder
mit dem Besenstil an die Decke geklopft, wußte die Nachbarin, daß ihre Hilfe dringend benötigt wurde. Alfons
Petzold beschreibt solche Hilfeleistungen der Nachbarn in

der Geschichte „Der Franzl". Franzl war das Kind eines proletarisierten Drechslermeisters und dessen oft betrunkener Frau in einer Wiener Vorstadt. Die Familie bewohnte eine Kellerwohnung. Wenn der Vater seine Frau betrunken vorfand, begann er zu schimpfen, woraus sich eine handfeste Auseinandersetzung entwickelte, deren Lärm die Nachbarn herbeirief:

„ ... Sie schrien und rauften dann so lange erbittert herum, bis Nachbarn, von dem Lärm herbeigerufen, ins Zimmer drangen und die Eltern mühsam beruhigten. Aber manchmal schlugen sich die beiden so arg, daß alles Zureden nichts half. Dann nahmen die Friedensstifter den Franzl, der sich zitternd irgendwohin verkrochen hatte, mit sich in ihre Wohnung.
Da er sich bei den Nachbarsleuten zu den Kindern ins Bett legen durfte, die sich mit ihm im Flüstertone neckten und ihm Geschichten erzählten und er des Morgens einen süßeren Kaffee bekam als daheim, gewann er auch diesen schrecklichen Nächten einen Reiz ab und sehnte sie manchmal sogar herbei."[44]

Fügt man derartige „Nachrichten aus dem Milieu" zusammen, scheint es nicht übertrieben, trotz aller Konflikte und Streitereien von einer Solidargemeinschaft in den Wiener „Zinshäusern" zu sprechen.
Solidarität entstand freilich nicht erst in akuten Krisensituationen. Sie wurde im Alltag und bei freudigeren Anlässen in verschiedenen Formen nachbarlicher *Geselligkeit* gestiftet. Immer wieder wird über kleine Feste, über Tanzen und Singen im Hof, im Stiegenhaus oder in Wohnungen berichtet.[45] In Abwesenheit der meisten Männer waren daran vor allem die Frauen und Kinder des Hauses beteiligt. Karl M., 1902 als Kind eines böhmischen Spenglergehilfen und einer ebenfalls aus Böhmen zugewanderten Bedienerin in Hernals geboren, erinnert sich an die Geselligkeit in einem vorwiegend von Tschechen bewohnten Zinshaus der Firma Manner:

„ ... die Gasse, wo wir die Fenster hinghobt haben, die war fast tschechisch, lauter Tschechen haben da gewohnt ... . Der Hof war in einem und da sind auch die Tschechen oft zusammengekommen und haben dort musiziert, haben getanzt ..."

Auch in der elterlichen Wohnung seien häufig Nachbarinnen zu Besuch gewesen:

„ ... die Frauen haben ja Bedürfnis zu sprechen mit ondare, bei uns worn dauernd Leute, Frauen vom Haus san bei uns gsessn und haben debattiert, also die Leit ausgricht (...) Wir worn immer sogma sehr freundschaftlich mit ollen ... " (Int. 30 S 4)

Maria F. erinnert sich:

„ Mir ham se guat verstanden. Und dann, wie ma größer warn, mir ham dreistimmig gsungen! (...) Do haums (die Nachbarn, RS) alleweil gsogt: Frau Hetzler — im Hof — gehn's, lossn's Ihnare Madln singen! Ham die Leit die Fenster aufgmocht und mir ham se zum Fenster hingsetzt und haum gsungen. Und die andern ham zuaghorcht." (Int. 4 S 15)

Solchen Erinnerungen an ein dichtes, solidarisches Milieu der „Zinskasernen" stehen allerdings Erinnerungen an die Kinderfeindlichkeit vieler Erwachsener und besonders mancher Hausherrn und Hausmeister gegenüber. Eine solidarische Hausgemeinschaft und „offene Türen" für die Kinder dürften dort möglich gewesen sein, wo das Haus mehrheitlich von Arbeitern bewohnt war. In jenen Häusern der Vorstadt, deren Vordertrakte von bürgerlichen Mietern, deren Hintertrakte von Arbeiterfamilien bewohnt wurden,[46] scheint es häufig einen permanenten Kleinkrieg zwischen den Parteien und vor allem zwischen Hausherrn und Hausmeister auf der einen und den einkommensschwachen und kinderreichen Arbeiterfamilien auf der anderen Seite gegeben zu haben. Lärmende Kinder waren hier ein häufiger Kündigungsgrund. Kinderreiche Familien hatten es besonders schwer, eine Wohnung zu finden, denn die Hausherren waren eher an einkommensstärkeren Familien interessiert, die keine Probleme hatten, „den Zins" aufzubringen, und deren Kinder die „besseren" Parteien nicht störten".[47] Häufige Wohnungswechsel zählen zum festen Bestandteil der Erinnerungen an die Kindheit um die Jahrhundertwende.[48] Eine Erkrankung oder Arbeitslosigkeit des Vaters oder eine Verteuerung der Mieten konnten dazu führen, daß der Zins nicht mehr aufgebracht werden konnte und die Familie gekündigt wurde. Bis 1917 fehlte ein gesetzlicher Kündigungsschutz.[49] Der Hausherr konnte ohne Angabe von Gründen einer Familie die Wohnung „aufkündigen". Binnen acht oder vierzehn Tagen war die Wohnung dann

zu räumen. Manche Familien sammelten für solche Fälle
vorsorglich Wohnungsadressen. Nicht selten war es die
Aufgabe der Kinder, an den Haustoren nach angeschlage-
nen Zetteln Ausschau zu halten, auf denen freie Wohnungen angeboten wurden.

> „ ... da stand drauf: Zimmer-Küche-Kabinett, Hofwohnung.Be-
> dingung: keine Kinder, keine Haustiere!" [50]

Durch die Kleinräumigkeit des Wohnungsmarktes – ein
Resultat dieser Art der „Wohnungsvermittlung" – und die
Bedeutung der Bekanntschaft mit Nachbarn und mit
Greißlern, die einen ‚auf's Büchl" einkaufen ließen, entstand eine „Verwurzelung" vieler Arbeiterfamilien in
„ihrem" Viertel. Für viele vom Land zugewanderte Pro-
letarier erleichterte die Vertrautheit des Wohnviertels
ihre Orientierung in der Großstadt. Dies mag erklären,
warum viele Arbeiterfamilien trotz zahlreicher Wohnungswechsel nur selten „ihr" Viertel verließen:

> „ ... mir haum dauernd miassn umziehen, immer im 17. Bezirk; wir
> sind nicht weit gekommen.' (Int. 30 S 4)
> „I bin in Ottakring geboren und in Ottakring wer-i a sterbn, wenns
> mi net untawegs wo owehaut ..." (Int. 9, 2. Gespr. S 24)

Für die Kinder änderte sich mit den häufigen Wohnungswechseln zwar die Adresse, aber an der Art der Wohnung
und an den skizzierten Eigenschaften des Milieus änderte
sich meistens nichts:

> „ ... Da mußten wir innerhalb eines Monats ausziehen. Zum Glück
> hat die Mutter a Wohnung aufgetrieben in der Nähe, a Zimmer,
> Kabinett und Kuchl. Zerst warn-ma in da Frauengassen, dann eine
> Ecke weiter. Die Verhältnisse waren dann ganz dieselben." [51]

Kein Platz zum Lesen

Während etwa für die erste Hälfte des 19. Jahrhunderts
noch von Kindern berichtet wird, die schon im Alter von
zehn oder zwölf Jahren umherzogen und – völlig auf sich
gestellt – vom Bettel vom Hausieren oder vom Lumpen-
sammeln lebten, also im soziologischen Sinn keine

‚Kinder' mehr waren, konnte nach Erlassung des Reichsvolksschulgesetzes von 1869 auch in den unteren Schichten nach und nach ein achtjähriger Schulbesuch durchgesetzt werden.[52] Nach anfänglichem Widerstand bäuer-
licher und städtisch-proletarischer Eltern, ihre Kinder
statt zur Arbeit in die Schule zu schicken, stieg der Schulbesuch bis zur Jahrhundertwende stetig an. 1906 besuchten ca. 92 Prozent der österreichischen Kinder die Pflicht-
schule. Dennoch beklagen zeitgenössische Vertreter der
Schulbehörden und der Fürsorge immer wieder, daß die
Kinder der unteren Schichten häufig dem Unterricht fern-
blieben und sich stattdessen in den Gassen herumtrieben.

In den Wohnungen der Arbeiterfamilien waren die Bedingungen für das Lernen schulischen Wissens nicht eben
günstig.[54] In der Küche, in der sich — wie wir gesehen
haben — bei Tag das gesamte Familienleben abspielte,
blieb den Kindern nur sehr wenig Raum zur Erledigung
ihrer Hausaufgaben: das Fensterbrett, die Kohlenkiste,
eine Ecke des Küchentisches. Abends, wenn der Vater
zuhause war oder wenn die Mutter beim Schein der oft
einzigen Petroleumlampe einer Heimarbeit nachging,
hatten die Kinder oft keine Möglichkeit zu lesen: der
Platz an der Lampe mußte ‚produktiv' genützt werden.
Franz Pollak, dessen Vater, ein armer Flickschuster, bis
in die Nacht im Schein der Petroleumlampe Schuhe repa-
rierte, berichtet:

„Für mi woar net genug Licht. I bin aussigaunga auf d'Gossn, do
woa die Stroßnlaumpn, (...) und i bin bei der Latern gstaundn,
net woar, bei dem Gaslicht, hob i mi auglahnt und hob mei Biachl
glesn, net, do hob i nie wos glernt of d'Nocht, weil i hob ka Möglichkeit ghobt, beim Schuastabankl hob i net sitzn kenna, woa ka
Plotz für mi do ..." (Int. 6 S 36)

Willi H. schlich sich als Bub mit einer Kerze auf das
Gangklo, um dort ungestört zu lesen. (Int. 20 S 17) Noch
1928 schreibt ein Wiener Arbeiterkind in einem Brief an
„Die Arbeiterin":

„ ... am Abend, wenn alle zu Hause sind, da ist's nicht mehr zum
aushalten. Nirgends ist Platz für uns Kinder. Ich schreib meine Arbeiten in der Küche auf der Kohlenkiste, die Liesl auf dem Fenster-

brett (...) muß ich mit dem Hansl um den Platz streiten. Dabei gibts
Lärm. Da schreit der Vater, er will seine Ruhe haben, wir Laus-
buben sollen doch endlich still sein ..."

Wenn sich die Eltern kaum um den Schulbesuch ihrer
Kinder kümmerten, wurde dies von den Kindern nicht
immer als „Wohltat", sondern auch als Ausdruck eines
allgemeinen Mangels an Zuwendung erfahren:

„ ... i hob amoi wegnan Trotschn in Zeichnen an Fünfa kriagt und
i hob ma denkt, jetzt wean sa se (die Eltern, RS) hoffentlich auf-
regen. Nix, niemaund hot si aufgregt; meine Geschwister net, niemand hot si kümmert um mi ... . I hob ma die Zeignisse söba unter-
schrieben und hob ma de Entschuldigungen gschrieben, waun wos
woar mit mir und i net in d'Schul gaunga bin." (Int. 10, 2. Gespr.
S 20)

War ein Teil der Arbeitereltern an der schulischen Bildung ihrer Kinder weitgehend desinteressiert, legte ein
anderer Teil — vorwiegend Facharbeiter — großen Wert
auf gute Schulerfolge. Auffallend dabei ist, daß es immer
wieder die politisch und gewerkschaftlich organisierten
Arbeiterväter sind, die von ihren Kindern im Zusammenhang mit Bildung, Schule und Lernen genannt werden,
kaum jedoch die Mütter. Vermittelt über den nach dem
Geschlecht segregierten Arbeitsmarkt, über die frühe Differenzierung der Rollen von Buben und Mädchen in den
Arbeiterfamilien war es „folgerichtig" auch der Vater,
der die Bedeutung der Bildung betonte, der die Schulaufgaben nach seiner Heimkehr kontrollierte und der
Mißerfolge und Fehlverhalten in der Schule bestrafte.
Hier wirkten die Bildungsambitionen der Arbeiterbewegung in die Familien hinein. Willi Z. erzählt über seinen
Vater, einen gelernten Zimmermaler und späteren Eisenbahner, Mitglied der Sozialdemokratischen Arbeiterpar-
tei und seiner Fachgewerkschaft:

„Er hot sehr viel gelesen, er hat damals auch Esperanto gelernt,
er hot domois einen Stenographiekurs gmocht, hot die Gabels-
berger Stenographie gelernt, oiso er hot jede nur erdenkliche
Bildungsmöglichkeit ausgenützt." (Int. 14 S 75)

Die Arbeiterbewegung war von Männern dominiert; und
die Väter waren es auch, die das Bildungsideal der Arbei-

terbewegung an ihre Kinder weitergaben:

„ Ich kann mich erinnern, daß er mit Vorliebe mit mir ins Kunst-
historische Museum gegangen ist und daß wir uns dort am Sonntag
stundenlang Bilder angeschaut haben ... und da dürft auch meine
Liebe zur Kunst irgendwie geweckt worden sein ... und daß er sich
außerordentlich um mich gekümmert hat, weit mehr als damals
die Mutter." (Int. 14 S 80)

In Summe untermauerte auch das symbolische Kapital
der Bildung die Vormachtstellung der Arbeiterväter. In
der Absicht, ihren Kindern über eine gute Schulausbil-
dung eine „bessere Zukunft" zu eröffnen, waren sie mit
ihrer patriarchalischen Strenge bürgerlichen Familien-
vätern durchaus ähnlich:

„Mein Vater war auf die Aufgaben besonders streng. (...) Do hots
Hieb geben, wann irgendwas net in Ordnung woar. Er is auch
immer wieder in die Schule nachfragen gegangen und wehe, wenn
er da irgend etwas gehört hat, oder wenn im Zeugnis eine Note
drinn war, die net reinghört hot, do hots immer wieder sehr, sehr
strenge Strafen gegeben ..." (Int. 14 S 80)

Mit dem Ende der Schulzeit war freilich für die Kinder
der bildungsbeflissenen Arbeiterväter ebenso das Ende
der Kindheit gegeben, wie für die Kinder jener Arbeitereltern, die sich um die Bildung ihrer Kinder nicht sorgten.
Während für die Kinder des Bürgertums meist verschiedene Formen schulischer Bildung den Eintritt in das Er-
werbsleben für einige weitere Jahre hinauszögerten, führte
der Weg der Arbeiterkinder von den Volks- und Bürgerschulen unmittelbar in die Fabriken, Werkstätten und
sonstigen Arbeitsplätze. Keines der hier zu Wort gekom-
menen Arbeiterkinder hat nach dem Abschluß der Volks-
und Bürgerschule eine weiterführende Schule besucht.
Drei von dreißig Interviewpartnern (Int. 14, 15 und 16)
haben nach Absolvierung einer Lehre und einigen wenigen Jahren Berufspraxis einen von der SDAP 1919 geschaffenen „zweiten Bildungsweg" genützt und wurden
in einer sozialistischen Erzieherschule zu Erziehern ausge-
bildet. Einer der männlichen Interviewpartner konnte in
den zwanziger Jahren während einer elf Jahre dauernden

Arbeitslosigkeit Fachkurse besuchen und anschließend
die Meisterprüfung ablegen. (Int. 20).

Der Zugang zum Arbeitsmarkt, die Vermittlung einer
Lehrstelle etc. waren kaum durch Erfolg oder Mißerfolg
in der Schule bestimmt, sondern wurden vor allem über
persönliche Beziehungen und Vermittlungen gesteuert.
In der überwiegenden Mehrzahl der Fälle war es der Vater, ein Onkel, eine Tante, ältere Geschwister, Nachbarn
oder Bekannte, die in dem Betrieb, in dem sie selbst arbeiteten, eine Lehrstelle oder eine Hilfsarbeit vermitteln
konnten. Die in der Schule eventuell sichtbar gewordenen Fähigkeiten und Begabungen blieben für die „Berufswahl" meist folgenlos. Die Entscheidung über den
künftigen Beruf verlief als Reflex auf den geschlechtsspe-
zifisch geteilten Arbeitsmarkt: die Mehrzahl der Buben
in den hier untersuchten Arbeiterfamilien begann eine
Lehre, während sich bei den Mädchen Hilfsarbeiten,
Lehren in Textilberufen sowie häuslicher Dienst etwa
die Waage hielten.

Mit dem Schritt in die Fabrik, in die Werkstatt, in ein
Geschäft oder in den Haushalt einer „Gnädigen Frau"
war noch lange keine wirtschaftliche Selbständigkeit verbunden. Die Mehrzahl der Arbeiterkinder wohnte – oft
bis zur Heirat und darüber hinaus – bei den Eltern und
lieferte dafür den Großteil des ohnehin kärglichen Lohnes
an die Familienkasse ab. Damit blieben sie auch als er-
werbstätige Jugendliche noch unter elterlicher Kontrolle,
was ihre Bereitschaft, sich diversen Jugendgruppen der
Arbeiterparteien anzuschließen, verstärkt haben mag.[55]
Was sich gravierend änderte aber war, daß sie jene spezifische Bewegungsfreiheit auf der Gasse verloren, die bis
zum Ende ihrer Schulzeit Resultat und Kompensation
der beengten Wohnverhältnisse gewesen war.

Zusammenfassung

Sowohl die affektive und emotionale als auch die kogni-
tive Entwicklung der Arbeiterkinder war – so meine zu-
sammenfassende These – in hohem Maße von sozio-

kulturellen und materiellen Zwängen des proletarischen
Familienlebens und damit von der Klassenlage bestimmt.
Die Knappheit der Mittel und der tägliche Existenzkampf
beschränkten die Kommunikationsthemen in den Arbeiterfamilien und bewirkten eine besondere Kurzfristig-
keit aller Planung. Eine Minorität von politisch organisierten Facharbeitern unterschied sich durch ihre Bildungsambitionen. Hier dominierte der „strenge Vater",
dessen Verhalten in seinen tiefenpsychologischen Konsequenzen dem Typus des „bürgerlichen Familienvaters"
nahe kam. Die „Erziehungstechniken" der Eltern waren
einerseits ein Reflex ihrer Erfahrungen auf dem Arbeitsplatz und wurden andererseits durch die soziale Kontrolle
des Milieus im Rahmen nachbarlicher Geselligkeit und
Solidarität fortwährend verfestigt. Die relative Äußerlich-
keit aller elterlichen Sanktionen hatte vor allem Anpas-
sungsfähigkeit der Kinder zur Folge. Dies wiederum war
der Gegensätzlichkeit der Bewegungsräume proletarischer
Kinder adäquat: was in den engen Wohnungen unterdrückt und bestraft werden mußte, fand in den „Außen-
räumen" der Gassen, der umliegenden „Gstetten", der
städtischen Parks und des Wienerwaldes seine „Beloh-
nung": sich zur Organisation von Brennstoff und Lebensmitteln aller Geschicklichkeit und List zu bedienen,
deren „Gassenkinder" fähig waren, fand auch in den
Augen der Eltern durchaus Anerkennung, es vermittelte
Ansehen in den informellen Kindergruppen, die „das
Terrain" dieser Kindheit beherrschten.[56] Es wäre daher
verfehlt, aus einer Skizze der Kindheitserfahrungen in den
Arbeiterfamilien auf die Arbeiterkindheit als ganze zu
schließen. Dies hieße, die nicht explizit diskutierten
Einflüsse der Gasse und der diversen peer groups zu
unterschätzen. Stellen wir uns abschließend die Frage,
welche Relation zwischen den inner- und außerfamilialen
Einflüssen bestanden haben könnte, läuft die Antwort auf
eine Art *Komplementaritätsthese* hinaus: Das hohe Maß an
Unterdrückung der Arbeiterkinder in ihren Familien und
die daraus entstehenden Aggressionspotentiale erhöhten
die Bereitschaft, sich in informellen Kinderbanden und in
Jugendgruppen der Arbeiterparteien und anderen Orga-
nisationen „schadlos" zu halten. Die im scharfen ödipalen

Konflikt entstandenen Aggressionen fanden in „Gassen-
schlachten", in Spielen und in weiter ausgreifenden
Streifzügen in die ländliche Umgebung der Stadt ihr
„Ventil". Die — verglichen mit bürgerlichen Sozialisa-
tionsmustern — geringe Verinnerlichung der elterlichen
Kontrollinstanzen ermöglichte es, sich den Instanzen der
kollektiven Kontrolle in Kinder- und Jugendgruppen zu
unterwerfen.[57] Der einzelne hatte wenig Chancen, die von
ihm vorgefundenen Lebensverhältnisse individuell zu verbessern. Erst die Kollektive der Gassenkinder, der Kinder-
und Jugendgruppen und schließlich der Arbeiterparteien
und Gewerkschaften halfen ihm, die perspektivische Enge
seiner Herkunftsfamilie zu überwinden. Vor diesem
Hintergrund betrachtet, scheint es doch mehr als bloße
Assimilation an die kulturellen Werte des Bürgertums gewesen zu sein, wenn sich diverse Jugendgruppen der Arbeiterbewegung bemühten, sich an gemeinsamen Rezita-
tionsabenden über die Klassiker der deutschen Literatur
eine „erweiterte Sprachlichkeit" anzueignen, die ihnen
ihre Herkunftsfamilien nicht vermitteln konnten.[58]
Wenn auch unter der Parole „Wissen ist Macht" später
manche Illusion über die realpolitischen Machtverhältnisse der Ersten Republik genährt wurde, ist die Bemühung um die „Literarisierung" der Arbeiterkinder auch
als ein Versuch zu verstehen, der in den Arbeiterfamilien
vorherrschenden Sprache der „Not-wendigkeit" eine
Sprache des Möglichen, der Fiktion, der Utopie, mithin
die Voraussetzung für einen politischen Gebrauch der
Sprache hinzuzufügen.

Anmerkungen

1   Erhebung über die Kinderarbeit in Österreich im Jahre 1908. Hg. v.k.k.
    Arbeitsstatistischen Amt im Handelsministerium, Wien 1911.
2   In Wien wurden um 1900 Kinder unter 14 Jahren vor allem in Gast-
    häusern, insbesondere im Prater, beim Brot- und Zigarrenverkauf, auf
    Kegelbahnen, als Hilfskräfte bei Handwerkern, als Laufburschen, Milch-
    austräger, Zeitungsausträger u.ä. angetroffen. Vgl. Siegmund Kraus,
    Kinderarbeit. In: Neues Frauenleben 14, 1902, Nr. 3 und Nr. 4.
3   Otto F. Kanitz, Das proletarische Kind in der bürgerlichen Gesellschaft,
    Frankfurt 1974.

4   Ernst Hanisch, Arbeiterkindheit in Österreich vor dem Ersten Weltkrieg.
    In: Internationales Archiv für Sozialgeschichte der deutschen Literatur
    7, 1982, S. 109 – 147.

5   Peter Sloterdijk, Literatur und Lebenserfahrung. Autobiographien der
    Zwanziger Jahre, München-Wien 1978, S. 154; David Vincent, der 104
    englischsprachige Arbeiterautobiographien analysierte, fand, daß die
    meisten Arbeiterautoren über ihr Ehe- und Familienleben kaum etwas
    berichteten; Ders., Love and Death and the Nineteenth Century Wor-
    king Class. In: Social History 5, 1980, S. 223 ff.; ders., Bread, Know-
    ledge and Freedom. A Study of Nineteenth-Century Working Class
    Autobiography, London 1982; vgl. auch Axel Kuhn, die proletarische
    Familie. Wie Arbeiter in ihren Lebenserinnerungen über den Ehealltag
    berichten. In: Arbeiteralltag in Stadt und Land. Neue Wege der Ge-
    schichtsschreibung, hg. von Heiko Haumann (Argument-Sonderband
    AS 94), Berlin 1982, S. 89 ff., sowie Wolfram Fischer, Arbeitermemoi-
    ren als Quelle für Geschichte und Volkskunde der industriellen Gesell-
    schaft. In: ders., Wirtschaft und Gesellschaft im Zeitalter der Industria-
    lisierung (=Kritische Studien zur Geschichtswissenschaft 1), Göttingen
    1982, S. 219.

6   Vgl. u.a. Jochen Rehbein, Biographisches Erzählen. In: Erzählforschung.
    Ein Symposion. Hg. v. Eberhard Lämmert, Stuttgart 1982, S. 51 – 73.
    Fritz Schütze, Kognitive Figuren des autobiographischen Stegreiferzäh-
    lens. In: M. Kohli u. G. Robert (Hg.), Biographie und soziale Wirklich-
    keit. Neue Beiträge und Forschungsperspektiven, Stuttgart 1984; Wolf-
    gang Fischer, Struktur und Funktion erzählter Lebensgeschichten. In:
    M. Kohli (Hg.), Soziologie des Lebenslaufs, Darmstadt-Neuwied 1978,
    S. 311 – 336; Uta Quasthoff, Eine interaktive Funktion von Erzählun-
    gen. In: H.-G. Soeffner (Hg.), Interpretative Verfahren in den Sozial-
    und Textwissenschaften, Stuttgart 1979, S. 104 ff.

7   Zu den Merkmalen und Problemen dieses Interviewtyps vgl. Fritz
    Schütze, Zur Hervorlockung und Analyse von Erzählungen thematisch
    relevanter Geschichten im Rahmen soziologischer Lebensweltforschung.
    In: Arbeitsgruppe Bielefelder Soziologen, Kommunikative Sozialfor-
    schung, München 1976, S. 159 – 260.

8   Die Interviews entstanden in den Jahren 1980 – 1984. Der größere Teil
    der Interviews wurde von mir durchgeführt. Einzelne Interviews wurden
    mir von Michael John, Hans Safrian und Robert J. Wegs überlassen.
    Ihnen möchte ich herzlich danken. Alle verwendeten Interviews liegen
    in Form von Transkripten und Tonbandkassetten am Institut für Wirt-
    schafts- und Sozialgeschichte der Universität Wien auf.

9   Zur Wirtschafts- und Betriebsstruktur Wiens vgl. Josef Ehmer, Familien-
    struktur und Arbeitsorganisation im frühindustriellen Wien, Wien 1980,
    S. 167; vgl. auch ders., Rote Fahne – Blauer Montag. Soziale Bedin-
    gungen von Aktions- und Organisationsformen der frühen Wiener Ar-
    beiterbewegung. In: Detlev Puls (Hg.), Wahrnehmungsformen und
    Protestverhalten. Studien zur Lage der Unterschichten im 18. und 19.
    Jahrhundert, Frankfurt a. M. 1979, S. 147.

10 Ehmer (wie Anm. 9), S. 192.

11 Vgl. Marie Bernays, Auslese und Anpassung der Arbeiterschaft in der ge-

schlossenen Großindustrie (Schriften des Vereins für Socialpolitik Bd. 133), Leipzig 1910, S. 115: 1908 waren in einem Gladbacher Textilbetrieb erst 15,6 % aller befragten Arbeiter Söhne und Enkel von Industriearbeitern.

12 Vgl. u.a. Monika Glettler, Die Wiener Tschechen um 1900. Struktur-analyse einer nationalen Minderheit in der Großstadt, München-Wien 1972.

13 So u.a. Joan W. Scott und Louise A. Tilly, Familienökonomie und Industrialisierung in Europa. In: Claudia Honegger und Bettina Heintz (Hg.), Listen der Ohnmacht. Zur Sozialgeschichte weiblicher Widerstandsformen, Frankfurt a. M. 1981, S. 99 ff, bes. S. 111; vgl. auch Leslie Woodcock Tentler, Wage-Earning Women. Industrial Work and Family Life in the United States 1900 – 1930, New York-Oxford 1979, bes. S. 177; sowie Peter N. Stearns, Working Class Women in Britain 1890 – 1914. In: Martha Vicinus (Hg.), Suffer and Be Still. Women in the Victorian Age, London 1972, S. 100 ff, in deutscher Übersetzung in: Honegger/Heintz, S. 188 ff: ,,Bergarbeiterfrauen, wie auch die Frauen der städtischen Armen, hatten normalerweise recht viel Macht inne." (S. 197).

14 Vgl. Michael John, Hausherrenmacht und Mieterelend 1890 – 1923, Wien 1982, S. 5.

15 Stephan Sedlaczek, Die Wohn-Verhältnisse in Wien. Ergebnisse in Wien. Ergebnisse der Volkszählungen vom 31. Dezember 1890, Wien 1893, S. 218.

16 Ehmer (wie Anm. 9), S. 56.

17 Österreichische Statistik, Bd. 65, Heft 1, 1904, S. XVIII, XL.XLI; Zit. nach John (wie Anm. 14), S. 17.

18 Sedlaczek (wie Anm. 15), S. 271.

19 Reinhard Sieder, Gassenkinder. In: Aufrisse. Zeitschrift für Politische Bildung, 5, 1984 Nr. 4, S. 8 ff.

20 Vgl. Erving Goffman, Interaktionsrituale. Über Verhalten in direkter Kommunikation, Frankfurt a. M. 1971, bes. d. Kapitel ,,Über Ehrerbie-tung und Benehmen", S. 54 ff.

21 Thea Vigne hat derartige ,,Sprechverbote" in englischen Unterschicht-Familien gefunden; Vgl. dies., Parents and Children 1890 – 1918. Distance and Dependence. In: Oral History, Family History Issue 3/2, 1975, S. 6 – 13. In Familien mit mehr als 5 Kindern sei das Sprechen während der Mahlzeit eher verboten gewesen als in Familien mit weni-ger Kindern. Nicht nur bei Tisch, sondern auch bei anderen Gelegen-heiten sei es den Kindern nur selten gestattet worden, sich in Unter-haltungen der Erwachsenen einzumengen. Erst die Reduktion der Kin-derzahlen habe zu einer gewissen Liberalisierung geführt. Belege hiezu für Englische Arbeiterfamilien auch bei Paul Thompson, The Edwar-dians, London 1975, S. 58.

22 Zum Zusammenhang ,,geschlossener" Rollensysteme wie dem der Ar-beiterfamilie und der syntaktischen und semantischen ,,Starrheit" und ,,Knappheit" ihrer internen sprachlichen Kommunikation (,,restringier-ter Code") vgl. Basil Bernstein.

Ein sozio-linguistischer Ansatz zur Sozialisation. Mit einigen Bezügen auf Erziehbarkeit. Aus: B. Bernstein, Studien zur sprachlichen Sozialisation, Düsseldorf 1972, S. 200 – 231; wiederabgedruckt in Pädagogische Psychologie, Grundlagentexte 1, Entwicklung und Sozialisation, hg. v. C. F. Graumann und H. Heckhausen (= Fischer Funkkolleg), Frankfurt a.m. 1973, S. 257 ff.

23 Mit empirischen Bezügen auf die Wiener Arbeiterfamilien der 20er Jahre: Hildegard Hetzer, Kindheit und Armut, Leipzig 1929. Vgl. auch u.a. Melvin L. Kohn, Social Class and Parent-Child Relationship: An Interpretation. In: The American Journal of Sociology, 1962/63, S. 471 ff., besonders S. 478; sowie Urie Bronfenbrenner, Socialization and Social Class Through Time and Space. In: E. E. Maccoy, T. M. Newcomb and E. L. Hartley (Hg.), Readings in Social Psychology, New York 1958; Friedhelm Neidhardt, Schichtspezifische Elterneinflüsse im Sozialisationsprozeß. In: G. Wurzbacher (Hg.), Die Familie als Sozialisationsfaktor, Stuttgart 1968, S. 174 ff.

24 Hetzer (wie Anm. 23), S. 44.

25 Zit. N. Karl Ziak (Hg.), Ein Bruder so wie du. Das Alfons-Petzold-Buch, Wien-Frankfurt o.J., S. 195.

26 Stearns (wie Anm. 13), S. 100 ff.

27 Zur besonderen Striktheit geschlechtsspezifischer Erziehung in Arbeiterfamilien vgl. u.a. Neidhardt und Bronfenbrenner (wie Anm. 23); zur geschlechtsspezifischen Freiheit der Buben auf der Gasse vgl. Stephen Humphries, Hooligans or Rebels? An Oral History of Working Class Childhood and Youth 1889 – 1939, Oxford 1981, sowie Paul Thompson (wie Anm. 21); die geschlechtsspezifische Erziehung der Mädchen beobachtete auch die Wiener Lehrerin Margarete Rada, Das reifende Proletariermädchen und seine Umwelt, Wien 1931.

28 67 Prozent der von Rada beobachteten und befragten Schülerinnen wuschen zuhause regelmäßig das Geschirr, halfen beim Aufräumen der Wohnung usw.; an den Waschtagen, die in den Zinshäusern alle zwei bis drei Wochen erfolgten, blieb ein Drittel der Schülerinnen dem Unterricht fern, vgl. Rada (wie Anm. 27), S. 29 und S. 26.

29 Vgl. dazu ausführlicher Sieder (wie Anm. 19).

30 Vgl. Int. 17 S 15: „Nur Samstag, da wurden alle gebadet, (. . .) da is des Wossa gewärmt worden und do is einer nach dem andren gewaschen und gebadet worden."

31 Vgl. dazu für Englische Arbeiterfamilien die Untersuchung von Vigne (wie Anm. 21). Vigne zitiert die Frau eines Fabriksarbeiters mit 11 Kindern: „ . . . So that we did have our evenings on our own. And we wouldn't allow . . . he didn't want the children – neither did I, . . . they were all in bed before eight o'clock" (S. 7). Vgl. auch Thompson (wie Anm. 21), S. 58.

32 Käthe Leichter, Wie leben die Wiener Heimarbeiter? Eine Erhebung über die Arbeits- und Lebensverhältnisse von 1000 Wiener Heimarbeitern, Wien 1923.

33 1928 schreibt ein Wiener Arbeiterkind an „Die Arbeiterin": „ . . . und wir Kinder verkriechen uns in unsere Liegestatt. Aber da geht erst recht der Kampf los, weil wir zu zweit in einem großen Aufstellbett schlafen und jeder natürlich den größeren Platz haben will" (Die Arbeiterin 6,

1928). Noch 1936 ging aus einer Untersuchung, die 12,4 Prozent aller
Wiener Kinder und Jugendlichen bis zum 18. Lebensjahr erfaßte, hervor,
daß nur 55 Prozent der erfaßten Jugendlichen eine eigene „Schlafstelle"
hatten, wobei auch provisorische Schlafstellen wie Bänke, Schubladen,
Wäschekörbe oder Waschtröge als solche gewertet wurden; die Untersuchung erfaßte alle jene Kinder und Jugendlichen, die das Jugendamt
zur regelmäßigen Kontrolle der häuslichen Verhältnisse registriert hatte,
bietet also ein zugunsten der „Fürsorgefälle" verzerrtes Bild. Vgl. Kinder ohne Bett, Wien 1936, S. 8. Vgl. dazu auch Hildegard Hetzer (wie
Anm. 23) und die hier geschilderten Wohnverhältnisse des Willy C.:
Willy C. ist das uneheliche Kind einer 30jährigen Hilfsarbeiterin, die mit
einem 18jährigen Kanalräumergehilfen, ihrer jüngeren Schwester, einer
Prostituierten, und ihrem Säugling in einem Kabinett lebt; die Küche ist
untervermietet. Alle Familienmitglieder schlafen in einem Bett. Die
Folge ist, daß der sechsjährige Willy meist erst spät seinen Schlaf findet:
„Der Vater (ein Nachtarbeiter, RS) ging spät fort, die Tante (die Prostituierte, RS) kehrte nachts heim, der Säugling schrie (. . .) Dazu war
das Bett sehr eng, man konnte sich nicht ausstrecken, erhielt unfrei-
willige Püffe und Stöße, über die Willy sich des öfteren bitter beklagte.
Sein Körper tat ihm oft morgens von der unbequemen Lage weh."

34 Hildegard Hetzer (wie Anm. 23), S. 122 und S. 259.; Rada (wie Anm.
    27), S. 67.

35 Siegfried Bernfeld, Über die einfache männliche Pubertät. In: ders.,
    Antiautoritäre Erziehung und Psychoanalyse, 2, Frankfurt a.M.-Berlin-
    Wien 1974, S. 317.

36 Diana Gittins zitiert dazu für englische Arbeiterfamilien der Zwischen-
    kriegszeit eine Arbeiterin, deren Erinnerung an den ersten Kuß jener
    der hier zitierten Wiener Arbeiterin bis in die Details gleicht: „I thought
    if a man kissed you, you had a baby . . . – he kissed me and put his
    tongue in my mouth you know and i'd never known such a thing be-
    fore and I was terrified and I pushed him away. When I got home I cried
    and said to my mother, oh! I'am going to have a baby!" – Diana
    Gittins, Married Life and Birth Control between the Wars. In: Oral
    History, Family History Issue, 3/2, 1975, S. 53 ff., hier S. 55; vgl. auch
    dies., Fair Sex. Family size and structure 1900 – 1934, London 1982.

37 Vgl. Anna Freud, Das Ich und die Abwehrmechanismen, München o.J.

38 Bernfeld (wie Anm. 35).

39 Siehe Anm. 33.

40 „Deckerinnerungen" im Freud'schen Sinn sind Erinnerungen an die
    Kindheit, die sich durch besondere Deutlichkeit und scheinbare Bedeu-
    tungslosigkeit ihres Inhalts auszeichnen. Ihre Analyse führt zu markan-
    ten infantilen Erfahrungen und zu unbewußten Phantasien. Solche Er-
    innerungen, soweit sie verdrängte sexuelle Erfahrungen oder Phantasien
    decken, nennt Freud Deckerinnerungen. Vgl. Sigmund Freud, Über
    Deckerinnerungen, Gesammelte Werke I, Frankfurt a.M. 1961, S. 536.

41 Zahlreiche weitere Belege für nachbarliche Solidarität in Wiener „Zins-
    häusern" bei John (wie Anm. 14), S. 70 ff.

42 Zum Prinzip der „Reziprozität", das soziale Verkehrsformen unter den
    Bedingungen der Dauerhaftigkeit und der räumlichen Nähe regelt, wenn
    diese Verkehrsformen nicht Marktgesetzen von Angebot und Nachfrage

unterliegen vgl. Marcel Mauss, Die Gabe. Form und Funktion des Austauschs in archaischen Gesellschaften. In: ders., Soziologie und Anthropologie, Frankfurt a.m.-Berlin-Wien 1978, S. 11 ff.

43 Hetzer (wie Anm. 23).

44 Zit. n. Ziak (wie Anm. 25), S. 182 f.

45 Weitere Belege für nachbarliche Geselligkeit bei John (wie Anm. 14).

46 Vgl. Peter Feldbauer, Gottfried Pirhofer, Wohnungsreform und Wohnungspolitik im liberalen Wien. In: Forschungen und Beiträge zur Wiener Stadtgeschichte 1, 1978, S. 148 – 190, hier S. 187.

47 Vgl. Sieder (wie Anm. 19).

48 Ebenda; in Floridsdorf wurden 1900 mehr als ein Drittel der Wohnungen innerhalb eines Jahres neu vermietet, fast die Hälfte aller Mieter wohnte weniger als 2 Jahre in einer Wohnung, vgl. John (wie Anm. 14), S. 69.

49 Daten zu gerichtlichen Wohnungskündigungen um 1900 bei John (wie Anm. 14), S. 8 f.

50 Int. mit Herrn S., durchgeführt von und zit. n. Michael John, Wohnverhältnisse sozialer Unterschichten im Wien Kaiser Franz Josephs, Wien 1984, S. 182.

51 Int. mit Herrn W., durchgeführt und zit. n. John (wie Anm. 14), S. 70.

52 Vgl. Hans Mikschy, Der Kampf um das Reichsvolksschulgesetz 1869, Wien 1949.

53 Helga Zoitl, Rückständigkeit und Juristenmonopol. In: Zeitgeschichte 6, 1978, S. 3.

54 Vgl. Rada (wie Anm. 27); Therese Schlesinger, Wie will und wie soll das Proletariat seine Kinder erziehen?, Wien 1921, bes. S. 4 f.

55 Vgl. dazu Hans Safrian und Reinhard Sieder, Gassenkinder – Straßenkämpfer. Zur politischen Sozialisation einer Arbeitergeneration in Wien 1900 – 1938. In: Lutz Niethammer, Alexander v. Plato (Hg.), „Jetzt kriegen wir andere Zeiten. Auf der Suche nach Volkserfahrungen in nachfaschistischen Ländern. Berlin-Bonn 1985, S. 115 – 149.

56 Sieder (wie Anm. 19).

57 Jan Raspe, Zur Sozialisation proletarischer Kinder, Frankfurt a.M. 1981, S. 64.

58 Mehrere Interviewpartner (Int. 20, Int. 14, 15, 16) berichten, an Gruppenabenden der Sozialistischen Arbeiterjugend Schiller, Goethe und andere Klassiker des öfteren mit verteilten Rollen gelesen zu haben und davon außerordentlich beeindruckt gewesen zu sein. Vgl. dazu auch Hanisch (wie Anm. 4), S. 144 f; Alfred Pfoser, Literatur und Austromarxismus, Wien 1980.

GERTRUDE LANGER-OSTRAWSKY

WIENER SCHULWESEN UM 1900

Die Jahrhundertwende stellt für das Schulwesen – aus einem traditionell institutionsgeschichtlichen Blickwinkel – keinen wesentlichen Einschnitt dar. Die großen Reformen, die das Unterrichtswesen entscheidend betrafen, lagen Jahrzehnte zurück oder noch weit in der Zukunft. Gerade an einem „unspektakulären" Zeitraum läßt sich aber aufzeigen, unter welchen Bedingungen und Einflüssen das Erziehungs- und Ausbildungswesen seine Funktion ausübte. Es soll dargestellt werden, welches die formal – gesetzlichen Rahmenbedingungen für das Schulsystem waren und wie diese der Diskussion bzw. der Veränderung durch Einflußnahme verschiedener Interessensgruppierungen – wie Kirche, Wirtschaft, politische Parteien, Frauenbewegung – unterlagen. Anhand zeitgenössischer Berichte und autobiographischen Materials sollen schließlich Einblicke in die reale Lebenswelt von Schülerinnen und Schülern verschiedener gesellschaftlicher Schichten gegeben werden.

Die Volksschule

Das Reichsvolksschulgesetz von 1869

Die Organisation des Pflichtschulwesens zu Beginn des 20. Jahrhunderts war durch das von liberalem Gedankengut geprägte Reichsvolksschulgesetz von 1869 bzw. die Schulgesetznovelle von 1883 bestimmt. Das Reichsvolksschulgesetz hatte als wesentlichste Änderungen die allgemeine achtjährige Schulpflicht und die Interkonfessionalität der Volksschule gebracht. Diese allgemeine achtjährige Volksschule sollte je nach den lokalen Gegebenheiten ein- bis achtklassig organisiert sein; in größeren Orten sollte die dreijährige Bürgerschule, die nach der

5. Volksschulklasse besucht werden konnte, eingerichtet werden. Die achtjährige Unterrichtspflicht ermöglichte auch den häuslichen Unterricht, allerdings unter Kontrolle der Schulaufsichtsbehörde.

Gleichzeitig wurde nicht nur die Schulzeit hinaufgesetzt. auch die Anzahl der Unterrichtsgegenstände erfuhr eine Ausweitung. Bezüglich des Religionsunterrichtes war die Kirche zwar den Anordnungen des Staates unterstellt, als Bildungsziel wurde die Bedeutung der religiös-sittlichen Erziehung aber keineswegs geleugnet. So heißt es in § 1 des Reichsvolksschulgesetzes, die Aufgabe der Volksschule solle es sein, „die Kinder sittlich-religiös zu erziehen, deren Geistestätigkeit zu entwickeln, sie mit den zur weiteren Ausbildung für das Leben erforderlichen Kenntnissen und Fertigkeiten auszustatten und die Grundlage zur Heranbildung tüchtiger Menschen und Mitglieder des Gemeinwesens zu schaffen". [1]

Gegen die Bestimmungen des Reichsvolksschulgesetzes wurde aus den verschiedensten Lagern Sturm gelaufen. Die Unzufriedenheit der Kirche richtete sich vor allem gegen die Interkonfessionalität der Volksschulen. Besonderen Widerstand und Ablehnung erfuhr in weiten Kreisen die Anhebung der Schulpflicht von 6 auf 8 Jahre. Vor allem die landwirtschaftliche Bevölkerung, die Industrie und das Gewerbe protestierten gegen die verlängerte Schulpflicht. Es herrschte die Ansicht, daß für die Masse der arbeitenden Bevölkerung keine zusätzlichen Kenntnisse erforderlich seien und die Kinder durch die längere Schulpflicht nur daran gehindert würden, frühzeitig ihren Beitrag zum Auskommen der Familie zu leisten. Dieses Argument brachte auch P. Greuter, Hauptsprecher der Konfessionalisten, in einer Reichstagsdebatte vor:

„Nun, wie steht es denn nach dem Gesetzentwurf mit diesem Recht der Eltern, wie steht es mit der Freiheit? Mein Gott, man redet in Österreich so oft wie in keinem andern Staate von Freiheit, und wahrhaftig, wenn wir die Verhältnisse so recht genau und unparteiisch untersuchen, sind wir nie weniger frei gewesen als jetzt. Ich schau bloß in dieses Gesetz, und da kommt der Staat und nimmt im Namen der Freiheit der Mutter das Kind aus dem Arme und verpflichtet es durch den obligatorischen Zwang in seine Schule zu kommen." [2]

Widerstände gegen die achtjährige Schulpflicht bestanden auch in Arbeiterkreisen. Die sozialdemokratische Politikerin Adelheid Popp erinnerte sich der Einstellung ihrer Mutter, die selbst nie eine Schule besucht hatte und Analphabetin geblieben war:

„Sie (die Mutter, GL-O) war auch eine Feindin der, neumodischen Gesetze', wie sie die Schulpflicht nannte ... Sie fand es ungerecht, daß andere Menschen den Eltern vorschrieben, was sie mit ihren Kindern zu tun hätten ... In diesem Punkte hatte der Vater ihre Anschauungen geteilt, und meine Brüder hatten ihm schon seit zehn Jahren bei seiner Arbeit, der Weberei, helfen müssen. Drei Jahre Schule war nach Ansicht meiner Eltern genug, und wer bis zum zehnten Jahre nichts lernt, lernt auch später nichts, war eine von ihnen oft getane Äußerung."
Bei Adelheid Popps jüngstem Bruder machte die Schulbehörde wegen einer frühzeitigen Entlassung Schwierigkeiten: „In vielen Gesuchen setzte es meine Mutter doch durch, daß er aus der Schule entlassen wurde und als Hilfsarbeiter in eine Fabrik gehen konnte."[3]

Trotz Kritik und Umgehungen waren die Positiva des Reichsvolksschulgesetzes nicht zu übersehen. Es erweiterte den bisher bescheidenen Fächerkanon (Religion, Lesen, Schreiben, Rechnen) um Erdkunde, Naturgeschichte, Naturlehre, Geschichte, Zeichnen, Singen und Turnen; Mädchen erhielten darüber hinaus noch drei Stunden pro Woche Unterricht in Haushaltungskunde und Handarbeiten. Es räumte mit der Überfüllung der Klassen auf — in den ärmeren Bezirken Wiens lag die Schülerzahl bei über 130 Kindern pro Klasse[4] — und legte die Höchstzahl von Schülern fest, welche von einem Lehrer unterrichtet werden durften (80 bei ganztägigem, jeweils 50 bei halbtägigem Unterricht).
Auch die Anzahl der Volksschulen stieg nach dem RVG beträchtlich an. Im Gesamtgebiet der Monarchie wuchs die Zahl der Volksschulen von 1872 – 1900 um fast 40 %. [5] Der Organisationsgrad der Schulen war jedoch immer noch sehr niedrig – im Jahre 1900 wurden noch immer weit mehr als die Hälfte der Volksschulen ein- oder zweiklassig geführt. Am günstigsten war die Situation in Wien. Um die Jahrhundertwende existierten in Wien nur mehr einige wenige nieder organisierte Schulen, die sich in erst 1892 eingegliederten Randbezirken befanden.[6]

Die Schulgesetznovelle von 1883

Die Widerstände gegen das Reichsvolksschulgesetz bei
Kirche, Industrie, Bauern und dem ökonomisch gefährdeten Kleingewerbe führten 1883 zu einer Novellierung, die
in einzelnen Bereichen einen deutlichen Rückschritt darstellte. Eine empfindliche Schwächung erfuhr das Gesetz
durch die Bestimmungen betreffend individuelle und kollektive Schulbesuchserleichterungen für Schüler im sieben-
ten und achten Schuljahr. An den allgemeinen Volksschulen konnte nach vollendetem sechsjährigem Schulbesuch den Kinder auf dem Land und den Kindern unbe-
mittelter Volksklassen in Städten und Märkten über An-
suchen ihrer Eltern aus „rücksichtswürdigen" Gründen Er-
leichterungen in Bezug auf den regelmäßigen Schulbesuch
zugestanden werden. In der Praxis kam dies einer Herabsetzung der Schulbesuchszeit auf sechs Jahre gleich.

Aber auch bezüglich der Lehrinhalte des Volksschul-
unterrichts wurde das liberale Gedankengut von 1869
weitgehend zurückgedrängt. So heißt es 1884 anläßlich
einer Revision der Lehrpläne: „ . . . daß es die Aufgabe
des Unterrichts ist, alle geistigen Fähigkeiten der Kinder
anzuregen und die lebensfreudige Entwicklung des Ge-
müthes zu fördern, aber auch eben deshalb in den realistischen, insbesondere geschichtlichen Gegenständen auf
das sorgfältigste alles zu vermeiden, was, wenngleich
wissenschaftlich feststehend und wertvoll für die Forschung und Lehre, doch in der Volksschule nur geeignet
ist, die kindlichen Begriffe zu verwirren und die Grundlage der in den Schülern heranzubildenden religiösen
Überzeugung oder ihrer Anhänglichkeit und Liebe zum
gemeinsamen Vaterlande unsicher und schwankend werden zu lassen."[7]

So wurde nun die Zahl der Lehrinhalte, vor allem im
Realienunterricht, auf das „Faßlichste und Wissenswer-
teste" aus Naturlehre, Naturgeschichte, Geographie und
Geschichte eingeschränkt. Weiters wurde die Haushalts-
kunde für Mädchen ausgeschieden und der Turnunter-
richt für Mädchen als nicht mehr obligat erklärt.

1885 fiel durch eine Novelle zur Gewerbeordnung endlich die Fabriksschule, die im Rahmen des Reichsvolks-

schulgesetzes die Beschäftigung von noch unterrichts-
pflichtigen Kindern in Fabriken ermöglicht hatte.
Im Bereich des Pflichtschulwesens kam es bis zum Ende
der Monarchie zu keinen wesentlichen organisatorischen
oder inhaltlichen Veränderungen.

Bildungspolitischer Diskurs

Die Diskussion um die Schule ging jedoch weiter. Die Parteien formulierten ihre bildungspolitischen Zielsetzungen.
Bereits auf dem Einigungsparteitag der Sozialdemokratie in Hainfeld 1888/89 wurde u.a. eine Resolution
über die Volksschule angenommen, die zunächst in einer
Analyse der gesellschaftlichen und wirtschaftlichen Entwicklung die vom Bildungssystem benachteiligten Bevölkerungsschichten nennt und daraus folgende bildungspolitischen Forderungen ableitet:
– gleiche und damit unentgeltliche Beteiligung aller
  Kinder an der Grundausbildung, unentgeltliche Schulbildung auf allen Stufen des Unterrichts
– vollständige Trennung von Schule und Kirche
– Einflußnahme der Interessensvertretung der Arbeiter
  an bildungspolitischen Entscheidungen.[8]
Die Zielvorstellungen des christlichsozialen Lagers im
Bildungsbereich wurden in dem von Monsignore Schind-
ler für die Reichstagswahlen 1891 aufgestellten Programm
formuliert. Unter den allgemeinen Forderungen findet
sich das Festhalten an der achtjährigen Schulpflicht für
die Bevölkerung in den Städten und Industrieorten, unter
Befürwortung der weitestgehenden Schulbesuchserleichterungen, während in Landgemeinden die sechsjährige
Schulpflicht mit Sonntagsschule bis zu 15 Jahren gelten
sollte. 1896 wurde das Bildungsprogramm der Christlich-
sozialen veröffentlicht, das sich auf die wenige Jahre zuvor erschienenen Enzyklika „Rerum novarum" stützte.
Die Hauptforderungen richteten sich auf die religiös-sitt-
liche Erziehung und die Unentgeltlichkeit des Unterrichts.[9]
Im letzten Jahrzehnt des 19. Jahrhunderts entstanden
auch verschiedene Lehrer- und Schulvereine, die sich mit

bildungspolitischen, pädagogischen und didaktischen Fragen beschäftigten. Der 1886 gegründete „Katholische Schulverein", der unter dem Protektorat des Thronfolgers Franz Ferdinand stand, schloß sich in seinen Hauptforderungen der christlichsozialen Bewegung an.

Auf sozialdemokratischer Seite legte 1898 die unter der Führung von Karl Seitz und Otto Glöckel stehende Lehrerorganisation „Die Jungen" ein Schulprogramm vor, das im Sinne der am Einigungsparteitag 1888/89 beschlossenen Resolution gehalten war. Im gesellschaftskritischen Teil wird vor allem darauf hingewiesen, daß Wissenschaft und Bildungswesen in den Dienst der herrschenden Klassen gestellt seien und der Klassengegensatz zwischen Besitzenden und Nichtbesitzenden durch den Gegensatz der Bildung noch verstärkt werde. Die Gesellschaft habe zu verhindern, daß die Bildung zum Herrschaftsmonopol einer einzelnen Gruppe von Menschen werde. Sie habe daher die Pflicht, Vorsorge zu treffen für Schulen, Erziehungs- und Volksbildungsanstalten in genügender Zahl und entsprechender Güte. Unter den „besonderen Forderungen", die die „Jungen" aufstellten, seien genannt: [10]

— Schaffung und Erhaltung der notwendigen Kindergärten und Kinderhorte sowie der notwendigen Volks-, Fach-, Fortbildungs-, Mittel- und Hochschulen durch den Staat in der Art, daß sie beiden Geschlechtern in gleichem Maß zugänglich sind
— Verbot der Kinderarbeit
— Unentgeltlichkeit des Unterrichtes und der Lernmittel in allen Lehr- und Erziehungsanstalten
— unentgeltliche Verpflegung der bedürftigen Schüler aller Lehr- und Erziehungsanstalten
— vollständige Trennung von Schule und Kirche
— oberste Schulgesetzgebung durch ein auf Grund des allgemeinen, gleichen und direkten Wahlrechtes zusammengesetztes Parlament
— Bestimmung einer Höchstzahl von dreißig Schülern für jede Klasse
— gründliche Lehrerbildung
— Abschaffung der einklassigen Schulen
— mindestens achtjähriger Unterrichtszwang in den not-

wendigen weltlichen Unterrichtsgegenständen — und
zwar nur in diesen — einschließlich einer neu einzu-
führenden Moral- und Rechtskunde
— Öffentlichkeit der Qualifikation der Lehrer
— vollkommene Freiheit der Methode

Kinderarbeit und Schulbesuch

Otto Glöckel hatte die Schattenseiten und Probleme
des Wiener Volksschulwesens schon als „provisorischer
Unterlehrer" in einem Wiener Proletarierbezirk kennengelernt: „. . . ich erhielt eine vierte Volksschulklasse zuge-
wiesen, in die von allen anderen Klassen minderwertiges
Schülermaterial gestopft worden war. Über sechzig
Schüler, darunter zwei Drittel Repetenten, blickten mich
bei meinem Eintritt in die Klasse neugierig und gering-
schätzig an . . . "[11]
Das Hauptproblem bildete die Kinderarbeit. Zwar hatte
die Gewerbeordnung von 1885, wie bereits erwähnt, ein
Verbot der regelmäßigen gewerblichen Beschäftigung von
Kindern unter dem 12. Lebensjahr ausgesprochen. Für
Kinder zwischen dem 12. und 14. Jahr war die regelmäs-
sige gewerbliche Beschäftigung bis zu 8 Stunden, „wenn sie
für die körperliche Entwicklung nicht schädlich ist", gestattet. Arbeit in den Fabriken für Kinder unter 14 Jahren
und Kinderarbeit zwischen 8 Uhr abends und 5 Uhr morgens war verboten — doch die Realität sah ganz anders
aus.
Otto Glöckel sah sich mit den Auswirkungen dieser
Überbelastung der Kinder im Unterricht konfrontiert:

„ . . . Es gelang mir einigermaßen, die Ruhe herzustellen, ja in
einiger Zeit war es sogar *zu* ruhig geworden. Zu meinem Schreck
bemerkte ich nämlich, daß ein Teil meiner Schüler während der
Rechenstunde sanft eingeschlafen war . . . Bald erfuhr ich, daß diese
armen Kinder bis tief in die Nacht hinein als Kegeljungen in einem
Gasthausgarten beschäftigt waren, daß andere von sechs Uhr früh
an Milch, Gemüse oder Zeitungen zuzustellen, weite Botengänge
hinter sich hatten. Nur zwölf Schüler kannten den Luxus eines
eigenen Bettes. Wohl hatte ich von der erwerbsmäßigen Kinderarbeit schon gehört, jetzt stand sie mir mit all ihren verderblichen
Folgeerscheinungen in traurigster Wirklichkeit gegenüber."[12]

Im gesamten Gebiet der Monarchie wurden die Lehrer mit den Auswirkungen der Kinderarbeit konfrontiert. Wie gravierend die Mißstände waren, zeigen die Ergebnisse einer Untersuchung des Wiener Central-Lehrervereins aus dem Jahre 1900. In einem Aufruf des Lehrervereins wurden alle Lehrer und Lehrerinnen Österreichs aufgefordert, Erhebungen über die soziale Lage ihrer Schulkinder anzustellen und die Ergebnisse in ihnen zugesandten Fragebogen niederzulegen. Diese Initiative unter der Leitung des Wiener Lehrers Siegmund Kraus stieß bei den offiziellen Stellen auf wenig Gegenliebe, drohte sie doch manches in den jährlichen Berichten der Bezirks- oder Landesschulräte allzu positiv Berichtetes in ein anderes Licht zu rücken. Der Wiener Bezirksschulrat sprach ein direktes Verbot der Teilnahme der Lehrer an dieser Fragebogenaktion aus und verlangte sogar von den Schulleitern die Bekanntgabe von Namen. Trotzdem kam es bei dieser Erhebung, die vor allem von Volksschullehrern durchgeführt wurde, zu wichtigen Ergebnissen.

Siegmund Kraus berichtete zunächst im Central-Lehrerverein über die Enquete und veröffentlichte in den März- und April-Nummern der Zeitschrift ,,Neues Frauenleben" 1902 mehrere Beiträge zu dieser Erhebung. Ein großer Teil der Berichte ist der Lage der Kinder in den ländlichen Gebieten der Monarchie gewidmet sowie in den Industrie- und Hausindustriegebieten, vor allem des Ostens. Trotz des bereits erwähnten Verbots des Wiener Bezirksschulrates konnten jedoch auch für das Gebiet der Hauptstadt Informationen eingeholt werden. Hier waren im gewerblichen Bereich besonders viele Kinder in Gasthäusern beschäftigt. Durch eine Verordnung des Handelsministers vom 27. Mai 1885 durften ,,die als Kellner und dergleichen beschäftigten männlichen jugendlichen Hilfsarbeiter auch in den Stunden von acht Uhr Abends bis längstens zwölf Uhr Nacht"[13] verwendet werden. Dazu Siegmund Kraus:

,, . . . die erwähnte Ordnung gestattet . . ., daß Kinder im Alter von 12 – 14 Jahren in Wirtshäusern als Brotausträger, Cigarrenverkäufer Verwendung finden, daß sie in den Gasthausküchen Flaschen spülen, Geschirrwaschen usf."[14]

„ . . . Im Jahre 1899 gab es unter den Floridsdorfer Schulkindern
19 Knaben und 3 Mädchen, die in Gastwirthschaften Brot oder
Cigarren verkauften und 105 Knaben, die Kegelaufsetzer, 22 Knaben und 2 Mädchen, die Aushilfskellner(innen) waren."[15]
„ . . . selbst die bestehende Verordnung wird in Wien nicht eingehalten. Es werden in Praterwirtshäusern Kinder vor vollendetem
12. Lebensjahr verwendet, es werden die Kinder über 12 Uhr Nachts
zu Arbeit angehalten." [16]

Kinder in Lohnarbeit waren vor allem als Laufburschen
und Laufmädchen beschäftigt, die Lieferungsgänge zu er-
ledigen hatten, weiters als Milchausträgerinnen, Zeitungsausträger, Wagen- und Pferdeputzer. Bei der Erhebung in
Floridsdorf wurden gezählt: 26 Laufburschen, 58 Laufmädchen, 36 Milchausträger, 23 Milchausträgerinnen,
15 Zeitungsausträger (darunter 2 Mädchen), 15 Kinder,
die Brot und Milch austrugen, 40 Knaben und 45 Mädchen, die Kohle führen mußten, 40 Knaben, die Wagen
und Pferde putzten, sowie 14 Mädchen und 5 Knaben,
die als Verkäufer(innen) in Geschäften tätig waren. Auch
als Tagelöhner, Dienstboten und besonders als Bediene-
rinnen fanden die Kinder in den Städten Verwendung. [17]
In den Ziegeleien arbeiteten ebenfalls schulpflichtige Kinder, vor allem des X. und XI. Wiener Bezirkes. Sie wurden
für Ziegelmachen, Sandreiben, Ziegelaufstellen, Ziegelein-
tragen, Ziegelschlagen etc. verwendet. [18]
Kaum quantifizierbar erschien die Masse der in der
Hausindustrie und Heimarbeit verwendeten Kinder. Besonders im Bereich der Textilindustrie wurden besonders
viele Kinder, und darunter wieder weit mehr als die
Hälfte Mädchen, als Hilfskräfte beschäftigt. Eine zehn-
stündige Arbeitszeit vor bzw. nach dem Schulbesuch
(oder stattdessen) war keine Seltenheit. Die Kinder
saßen stundenlang beim Fransenknüpfen, bei der Haar-
netzerzeugung, beim Spitzenklöppeln oder in der Knopf-
erzeugung. Adelheid Popp beschreibt dies in ihrer Autobiographie:

„ . . . Schließlich wurde mir das Knöpfeaufnähen gelehrt, und ich
nähte nun Perlmutterknöpfe auf Silber- und Goldpapier. Das war
jetzt immer meine Beschäftigung, wenn ich aus der Schule kam
und auch an schulfreien Tagen. Wenn ich hundervierundvierzig
Knöpfe, zwölf Dutzend, aufgenäht hatte, so hatte ich einen und

einen halben Kreuzer verdient. Auf mehr wie 27 Kreuzer in der
Woche habe ich es nie gebracht." – Nach Absolvierung der dritten
Volksschulklasse verließ Adelheid Popp – entgegen den gesetzlichen
Bestimmungen – die Schule und zog mit ihrer Mutter nach Wien,
wo sie durch das Häkeln von Tüchern zum Lebensunterhalt beitragen mußte. „Ich wurde in einer Werkstätte aufgenommen, wo
ich Tücher häkeln lernte, bei zwölfstündiger fleißiger Arbeit verdiente ich 20 bis 25 Kreuzer am Tage. Wenn ich frühmorgens um
6 Uhr in die Arbeit laufen mußte, dann schliefen andere Kinder
meines Alters noch. Und wenn ich um 8 Uhr abends nach Hause
eilte, dann gingen die anderen gut genährt und gepflegt zu Bette.
Während ich gebückt bei meiner Arbeit saß und Masche an Masche
reihte, spielten sie, gingen spazieren oder sie saßen in der Schule." [19]

Aus der Sicht des Lehrers richtete Siegmund Kraus
einen leidenschaftlichen Appell zur Abschaffung der
Kinderarbeit:

„ . . . für ein grosses Heer von Kindern, deren Bildungsanrecht die
Volksschule allein befriedigen soll, bleibt diese ohne jede Wirkung,
weil übermüdete Kinder nicht unterrichtsfähig sind . . . Für den
Gebrauch in der Schule haben wir die verschiedensten Schulbank-
systeme, die alle bezwecken sollen, dass die Kinder gerade sitzen
und frei und ausgiebig athmen. Was helfen aber diese Massnahmen,
wenn die Kinder zuhause viele Stunden lang, über ihre Arbeit ge-
beugt, auf einfachen Stühlen oder Bänken hocken? . . . Und nun
denke man sich die abgerackerten, die übermüdeten, durch monotone Arbeit geistig abgestumpften Kinder in der Schulstube. Können diese Kinder unterrichtet werden? Kann der Lehrer von diesen
Kindern Aufmerksamkeit fordern? Ist es nicht vielmehr Pflicht
jedes Lehrers, diese Kinder vor jeder Anstrengung, vor jeder Aufgabe, vor jeder Frage zu bewahren? . . . Man kann ruhig behaupten, dass die Schule, die Bildungsstätte der Jugend, für einen
grossen Theil der Kinder dann zu einer wohltätigen Einrichtung
wird, wenn sie sich dort die Kräfte zu der Arbeit sammeln können, die ihrer ausserhalb der Schulzeit wartet." [20]

Auch Otto Glöckel hatte mit dem Problem, völlig
überforderte Kinder unterrichten zu müssen, zu kämpfen,
und machte im Sinne der obigen Passage das Beste aus
der Situation: „Ich erkannte, daß ich mit meiner Buch-
pädagogik Schiffbruch leiden müsse. Instinktiv verfolgte
ich den richtigen Weg: ich ließ meine Kinder in der
Schule schlafen, damit sie sich erholten, ich zensurierte
möglichst wenig und kämpfte um das Vertrauen der
Kinder." [21]

Die ökonomische Bedingtheit der Schulbesuchsfrequenz findet einen deutlichen Niederschlag in der sozialräumlichen Gliederung Wiens. Eine deutlich höhere Zahl an unentschuldigten Schulversäumnissen gegenüber dem Gesamtwert für die Hauptstadt wiesen im Schuljahr 1899 die Bezirke Favoriten, Simmering, Meidling, Hietzing, Ottakring, Hernals und Währing auf. Am schlechtesten war der Schulbesuch in Ottakring – hier lag der Wert für versäumte Schulstunden doppelt so hoch wie im Gesamtdurchschnitt.[22] Die offiziellen Stellen waren sich über die Gründe für diese wirtschaftlich bedingte Schulfeindlichkeit bestimmter Bevölkerungsschichten durchaus im klaren. So analysiert etwa der „Hauptbericht" des n.ö. Landesschulrates für das Jahr 1899/1900 die Ursachen für den schlechten Schulbesuch in den oben genannten Gebieten: „In diesen vorwiegend von einer ärmeren Bevölkerung bewohnten Bezirken werden die Kinder schon frühzeitig dem Erwerbe zugeführt. Mit Kindern reich gesegnete arme Eltern, welche außer dem Hause Lohnarbeiten verrichten, verwenden oft die älteren Kinder, besonders Mädchen zur Überwachung der noch nicht schulpflichtigen Geschwister. Nicht selten sind die Kinder sich selbst überlassen und treiben sich auf der Straße herum."[23]

Wie in diesem Bericht erwähnt wird, gab es hinsichtlich des Schulbesuchs auch noch geschlechtsspezifische Aspekte. Mädchen waren noch viel eher von den ohnehin schon geringen Bildungsmöglichkeiten ausgeschlossen als Knaben. Neben dem Einsatz für textile Fertigung in Heimarbeit – Mädchen galten ja immer schon als geschickter und für monotone Arbeiten geeigneter als Knaben – wurden die Mädchen vor allem im Haushalt beschäftigt. Anläßlich einer Erhebung über die Kinderarbeit des k.k. Arbeitsstatistischen Amtes im Handelsministerium, die 1908 begonnen wurde, lesen wir in der Zeitschrift „Neues Frauenleben":[24]

„ . . . ein bißchen mithelfen (gemeint ist im Haushalt, GL-O) schadet gar nichts, ist sogar gesund und nützlich, denken wir alle. Wenn wir aber nun hören, daß Kinder, die oft noch nicht 10 Jahre sind, und zwar handelt es sich hier hauptsächlich um Mädchen, *alle häuslichen Arbeiten allein* zu verrichten haben, weil die Mutter

den ganzen Tag außer Haus arbeitet, oder Schulmädchen ‚auf Bedienung' geschickt werden, in jeder freien Minute, vor zwischen
und nach der Schule ‚Arbeiten verrichten müssen, deren Erwachsene kaum fähig sind', daß ‚ganz schwache Mädchen oft ihre jüngeren, aber nicht viel kleineren Geschwister stundenlang herumtragen müssen' . . . dann gewinnt dies alles ein anderes Gesicht".
Weiters meint die Verfasserin des Artikels: „Es verdient erwähnt
zu werden, daß der Bericht an manchen Stellen (wenn auch nicht
überall) von einer stärkeren Heranziehung der Mädchen spricht,
von längeren Arbeitszeiten und stärkerer Verwendung in den
Zwischenstunden der Schulzeit, was ja auch eine entsprechende
Vorbereitung für das spätere Leben des ‚schwächeren Geschlechts'
in den betroffenen Ständen ist."

In der Schulbesuchs-Statistik für das Schuljahr 1898/99
wird die Zahl der versäumten Schulhalbtage für Mädchen
mit 2 559 000, für Knaben mit 1 992 756 angegeben. [25]
Bezogen auf die Zahl der schulpflichtigen Kinder ergibt
sich ein Wert von 28,5 versäumten Tagen für die Mädchen,
während er bei den Knaben mit 22,9 Tagen deutlich nied-
riger liegt.

Privatschulen

Ein nicht unbeträchtlicher Anteil der schulpflichtigen
Kinder Wiens – um 1900 etwa 10 % – besuchte eine
private Volksschule. Der Hauptanteil dieser Schulen
wurde von Glaubensgemeinschaften erhalten: 15 Mäd-
chen- und 2 Knabenschulen von Orden oder Kongrega-
tionen, 11 Schulen von Kultusgemeinden oder konfessio-
nellen Vereinen.[26] Diese Schulen waren vor allem in
wohlhabenderen Kreisen, und hier vor allem für die Ausbildung von Mädchen, beliebt. So waren etwa zwei Drittel
der im Jahr 1900 in Wien existierenden privaten Volksschulen reine Mädchenschulen. In einer Privatschule
konnten Töchter aus „besserem Haus" sowohl von der
Berührung mit Kindern aus „niederen Ständen" als auch
von den als schädlich erachteten Einflüssen der Außenwelt bewahrt bleiben.
Das Festhalten an diesem elitär-bewahrenden Erziehungsstil bestimmter Kreise für ihre Töchter zeigt sich auch in
der Entwicklung des Privatschulwesens. Mit dem Ausbau

des öffentlichen Schulwesens ging nämlich der Anteil der
Privatschulen für Knaben stark zurück, während die Zahl
der Privatvolksschulen absolut aber leicht anstieg (im
Schuljahr 1873/74 gab es in Wien 35 [27] solcher Schulen,
um 1900 45[28]). In diesem Zeitraum war die Zahl der
Knabenschulen fast um die Hälfte zurückgegangen und
eine Verlagerung zu den Mädchenschulen eingetreten.
Offensichtlich herrschte die Tendenz, Söhne eher einer
öffentlichen Schule anzuvertrauen als Töchter. Jedoch
zeigt sich eine verstärkte Orientierung hin zu einer öffentlich anerkannten Ausbildung, auch was die Schulbildung
der Mädchen betraf: Privatvolksschulen ohne Öffentlich-
keitsrecht erlebten nämlich einen deutlichen Niedergang.
Ihre Zahl sank von 54 im Jahr 1873/74 [29] (davon waren
bezeichnenderweise 43 Mädchenschulen) auf nur mehr
5 im Schuljahr 1900 (je 1 Knaben- und Mädchen-, sowie
3 gemischte Schulen).

Die Bürgerschule

Die Einrichtung der Bürgerschule sollte eine über das
Lehrziel der allgemeinen Volksschule hinausgehende Bildung vermitteln. Mit der Schulgesetznovelle von 1883
wurde die Bürgerschule als dreiklassige Schule, aufgebaut
auf der fünften Schulstufe, geführt. Sie sollte nun auch als
Vorbereitungsanstalt für die Lehrerbildung und für verschiedene Fachkurse dienen. Vor allem aber war die Bürgerschule darauf ausgerichtet die Ausbildungsbedürfnisse
der Gewerbetreibenden zu berücksichtigen — was sich vor
allem durch die Betonung des Geschäftsaufsatzes und die
Einführung in die einfache Buchhaltung zeigte.
Im ersten Jahrzehnt nach dem Reichsvolksschulgesetz
wurde der Ausbau der Bürgerschulen forciert, danach
blieb die Zahl der Bürgerschulen bis in die achtziger Jahre
konstant, während für die wachsende Zahl schulpflichtiger
Kinder neue Volksschulen geschaffen wurden. [30]In den
neunziger Jahren überwog wieder der Zuwachs bei den
Bürgerschulen in Wien um fast 15 %, während sich die
Zahl der Volksschulen nur mehr um etwa 6 % erhöhte. [31]
Die Bürgerschule war zunächst als Bildungseinrichtung für

eine nur begrenzte Sozialschicht vor allem zuerst in den
Bezirken eingerichtet worden, in denen begüterte Schichten der Bildung und Ausbildung einen hohen Wert bei-
maßen, und waren erst später auch in die Arbeiterbezirke
vorgedrungen. So hatte der erste Bezirk, in dem das Ansehen der Schulen traditionell hoch war, im Jahre 1879
bereits sechs Bürgerschulen, während es im Arbeiterbezirk Favoriten noch keine einzige Bürgerschule gab. [32]
20 Jahre später, 1900, war die Anzahl der Bürgerschulen
in der Inneren Stadt mit sechs gleichgeblieben, während
in Favoriten nun ebenfalls 6 Bürgerschulen bestanden.
Insgesamt zählte Wien im Schuljahr 1899/1900 109 kom-
munale Bürgerschulen, davon 51 für Mädchen (22.537
Schülerinnen) und 44 Bürgerschulen für Knaben (18.872
Schüler).[33]

Berufsbildende Schulen

Entsprechend den steigenden Anforderungen der industriellen Praxis und des technologischen Fortschritts
wurde das gewerbliche und technische Fachschulwesen
ausgebaut. Zwischen 1870 und 1900 wurden höhere
Schulen — staatliche Gewerbeschulen genannt — errichtet. Die höheren Gewerbeschulen bereiteten auf theoretisch gehobene Tätigkeiten (Konstrukteur) vor, die
mittleren Schulen auf die praktischen Tätigkeiten
(Meister, Vorarbeiter). [34]
Um die Jahrhundertwende unterstanden dem Unterrichtsministerium die Staatsgewerbeschulen, Fachschulen
für gewerbliche Hauptgruppen und einzelne Gewerbezweige, allgemeine Handwerkerschulen, gewerbliche Fortbildungsschulen und allgemeine Zeichenschulen. Besonderen Ruf genoß in Wien das Technologische Gewerbe-
museum (gegründet 1879). Nach einer Reform der bis
dahin meist privat geführten Handelsschulen wurden 1896
drei Typen kaufmännischer Schulen unterschieden —
kaufmännische Fortbildungsschulen, zweiklassige Handelsschulen und die Handelsakademie.
Frauen waren auch im Bereich der beruflichen Aus-
bzw. Weiterbildung stark benachteiligt. Gegenüber 148

gewerblichen Fortbildungsschulen für Knaben im Jahr 1898 bestanden nur 8 solcher Schulen für Mädchen.[35] Frauenberufsschulen bzw. deren Vorläufer verdankten ihr Entstehen fast ausschließlich privater Initiative — schon seit 1866 führte der Wiener Frauen-Erwerbsverein verschiedenste fortbildende Kurse durch, die vorwiegend auf eine hauswirtschaftliche Bildung gerichtet waren. Die meisten Mädchen, die nach dem 14. Lebensjahr überhaupt noch eine weitere Ausbildung anstrebten, besuchten die sogenannten „Arbeitsschulen", die eine unentgeltliche Ausbildung im Nähen vermittelten. Mittellose Mädchen sollten dadurch befähigt werden, ihr Brot durch das Anfertigen von Handarbeiten zu verdienen.

Das höhere Schulwesen

Das höhere Schulwesen war im wesentlichen von zwei Typen geprägt: Einerseits durch das Gymnasium, das den klassischen humanistischen Bildungskanon vertrat. Ziel des Gymnasiums war es, „eine höhere Allgemeinbildung unter wesentlicher Benützung der alten klassischen Sprachen und ihrer Literatur zu gewähren und zweitens hiedurch für das Universitätsstudium vorzubereiten".[36] Daneben entstand ein Schultyp, der den Ausbildungsansprüchen der sich entfaltenden Wirtschaft und Industrie Rechnung tragen sollte: Die Realschule. Sie hatte zum Ziel, sowohl eine höhere allgemeine Bildung zu vermitteln als auch durch eine besondere Berücksichtigung mathematisch-naturwissenschaftlicher Fächer und der modernen Sprachen „einen mittleren Grad der Vorbildung für die gewerblichen Beschäftigungen, als auch die Vorbereitung zu technischen Anstalten"[37] zu geben. Allerdings berechtigten sie nicht zum Besuch der Universität. Im Jahre 1864 wurde der Typus des Realgymnasiums, das den Besuch entweder der Oberstufe des Gymnasiums oder der Realschule ermöglichte, geschaffen. Die ersten beiden Schulen dieses Typs wurden auf Beschluß des Wiener Gemeinderates in der Leopoldstadt und in Mariahilf errichtet und erfreuten sich eines großen Zustroms.[38]

Akademische Bildung war für die Söhne der Aristokratie
und des Großbürgertums eine Selbstverständlichkeit.
Stefan Zweig, Sohn aus wohlhabendem jüdischem Haus
und aufgewachsen in der Zeit um 1890, beschreibt dies in
seinen „Erinnerungen eines Europäers":

„Daß ich nach der Volksschule auf das Gymnasium gesandt wurde,
war nur eine Selbstverständlichkeit. Man hielt in jeder begüterten
Familie schon um des Gesellschaftlichen willen sorglich darauf,
‚gebildete' Söhne zu haben . . . Aber nur die sogenannte ‚akademische' Bildung, die zur Universität führte, verlieh in jenen Zeiten
des ‚aufgeklärten' Liberalismus vollen Wert; darum gehörte es zum
Ehrgeiz jeder ‚guten' Familie, daß wenigstens einer ihrer Söhne
vor dem Namen irgendeinen Doktortitel trug."[39]

Das allgemeine Bildungsziel jener Zeit, nämlich die Reproduktion eines Bewußtseins, das die jeweils bestehenden Verhältnisse akzeptiert, wurde auch in den Gymnasien massiv verfolgt. Dazu wieder Stefan Zweig:

„ . . . der Staat (beutete) die Schule als Instrument zur Aufrecht-
erhaltung seiner Autorität aus. Wir sollten vor allem erzogen werden, überall das Bestehende als das Vollkommene zu respektieren,
die Meinung des Lehrers als unfehlbar, das Wort des Vaters als un-
widersprechlich, die Einrichtungen des Staates als die absolut und
in alle Ewigkeit gültigen." [40]

Mädchen freilich waren die höheren Schulen − sowohl
Gymnasien als auch Realschulen − bzw. -gymnasien −
nicht zugänglich. 1870 hatte Marianne Hainisch auf der
Generalversammlung des Frauen-Erwerbsvereines die
Einrichtung von Parallelklassen für Mädchen an den
Knabenrealgymnasien bzw. die Schaffung eigener Real-
gymnasien für Mädchen gefordert. Die staatiichen Stellen
verhielten sich dieser Petition gegenüber ablehnend, wobei argumentiert wurde, daß von der Unterrichtsverwaltung nicht verlangt werden könne, organisatorische Einrichtungen zu treffen, die, wie das Gymnasium, der
eigentlichen Natur des weiblichen Geschlechts zuwider-
laufen. [41]
    Die Forderung der bürgerlichen Frauenbewegung nach
gleichen Ausbildungs- und Berufschancen stießen auf
heftigen Widerstand, der zu einem wesentlichen Teil von
der Angst getragen wurde, in den Frauen könnte den

Männern eine ernsthafte berufliche Konkurrenz entstehen. So formulierte der Minister für Kultus und Unterricht in einem Erlaß vom 24. 3. 1897:

> „ (zwar) verkennt die Unterrichtsverwaltung nicht den Zug der Zeit, der weiblichen Jugend eine der männlichen gleichwertige Bildung und damit eine grössere Erwerbsfähigkeit zu vermitteln und möchte demselben,soweit er in der Natur des Weibes und in thatsächlichen Bedürfnissen begründet ist, nicht hindernd in den Weg treten . . . jedoch den Mädchen ohne Beschränkung den Zugang zu den für die Bedürfnisse der männlichen Jugend eingerichteten Gymnasien und Realschulen und dann weiter in alle Berufszweige, die bereits von Männern zur Genüge besetzt sind, zu eröffnen, ist nicht in ihrer Absicht gelegen."[42]

Um 1900 gab es in Wien ein einziges Mädchengymnasium, eine Privatanstalt, die 1892 vom „Verein für erweiterte Frauenbildung" ins Leben gerufen worden war. Dieses Gymnasium erhielt außer der Erlaubnis, für den Unterricht die Räume des städtischen „Pädagogiums" (einer Lehrerfortbildungsanstalt) zu benützen, keinerlei öffentliche Unterstützung. Dementsprechend hoch war auch das Schulgeld, und somit war der Besuch dieses Gymnasiums nur Töchtern aus begüterten Kreisen möglich.

Seit 1878 war den Mädchen die Ablegung der Reifeprüfung gestattet, die allerdings nicht zum Zugang zur Universität berechtigte. Die erforderlichen Kenntnisse mußten auf privatem Weg erworben und dann Prüfungen in sämtlichen Fächern an einer öffentlichen Knabenmittelschule abgelegt werden. Marianne Beth (geb. 1890), Tochter eines Rechtsanwaltes, der sich nach ihren eigenen Worten einen Sohn gewünscht, und als ihm eine Tochter geboren wurde, diese zum Sohn erzog, berichtet über ihre Studienzeit:

> „Mit neun Jahren hatte mein Gymnasialstudium begonnen. Aus Angst, die Mädchengymnasien jener Zeit könnten nicht streng und gründlich genug unterrichten, hatte mein Vater sich für Privatunterricht entschieden. Ich hatte einen sehr tüchtigen Hauslehrer und mußte zweimal des Jahres an dem strengsten Wiener öffentlichen Knabengymnasium Semesterprüfung ablegen."[43]

Elise Richter, 1865 als Tochter eines Arztes in Wien geboren und 1907 als erste Dozentin für Romanische Philologie in Österreich habilitiert, schildert ihren Kampf um

eine höhere Bildung. Bis zu ihrem 14. Lebensjahr hatten
sie und ihre Schwester Unterricht durch eine Erzieherin,
danach sollte für die wißbegierigen Mädchen die Ausbildung zu Ende sein: „Mit quälendem Neide dachten
Helene und ich an alle die Buben, die das Gymnasium
machen könnten bzw. müßten . . . " [44] Als 1896 per Erlaß die Maturitätsprüfung Frauen den Zugang zum Philo-
sophiestudium ermöglichte, entschloß sich Elise Richter,
die Reifeprüfung abzulegen.

„ . . . Das Mädchengymnasium des Vereins für erweiterte Frauenbildung (kurzweg die ‚erweiterten Frauen‘ genannt), war damals im
zweiten oder dritten Jahr seines Bestandes. Aber täglich mehrere
Stunden auf der Schulbank zu sitzen . . . war bei meinem Gesund-
heitszustand vollkommen ausgeschlossen . . . Das Akademische
Gymnasium in Wien, dem damals die Maturantinnen zugeteilt
wurden, stand im unbestrittenen Ruf des ersten und strengsten
Gymnasiums . . . mir, der externen Privatistin . . . (wurde) von
vornherein eröffnet, man werde mich nicht strenger, aber ‚ausführlicher‘ prüfen als die Internen. Naturgemäß gab es keinerlei Befreiung; für die Gegenstände der früheren Klassen, aus denen Interne bei der Matura gar nicht geprüft werden, mußte ich mich einer
Vorprüfung unterziehen. Mit anderen Worten, ich mußte alle zwölf
Gegenstände des Gymnasiums gleichzeitig im Kopf haben . . . " [45]

Schließlich konnte die Unterrichtsverwaltung an den
nicht verstummenden Forderungen der Frauenbewegung
nach einer Mädchenschulreform nicht vorbeigehen. Von
Seiten des Unterrichtsministeriums wurde jedoch weiter
versucht, die Bestrebungen nach gleichberechtigter gym-
nasialer Mädchenbildung in andere Bahnen zu lenken. Die
Erlässe zur Mädchenschulreform von 1900 sahen wieder
nur eine Art höherer Töchterschule vor — das Mädchenlyzeum. Zwar gab es nun erstmals eine staatlich anerkannte und offiziell geförderte Institution zur Mädchenbildung, doch vermittelte diese — außer im fremdsprach-
lichen Unterricht — kaum Kenntnisse, die über die Bürgerschule hinausgingen. Die sechsklassigen Lyzeen, als deren
Zweck von offizieller Seite „die Vermittlung eines gewissen Grades gründlicher allgemeiner, der weiblichen Eigen-
art angepaßten Bildung[46] genannt wurde, boten keine
Grundlage für eine Weiterbildung, am wenigsten für die
Hochschule. Käthe Leichter beurteilt diesen Schultyp in
ihren Lebenserinnerungen:

„Nach der Volksschule sollen wir in die Mittelschule kommen.
Von den öffentlichen Gymnasien sind damals die Mädchen noch
ausgeschlossen. Die eigentliche Mädchenmittelschule von damals
ist das Mädchenlyzeum, . . . eine halbschlächtige Schulform, mit
der im wirklichen Leben nichts anzufangen ist, da sie weder zum
Besuch der Hochschule berechtigt, noch den Mädchen irgendwelche praktischen Kenntnisse vermittelt. Sie war daher von vornherein den Kreisen vorbehalten, die es sich erlauben konnten,
ihre Töchter sechs Jahre in eine Schule zu schicken, die bloße
Bildung vermittelte. Diese Bildung allerdings war, namentlich
was Sprachen, Literatur und Geschichte betraf, in der Regel
eine gute Bildung: man konnte sicher sein, daß die Absolventinnen
sich in den Kreisen der besten Gesellschaft würde behaupten
können."[47]

Freilich gab es auch unter den Lyzeen anerkannte Bil-
dungsanstalten. In Wien waren dies vor allem die sehr
fortschrittlich geführte Schule der Eugenie Schwarzwald
und das konservative Mädchenlyzeum des Schulvereins
für Beamtentöchter, das, wie sich Käthe Leichter erinnert,
als besonders strenge Schule mit ausgezeichneten Lehrern
galt. Dazu wieder Käthe Leichter:[48]

„Schickte man die Söhne nach Kalksburg oder in das Theresianum,
so wollte man auch die Töchter erstklassig und standesgemäß erzogen haben. So gewann das Beamtentöchter-Lyzeum seinen Ruf
als Musterschule, der auch bald seinen Rahmen sprengte . . . Wieder
war es vor allem das jüdisch-liberale Bürgertum, das ungeachtet des
für Nichtbeamte hohen Schulgeldes seine Töchter in die Beamten-
töchterschule schickte . . . " – In dieser Schule trafen Mädchen
äußerst unterschiedlicher sozialer Herkunft zusammen: „Vorherr-
schend waren die wirklichen Beamtentöchter, meist betont einfach gekleidet, mit schwarzen Schürzen und Ärmelschonern über
den hochgeschlossenen Kleider, die Haare glatt zurückgekämmt
und in dicken Zöpfen herabhängend. Sie . . . hatten peinlich saubere
Aufgabenhefte, denn daheim wurde von den selber ans Klassifizie-
ren gewöhnten Vätern auf gute Noten großer Wert gelegt." – Die
soziale Hierarchie unter den Beamten fand auch in den Kindern
ihren Niederschlag: „Man wußte in der Klasse genau, welcher Vater
Regierungsrat und welcher nur Offizial war . . . Dazwischen die
Töchter des liberalen jüdischen Bürgertums . . . Sie sind Kinder von
Universitätsprofessoren, Ärzten, Anwälten, Industriellen . . . Sie
sind im allgemeinen geschmackvoller gekleidet als die anderen . . .
Sozial und intellektuell wird der Abstand zwischen beiden Gruppen
immer größer. Die einen bringen es zu guten Noten durch Fleiß
und Strebsamkeit, die andern durch Intelligenz und Begabung. . . "

Mädchen aus ärmeren Kreisen blieb diese Bildungsmöglichkeit verschlossen — weder hätten die Familien das nötige Schulgeld aufbringen können noch entsprach dieser Schultyp irgendeinem Ausbildungserfordernis wirtschaftlich schwächerer Schichten, die auf eine baldige Verdienstmöglichkeit ihrer Kinder angewiesen waren: „ . . . welche proletarische Eltern hätten ihre Tochter auf sechs Jahre in eine reine Bildungsschule mit hohem Schulgeld schikken können? Die proletarischen Mädchen haben damals die vierklassige Bürgerschule (besucht) — dann helfen sie zu Hause oder lernen schneidern, wenn sie nicht gleich in die Fabrik müssen. Begabten Proletarierbuben wird noch hie und da mit allen möglichen Hilfsmitteln das Mittelschulstudium ermöglicht, begabten Proletariermädchen niemals. Ihre Welt, die ich in der Volksschule ein wenig kennengelernt habe, sollte mir während der ganzen Mittelschulzeit verschlossen bleiben."[49]

Zusammenfassend läßt sich feststellen, daß das Schulsystem zur Jahrhundertwende nur sehr ungleiche Bildungschancen bot. Zwar hatte sich das Angebot an Ausbildungsmöglichkeiten erweitert — vor allem im berufsbildenden Bereich — doch hatte sich an der Durchlässigkeit des Bildungssektors für bestimmte Sozialschichten kaum etwas geändert.

Die Kinder besuchten je nach Schichtzugehörigkeit verschiedene Schultypen, deren Absolvierung ihnen einen bestimmten Platz in der Gesellschaft zuwies. Dabei waren — innerhalb der einzelnen Sozialschichten — Mädchen den Knaben gegenüber stets benachteiligt, was sowohl formale als auch inhaltliche Bildungsmöglichkeiten betraf.

Anmerkungen

1 Zit. nach Ludwig Battista, Die pädagogische Entwicklung des Pflichtschulwesens und der Lehrerbildung von 1848 – 1948. In: 100 Jahre Unterrichtsministerium 1848 – 1948, Wien 1948, S. 147.

2 Zit. nach H. Schnell, Die Österreichische Schule im Umbruch, Wien 1974, S. 20 f.

3 Adelheid Popp, Jugend einer Arbeiterin (München 1909), Sonderausgabe Berlin/Bonn 1983, S. 29.

4 Hubert Ch. Ehalt, Das Wiener Schulwesen in der liberalen Ära. In: Forschungen und Beiträge zur Wiener Stadtgeschichte 1. Wien 1978, S. 128.
5 Julius Mende, Eva Staritz, Ingrid Tomschitz, Schule und Gesellschaft. Entwicklung und Probleme des Österreichischen Bildungssystems (Schriftenreihe des Instituts für sozio-ökonomische Entwicklungsforschung der Österr. Akademie der Wissenschaften. Band 1, 1980), Wien 1980, S. 111.
6 Auguste Fickert, Der Stand der Frauenbildung in Österreich. In: Helene Lange, Gertrude Bäumer (Hg.), Handbuch der Frauenbewegung, Berlin 1901, Band 3, S. 168.
7 Zit. nach Mende et.al. (wie Anm. 5), S. 101.
8 Zit. nach Mende et.al. (wie Anm. 5), S. 107.
9 Vgl. Mende et.al. (wie Anm 5), S. 108.
10 Gekürzt, zit. nach Otto Glöckel, Selbstbiographie. Sein Lebenswerk: Die Wiener Schulreform, Zürich 1939, S. 43 f.
11 Glöckel (wie Anm. 10), S. 36.
12 Ebenda, S. 37.
13 Siegmund Kraus, Kinderarbeit. In: Neues Frauenleben 14, 1902, Nr. 2, Nr. 3; das Zitat Nr. 2, S. 9.
14 Kraus (wie Anm. 13), 1902, Nr. 3, S. 9.
15 Ebenda, 1902, Nr. 2, S. 9.
16 Ebenda, Nr. 3, S. 10.
17 Ebenda, Nr. 2, S. 10.
18 Ebenda, Nr. 1, S. 9.
19 Popp (wie Anm. 3), S. 30 bzw. S. 36.
20 Kraus (wie Anm. 13), 1902, Nr. 3, S. 7 f.
21 Glöckel (wie Anm. 10), S. 40.
22 Hauptbericht des k.k. n.ö. Landesschulrathes über den Zustand des Volksschulwesens in Niederösterreich im Schuljahr 1899/1900, Wien 1901, S. 5.
23 Ebenda.
24 Neues Frauenleben 25, 1913, Nr. 10, S. 253.
25 Fickert (wie Anm. 6), S. 170.
26 Statistisches Jahrbuch der Stadt Wien, 1900, S. 478.
27 Ebenda, 1883, S. 201.
28 Ebenda, 1900, S. 478.
29 Ebenda, 1883, S. 201.
30 Ehalt (wie Anm. 4), S. 142.
31 Eigene Berechnung nach Angaben des Statistischen Jahrbuchs.
32 Ehalt (wie Anm. 4), S. 142.
33 Statistisches Jahrbuch (wie Anm. 26), 1900, S. 441 und 445.
34 Mende et.al. (wie Anm. 5), S. 114.
35 Fickert (wie Anm. 6), S. 171 f.
36 Zit. nach Mende et.al. (wie Anm. 5), S. 92.
37 Ebenda.
38 Vgl. Ehalt (wie Anm. 4), S. 133.
39 Stefan Zweig, Die Welt von Gestern. Erinnerungen eines Europäers, Wien 1948, S. 52.
40 Zweig (wie Anm. 44), S. 60.

41 Zit. nach Amalie Mayer, Geschichte der österreichischen Mädchenmittelschule, Wien 1952, S. 36.
42 Zit. nach Fickert (wie Anm. 6), S. 174.
43 Marianne Beth, Lernen und arbeiten. In: Elga Kern (Hg.), Führende Frauen Eruopas, Wien 1979^2, S. 97.
44 Elise Richter, Erziehung und Entwicklung. In: Elga Kern (wie Anm. 43), S. 75.
45 Richter (wie Anm. 49), S. 75 f.
46 Mayer (wie Anm. 41), S. 44.
47 Käthe Leichter, Leben und Werk, hg. von Herbert Steiner, Wien 1973, S. 305 ff.
48 Ebenda, S. 306.
49 Ebenda, S. 307.

INGE PRONAY–STRASSER

VON ORNITHOLOGEN UND GRASHUPFERINNEN
Bemerkungen zur Sexualität um 1900

„:die Tatsache der Halbverhülltheit"[1]

In dem Essay „die Koketterie" skizziert Georg Simmel 1911 ein Verhältnis: er umschreibt das Spiel um die Macht zwischen Frauen und Männern, das Abwenden des Blickes vom Gemeinten, ein Spannungsverhältnis zwischen ja – und – nein, ein sich Bewegen in Möglichkeiten, wobei in diesem Spannungsverhältnis der/die Gemeinte aus unterschiedlicher Sicht nie Ziel sein darf/kann, nur das Verhältnis selbst ist Ziel. „Da nun entsteht das Vor- und Zurücktreten, das versuchende Halten und Loslassen, in dessen schwankender Dualistik sich jene so oft unvermeidliche Grundrelation des Habens und Nichthabens malt. Indem ein so tragisches Moment des Lebens sich in die spielende, schwankende, zu nichts engagierende Form, die wir das Kokettieren mit den Dingen nennen, kleiden kann – begreifen wir, daß diese Form ihre typische, reinste Erfüllung gerade an dem Verhältnis der Geschlechter gewinnt – an dem Verhältnis, das schon in sich die vielleicht dunkelste und tragischste Beziehung des Lebens in die Form seines höchsten Rausches und schimmerndsten Reizes hüllt."[2]

Neugierde/Verlangen/Verlockung/Distanz

Das scheinbar unbegrenzte Feld spekulativer Phantasien zum Thema Sexualität zu Beginn der Moderne könnte auch eine Rückprojektion verlorengegangener Erotik im „abgeklärten" Zeitalter der Post-moderne sein. Es schrumpft allerdings bei näherer Betrachtung zu einem begrenzten Areal vermeßbarer Größen. Medizinisches Interesse an Zusammenhängen des Körpers, psychologisches

Interesse an Zusammenhängen der Nerven/Gefühle/Zu-
stände findet ab den 70er Jahren des vorigen Jahrhunderts in die wissenschaftliche Diskussion Eingang; ab
1900 läßt sich eine sprunghaft anwachsende Zahl bio-
logisch-psychologischer Abhandlungen zu Normen geschlechtlichen Verhaltens registrieren. „Du störst eben
mein polygames Gleichgewicht!", sagte sie mit einem
kleinen Seufzer zur Entschuldigung des Widerspruchs,
der zwischen ihrem Denken und Handeln entstanden war.
Es stellte sich durch viele Zwischenfragen heraus, daß sie
„polyglanduläres Gleichgewicht" habe sagen wollen, ein
damals erst den Eingeweihten verständliches physiolo-
gisches Wort, das man mit Gleichgewicht der Säfte über-
setzen könnte, in der Voraussetzung, daß es gewisse ins
Blut wirkende Drüsen seien, die mit ihren Antrieben und
Hemmungen den Charakter beeinflussen und namentlich
sein Temperament, ja besonders jene Art von Temperament, von der Bonadea in gewissen Zuständen bis zum
Leiden zu viel besaß."[3]

Ein Informationsdefizit über die „gewissen Zustände"
dürfte als Marktlücke diesen Publikationen entgegenge-
kommen sein: das Interesse des Bürgers an „wissenschaftlicher Literatur" zum Thema Sexualität wird gesellschaftsfähig, allerdings richtet sich das Interesse der Wissen-
schafter vornehmlich auf einen bestimmten Körper, den
weiblichen. Gesellschaftsfähig wurde also die Verlockung,
sich darüber zu informieren, ob auch dieser Körper sich
zur Begierde verlocken läßt.

Publikationen zur Geschlechtskälte der Frau, zur
mangelnden Geschlechtsempfindung des Weibes, allen
vorangehend in der Auflagenzahl zur Psychopathia sexua-
lis, indizieren Doppeldeutigkeit: kann der Mann der Frau
keine Lust bereiten oder kann sie sie gar nicht empfinden?

Die Konzentration des wissenschaftlichen Bemühens
um den weiblichen Körper, die Erforschung physiolo-
gisch-neurologischer Zusammenhänge führt zu Erkennt-
nissen, die Vorwegnahmen der psychologischen Forschungen der 70er Jahre dieses Jahrhunderts sind: das
heute so häufig zitierte prämenstruelle Syndrom wurde
bereits von Krafft-Ebing zu Beginn des Jahrhunderts kon-
statiert: Anhand einer Kasuistik von Strafdelikten, be-

gangen von Frauen, konnte er eine Korrelation zwischen dem Zeitpunkt der Straftat und der kurz danach eintretenden Menstruation feststellen. Diesen Zusammenhang konstatierte er auch für den Ausbruch psychotischer Schübe. Die von ihm geforderten Konsequenzen kennzeichnen die Ambivalenz des Naturwissenschafter/Arztes sowohl gegenüber den Objekten als auch den Institutionen: Krafft-Ebing fordert einerseits strafmildernde Umstände für Frauen, die in dieser Phase des Zyklus gewalttätig gegen Gatten und Kinder vorgingen (und dies war meist der Fall!); zugleich erlangt andererseits ein neues, weitaus subtil/gewaltvolleres Kontrollorgan im Szenarium staatlicher Überwachung an Bedeutung: die Nervenheilanstalt.

„Wegen menstrualer Geistesstörung straflos ausgegangene Individuen sind als höchst gemeingefährlich zu betrachten und einer jeweiligen sorgfältigen Überwachung zur menstrualen Zeit bedürftig. Am meisten empfiehlt es sich, sie einer Irrenanstalt zu übergeben, da durch die Pflege und Behandlung einer solchen eine Genesung erfahrungsgemäß nicht selten erzielt wird."[4]

Allgemeiner: Variationsreiche Sammlungen von Fallbeispielen zum Zwecke der Katalogisierung der Vielfalt sexueller Verhaltensweisen bilden das Koordinatensystem, innerhalb dessen normales/erlaubtes/funktionales sexuelles Verhalten gegen perverses/krankhaftes/zu bestrafendes Verhalten lokalisiert wird.

„Also hören Sie", gab er Auskunft und sah scheinbar finster drein: „diese Frau ist Nymphomanin, und dem kann ich nicht widerstehen!" Diotima wußte ,amtlich', was Nymphomanie sei. Es trat eine Pause ein, dann erwiderte sie gedehnt: „Die arme Frau! Und so etwas lieben Sie!"[5]

In diesem Koordinatensystem der Lust werden durch Vermessung die Punkte markiert und benannt, was erlaubt ist im Sinne von natürlich als auch pervers im Sinne von unnatürlich: auf den Begriff gebracht dringt die Abweichung in das Bewußtsein bürgerlicher Öffentlichkeit und vermehrt die Lust, darüber zu lesen, was nun im Handeln unterlassen werden soll. Die wissenschaftliche Literatur zum Körper und seinen Funktionen, dem verhüllten

Mysterium der zweiten Hälfte des 19. Jahrhunderts,
übernimmt mehrere Funktionen:
— durch „Aufklärung" über funktionale Zusammenhänge läßt sich im ehelichen Bett über diese besser verfügen.
Im Interesse der Volksgesundheit waren vor allem staatliche Instanzen an der Eindämmung der Geschlechtskrankheiten interessiert.
— die begriffliche Ordnung erzeugt gleichzeitig ordentliche Verhältnisse; von den Residuen an Phantasien der
„abweichenden Verhaltensweisen" kann sich das bürgerliche Publikum beim Lesen wissenschaftlicher Soft-
Pornos schauerlich-schön erholen und gleichzeitig be-
ruhigt und lustvoll distanzieren.

> „So wachsen die Kinder dieser Zeit
> heran, wissen nicht, was sie müssen,
> und wissen so viel, was sie nicht
> dürfen."[6]

Das Hauptanliegen der Herausgeber wissenschaftlicher
Werke zum Thema „Mensch als Geschlechtswesen" ist
häufig die Beweisführung über die Redlichkeit ihres Unter-
fangens. Angesichts drohender Zensur von staatlicher
Seite findet sich auch hier eine Mischung aus wissenschaftlicher Bemühung, aufklärerischem Geist und Koketterie
mit der Brisanz der Thematik.
Die Anthropophyteia, herausgegeben von G. Krauss,
umfaßt von den Jahren 1900 — 1910 10 Bände, in denen
neben ausführlichen sprachwissenschaftlichen Vergleichs-
studien des Süd-Slawischen mit dem Deutschen zum
Thema Sexualität im weitesten Sinne unterschiedlichste
Artikel publiziert wurden wie: erotische Tätowierungen
mit Abbildungen, die Bedeutung der Sinne im Liebesleben der Menschen, Nachtwandeln und Mondsucht,
Sammlungen homosexueller Kontaktannoncen zwecks
besserer Erkennbarkeit derselben und die Bedeutung des
Alraunmännchens als potenzförderndes Mittel. Ein Beitrag von Alfred Adler — Erotische Kinderspiele — zeigt,
wie Verfügbarkeit über Wissen zu besserer Kontrolle über
Verhalten führen kann und soll — und damit kann nicht
früh genug begonnen werden.

„Die typischen sexuellen Kinderspiele scheinen folgende zu sein:

1. Vater und Mutter spielen. Dabei kommen Berührungen der Genitalien vor. Ebenso beim Heiraten-spielen.
2. Doktor spielen. Der Doktor untersucht, entblößt, betastet den Patienten. Dabei wird den Genitalien besondere Aufmerksamkeit geschenkt. Zuweilen stopft der Doktor dem Mädchen irgendwelche Gegenstände in die Vulva oder in den Anus.
3. Pfänderspielen. Bekannt sind die Auslösungen der verlorenen Pfänder durch Küsse, aber auch durch sexuelle Strafen, in der Regel in einem abgesonderten, zuweilen verdunkelten Raum.
4. Menagerie-Spiel. Entblößungsspiel. Zuweilen werden dabei Vogelfedern in den Anus gesteckt.
5. Kühemelken. Ein Knabe kauert auf allen Vieren. Seine Genitalien gelten als Euter der Kühe.
6. Robinson-Spiel. Nackt-Spiele.
7. Feuerwehr-Spiel. Unter großer Erregung wird ein supponiertes oder wirklich entflammtes Feuer durch Urinieren zu löschen versucht.
8. Kot- und Urinspiele, bei denen eines der Kinder beschmutzt oder herabgesetzt werden soll. Variante des Blindekuh-Spiels. Einem Knaben werden die Augen verbunden. Ein anderer uriniert in dessen Tasche, oder er wird von den im Kreise Herumstehenden bespritzt. — Oder der blinden Kuh wird ein Stück Kot gereicht.
9. Wett-Spiele. Wer höher urinieren, schneller masturbieren kann.

Sehr oft können scheinbar harmlose Spiele zum Anlaß für erotische Absichten dienen. So wenn beim Versteckspiel erwachsene weibliche Personen kleine Kinder unter ihren Röcken verbergen. Oder wenn das Versteckspiel dazu benutzt wird, den hockenden Mädchen unter die Röcke zu schauen.

Einen großen Platz nehmen auch die sadistischen Spiele im Leben der Kinder ein. Sie können hier nur kurz erwähnt werden. Auch bei diesen Spielen tritt der sexuelle Einschlag oft deutlich hervor.

Vielleicht gelingt es durch eine Sammelforschung, unsere Kenntnisse über diese frühzeitigen Sexualbetätigungen des Kindes zu erweitern. Der Blick des Pädagogen wird dadurch namhaft geschärft werden."[7]

Der bereits ausklingenden Debatte über die schädlichen
Folgen der Onanie für Körper- und Geisteszustand der Jugendlichen und den daraus resultierenden Ratschlägen zur
Unterbindung derselben (häufiges kaltes Duschen galt als
top-favorit) folgt nun die subtilere Bestandsaufnahme der
verspielten öffentlichen Formen kindlicher Sexualität:
allerortens kann so leicht ertappt, erkannt und reguliert
werden.

„Der Bus'r' = Bus = Polizist, der Päderasten ausforscht*

Was aufklärend intendiert und sprachlich verfügbar
gemacht werden soll, wird von der Rechtsprechung nor-
mativ aufgegriffen, durchaus nicht im Sinne des ursprüng-
lichen Forschungsinteresses: Homosexualität wird um
1900 strafrechtlich strengstens verfolgt und tritt in das
öffentliche Bewußtsein meist auf Grund von Erpressungs-
affairen und damit in Zusammenhang stehenden Selbstmorden mehr oder minder prominenter Persönlichkeiten.
    Zu diesem Zeitpunkt setzten sich vor allem Teile der
bürgerlich-wissenschaftlichen Kreise als auch Schriftsteller und Journalisten wie z.B. Karl Kraus vehement für die
Freigabe der einschlägigen Paragraphen (in Deutschland
§ 175) ein; als Diskussionsplattform mit regelmäßig er-
scheinenden Publikationen konstituierte sich in Berlin
das „wissenschaftlich-humanitäre Komitee", dessen Forderungen auch vehement vom deutschen Frauenverein
unterstützt wurden.
    Für Homosexuelle galt gerade Krafft-Ebing, der Be-
gründer jener Nomenklatur der sexuellen Verhaltensweisen, als Verfechter ihres Anliegens: Den Betroffenen
bedeutete wissenschaftlich legitimierte Diskussion durch
Autoritäten eine Befreiung aus dem Dunkel moralischer
Vorurteile und Diffamierungen und eröffnete ihnen die
Möglichkeit, vielfältige Beziehungsformen in der Öffentlichkeit gleichwertig zu leben. Ein Moment der Utopie
greift gerade zu diesem Zeitpunkt Platz; durch die Schaf-

---

* umgangssprachlich bedeutet Buserer heute noch leichter Ver-
  kehrsunfall, meist ohne Personenschaden.

fung scheinbarer Gleichwertigkeit der Benennung kann diese auch vermeintlich im öffentlichen Bewußtsein und der öffentlichen Praxis gelebt werden. Wie rigid hingegen um 1900 das Verhalten einzelner überwacht wurde, verdeutlicht Magnus Hirschfeld, der Herausgeber des Jahrbuchs für sexuelle Zwischenstufen:

„Der Wachmann besitzt den Homosexuellen gegenüber carte blanche. Er kann in Fällen, die ihm, beziehungsweise seiner Phantasie halbwegs zweifelhaft erscheinen, unverzüglich einschreiten. Ich habe mit eigenen Augen gesehen, wie im Stadtpark am hellen Tage zwei distinguierte Herren, ohne unmittelbare Veranlassung, von einem Wachmanne coram publico zur Ausweisleistung verhalten wurden. Einem jungen Burschen, der tatsächlich nicht homosexuell ist, wurde von einem Wachmanne der Stadtpark verboten, weil er längere Zeit am Ufer des Teiches stehend, plötzlich einen neben ihm befindlichen Herrn frug, wie spät es sei. Ein anderer meiner Bekannten erzählte mir, es habe sich eines Tages in einer Tabak-Trafik spontan ein Wachmann vor ihm aufgepflanzt, ihm scharf ins Gesicht gestarrt und gesagt, er müsse über höheren Auftrag seine Physiognomie in Vormerk nehmen. Ich selbst wurde einmal, als ich ahnungslos im Prater aus einer Au trat, in der ich ganz allein spazieren gegangen war, von zwei Wachmännern, die, man höre und staune, im Laufschritt herbeikamen, energisch inquiriert, mit wem ich im Gehölze gewesen sei."[8]

„Das Flug'rl" = Geliebte, flatterhaftes Mädchen, Geliebter

Der Bibliothekar der Polizeidirektion und Assistent im Polizeimuseum, Albert Petrikovits, gibt 1922 nach jahrelangen Recherchen ein Verzeichnis heraus: „Die Wiener Gauner-, Zuhälter- und Dirnensprache". In diesem werden umgangssprachliche Begriffe, meist mit starken Bezügen zu sexuellen Inhalten, in die Hochsprache übersetzt; es soll Polizisten Hilfestellungen bei Einvernahmen leisten, zugleich auch die Geheimcodes der „suspekten Subjekte" besser und schneller zu dechiffrieren ermöglichen – ähnlich der Kodifikation von Zinkzeichen, die Bettler an Haustüren bzw. Wohnungstüren anbrachten; diese sollten nachfolgende Kollegen über das soziale Verhalten der Wohnungsinhaber informieren – warnen.

Die Bezeichnung für Frauen	Die Bezeichnung für Männer
die Alte: die Meisterin, die Dirne des Zuhälters, die Zuhälterin	**der Alte:** der Geliebte, der Chef, der Direktor des Strafhauses
die Rippn: Mädchen, Weib	**der Nas'r'r:** Päderast
die Hur: die Dirne	**der Peitscherlbua:** Zuhälter
a warme Hur: homosexuelle Dirne, Lesbierin	**der Bus:** Päderast
die Grashupferin: Dirne, die sich auf den Wiesen der Umgebung Wiens hingibt	**Bus'r'r: Bus:** Polizist, der Päderasten ausforscht
die Frau: Kupplerin, Quartiergeberin der Dirnen	**der Bussi:** Bus'r'r
das Anhängsl: die unliebsame Geliebte, Nebenstrafe	**der Kreaufreiß'r:** Zutreiber von Männern für Dirnen
die Katz: junges Mädchen, Geliebte, Prostituierte	**der Zehntausender:** reicher Besuch
die Krätz'n: Weib	**der Girigari:** männliches Glied
die Koberin: ein weibl. Koberer	**der Kob'r'r:** Diebshehler, Wirt einer Verbrecherkneipe, Kaffeesieder niedersten Ranges, Quartiergeber von Dirnen und Verbrechern, Kuppler

die Koberei: Quartier der Prostituierten bei einer
    Zimmervermieterin, Verbrecherkneipe

tauch'n   = geschlechtlich verkehren
tupf'n   = geschlechtlich verkehren
wamperl'n = geschlechtlich verkehren

Kodifikation/Kontrolle/Vereinnahmung

Illustriertes Wiener Extrablatt,
18. 1. 1900

So wird aus dem leichtfertigen Flugerl ein(e) Geliebte(r) — des Herrn Offizier/Galanteriewarenhändler/Kommis — der Frau Gräfin — das Leichte gleitet unversehens in die Schwere der Gefühle und der sozialen Bezüge hinüber.

Die Verhältnisse

In ihrem Beitrag: „Ehebruch und Strafrecht. Zur bürgerlichen Moral in Österreich um 1900"[9] weist Waltraud Heindl nach, daß es vor allem die Arbeiterinnen waren, die zu diesem Zeitpunkt vermehrt auf Scheidungen drangen und diese auch konsequent bei Gericht durchsetzen konnten. Es gelingt diesen Frauen, wenn auch nur unter härtesten Bedingungen, ihre Lebensgestaltung selbst zu finanzieren; sie wagen daher auch den Schritt, unabänderliche Verhältnisse als veränderbare zu begreifen und sich aus den miserablen Verhältnissen der Zweisamkeit ins Ungewisse der Zukunft zu begeben.

Der bürgerlichen Ehefrau ist dieser Weg versperrt, da sie, zumeist bar jeglicher Ausbildung, ihren Lebensunterhalt nicht selbst bestreiten konnte und durch konsequente Erziehung lediglich eine Bestimmung hatte: als unberührte, jungfräuliche Gabe von der Obhut der Eltern in die mehr oder minder kundige Gewalt des Ehegatten überstellt zu werden.[10]

> „ ..... daß man auch die entnervenden Unannehmlichkeiten der Ehe meist mit geistiger Überlegenheit behandeln könne."[11]

Robert Musil zeichnet im „Mann ohne Eigenschaften" rückblickend ein parodistisch-zynisches Bild dieses Zeitraums, nur scheinbar entschärft läßt er seine Agenten über die Verhältnisse sprechen.

Damen der Oberschicht, so sie sich selbst schriftlich zum Thema äußern, bevorzugen bei der Darstellung der Umstände Krypto-Zitate:

> „Als ich mein Clavier verkaufte, war mir's, als gäb ich meine Seele hin.
> Das Bett als Liegestätte ist die Generalprobe zum Sarge.
> Claviere und Särge zu transportieren, erfordert so ziemlich den gleichen Grad an Geschicklichkeit."[12]

Meist suchen sie ihr Vergnügen offenbar durchaus erfolgreich auf anderen Wegen.

(Das Verhör der Damen.) Eine der vornehmen Wiener Gesellschaft angehörende Dame, welche gleich mehreren anderen Damen und Herren bei der Polizei vorgeladen war, um dort die Warnung entgegenzunehmen, daß sie ja nicht Poker spiele, gibt uns über ihr Verhör und das ihrer Freundinnen nachstehende Schilderung: Erste Dame: Guten Tag, Herr Commissär! — Commissär: Guten Tag! Meine Gnädige, Sie spielen Poker! — Erste Dame: Ja, Herr Commissär! — Commissär: Mit wem? — Erste Dame: Nur mit befreundeten Damen. — Commissär: Wollen Sie die Damen nennen? — Erste Dame: Nein, Herr Commissär. — Commissär: Macht Nichts, meine Gnädige, wir wissen die Namen schon. Sie sind gewarnt — das Pokerspiel ist verboten, richten Sie sich danach! — Erste Dame: Ich danke, Herr Commissär. — Die zweite Dame tritt ein. Commissär: Sie spielen Poker. — Zweite Dame: Ja, sehr gerne. — Commissär: Wissen Sie nicht, daß dieses Spiel verboten ist? — Zweite Dame: Nein, Herr Commissär, denn ich habe schon mit Advocaten und mit einem Hofrath gespielt, und da ich gerne spiele, so werde ich lieber das Land, als das Spiel lassen. Ich bin reich und will in der Großstadt wohnen, nicht in Marchegg, wo ich eventuell leicht über die Grenze gehen könnte, um zu spielen. — Sie erhebt sich — der Commissär spricht noch ein Paar warnende Worte und entläßt die Vaterlands-Verleugnerin! Nun erscheint die Dritte, eine zierliche Person mit klugem, schelmischem Ausdruck im Gesichte. — Commissär: Setzen Sie sich, meine Gnädige. Ihr Gatte ist ein Ungar und ich mache Sie aufmerksam, daß Sie ausgewiesen werden können! Sie spielen... — Dritte Dame (einfallend): Ja. — Commissär: Was spielen Sie, Angeh'n oder Poker? — Dritte Dame: Nein, ich spiele.. — Commissär: Es ist übrigens ganz gleich, was Sie spielen. Hazardspiele sind gesetzlich verboten und nach Paragraph... — Dritte Dame: Aber ich bitte... — Commissär: Unterbrechen Sie mich gütigst nicht. Ich wiederhole, daß Sie das Hazardspiel aufgeben müssen. — Dritte Dame: Herr Commissär, ich spiele allerdings, aber nur... — Commissär: Ganz gleich, es genügt mir, zu hören, daß Sie spielen, und ich wiederhole ausdrücklich, im Betretungsfalle werden Sie... — „Aber, Herr Commissär," schreit endlich die Dame ganz laut — „ich spiele ja nur — in der kleinen Lotterie!" — Der Commissär war verblüfft! — „Sooo — ich bin fertig, gnädige Frau!" Die Dame bleibt sitzen. — „Ich habe Ihnen Nichts mehr zu sagen." — Die Dame bleibt sitzen. — „Wünschen Sie noch Etwas?" fragt der nun höfliche Beamte. — „Ihren Vornamen und Ihr Alter, Herr Commissär — morgen ist Linz!"

Illustriertes Wiener Extrablatt, 10. 2. 1900

„die Musi" = Venerische Ansteckung

Enthaltsamkeit galt aus zweierlei Gründen für Frauen als sicherste Verhütung: so konnten sowohl ungewollte Schwangerschaften als auch der Kontakt mit Geschlechtskrankheiten vermieden werden. Für junge Männer dieser Epoche brachte die Koppelung von Lust und Ansteckungsgefahr jedoch ein reales Defizit an möglichen Erfahrungen mit sich. Arthur Schnitzler und Stefan Zweig schreiben in ihren Autobiographien davon deutlich. Die Affairen und Amusements verheirateter Männer hatten in zweiter Linie wiederum die Ehefrauen zu tragen: der Kreis schließt sich lautlos, und die Angst gibt den Ton an, auch in der „guten Gesellschaft": längst war eine verheiratete Frau für einen jugendlichen Geliebten keine Garantie mehr, dem Kontakt mit einer Geschlechtskrankheit zu entgehen. Die Konsequenzen?

„die Musi habn" = venerisch angesteckt sein.

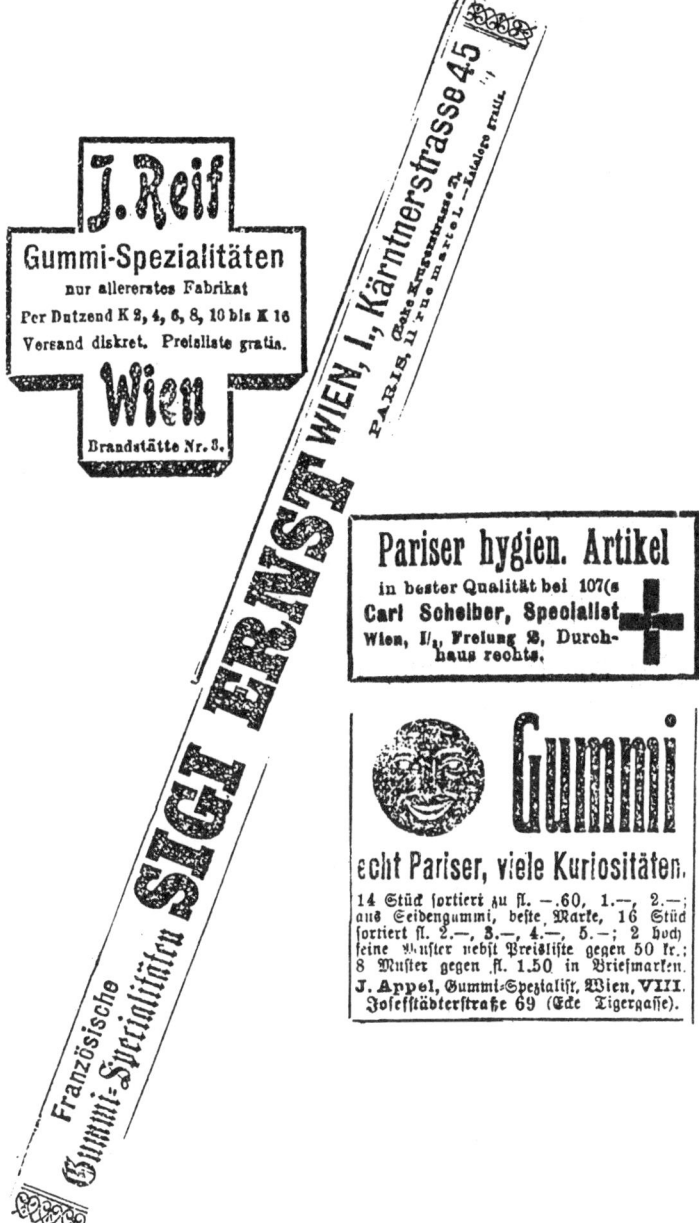

Prostitution/Geschlechtskrankheiten/Öffentliche Moral

Bis in die 70er Jahre des vorigen Jahrhunderts war die Prostitution in Wien verboten. Mit dem Prostitutionsstatut von 1873 entschlossen sich die Behörden, eine einheitliche Regelung für die „gewerbliche Unzucht" einzuführen. Ursachen für diese von staatlicher Seite gesetzten Maßnahmen waren sowohl die steigenden Zahlen an illegaler Prostitution – vor allem für Dienstmädchen und Frauen aus der Unterschicht stellte diese Einkommensquelle die letzte Möglichkeit dar, mehr oder minder lange zu überleben – als auch die damit in Zusammenhang stehende Verbreitung der Geschlechtskrankheiten.

In diesem Statut wurde festgelegt, daß Prostituierte die Pflicht hatten, sich behördlich registrieren zu lassen, Gesundheitsbücher zu führen, sich regelmäßig ärztlicher Untersuchung zu unterziehen und sich sittenpolizeilich überwachen zu lassen.

Im Jahr 1900 weist die Statistik 1708 behördlich unter Kontrolle stehende Prostituierte nach; neu hinzukamen in diesem Jahr 319. Von all diesen waren 343 syphilitisch erkrankt.[13] Die Dunkelziffer liegt mit Sicherheit weit darüber.

Die allgemeinen Klagen über die sittlichen Übelstände der Zeit richten sich gegen zwei Gruppen von Prostituierten:

– registrierte Frauen, die Cafehäuser näherliegender Stundenhotels frequentierten und so zur Deklassierung derselben und der Umgebung beitrugen: „ .. als eine Reihe von Café's zur Erhöhung der Einnahmen die Sperrstunde hinausschob, wie das ‚Rebhendl' in der Goldschmiedgasse, das ‚Alhambra' auf der Praterstraße, ‚Schleicher' (später ‚Föderl') am Alsergrund und ‚Frank' in Hernals, oder Musik einführten (‚Schuster', später ‚Lyra' im ersten, ‚Hamburg' im vierten und ‚Elysium' im fünften Bezirk), oder gar zur Bedienung der Gäste kostümierte Frauenspersonen verwendete, wie die Lokale ‚Schiller' und ‚Türkisches Café', da war es um die öffentliche Moral trotz des Statuts bedeutend schlechter bestellt."[14]

– sogenannte „Demimondlerinnen", die vor allem die
bürgerliche Moral in Unordnung brachten, daher für
wesentlich gefährlicher und überwachenswerter hinsichtlich des Lebenswandels galten; diese verkehrten
im Volksgarten, im Kursalon und in den Musikvereins-
sälen.

Gemischte Verhältnisse allerortens, in allen sozialen
Schichten, die Zeitungen der Zeit sind voll davon. Die
öffentliche Moral kann sich empören.

(Im **Chambre separée.**) Wir berichteten
kürzlich über eine Verhandlung beim Bezirksgerichte
Josephstadt, in welcher der Zahnarzt Dr. Stephan
Meixner angeklagt war, daß er der Sängerin
Rosa Milleger bei einem Champagnergelage im
Pavillon Dörley das Kleid mit Wein begoß und
sie dann, als sie sich noch in derselben Nacht bei
seiner Gattin darüber beklagte, mit einem „Pracker"
mißhandelte. Die Verhandlung, welche damals ver-
tagt wurde, ist gestern zu Ende geführt worden.
Dem Zahnarzt wurde eine Geldbuße von fünfzig
Kronen auferlegt.

Illustriertes Wiener Extrablatt, 4. 3. 1900

(„**Salon Stolz.**") Der Polizei gelang es vor
Kurzem, in der Bäuerlegasse Nr. 16 einen „Salon"
aufzuheben, welchen die Handarbeiterin Anna Stolz
innehatte. Dieser „Salon" bestand eigentlich nur
aus einem Cabinet, aber in dem kleinen Raume
trieben die Gäste der Stolz, meist Kutscher aus
der Brigittenau, scandalöse Dinge und auch Kinder
im Alter von acht bis zehn Jahren waren Zeugen
der widerlichen Scenen. Gestern wurden die Anna
Stolz, Caroline Piaty, Barbara Hruschta und
Anna Spiral dem Strafgerichtssecretär. Dr. von
Wesely des Bezirksgerichtes Leopoldstadt wegen
Uebertretung gegen die öffentliche Sittlichkeit,
respective wegen Gelegenheitsmacherei vorgeführt.
Die Anna Spiral wurde zu drei Monaten
strengen, mit Fasten und Dunkelhaft verschärften
Arrest verurtheilt, ferner wurde über sie die Zwangs-
eignung ausgesprochen. Die Piaty erhielt einen
Monat, die Stolz sechs Wochen und die
Hruschta vierzehn Tage Arrests.

Illustriertes Wiener Extrablatt, 27. 1. 1900

(Eine Gelegenheitsmacherin.) Die in der
Kandlgasse am Neubau wohnhaft gewesene, bereits
wegen Kuppelei abgestrafte Marie Berlyak hatte
sich gestern vor dem Bezirksgerichte Neubau neuerlich
wegen dieses Delictes zu verantworten. Die bei ihr
verkehrenden Frauenspersonen waren Verkäuferinnen,
Arbeiterinnen, Probirmamsells und verheiratete
Frauen, während unter den männlichen Besuchern
mancher in Kaufmannskreisen wohlbekannte Name
vorkommt. Der Richter verurtheilte die Berlyak zu
vier Monaten strengen Arrests.

(Ein Raucher im Theater.) Der Hausbesitzer Wenzel Nowotny wurde vor Kurzem bei
der Kasse des Jubiläums-Stadttheaters mit einer
noch glimmenden Cigarre betreten und angezeigt. Er
wurde gestern vom Bezirksgerichte Josephstadt zu
zehn Kronen Geldstrafe verurtheilt.

Illustriertes Wiener Extrablatt, 9. 3. 1900

(Animirmädchen.) Vor dem Café Men-
rath in Mariahilf spielte sich kürzlich in der Nacht
eine Lärmscene ab. Der Schuhmacher Adalbert
Malina war mit den in diesem Café bediensteten
Animirmädchen Marie Borowitz und Katharina
Knödelseder in Streit gerathen. Er hatte zwar
seine Zeche bezahlt und noch zwölf Gläser Cognac
dazu, lehnte aber eine weitere Forderung, noch drei
Gläser Cognac zu zahlen, entschieden ab. Die
Animirmädchen und deren zwei „Verehrer" prügelten
ihn nun durch und als ein Wachmann herbeikam
und nach der Ursache des Lärmens fragte, ließen sie
den Schuster als Zechpreller arretiren. Auf das
Polizei-Commissariate wendete sich jedoch das Blatt
und statt des Malina wurden nun die beiden
Mädchen verhaftet, welchen unsittliches Betragen
nachgewiesen wurde. Gestern wurde vom Bezirksgerichte Neubau die Borowitz zu zehn Tagen,
die Knödelseder zu drei Tagen strengen
Arrests und der Cafetier Menrath wegen Gelegenheitsmacherei zu einer Geldstrafe von sechzig
Kronen verurtheilt.

Illustriertes Wiener Extrablatt, 24. 2. 1900

Anhand des aufsehenerregenden „Fall Riehl" — eine
Bordellbesitzerin wurde von einem Journalisten angezeigt,
in ihrem Haus Mädchen widerrechtlich festzuhalten,
keinen angemessenen Lohn zu bezahlen und sie körperlich zu mißhandeln — wird die durchaus ambivalente Stellung der Polizei deutlich; gegen mehrere Kommissäre wurden im Anschluß an den Prozeß Disziplinaruntersuchun-
gen angestrengt, da jene offensichtlich gegen finanzielle
Beteiligung und/oder sonstige Begünstigungen mit der
Bordellbesitzerin kooperierten. [15]

Die Verführung

„Die Jeanne war ein sehr schönes, etwa 21 Jahre altes Mädchen unbekannter Herkunft, das rasch in den Kreisen der Lebewelt an Boden gewann. Die Herrlichkeit dauerte aber nur ein halbes Jahr; Jeanne verliebte sich in einen jungen schwedischen Gelehrten, Baron G., der anläßlich eines ornithologischen Kongresses in Wien weilte und dessen Vater einen hohen diplomatischen Posten bekleidete." [16] Der unwissende Bub gerät in die Hände geldgieriger Schurken und wird vom Papa schleunigst heimzitiert. Das Mädchen nimmt sich das Leben. Leichtfertige Verhältnisse enden tragisch.

Hinter der scheinbar schwebenden, diffus-flimmernden Erotik des fin de siècle zeichnet sich die schwere Handschrift der erotischen Landvermesser ab. Sie entwerfen das karge Zeichensystem der Zukunft.

— Du willst nach Wien gehen? Und was willst Du da machen?
— Dasselbe was Sie machen.

Cowiar-Kalender 1895

Anmerkungen

1 Georg Simmel, Die Koketterie. In: Georg Simmel, Philosophische Kultur. Über das Abenteuer, die Geschlechter und die Krise in der Moderne, Berlin 1983, S. 84.

2 Ebenda; S. 87 f.

3 Robert Musil, Der Mann ohne Eigenschaften. In: Gesammelte Werke, Reinbek bei Hamburg, 1978, Band 3, S. 880.

4 Richard Krafft-Ebing, Psychosis menstrualis. Eine klinisch-forensische Studie von Psychosis menstrualis, Stuttgart 1902.

5 Musil (wie Anm. 3), S. 820.

6 Karl Kraus, Sittlichkeit und Kriminalität, München 1970, S. 101.

7 Alfred Adler, Erotische Kinderspiele. In: Anthropophyteia. Jahrbücher für folkloristische Erhebungen und Forschungen zur Entwicklungsgeschichte der geschlechtlichen Moral, hg. von Dr. Friedrich S. Krauss, Band 8, Leipzig 1911, S. 257 f.

8 Magnus Hirschfeld, Handbuch der gesamten Sexualwissenschaft, Stuttgart 1926, S. 257 f.

9 Waltraud Heindl, Ehebruch und Strafrecht. Zur bürgerlichen Moral in Österreich um 1900. In: Das ewige Klischee, hg. von der Autorinnengruppe Uni Wien, Wien 1981, S. 155 ff.

10 Musil (wie Anm. 3), S. 882.

11 Stephanie Brand-Brabely, Gräfin Wurmbrand, Betrachtungen, Wien 1896, S. 18, 25, 54.

12 H. Montane, Die Prostitution in Wien, Hamburg-Leipzig-Wien 1925, S. 170, 172.

13 Ebenda, S. 82.

14 Kraus (wie Anm. 6), siehe dazu: der Fall Riehl

15 Montane (wie Anm. 12), S. 83 f.

— In welches Bad wollen
Sie heuer, meine Gnädige?
= Heuer müssen Sie es
bestimmen, Herr Doktor, denn
ich bin wirklich unwohl.

Figaro, 15. 9. 1900

ELISABETH WIESMAYR

PATT DER HERZEN

Inszenierungen der Liebe im fin de siècle

Die Dame dort, hinter ihrem Tisch auf dem Wohltätigkeitsbasar, ein wenig eingesunken in den Schultern, auch wenn der hohe Kragen der cremefarbenen Etamin- oder Crêpe de Chine-Bluse den winzigen Knick in der Halswirbelsäule verdeckt, den Rest eines Lächelns als wehmütiger Zug um den Mund, festgehakt, festgefroren, kein Zusammenhang mit den Augen: ohne Focus der Nähe.

Aber da tritt ein graumelierter Herr oder ein schneidiger Leutnant auf, Graf Salm vielleicht oder Lulu Erlanger oder Sizzo Trachtenberg: ein winziger Ruck nur, es gelingt, schon strahlt sie, funkelt sie, legt kokett den Kopf schief, die Löckchen quellen unter dem Strohhut hervor, es parliert und lächelt und wippt und läßt die Hände küssen, genießt die Wärme der kleinen Sonnen des Gefallens.

Eine kurze Ablenkung nur: der, auf den die genauere Sehnsucht gerichtet ist, ist abwesend. Wenn die Dame zum Beispiel Olga Waissnix ist, Wirtin, Hoteliersgattin in der Reichenau und „Dame von Welt", dann gilt der melancholische Glanz, der Blick in die Ferne dem jungen Mediziner und debütierenden Schriftsteller Arthur Schnitzler. 1886 sind sich die beiden während eines Aufenthalts in Meran näher gekommen, während sie sich bei früheren flüchtigen Begegnungen gesehen haben, ohne einander zu sehen. Als „das Abenteuer seines Lebens" wird Schnitzler sie bezeichnen; eine heftige Nähe, aufbewahrt in der Entfernung: Sie sehen sich selten, kaum je allein, oft Monate, sogar Jahre überhaupt nicht. „Wir haben in Jahren − zusammen vielleicht einen kurzen Tag verlebt", schreibt er ihr am 9. April 1895 nach Venedig. Sie hatte sich schon nach dem ersten Jahr ihrer Bekanntschaft beklagt: „Wir haben in den letzten 10 Jahren so wenig miteinander verkehrt, daß Sie ebenso gut in Amerika

wie bloß 2 Stunden von hier hätten entfernt sein können".
Elf Jahre lang, bis zu ihrem Tod, schreiben sie einander
Briefe.[1]

Dazwischen ihre spärlichen Zusammentreffen, als zufällige Begegnungen wohlgeplant, im Theater, bei Kunst-
ausstellungen, auf dem Ring, beim Derby, beim Blumen-
korso, heimliches Einverständnis getarnt in der Öffentlichkeit gesellschaftlichen Umgangs: Soupers, Schlitten-
partien, Aufführungen des Liebhabertheaters, gestohlene
Küsse im Eisenbahncoupé zwischen Baden und Wiener
Neustadt.

Immer stärker rücken die Briefe ins Zentrum der Beziehung, geraten immer mehr vom Ersatz zum Selbstzweck: Im vorherrschenden Mangel an gemeinsam geleb-
tem Leben erhalten sie über ihre immateriell-verbindende
Qualität hinaus Objektstatus, springen zu kleinen Fe-
tischen zusammen, mit anderen Realitätssplittern, Re-
liquien unter raschelndem Seidenpapier aufbewahrt, gelegentlich hervorgeholt, geglättet, gestreichelt, ins Licht
gehalten, ein Schatz an Beweisstücken, Kleeblatt-, Herz-
blattmedaillon, Konzertbillets, getrocknete Rosen, eine
heimlich geküßte Pelzquaste von ihrer Mantille.

Der Briefwechsel fingiert anfänglich ein radikales, aus-
schließliches Aufeinander-Bezogensein, konstruiert aus
Episoden, Lebensfragmenten einen leidenschaftlichen
Roman. Verabredungen unter dem Sternbild der Cassio-
peia werden getroffen. Polyglotte Versicherungen der
jeweiligen Einzigartigkeit, stehende Formeln wie „always
yours, O.W.", „Le vôtre pour toujours, A.S.", blenden
vorübergehend aus, daß Olga Waissnix in ihrem Beschluß,
„eine anständige Frau" zu bleiben, sich trotz allen Un-
glücks nicht von ihrem Mann und den drei Kindern trennt,
Schnitzler zur selben Zeit mit einer Anzahl süßer Mädel,
Schauspielerinnen, Heiratskandidatinnen, dämonischer
Damen keineswegs nur korrespondiert.

Intensität des Lebens, Intensität des Schreibens erweisen sich geradezu als umgekehrt proportional; Schnitzler, kaum auf literarische Qualität bedacht im Leiden-
schafts- und Eifersuchtsgestammel an seine jeweilige Geliebten, schickt an Olga Stilübungen, minutiöse Analysen
seines Seelenzustands. In seiner Autobiographie „Jugend

in Wien" erinnert er sich, wie er vom Rhein Briefe
schreibt, „nicht nur an Jeanette, sondern auch an Olga, an
diese natürlich einen viel schöneren".[2] Getrennte Leben,
trotz aller Beschwörungen „unsterblicher Stunden", Ara-
besken der Sehnsucht, Konstruktion von Zusammenhängen, Festschreiben flüchtiger Spuren („ich hörte . . . das
Rauschen Ihres Kleides noch, das hinter der Thüre ver-
schwand, und Ihr Parfum – war es Chypre oder Magnolia?
durchduftete die Zimmer").

Zusehends beklagt, bleibt das meiste an „Thatsäch-
lichem" ausgespart, es sind nur Splitter der jeweiligen
Lebens-Realität, die in den Briefwechsel eingehen.
Schnitzler nützt die Möglichkeit „sich auszusprechen", er
thematisiert sein langsames Überwechseln in einen anderen Beruf, seine Schreibschwierigkeiten, Olga ist ihm Ver-
traute in seiner literarischen Identitätsfindung. Das Liebesverhältnis zu ihr bleibt in Phrasen konserviert, ist längst
entglitten, einen gelegentlichen Abglanz früherer Stimmungen notiert er im Tagebuch, bemerkt auch kritisch
die Pose, das Gekünstelte im Ton seiner Briefe.

Sie, hin- und hergerissen zwischen familiären Ver-
pflichtungen und gesellschaftlichen Amüsements, dem
Wunsch nachjagend, „ihre eigene Herrin" zu sein, in der
Melancholie des nicht gelebten Lebens versinkend: angestrengt stilisiert sie sich Schnitzler gegenüber als „gute
Kameradin" und gibt flüchtige Blicke frei auf ihr Dasein
als Jagdgefährtin für Erzherzöge, Tragödin auf der Dilet-
tantenbühne, als Arrangeurin Lebender Bilder, „Specia-
listin in Kostümen und aparten Ideen" („wann decorire
ich nicht", meint sie einmal selbstironisch). Trotzdem
scheint sie entschiedener an ihrer Liebe festzuhalten:
Briefe immer wieder als Vorwand für „Tête à têtes mutter-
seelenallein". Jenseits aller anderen „Flirts" erzeugt sie
im Schreiben ihre Sehnsucht noch einmal, taucht in die
Erinnerung des gemeinsam Gelebten ein, ein Fluchtraum
innerhalb ihres sonstigen Lebens mit dem eifersüchtigen
Gatten und den vielfältigen Anforderungen, Konstante
und Wiederholung, Wandlungen einschließend vom unein-
holbaren Entwurf einer Leidenschaft bis zu „wunschlosem
Verstehen". Vier Jahre nach ihrer ersten Begegnung mit
Schnitzler wird eine Reise mit ihrer Schwester nach

Meran zur Wallfahrt an den Ort der Liebe.

In all ihrem elegischen Bedauern der „rasselnden Ketten", in den leitmotivischen Stoßseufzern des „wenn ich könnte, wie ich wollte" klingt doch auch schon an, daß die mühsam aufrechterhaltenen „moralischen Werte" fragwürdig zu werden beginnen, ihr Zusammenhang mit ökonomischer Abhängigkeit gesehen wird. „Die Ehe ist uns als einzige Laufbahn vorgeschrieben, unser Glück zu finden", schreibt Olga Waissnix am 17. Mai 1890, „finden wir's nicht, tant pis, ruhig entsagen und ertragen heißt's dann!" Als erschwerend erkennt sie den Zwang der Konvention in der Erziehung der Mädchen:

> „Sagen Sie, ist es übrigens ein Wunder, wenn wir gar so schwer aus uns heraus können! Als Kinder werden schon alle natürlichen Regungen in uns erstickt, Convenienz, Etiquette, guter Ruf, das sind die Popanze, mit denen man uns immer schreckt. Alles ist an uns Toilette, und am liebsten möchte man unsern armseligen Herzen, die die liebe Natur ja ganz so erschaffen hat, wie die der Männer, noch Handschuhe anziehen."

Kleine Torpedos gegen die Phalanx der verordneten Bilder der Liebe, wie sie, beliebig zitierbar, auch in den biederen Verheißungen der Kolportage in nur geringen Variationen weiterproduziert werden. Auch in den standesgemäßen Tratschblättern für die erste und zweite Gesellschaft wie etwa „Der Salon" oder „Sport und Salon" enden alle die Geschichten „glücklich", in denen eine Zusammenführung von Vermögen und Gefühl nach bürgerlichem Normenkatalog gelingt, mit seelenvollem opferbereitem Augenaufschlag der Heldin zum weltbeherrschenden Zukünftigen und dezentem Ausblenden, bevor die beiden in die krachend gestärkten Leintücher eichener Bettungetüme oder gar auf die obligate sünden- und teppichbeladene, schwellende Ottomane in trüber Treibhausluft sinken.

Die Verklärung der Liebe als Nicht-Erklärbares, als Blitzschlag des Schicksals fungiert als ein schlechtverhülltes Kompliment der bürgerlichen Geschäftsordnung, auch für einen Ulanenhauptmann, der ansonsten für „Poesie" hält, wenn „das Herz bis in den Hals hinauf klopft, wenn der Generalmarsch erklingt und unser Kaiser vorübersprengt, jedem Mann in's Aug schaut und nur ein Gedanke durch tausende von Männerherzen zuckt: Gut und Blut für Dich!''. Seiner Angebeteten träumt der Herr Hauptmann vor: ,,Eine Liebe, wie ich sie mir vorstelle, läßt sich nicht suchen und nicht finden; die muß so plötzlich, so allgewaltig wie ein Föhnsturm über die Seele brausen, daß der Verstand sich ihrer nicht erwehren kann und man das Gefühl hat: das Schicksal hat es so gewollt. Entweder recht glücklich werden, oder daran zu Grunde gehen!''[3]

Angenommene Naturgewalten sollen über das rationale Kalkül der Zwecke hinwegtäuschen, den Handel mit Gefühlen legitimieren. Wie desolat die geheiligte Trias von Liebe, Ehe, Sexualität, die einst in bürgerlich-revolutionärer Focussierung Abgrenzung von den freien losen Sitten der Aristokratie bedeuten sollte, geworden ist beziehungsweise immer schon war, darüber geben auch die Lokalseiten der Tageszeitungen Aufschluß, die zahllosen Unglücksgeschichten, das Repertoire melodramatischer Akte im Alltagsleben, von aufgebrachten Eltern befohlene Zwangsheiraten mit bulgarischen Gemüsegroßhändlern etwa und Ohnmachtsanfälle der Braut, wenn während der Zeremonie der geliebte kaiserundkönigstreue kroatische Leutnant hinter einer Säule auftaucht (die Kaution, um heiraten und für die k. und k. Armee offiziersstandesgemäß leben zu können, betrug für einen Hauptmann 80.000 Kronen): Eifersuchtsattentate, der Rivalin aufgelauert und Salzsäure oder Kupfervitriol ins Gesicht geschüttet; bei verzweifelten Selbstmorden das Risiko, gerettet zu werden mit unbrauchbarer, verätzter Speiseröhre und sich fortan mit einem Trichter über ein Loch in der Rippengegend ernähren müssen, begünstigt erscheinen die unvorhergesehen schwanger gewordenen Blumenbinderinnen aus dem Brillantengrund oder von der Wieden, die unauffällig an das giftige Schweinfurther Grün herankommen und nicht in die Donau gehen oder aus dem letzten Stock eines der neugebauten Ringstraßenhäuser springen müssen.

Die Brüchigkeit der herrschenden Liebesideologie wird um die Jahrhundertwende in einzelnen Diskursen vehement thematisiert. In Publikationsorganen der bürgerlichen Frauenbewegung wie etwa den ,,Dokumenten der Frau" wird nicht nur die verhängnisvolle Unwissenheit bezüglich der realen Seite der Liebeserwartungen angegriffen, mit denen junge Mädchen in die Ehe geschickt werden, sondern erstmals auch in der Überbetonung der Liebe als einzigen Lebensziels der Ausbeutungsmechanismus offengelegt; in einem kleinen feministischen Lehrstück aus dem Jahr 1900 ist eine ältere Dame sehr erleichtert, als sie ihren Herzblutgeliebten von einst wiedertrifft, der sie einst abgewiesen hat: der Anblick des rotgesichtigen, vom Alkohol aufgeschwemmten Herrn überzeugt sie davon, daß sie ihm dankbar sein muß, sie mit einem hingebungsvollen Leben an seiner Seite verschont zu haben, sie dafür ihre Persönlichkeit vielseitig entwickelt, ihre Energien freigesetzt, „ihre Kräfte, die sie jahrelang in der unseligen Leidenschaft vergeudet, brauchen gelernt" hat.[4]

„Warum ich sie betrogen habe? . . . S i e fragen mich? Sollt' es Ihnen noch nicht aufgefallen sein, was für komplizierte Subjekte wir Menschen im Grunde sind? So vieles hat zugleich Raum in uns! Liebe und Trug . . . Treue und Treulosigkeit . . . Anbetung für die eine und Verlangen nach einer andern oder nach mehreren. Wir versuchen wohl Ordnung in uns zu schaffen, so gut es geht, aber diese Ordnung ist doch nur etwas Künstliches. . . Das Natürliche . . . ist das Chaos",

räsoniert der Hoteldirektor Aigner in Schnitzlers „Weitem Land" (1910).[5] Das verordnete Ziel einer gelingenden Ehe ist immer schon ein Trugbild gewesen. Nicht nur trägt die alte Ordnung nicht mehr, auch die Sicherheit der Motivationen hat sich aufgelöst, es gibt keine Entschlüsse eines autonomen Individuums mehr. Wenn die Seele als vielzitiertes „weites Land" vermessen wird, ergibt sich eine geänderte Topographie der Liebe. Für Schnitzler müssen Einsicht und Handeln keineswegs konvergieren. Sein Fabrikant Hofreiter proklamiert und lebt vier Akte lang die Freiheit in der Ehe, wirft seiner Frau Genia, die lange an anderen Prinzipien festhält, geradezu Gefühlskälte vor, solange sie ihre Verehrer nicht erhört: „was ihn bekanntlich nicht davon abhält", kommentiert Schnitzler selbst in „Jugend in Wien", „im fünften den Liebhaber seiner Frau totzuschießen, um nicht der Hopf zu sein, wie er sich ausdrückt. Ein Widerspruch? Keineswegs! Gefühl

und Verstand schlafen wohl unter einem Dach, aber im
übrigen führen sie in der menschlichen Seele ihren völlig
getrennten Haushalt".[6] Es gibt kein uneingeschränkt
lebbares neues Konzept: die Repression durch äußere
Normen reicht nicht aus zur Erklärung scheiternder
Liebesverhältnisse, die Unsicherheit reicht tiefer, nach
innen. Seismographisch und für das Bewußtsein seiner
Zeit in vielem antizipierend, registriert Schnitzler die
Widersprüche zwischen Gefühlen und gesellschaftlicher
Bedingtheit, beschreibt Selbsttäuschungen des Bewußtseins und unentdeckte Wünsche, ein ständiges Lavieren
zwischen unerforschten Abgründen und Beharrungsver-
mögen der Konvention, zwischen Zuflucht zur Norm und
sich auflösender Ich-Identität. In seinen Anordnungen
deckt er sich in vielem mit Sigmund Freud, der ungefähr
zur selben Zeit über den Zusammenhang von Triebschick-
salen und Zivilisation, von „ ‚kultureller' Sexualmoral
und moderner Nervosität" (1908) gearbeitet hat, der in
seinen „Beiträgen zur Psychologie des Liebeslebens"
(1910/1912/1917) von der „Bedingung des Verbotenen
im weiblichen Liebesleben" und vom „Bedürfnis nach
Erniedrigung des Sexualobjekts beim Manne" spricht,
Störungen wie eine Spaltung zwischen „zärtlichen und
sinnlichen Strebungen" („Wo sie lieben, begehren sie
nicht, und wo sie begehren, können sie nicht lieben")[7] —
als verbreitetes, kulturell bedingtes Symptom beschreibt.
    Trauer über das Getrennt-Bleiben, Zorn über äußere
Repression und innere Verhinderungen, Muster des Mit-
einander-Umgehens, in denen die Phantasie zuungunsten
der Wirklichkeit bevorzugt wird. Trotz allem scheint in
Beziehungen, die durch Entfernung gekennzeichnet sind,
wie die zwischen Olga Waissnix und Arthur Schnitzler,
im bitteren Geschmack des Scheiterns auch ein winziges
Stück Utopie enthalten zu sein. In einem Arrangement, in
dem die Distanz als Antrieb funktioniert, kann Kritik an
gewohnten Lebensumständen angezeigt werden, im
Zögern, sie blindlings gegen andere zu vertauschen, dem
mangelnden Zutrauen, bereits einen Gegenentwurf realisieren zu können, bleibt Platz für die unbeschränkten
Wünsche. Freigesetzt von der Beweiskraft des Realen, verschont von der Enttäuschung der Entidealisierung durch

morgendlichen Raucherhusten, Hosenträger, Alkohol-
dunst, der Langeweile alltäglicher Umarmungen kann
der Schwebezustand in der Verhinderung auch ein Mehr
an Lust und an Genuß bedeuten: alles bleibt offen, möglich, die Differenzen scheinbar aufgehoben, in der Nicht-
Erfüllung die Perpetuierung des Verhältnisses, keine
kämpferischen Anstrengungen müssen unternommen werden, ein Spiel.

Olga Waissnix und Arthur Schnitzler spielen Schach,
täglich ab fünf Uhr nachmittag „an einem kleinen Tischchen gleich neben dem rückwärtigen Hoteleingang":

„Frau Dora, Fräulein Mitzka, die kleine Minnie, der Leutnant
Latinovics, Baron Erlanger und wer immer wollte, blieb für kürzere
oder längere Zeit neben unserem Tischchen stehen und warf einen
flüchtigen, zuweilen etwas lächelnden Blick auf das Schachbrett, auf
dem übrigens die Figuren in kürzeren und langen Pausen wirklich,
gelegentlich sogar ganz der Regel nach, hin und her zogen. Konnte
es etwas Harmloseres geben als solch ein Spiel? Im Freien, im Hof,
am Hoteleingang, angesichts der ganzen Welt gewissermaßen? Und
wenn beim Rücken der Figuren die Finger der beiden Spieler flüch-
tig sich berührten, konnte das überhaupt irgendwem auffällig vorkommen? Und wenn dann ein Zittern durch unsere Glieder lief,
unsere Wangen sich röteten, unsere Blicke feucht schimmerten, war
das durch die Erregung des Spiels nicht ausreichend erklärt? Und
wenn man etwa von weitem, von einem der Fenster im ersten oder
zweiten Stock gewahrte, daß unsere Lippen sich leise bewegten,
konnte ein gutwilliger Mensch ahnen, daß dieses Lippenbeben nicht
bedeutete „Schach dem König", sondern vielleicht: Ein Augenblick neben Ihnen, Arthur, wiegt mir alle Schmerzen auf, die ich
Ihretwegen zu leiden habe. Nicht „Schach der Königin", sondern:
Ich möchte Ihnen zu Füßen sinken, Olga, und weinen."[8]

„Take care" flüstert sie manchmal hastig, sie könnten
auch am Ende der Kastanienallee spazieren gehen, wie
andere heimliche Paare in anderen Theaterstücken
Schnitzlers, oder auch in Sichtweite am Waldrand im ver-
schwimmenden Licht auf einer Bank sitzen, wie Schnitzler
mit scharfem Blick einen Nebenbuhler bei Olga mit seiner
schönen jungen Tante, registriert. Das Spiel bleibt dasselbe,
niemand könnte etwas dagegen haben, man bewegt sich
aufreizend innerhalb der Legitimität und der Sitte, die
sich als doppelter Boden präsentiert. Die Spannung, der
erhöhte Reiz besteht gerade in der Zurücknahme, darin,
daß nicht erkennbar ist, ob es sich um Züchtigkeit oder

eine Ungeheuerlichkeit handelt, das sichere Versteck des offengelegten Geheimnisses, Tarnung in der Harmlosigkeit, für niemand nachprüfbar, „ob etwas geschieht" oder gar nichts, nicht meßbar die Intensitäten im Unsichtbaren, die alle Definition „realer Verhältnisse" als schief ausweist — gar nichts ist zu sehen, auch wenn beiden das Herz im Mund schlagen kann, die Kehle austrocknet.

Gelegentlich erfährt die Not Verklärung. „Lieber Herr Doctor!", schreibt Olga Waissnix am 18. Oktober 1886 auf Briefpapier mit aufgeklebtem Herbstlaub,

„Sie haben Recht, es giebt Menschen, die des Lebens goldenen Baum ersehnen und sich doch vor ihm fürchten, die die süßen Qualen der Sehnsucht der satten Leere, der schaalen Kälte der Erkenntniß vorziehen. Wissen Sie aber, daß die Sehnsucht ewig währt, während, wie Grabbe's Faust so richtig sagt, ‚Ziel Tod ist'!"

Die Liebe wird unter den Glassturz gestellt und unberührbar gemacht, in der Hoffnung, daß sie sich unversehrt erhält, auch wenn manchmal leise Zweifel auftauchen, daß sie auf diese Weise im Lauf der Jahre zu Staub zerfällt. Schnitzler hat das Thema von der doppelten Bedeutung des Nicht-Gelebten, zwischen prolongierter Erwartung und wehmütigem Verlust, mehrfach aufgegriffen. Im „Weiten Land" läßt er Hofreiter einmal zynisch bemerken:

„Sehnsucht ist meiner Ansicht nach ein sehr gesundes Element in der Ökonomie der Seele. Sehnsucht hat die Eigenschaft, menschliche Beziehungen zu verbessern. Ich finde überhaupt, man sollte die menschlichen Beziehungen mehr auf Sehnsucht einrichten als auf Gewohnheit."[9]

Ein Hinweis darauf, daß die Einsicht vorzuherrschen beginnt, daß die vorgegebenen Verhältnisse nicht mehr genügen, der Wunsch nach ihrer Überschreitung aufkommt, die Begriffe der Ökonomie jedoch erhalten bleiben; es gibt keine Garantie dafür, daß ein neuer Entwurf bereits umgesetzt werden kann in ein besseres Leben. Die Tendenz zur Unmöglichkeit, der wohlberechnete Abstand kann jedoch auch als kulturelles Kalkül erscheinen, wie der für die Phantasie freigelassene Raum im Grundriß des Gründerzeit-Stadtpalais: in der Bel Étage ein langer Gang zwischen dem Damen- und Herrenschlafzimmer (der nächtliche Weg im Seidenschlafrock).

Offen bleibt, wie weit auf diese Weise Unzufriedenheit aufgefangen wird, die Integration gesichert bleibt, die Ordnung aufrechterhalten, oder wo Durchblicke auf andere Modelle möglich gemacht werden.

Freud durchschaut die Verhinderung als konstitutiven Anteil im Liebesprogramm, sie ist für ihn geradezu als Signatur kultureller Entwicklung zu lesen:

> „Es ist leicht festzustellen, daß der psychische Wert des Liebesbedürfnisses sofort sinkt, sobald ihm die Befriedigung bequem gemacht wird. Es bedarf eines Hindernisses, um die Libido in die Höhe zu treiben, und wo die natürlichen Widerstände gegen die Befriedigung nicht ausreichen, haben die Menschen zu allen Zeiten konventionelle eingeschaltet, um die Liebe genießen zu können."[10]

Eine Möglichkeit, den Schwebezustand aufrechtzuerhalten, bietet das Spiel als Kontinuum des Als-Ob und Doch-Nicht, der erhöhte Einsatz im offengelegten Geheimnis, ein künstliches Kribbeln, vorübergehende Steigerung der Lebensintensität gegen das oft vorherrschende Gefühl des verrauschenden und verrauchenden Lebens „wie der Champagner, den man zu früh aus der Flasche ins Glas gegossen".

Die Gesellschaftsspiele, die Spielwut der leisure class: ein Behelf, eine Bewältigungsstrategie, manchmal etwas, das der Verwirrung entgegenzusetzen ist: „Spielen Sie lieber lawntennis, statt sich zu verlieben", schreibt Schnitzler 1891 an Hofmannsthal.[11]

Verschiedene Spiel-Arten auch, die Differenzen zwischen Verstand und Gefühl etwa zu ertragen, sich über die Brüchigkeit hinwegzuhelfen. Während die anderen Klassen sich noch nicht einmal formiert, entworfen haben, überlebt diese nur noch im vehementen Wunsch, jemand anderer zu sein. Die Vorliebe für Maskenbälle, Redouten, Täuschungsmanöver ein Hinweis; hypostasiert zu ästhetischer Programmatik: „Wir spielen immer, wer es weiß, ist klug".

Manchmal, wenn das Spiel zu weit getrieben wird, gerät es auf Leben und Tod: das Amerikanische Duell (amerikanisch, der Name als Chiffre für den Fortschritt) bedient sich des Anscheins völliger Harmlosigkeit: eine schwarze oder eine weiße Kugel, die als Los gezogen wird, eine Partie Poker, Croquet, Tennis, Billard oder vielleicht Schach verurteilt den Gegner zum Selbstmord. Man ist dem Fortschritt verpflichtet, das Duell hat nicht stattgefunden, es ist auch schon überholt, trotzdem triumphieren die alten Werte.

Ohne weiteres hätten die Damen aus Schnitzlers Leben und Literatur an irgendeiner Table d'hôte in Meran, Abbazia, im Salzkammergut oder auf dem Semmering mit einer der Damen aus Sigmund Freuds Klientel zusammentreffen können, mit Frau Emmy von N. zum Beispiel oder Miß Lucy R., Fräulein Elisabeth von R. oder Rosalie oder Cäcilie M.; mit einer jener Damen, die gelegentlich mit Mehlspeisen werfen, wie ein Auerhahn schnalzen, die Stimme verlieren, ihre Muttersprache vergessen, ein gelähmtes Bein nachschleifen, deren Gesichtsfeld sich schlagartig einengt. Um Verständnis bemüht, fast zugeneigt spricht Papa Freud von ihnen, versucht ihre „Schutzformeln" zu dechiffrieren, Ursachen für die „Stürme im Kopf" zu finden; er nimmt ihre Leiden ernst, versucht die Krankheit zu heilen, die er Hysterie nennt.

Viel später erst wird deren subversiver Unterton gehört, eine Haltung des Protests gesehen werden: in der Maßlosigkeit ein berechtigter Anspruch, ein Festhalten am Wunsch nach etwas anderem und das geheime Wissen um die prinzipielle Unerfüllbarkeit der Wünsche, schon gar unter den herrschenden Bedingungen.

Anmerkungen

1   Arthur Schnitzler und Olga Waissnix, Liebe, die starb vor der Zeit. Ein
    Briefwechsel, hg. v. Therese Nickl und Heinrich Schnitzler, Wien-Mün-
    chen-Zürich 1970.
2   Arthur Schnitzler, Jugend in Wien. Eine Autobiographie, Wien-München-
    Zürich 1968, S. 282.
3   Alfred Söhnstorff, Loin du bal. In: Der Salon. Österreichisches Adels-
    blatt, VIII. Jg. (1900), H. 3.
4   Katharina Zitelmann, Einst – und Jetzt! In: Dokumente der Frau,
    Bd. III (1900), H. 1.
5   Arthur Schnitzler, Das Weite Land. In: Gesammelte Werke, Die Theater-
    stücke Bd. 4, Berlin 1918, S. 372.
6   Schnitzler (wie Anm. 2), S. 274.
7   Sigmund Freud, Über die allgemeinste Erniedrigung des Liebeslebens.
    In: Gesammelte Werke Bd. 8, S. 82.
8   Schnitzler (wie Anm. 2), S. 247 f.
9   Schnitzler (wie Anm. 5), S. 313.
10 Freud (wie Anm. 7), S. 88.
11 Hugo von Hofmannsthal und Arthur Schnitzler, Briefwechsel, hg. v.
    Therese Nickl und Heinrich Schnitzler, Frankfurt a.M. 1964, S. 16.

SABINA KOLLETH

GEWALT IN EHE UND INTIMPARTNERSCHAFT

Vorbemerkung

Ein Beitrag über die Gewalttätigkeit von Ehegatten und Intimpartnern im Wien der Jahrhundertwende wird zwangsläufig zu einem Bericht, der sich hauptsächlich mit der Mißhandlung von Frauen beschäftigen muß. Die Geschichte der Ehe und der Beziehung der Geschlechter zueinander ist durch Jahrtausende schon eine Geschichte der gewaltsamen Unterdrückung der Frauen, eine Geschichte patriarchalischer Herrschaftsverhältnisse. Nahezu alle Quellen berichten uns von der männlichen Macht und Gewalt als stabilisierendem und die Ordnung aufrechterhaltendem Faktor. Dabei war (und ist) körperliche Gewalttätigkeit gegen Frauen und auch Kinder nur eine der möglichen Ausdrucksformen patriarchalischer Herrschaft. Hedwig Dohm meinte vor mehr als hundert Jahren, die ganze moderne Frauenbewegung könne am Ende nichts mehr als eine Revolte der Weiber gegen das Mürbeprügeln, als eine Emanzipation vom Stock sein.

In diesem Zusammenhang stellt gerade die Zeit der Jahrhundertwende einen besonders interessanten Abschnitt in der Geschichte der Frauenmißhandlung dar. Sie ist zweifellos eine Zeit des Überganges, wenn sich die langsame Änderung im Verhalten der Geschlechter zueinander auch erst zaghaft und nur sehr theoretisch ankündigte.

Im folgenden soll versucht werden, einen Einblick in die Verhältnisse gewalttätiger Ehe- und Intimpartner zu geben, der sich auf eine Untersuchung von 670 derartigen Vorfällen aus dem Wien der Jahrhundertwende stützt. [1]

Ehe und Gesetz

Die §§ 91, 92 des ABGB unterstellten die verheiratete Frau in allen häuslichen und außerhäuslichen Angelegenheiten der Aufsicht und der Entscheidungsgewalt ihres Gatten. Ihm oblag die Ernährung seiner Familie, die Verwaltung der Finanzen, auch etwaiger Güter der Gattin und die Tätigung größerer Geschäfte. Ehefrauen waren damit fast völlig vom Gatten abhängig. Außerdem sprach das Gesetz den Ehemännern ein ‚häusliches Züchtigungsrecht‘ zu, das ihnen auch die Anwendung von physischer Gewalt gegen Gattin und Kinder zur Durchsetzung ihres Willens gestattete. Daher wurde bei gerichtlichen Verhandlungen über Mißhandlung einer Ehegattin immer zuerst auch geprüft, ob der Mann nicht in Ausübung seines Züchtigungsrechtes gehandelt habe. So wurde dann auch in vielen Fällen von den Richtern auf Freispruch entschieden, auch wenn die ‚Züchtigung‘ ganz beträchtliche Verletzungen der Frau nach sich zog. Bei Mißhandlungen sah das Gesetz für das Opfer die Möglichkeit vor, um Milde für den Täter zu bitten. Daß die meisten Frauen erpreßt wurden dies zu tun, daß sie von einem gewalttätigen Gatten mit weiteren Mißhandlungen bedroht werden konnten, scheint der Gesetzgeber hier völlig übersehen zu haben. Die Aussage einer Frau vor Gericht hatte auch weit weniger Gewicht als die eines Mannes. Diese Tatsache entsprach völlig dem herrschenden Frauenbild. Der vielzitierte Frauenfeind Möbius befand sich mit seiner folgenden Ansicht in guter Gesellschaft mit dem Großteil der Richter und Staatsanwälte:

„Viele weibliche Personen vermögen bei ihren Aussagen über Vergangenes ganz und gar nicht das, was sie wirklich erlebt haben, zu trennen von dem, was sie erlebt zu haben glauben. Solche Erinnerungstäuschungen kommen ja auch bei Männern vor, sind aber bei Weibern viel häufiger und bewirken falsche Aussagen, bei denen jeder dolus vitus fehlt."[2]

Das StGB sah bei Mißhandlungen zwischen Ehegatten ganz extrem niedrige Strafen vor. Ersttäter sollten mit einem Verweis oder einer Arreststrafe von einer Woche bis drei Monaten bestraft werden. In der Realität kam es zu unverhältnismäßig vielen Freisprüchen, und auch Wiederholungstäter kamen in vielen Fällen mit einem Verweis oder einer Geldstrafe davon. Bei schwerer Körperverletzung, Totschlag oder Mord wurde das Bestehen einer ehelichen Verbindung zwischen Täter und Opfer als erschwerender Umstand bewertet.

Eine ganz besonders interessante und beachtenswerte Auffassung über die Geschlechtsunterschiede spiegelt der § 502 des StGB wider. Danach war der Ehebruch einer Frau strenger zu bestrafen als der des Mannes, wenn über die ‚Rechtmäßigkeit der nachfolgenden Geburt' ein Zweifel entstehen konnte. Auf diesem Gesetz basierte auch eine heute abstrus anmutende Interpretation des Paragraphen über das Verbrechen des Totschlages, im Falle eines Ehebruchs, durch den bekannten Juristen Eduard Ritter von Liszt:

„Anders beim Ehebruch der Frau, der die Vaterschaft ihres Gatten zu dem von ihr empfangenen Kinde ungewiß macht, so daß dieser nicht weiß, ob er seine väterliche Fürsorge ebenso wie seine pekuniären Aufwendungen auch wirklich für sein Kind aufopfert. Dazu kommt die Möglichkeit, daß der Vollzug des Beischlafs in der betreffenden Frau die Disposition erzeugt, nach ihrer späteren Schwängerung auch durch einen anderen Mann Kinder zu gebären, auf welche sich Eigenschaften des früheren Konkumbenten vererbten. Der Ehebruch der Gattin ist sonach eine ungleich folgenschwerere Verirrung und deshalb auch verwerflicher als jener des Gatten."[3]

Rollenstereotypen

Trotzdem Frauen nie eine Minderheit darstellten, wurden sie immer als solche behandelt. Das ‚Weibliche' wurde jahrhundertelang für unnütz und minderwertig erklärt, Männer mußten ihre weiblichen Anteile unterdrükken und negativ besetzen. Gerade die Jahrhundertwende präsentiert sich als Blütezeit der Negativliteratur über Frauen. Einerseits wurden ihnen ganz unfaßbare Fähigkeiten zugeschrieben, welche den Männern nur Schaden und Unglück bringen konnten, andererseits versuchte man sie intellektuell und charakterlich zu absolut minderwertigen Wesen zu stempeln. Die Fülle an derartigen pseudo-

wissenschaftlichen Abhandlungen über das ‚Wesen der
Frauen' mutet wie der letzte verzweifelte Versuch, die
patriarchalische Gesellschaftsstruktur zu retten, an. Autoren wie Schopenhauer, Möbius, Weininger, Eberhard,
Wendt u.a. versuchten, Rollenstereotypen zu fixieren und
noch zu vertiefen. P. J. Möbius hat seine Meinung wahrscheinlich am unverblümtesten ausgedrückt:

„Alle intellektuellen Weiber, die bisher gelebt haben, haben nicht
so viel geleistet, wie ein einziger großer Mann, und doch sind sie
fast alle geschädigt worden, und ihre Nachkommenschaft ist es
auch."[4]
„Körperlich genommen ist, abgesehen von den Geschlechtsmerk-
malen, das Weib ein Mittelding zwischen Kind und Mann und geistig ist sie es, wenigstens in vielen Hinsichten, auch."[5]
„Verstellung, d.h. Lügen, ist die natürlichste und unentbehrlichste
Waffe des Weibes, auf die sie nicht verzichten kann."[6]

Max Runge war einer jener Autoren, welche die gleiche Meinung nur in höflichere Worte kleideten:

„Anzusprechen, daß das Weib weniger wahrheitsliebend ist als der
Mann, hindert uns die Galanterie. Die Thatsache besteht aber un-
zweifelhaft."[7]

Zur Frage der Emanzipation meinte derselbe Autor,
sie müsse im Interesse der Frauen von den Männern energisch bekämpft werden, da diese den zum Schutze des
Weibes geschaffenen Sexualkodex aufheben würde, was
unweigerlich zu einem Unterliegen der Frau im Kampf
der Geschlechter führen müsse.

Zum Stichwort ‚Geschlechtseigentümlichkeiten' meinte
Mayer's Konversationslexikon im Jahre 1904 lakonisch:

„Auch psychische G. finden sich vor; beim Weib behaupten Gefühl
und Gemüt, beim Manne Intelligenz und Denken die Oberhand; die
Phantasie des Weibes ist lebhafter als die des Mannes, erreicht aber
seltener die Höhe und Kühnheit wie bei letzterem."

Frauen galten als defekte Varianten der Männer, die
mit Hilfe biologischer Unterschiede wie Menstruation,
Schwangerschaft, Wechseljahre u.a. in die Rolle hilfloser,
fast lebensunfähiger Wesen gedrängt wurden, eine Rolle,

die sie aber nicht von der Pflicht, schwere Arbeiten zu verrichten, befreite.

Ganz besonders stark verankert waren die Rollen-stereotypen im Bereich von Ehe und Partnerschaft. Knaben und Mädchen werden von Kindheit an auf ihre späteren Rollen als Ehemann und Ehefrau hin soziali-siert. Die Frau wird auf ihre Rolle als Mutter und Hüte-rin des Hauses, der Mann auf seine Rolle als Ernährer und Verantwortungsträger vorbereitet. Mit dem Eintritt in die Ehe eröffnen sich für beide Partner bestimmte Aufgaben-bereiche. Dabei wird der Frau die Hausarbeit, eine von der Öffentlichkeit als unproduktiv empfundene Arbeit, und das Gebären und Aufziehen der Kinder zugeordnet.

„Eine Frau die keine Kinder haben will, oder die etwa nach dem ersten sagt: einmal und nicht wieder, ist ganz sicher ein entartetes Wesen."[8]

Die weiblichen Tätigkeiten im Rahmen der Ehe wur-den ihres Arbeitscharakters entkleidet, sie wurden zu Dienstleistungen aus Liebe, häufig sogar zum Bedürfnis und Vergnügen der Frau hochstilisiert und damit auch zu einem Mittel der Unterdrückung. Der weibliche Auf-gabenbereich und seine Schlecht- oder Nichterfüllung konnte somit auch Anlaß zu männlicher Gewalt bieten. Zeitungen und Zeitschriften waren daher auch voll mit weisen Ratschlägen, die besonders der jungen und uner-fahrenen Ehefrau den rechten Weg zu einer glücklichen Ehe weisen sollten.

„Eine glückliche Ehe ist nur dann möglich, wenn die gute Laune des gestrengen Herrn und Gemahls nicht durch unschmackhaftes oder gar schlecht gekochtes Essen getrübt wird." (Aufforderung zum Kauf eines Kochbuches aus dem Verlag der Kronen Zeitung, 15. 12. 1908).
Eduard Elbogen, Bergwerksbesitzer, war wegen Mißhandlung seiner Gattin angeklagt. Mit der Begründung, das Fleisch sei zu hart, hatte er ihr die Fleischschüssel nachgeworfen und sie mit einem Schuh-leisten geschlagen. Die Frau wurde dabei verletzt. Da sie vom Gat-ten bereits wiederholt mißhandelt worden war, legte sie vor Gericht die Tatwerkzeuge als Beweismittel vor, womit sie aber das Mißfallen des Richters erregte: „Richter: Sie leben doch mit ihrem Gatten zusammen. Es ist mir unbegreiflich, daß sie trotzdem vor Gericht einen solchen Apparat gegen ihn aufbieten." Der Richter verurteil-te den Angeklagten zu strengem Verweis und zur Zahlung von 100 Kronen. (Kronen Zeitung. 11. 7. 1913)

Auch die Frauenzeitungen forderten ihre Leserinnen zu Gehorsam und Selbstaufopferung in der Ehe auf:

„Meine lieben Frauen! Wenn wir heiraten, müssen wir uns selbst vergessen und im Willen des Mannes aufgehen, sonst ist eine glückliche Ehe unmöglich."[9]

In einer Glosse der Kronen Zeitung wurde den Leserinnen der Bericht einer ‚klugen und reizenden Französin' vorgeführt:

„Mein Ehrgeiz war es, meinem Mann ein Heim zu bieten, in dem die Bequemlichkeiten eines Junggesellenlebens mit den Vorzügen eines wirklichen Heimes verschmelzen (. . .). Und dann erlaubte ich meinem Manne nicht nur, sondern ermutigte ihn, wann und wo immer er wollte, zu rauchen, ja sogar im Schlafzimmer. Einer der wichtigsten Grundsätze aber war: laß den Mann mit Haushaltsangelegenheiten zufrieden! (. . .) Kommt der Mann abends müde und abgearbeitet heim, so bin ich fröhlich und vergnügt, kein unangenehmes Gefühl darf seine Mahlzeit stören. (. . .) Ich jedenfalls weiß, daß ein wohlgesättigter Mann viel leichter zu behandeln ist, wie ein anderer, (. . .)" (8. 10. 1911)

Diese Ratschläge gingen nicht nur völlig an der sozialen Wirklichkeit vieler Frauen, z.B. der berufstätigen, vorbei, sondern degradierten ja auch die Männer zu einer Art leicht zu lenkender Kleinkinder, deren Grundbedürfnisse wie Essen und Rauchen man nur befriedigen mußte, um seine Ruhe zu haben. Immer wieder wurde die Ehe als Hort der Liebe, des Glücks und der Zufriedenheit dargestellt, in dem die sanfte Hand der Frau schaltet und waltet, und deren Bestand und Sicherheit von einem gestrengen, aber doch gütigen Herrn und Gatten gesichert wird. Mit diesen Glücks- und Harmonieerwartungen wurde die Institution der Ehe aber völlig überstrapaziert, es wurde in der Öffentlichkeit ein Bild von ihr gezeichnet, dem weder sie noch die beteiligten Personen gerecht werden konnten.

„Wenn das Paar so arm ist, daß es sich nur ein einziges Zimmer leisten kann, ist die Anstrengung unerträglich: heftiger Streit ist das Ergebnis. Sehr wenige Paare können in einer Einzimmerwohnung leben, ohne einander ziemlich häufig zu schlagen."[10]

Bedenkt man nun, daß im Wien der Jahrhundertwende 75 % aller Wohnungen nur aus Zimmer und Küche bestanden, daß im Durchschnitt 4 bis 5,2 Bewohner auf eine Wohnung entfielen, so kann man sich vielleicht vorstellen, daß Armut und Not durchaus Motivverstärker bei gewalttätigen Handlungen unter Ehe- oder Intimpartnern darstellen, wenn sie auch keineswegs die originalen Mißhandlungsursachen sind.

Gewalt gegen Frauen – Gewalt gegen Männer

Im Wien der Jahrhundertwende überwogen bei aggressiven Vorfällen in Ehe und in Intimpartnerschaft eindeutig die Männer als Täter (80 %) gegenüber weiblichen Tätern (20 %).

Es lassen sich in der Hauptsache vier Typen von männlich-aggressivem Verhalten unterscheiden: Gewalt als Strafe für vermeintliches Vergehen oder Fehlverhalten der Frau; Gewalt als Form der Konfliktaustragung; Gewalt als Versuch, dem Zwang der männlichen Rolle gerecht zu werden; Gewalt als Ausdruck eines sehr diffusen Zorns des Mannes.

Gewaltanwendung unter Ehe- und Intimpartnern stand sehr häufig mit dem Begriff ‚Liebe‘ in Verbindung, der in diesen Fällen aber besser durch das Wort ‚Besitz‘ ersetzt worden wäre. Wie später noch zu zeigen sein wird, war dieser falsch verstandene Liebesbegriff Motiv für zahllose Gewalttaten zwischen Ehe- und Intimpartnern. In einer auf Monogamie basierenden Gesellschaft, die sich durch einen Ausschließlichkeitsanspruch auf den Partner kennzeichnet, scheint es im Notfall oft auch legitim, diesen Anspruch mit Gewalt durchzusetzen. Die Selbständigkeit eines Partners wird von beiden Geschlechtern als bedrohlich erlebt, wobei sich geschlechtsspezifische Unterschiede nur in der Möglichkeit, dies zu verhindern, zeigen.

Will man nun versuchen, einen näheren Einblick in die Gewaltverhältnisse der Wiener Familien zu gewinnen, so erscheint es zweckmäßig, die Gruppen Ehe- bzw. Intimpartner in ihren Motiven und ihrem Verhalten getrennt zu betrachten und zu vergleichen.[11] Untersuchen wir zunächst einige äußere Umstände der Täter und Opfer bei familiären Konflikten.

Haushalte:

Etwa zwei Drittel (66 %) der Ehepaare lebten zum Zeitpunkt der Tat im gemeinsamen Haushalt, weniger als ein Drittel bewohnte getrennte Wohnungen, etwa 7 % waren gerichtlich geschieden. Bei den gewalttätigen Intimpartnern war in einem Drittel der Fälle ein gemeinsamer Haushalt vorhanden, der Rest lebte getrennt. Bei all diesen Personen war in etwa zwei Drittel der Fälle die Beziehung zur Zeit der Tat noch aufrecht, bei einem Drittel der Paare war sie vor kurzem aufgelöst worden bzw. stand kurz vor der Auflösung. In dieser Tatsache war häufig auch das Motiv für die Gewalttat zu suchen.

Alter:

Untersucht man nun das Alter der Täter, so findet man bei weiblichen wie männlichen, verheirateten oder ledigen Tätern eine relativ gleichmäßige Verteilung über alle Lebensalter, wobei ledige im ganzen etwas jünger waren als verheiratete Täter. Etwas anders ist die Situation der Opfer: ledige weibliche Opfer waren im ganzen wesentlich jünger als ihre verheirateten Geschlechtsgenossinnen, sie waren zwischen 16 und 30 Jahre alt. In etwas weniger als einem Drittel aller Fälle von Gewaltanwendung unter Ehe- und Intimpartnern war die Frau älter als der Mann.

Soziales Milieu:

Aussagen über die Schichtzugehörigkeit der Täter und Opfer zu machen, ist sehr schwierig. Als Anhaltspunkte stehen meist nur der Beruf und der Wohnbezirk der Personen zur Verfügung. Bei den weiblichen Tätern stammte die überwiegende Mehrzahl aus dem Arbeiter- und Dienstbotenmilieu, die männlichen Täter gehörten entweder zum Arbeiter- oder Handwerkerstand. Bei kriminellen Vorkommnissen unter Ehe- oder Intimpartnern befanden sich aber wesentlich häufiger Täter aus der Mittel- oder Oberschicht, als bei Verbrechen wie Kindesmißhandlung oder Kindesmord. So fanden sich Personen wie Direktoren, Ärzte, Geschäftsbesitzer, Hausherren, höhere Beamte und Militärs unter den Tätern.

Josef Sackmüller, Direktor der gewerblichen Zentralkreditanstalt, ohrfeigte seine Geliebte Emilie R., als diese sich weigerte, die von ihm geschriebenen Liebesbriefe zurückzugeben. (Kronen Zeitung, 13. 4. 1906)
Hermine Exter von Steinselz, 31 Jahre, schoß auf ihren Geliebten, Bruno Schaufler, 29 Jahre, da sie sich von ihm vernachlässigt fühlte. Der Mann wurde dabei schwer verletzt. Die Täterin wurde zu einer Kerkerstrafe und zum Verlust des Adelstitels verurteilt. (Kronen Zeitung, 8. 10. 1910)
Marie Pusch, 60 Jahre, erschoß ihren Gatten Ferdinand, 54 Jahre, Haus- und Hotelbesitzer, während eines Streites. Der Mann hatte eine Geliebte und weigerte sich diese zu verlassen. Das Ehepaar, welches als sehr vermögend geschildert wurde, lebte in ständigem Streit. (Kronen Zeitung, 28. 7. 1906)

Ein besonderes Problem bei der Feststellung der Schichtzugehörigkeit von Gewalttätern ist das völlige Fehlen schichtspezifischer Statistiken. Ein weiteres Problem ist die Aufdeckung von Gewalttätigkeit in sozial besser gestellten Familien. Die Vermutung liegt nahe, daß mit steigendem Intellekt, mit verbesserter sozialer Position und mit größeren finanziellen Mitteln auch die Chance steigt, differenziertere Methoden der Gewaltanwendung zu finden, bzw. diese besser vor der Öffentlichkeit zu verbergen. In sozial besser gestellten Familien haben außerdem sogar die mißhandelten Opfer ein gesteigertes Interesse an der Verheimlichung ihrer interfamilialen Probleme, da für sie die Gefahr eines Prestigeverlustes und der Abwertung durch die Umwelt viel größer ist. Auch die intimeren Wohnverhältnisse der Mittel- und Oberschicht erleichtern ein Verbergen von Gewalttätigkeit, und nicht zuletzt genossen Personen dieses Standes auch wesentliche Vorteile bei Gerichtsverhandlungen.

Daß Gewaltanwendung in allen Bevölkerungsschichten vorkommt, ist unumstritten. Die große Streitfrage ist und bleibt aber das zahlenmäßige Verhältnis. Es muß natürlich auch noch berücksichtigt werden, daß in begüterten Familien zahlreiche konfliktfördernde Elemente wie finanzielle Not, räumliche Enge, Kinderreichtum u.a. teilweise oder ganz fehlen.

Tatmotive:

Die hier aufgezeigten Tatmotive konnten natürlich nur aus einem sehr begrenzten Material ermittelt werden und berühren daher ganz sicher nur die Oberfläche der tatsächlichen Motive der Täter. Die angegebenen Zahlen sind Prozentangaben (siehe Tabelle nächste Seite).

In der ersten Motivgruppe der Tabelle, in der Gruppe ‚gelöste Beziehung, Partner kehrt nicht zurück‘, zeigen sich bereits ganz eklatante Unterschiede in den Aggressionsmotiven sowohl der Geschlechter, als auch der Gruppen Intim- und Ehepartner. In dieser Motivgruppe überwiegen die männlichen Täter deutlich, im Vergleich der Gruppen Ehe- und Intimpartner die letzteren. Interessant ist, daß keine einzige Ehefrau aus diesem Motiv heraus gewalttätig handelte. Das Motiv ‚Eifersucht‘ hingegen war bei beiden Gruppen etwa gleich häufig vertreten.

Der Verlust einer geliebten und damit meist auch mit Besitzansprüchen belegten Person bedeutet für viele Menschen eine Niederlage und auch eine Schwächung des Selbstwertgefühls. Aufgrund der herrschenden männlichen Rollenbilder muß eine derartige Niederlage für einen Mann neben dem persönlichen auch noch einen Prestige-Verlust bedeuten. Zusätzlich waren die Liebesbeziehungen der Männer auch noch weit stärker besitzorientiert als die der Frauen. Der Täter, der von seinem Partner verlassen wurde, oder sich davon bedroht sieht, besetzt seine Verbindung zu dem geliebten Menschen häufig mit so starken emotionalen Gehalten, daß er in immer stärkere Abhängigkeit gerät. Sein vergebliches Bemühen, den Partner zurückzugewinnen, kann verschiedene Reaktionen auslösen: der Partner kehrt zurück, er wendet sich noch

Tabelle:

Motiv des Täters	ledige Täter männl.	weibl.	verh. Täter männl.	weibl.	Täter gesamt männl.	weibl.
gelöste Beziehung, Partner kehrt nicht zurück	37,1	27,1	19,6	–	29,3	17,1
Angst, den Partner zu verlieren (er will weg)	10,5	14,3	4,6	–	7,9	9,0
Eifersucht	20,6	22,8	16,7	17,1	18,9	20,7
Streit	24,8	14,3	33,3	39,0	28,6	23,4
Streit um Geld	2,7	5,7	4,0	7,3	3,3	6,3
Irrsinnsanfall des Täters	0,5	–	12,1	19,6	5,6	7,2
Notwehr des Täters	0,9	2,9	–	9,8	0,5	5,4
Täter betrunken	0,5	1,4	0,6	–	0,5	0,9
Rache, Denkzettel	0,5	–	1,7	–	1,0	–
Täter wurde betrogen	0,5	–	3,4	–	1,8	–
Opfer anerkannte Vaterschaft nicht	–	4,3	–	–	–	2,7
Züchtigung	–	–	2,3	–	1,4	–
andere Motive	1,4	7,2	1,7	7,2	1,2	7,2
	100,0 %	100,0 %	100,0 %	100,0 %	100,0 %	100,0 %
absolut:	(218)	(70)	(174)	(41)	(392)	(111)

stärker ab, oder er benutzt diese neue verzweifelte Abhängigkeit zu seinem Vorteil oder auch nur zum Spaß:

Die 23jährige Seidenarbeiterin Emilie Kegerda, besuchte ihren ehemaligen Geliebten, den 22jährigen Färbergehilfen Franz Rast. „Sie
fing nach kurzem Gespräch Rast zu necken an und brüstete sich
ihm gegenüber mit ihren neuen Liebschaften. Rast, der eigentlich
die Hoffnung, die Gunst des Mädchens wieder zu erringen, nicht
aufgegeben, wurde eifersüchtig und gerieth in die größte Aufregung. Als die Kegerda nach kurzem Besuche weggehen wollte, bat
er sie um einen Kuß. Doch diesen Liebesbeweis versagte sie ihm mit
der scherzhaften Begründung, der neue Liebhaber könnte es rie-
chen. Jetzt war das Maß voll. Rast gerieth in einen Paroxysmus der
Eifersucht, und griff, um der Herzlosen etwas anzuthun, nach dem,
was ihm eben in die Hand kam. Unglückseligerweise stand auf dem
Tisch ein Glas mit verdünnter Schwefelsäure, wie solche die Färber
zum Waschen ihrer durch die Farbe beschmutzten Hände verwenden. Er schüttete den Inhalt des Glases der Kegerda ins Gesicht. Mit
einem Aufschrei sank sie schwer verletzt zusammen. Wie von Furien
gehetzt, lief der Färber aus dem Hause." Der Mann stellte sich am
nächsten Morgen der Polizei. (Kronen Zeitung, 1. 12. 1901)

Die Tat bereitet sich in vielen Fällen durch ein Wech-
selspiel von Streit und Versöhnung vor. Es geht um alles
oder nichts, Hoffnung wechselt oft mit Verzweiflung. In
dieser Zeit der Unsicherheit und der Spannung baut sich
in dem zukünftigen Täter jene psychische Verfassung auf,
in der er Mord- und Selbstmordpläne schmiedet.

Salomon Weißmann, 20 Jahre, Kontorist, überschüttete seine 16jäh-
rige Geliebte mit Vitriol. Bei der Verhandlung sagte der Angeklagte
unter Tränen aus, er liebe das Mädchen und habe sie nicht verletzen
wollen, er habe nur Angst um ihre Liebe gehabt. Das Gesicht des
Opfers wurde durch das Attentat furchtbar entstellt. Weißmann
wurde zu 18 Monaten schweren Kerkers und zur Zahlung von
10.000 Kronen Schmerzensgeld verurteilt. (Kronen Zeitung, 2. 9.
1905)

Ein Großteil der Probleme, welche den Ehekonflikt
konstituieren, ergeben sich erst nach einer gewissen Zeit
des Zusammenlebens. Zwischen der Eheschließung und
der Gewalttat vergehen häufig erst Jahre, im Gegensatz zu
Mißhandlungen unter Intimpartnern, die oft bald nach Beginn der Beziehung einsetzen. Die Ursache dafür mag in
der größeren Sicherheit, welche die Ehe augenscheinlich

bietet, liegen. Die Tabelle zeigt ja auch, daß Ehepartner wesentlich seltener aus Eifersucht oder aus Angst, den Partner zu verlieren, aggressiv handeln. Der Ehekonflikt erhält seine besondere Prägung durch die sozialen und familiären Verflechtungen der beiden Partner.

In vielen Fällen hat derjenige Partner, der aus der Beziehung ausbrechen möchte, auch Rückhalt bei der Familie oder bei Freunden, während sich der spätere Täter einer undurchdringlichen Front von Feinden gegenübersieht. Er fühlt sich in die Defensive gedrängt und handelt aus einer inneren Isolierung heraus. Aus seiner Unterlegenheit resultiert oft eine Haltung mit paranoiden Zügen, er verfolgt seine Sache überwertig und opfert ihr oft seine ganze Lebensführung.

Attentate unter Ehepartnern zielten nur selten wirklich auf das Leben des Opfers, die aggressiven Handlungen stellten sich fast immer als Versuch, den Partner zu halten oder ihn für tatsächliches oder vermeintliches Fehlverhalten zu bestrafen, dar.

Johann Böhm, 33 Jahre, Kellner, bedrohte seine, von ihm getrennt lebende Gattin am Leben, da sie sich weigerte, die ehelichen Beziehungen wieder aufzunehmen. Böhm wurde verhaftet. Bei der Verhandlung stellte sich heraus, daß der Angeklagte Alkoholiker war und seine Gattin vor der Trennung wiederholt mißhandelt hatte. Frau Böhm wurde geschlagen, getreten, mußte barfuß über Glasscherben gehen. Vor der Verhaftung hatte Böhm gedroht, er müsse seine Frau solange schlagen, bis sie ein Krüppel oder ‚hin' sei. (Kronen Zeitung, 20. 5. 1904 und 18. 6. 1904)

Hier zeigt sich ganz deutlich der Zwiespalt einer haßgeladenen Beziehung, in der aber trotzdem auf den Partner nicht verzichtet werden kann. Blindes Besitzdenken scheint hier jede Vernunft zu überwiegen. Anzeichen einer derartigen Einstellung fanden sich bei den meisten Attentaten, denen ja sehr häufig ein besonders unglückliches Eheleben vorausgegangen war, von dessen friedlicher Beendigung sich oft für beide Partner eine wesentliche Erleichterung ergeben hätte. Es zeigt sich hier also auch ganz deutlich, daß es keineswegs einfach ist, das Motivverhalten dieser Personen zu erklären oder zu verstehen. Hier gibt es kaum ‚logische' Handlungsfolgen, Vernunft scheint ohnedies völlig ausgeschaltet.

Während nun besitzorientierte Motive wie Angst um den Partner, Angst vor dem Verlust der geliebten Person oder Eifersucht bei ledigen Paaren wesentlich häufiger zu Gewalttaten führten, trat bei den verheirateten das Motiv Streit viel häufiger auf.

Das Thema des jeweiligen tatauslösenden Streites ließ sich in den meisten Fällen nicht genau rekonstruieren. Soweit erkennbar, handelte es sich aber meist um recht banale Anlässe, wie etwa das späte Heimkommen eines Partners, Diskussionen um die Kindererziehung, um die Haushaltsführung usw. War ‚Geld‘ das Streitthema, so überwogen die Frauen als Täter. Es handelt sich dann fast immer um den vom Mann nicht ausgezahlten Beitrag zum Haushaltsgeld oder um ausständige Alimente. In einigen Fällen war auch die ständige Forderung der Männer nach Geld von der Geliebten oder Gattin Tatanlaß.

Johann J. König, 40 Jahre, pensionierter Kondukteur der Südbahn, erstach seine 38jährige Gattin während eines Streites. Die Frau hatte ihm Vorhaltungen wegen seines exzessiven Alkoholkonsums gemacht, der Mann pflegte fast das gesamte Einkommen der achtköpfigen Familie im Wirtshaus zu vertrinken. König wurde in die Landesirrenanstalt eingeliefert. (Kronen Zeitung, 25. 3. 1904 und 10. 6. 1904)
Karl Janoschka, Schlossereigehilfe, war wegen Mißhandlung seiner Gattin Sophie angeklagt. Er hatte sie bei einem Streit mit einem Stuhl geschlagen und verletzt. Vor Gericht sagte die Frau aus, sie werde von ihrem Gatten häufig geschlagen. Weiters erklärte sie dem Richter, sie wolle dem Gatten um der Kinder willen verzeihen. Janoschka wurde zu strengem Verweis verurteilt. (Kronen Zeitung, 8. 10. 1902)

Bei der Motivangabe ‚Irrsinnsanfall des Täters‘ zeigte sich ein ganz unverständlicher Unterschied in der Häufigkeit zwischen Ehe- und Intimpaaren. Die Tabelle zeigt auch, daß unter den verheirateten Tätern hier die Frauen überwogen. Man stellt sich nun die Frage, ob ledige Personen keine Neigung zu ‚Irrsinnsanfällen‘ haben, oder ob es sich hier nicht um eine sehr subjektive Zuordnung handelt. Gerade zur Zeit der Jahrhundertwende findet man zahlreiche medizinische und juristische Untersuchungen und Abhandlungen zum Thema Ehe und Geisteskrankheit. Was man also bei kriminellen Handlungen unter Intimpartnern häufig als Eifersucht einstufte, wurde bei verheirateten Tätern wesentlich häufiger als ein Anfall von Geistesstörung betrachtet.

Diesem Phänomen entspricht auch die Tatsache, daß die Gerichte bei verheirateten Tätern mehr als doppelt so oft die Einweisung des Täters in eine psychiatrische Klinik verfügten als bei ledigen. Man brachte die Tatsache einer bestehenden Ehe also wesentlich stärker in Beziehung zu einer möglichen Geisteskrankheit als ein Liebesverhältnis.

„Im Hause Weyringergasse 38 auf der Wieden hat sich Freitag in später Abendstunde ein aufregender Vorfall zugetragen. Der 39jährige Hilfsarbeiter Josef Kreul, der schon einmal im Irrenhaus war, hat seine Gattin, die 46jährige Bedienerin Marie Kreul, überfallen und versuchte sie zu ermorden. Kreul dürfte den Mordversuch im Zustande geistiger Störung verübt haben.
Josef Kreul, der erst seit zwei Jahren verheiratet ist, hatte schon wiederholt seine Gattin mit Eifersucht gequält. Schon Freitag früh hatte er von seiner Frau das große Küchenmesser verlangt. Da der Frau aber das Begehren auffällig vorkam, gab sie ihm das Messer nicht. Freitag abends hat nun Kreul, als er bereits im Bette lag, seine Gattin in die Trafik geschickt, um ihm Zigaretten zu holen. In der Zwischenzeit hatte er sich vom Bette erhoben, einen Hammer genommen und unter dem Kopfpolster versteckt.
Als die Frau zurückkam und an sein Bett trat, um ihm die Zigaretten zu geben, griff er unter den Polster, erfaßte den Hammer und schlug wie sinnlos auf den Kopf seiner Frau los, die in Todesangst flüchtete. Er verfolgte die Frau und führte noch mehrere Hiebe gegen ihren Kopf. Durch die Hilferufe der Ueberfallenen wurden die Nachbarn alarmiert. Kreul flüchtete nur mit Hemd und Unterhosen bekleidet. Er lief zur Sicherheitswachstube (. . .), wo er die Selbstanzeige erstattete und in Haft genommen wurde." (Kronen Zeitung, 22. 3. 1908)

Bei einem derartigen Attentat unter Intimpartnern wurde nicht von einem Irrsinnsanfall, sondern z.B. von Eifersucht gesprochen, man fragte bei letzteren auch nicht nach einer eventuell früher erfolgten psychiatrischen Behandlung.

Aus ‚Notwehr‘ handelten fast nur Frauen aggressiv, die meisten von ihnen waren mit gewalttätigen Partnern zusammen und setzten in einer kritischen Situation eine Art Präventivhandlung. In anderen Fällen griffen die Frauen in einen Konflikt zwischen Vater und Kind ein, um eine drohende Mißhandlung desselben abzuwenden.

Das Motiv ‚Züchtigung' fand sich ausschließlich bei verheirateten männlichen Tätern. Es führt uns wieder auf das häusliche ‚Züchtigungsrecht' des Ehegatten zurück.

Alkohol:

Der übermäßige Genuß von Alkohol muß hier ebenfalls als konfliktförderndes Moment betrachtet werden. Das Verhalten unter Alkohol ist ja bekanntlich erlernt und kulturabhängig. Eigenheit der mitteleuropäischen ‚Alkoholkultur' ist häufiges aggressives Verhalten. Ursache für Alkoholismus ist in fast allen Fällen eine gewisse Realitätsflucht, das Bedürfnis, den eigenen Problemen zu entfliehen. Dabei verändert sich aber die ethische wie auch die soziale Persönlichkeit des Trinkers. Die Folgen sind oft psychische Labilität und charakterliche Veränderungen bis hin zur Asozialität, was auf die Familie des Trinkers nicht ohne Auswirkungen bleiben kann. In Wien waren im Jahre 1900 etwa gleich viele ledige wie verheiratete ‚notorische Trunksüchtige' registriert. Bis zum Jahre 1912 steigerte sich die Zahl der Verheirateten auf das Doppelte, während bei den Ledigen ein langsamerer Anstieg zu verzeichnen war. Die Ursachen dafür sind unklar, sie könnten natürlich auch in einer besseren statistischen Erfassung der einen Gruppe liegen.

Bei alkoholisierten Personen sinkt die Reizschwelle für aggressives Verhalten oft ganz bedeutend.

Der 36jährige Anstreichergehilfe Alexander Huber mißhandelte im betrunkenen Zustand immer wieder seine Gattin und seine fünf Kinder. Am 13. 4. 1905 schlug er seine Frau solange mit einem Riemen, bis diese aus der Wohnung floh. Als sie danach ihren neun Monate alten Sohn wimmern hörte, versuchte sie in die Wohnung zurückzukehren, wurde aber von Huber nicht eingelassen. Am nächsten Morgen fand sie das Kind tot auf. Der Vater hatte es in der Nacht mehrmals auf den Kopf geschlagen und dann mit einem Polster erstickt, da ihn das Schreien des Kindes störte, und er in Ruhe seinen Rausch ausschlafen wollte. (Kronen Zeitung, 14. 4. 1905)

Ein besonders verhängnisvoller Kreislauf kann aus der Verbindung Alkohol und Sexualität entstehen. Alkoholiker sind häufig für Stimmungen in der Familie übersensibilisiert, illusionäre Wahrnehmungen wie Unordnung an den Kleidern, erschreckte Mienen werden häufig vom Alkoholiker im Sinne einer sexuellen Untreue gedeutet und können bis zum Eifersuchtswahn führen. Betrunkene haben auch häufig ein gesteigertes Zärtlichkeits- und Sexualbedürfnis bei sinkender Potenz und deuten die Ablehnung, die sie durch ihre Annäherungsversuche beim Partner hervorrufen, oft als schlechtes Gewissen. Dazu kommt noch, daß der Alkoholiker nach einer gewissen Zeit seinen Status männlicher Autorität in der Familie verliert und nun Gewaltanwendung für den einzigen Ausweg hält.

Anna Materle, 29 Jahre, verließ ihren Gatten Leopold, da er sie fortgesetzt in trunkenem Zustand mißhandelt hatte. Materle forderte seine Gattin wiederholt auf zu ihm zurückzukehren, was sie immer ablehnte. Aus Rache stach er seine Gattin nieder und verletzte sie dabei schwer. (Kronen Zeitung, 5. 1. 1909)

Alkoholismus und Gewaltanwendung stehen in sehr engem Zusammenhang. Die Anwesenheit eines Alkoholikers löst in der Familie sehr häufig einen Zustand potentieller Gewalt aus, der zu furchtbaren Eskalationen führen kann.

Von den hier untersuchten männlichen Tätern waren etwa 13 % Alkoholiker, bei den weiblichen Tätern waren es etwa 4 %.

Tatwaffe:

Die Zahlen der Tabelle (siehe nächste Seite) sind Prozentangaben.

Ein Großteil aller Gewalttaten unter Ehe- und Intimpartnern wurde mittels Stichwaffen, Schußwaffen oder Säuren ausgeführt. Stichwaffen wurden hauptsächlich von Männern und verheirateten Frauen verwendet. Dies läßt sich aus der Tatsache erklären, daß in den meisten Fällen Messer verwendet wurden, wie sie entweder im Haushalt

	ledige Täter		verh. Täter		Täter gesamt	
	männl.	weibl.	männl.	weibl.	männl.	weibl.
	37,7	9,7	28,1	20,0	33,2	13,7
	34,6	30,6	27,2	17,8	31,1	25,6
	8,8	–	16,9	6,7	12,6	2,6
	6,9	45,8	4,9	24,5	6,0	37,6
	3,1	1,4	5,8	4,4	4,3	2,6
	2,3	4,2	1,3	11,2	1,9	6,8
	1,5	–	0,9	–	1,2	–
	0,8	–	1,8	–	1,2	–
	1,2	1,4	–	–	0,6	0,8
	–	–	1,3	–	0,6	–
	3,1	6,9	11,8	15,4	7,3	10,3
	100,0 %	100,0 %	100,0 %	100,0 %	100,0 %	100,0 %
	(260)	(72)	(225)	(45)	(485)	(117)

gebräuchlich sind, etwa Küchen-, Brot- oder Rasiermesser oder Taschenmesser, welche die männlichen Täter jederzeit zur Hand haben. Da ein größerer Teil der Intimpartner nicht im gemeinsamen Haushalt lebte, liegt es nahe, daß die weiblichen Intimpartner zur Zeit der Tat nur selten ein Messer in greifbarer Nähe hatten. Die Verwendung von Messern durch weibliche Täter deutet in den meisten Fällen auf eine Affekthandlung hin, da bei einer vorausgeplanten Tat verläßlichere und für Frauen leichter zu handhabende Waffen gewählt wurden. In den meisten Fällen ergriffen die ‚Messertäter' blindlings die nächstliegende erreichbare Waffe, um den Partner zu bedrohen, zu verletzen oder gar zu töten. Die auffallend häufige Verwendung von Schußwaffen läßt sich zum Teil durch die sehr lockeren Verkaufsbedingungen für diese Waffen erklären. Browning Selbstlade-Pistolen z.B. wurden in Zeitungsannoncen zum Kauf angeboten. Häufig war es nur der schlechten Qualität der Waffen und der Ungeübtheit der Schützen zu danken, wenn ein derartiges Attentat ohne schwere Verletzungen oder gar den Tod des Opfers endete.

Albert Wallusch, 28 Jahre, Bäckergehilfe, tötete seine Geliebte Anna Alscher, 20 Jahre, Magd, auf offener Straße durch einen Messerstich und verletzte dann sich selbst bei einem Selbstmordversuch leicht. Motiv für die Tat war die Angst des Mannes die Geliebte zu verlieren. Wallusch wurde wegen Totschlags zu vier Jahren schweren Kerkers verurteilt. (Kronen Zeitung, 5. 4. 1907 und 28. 6. 1907)
Der 32jährige Möbelpacker Kurt Losert schoß auf offener Straße auf seine von ihm getrennt lebende Gattin Antonia, 29 Jahre und verletzte sie leicht. Bei einem nachfolgenden Selbstmordversuch erlitt Losert schwere Verletzungen. Die Gattin hatte sich von ihm getrennt, da er ständig trank, sie beschimpfte und mißhandelte. Bei seiner Einvernahme erklärte der Mann, „ (. . .) daß er seiner Frau nicht aufgelauert habe, sondern daß ihm bei einem zufälligen Zusammentreffen der Gedanke gekommen sei, ihr wegen der früheren Zerwürfnisse einen Denkzettel zu geben. Er habe den Revolver, den er gewöhnlich bei sich trage, hervorgezogen und dann einen Schuß auf sie abgegeben, dann sich selbst angeschossen." (Kronen Zeitung, 30. 7. 1913 und 31. 7. 1913)

Die Tatwaffe Hände und/oder Füße präsentierte sich als typisch männliche Mißhandlungswaffe. Nur in ganz wenigen Fällen wurden dem Opfer bei einer derartigen

Mißhandlung schwere oder gar tödliche Verletzungen zugefügt. Anders als bei der Verwendung von Stich- oder Schußwaffen sollte das Opfer hier weder getötet noch verletzt werden, es sollte nur gezüchtigt, gedemütigt oder ‚erzogen' werden.bei dieser Tatwaffe fanden sich auch ganz deutliche Unterschiede zwischen verheirateten und ledigen Tätern, erstere mißhandelten ihre Partnerinnen etwa doppelt so oft mit Händen und Füßen. Auch hier läßt sich wieder eine Verbindung zum gesetzlichen Züchtigungsrecht der Gatten finden. Ähnliches gilt für die Mißhandlung durch ‚Züchtigungswaffen' wie Stöcke, Besen, Pracker, Stühle, Gürtel, Peitschen usw. Frauen griffen im Zorn zu Gegenständen wie Bürsten, Schirmen, Lampen, Bügeleisen usw.

Als ganz spezifisch weibliche Tatwaffe erwies sich im Wien der Jahrhundertwende das Vitriol. Es handelt sich dabei um eine Säure, die in verdünnter Form in vielen Haushalten als Putzmittel verwendet wurde und daher leicht greifbar war. Vitriol wurde von etwa einem Viertel der verheirateten und etwa der Hälfte der ledigen Täterinnen als Waffe verwendet. Die Verwendung von Vitriol stand in fast allen Fällen in Verbindung mit einer besonders stark emotional bewerteten Beziehung zum Opfer und war häufig der Ausdruck extremer Hilflosigkeit und Wut. Es ging nie darum, das Opfer zu töten, was auch gar nicht in der Natur der Waffe lag, sondern meist darum, dem Partner einen ‚Denkzettel' zu verpassen. Oft fand sich auch der Wunsch, das Opfer so zu ‚verschandeln', daß es keinen neuen Partner mehr finden würde und an den Täter gebunden bliebe. Auch hier zeigt sich ein besonders starkes Besitzdenken; Vitrioltäter zeigten auch nach der Tat wesentlich häufiger Reue und Verzweiflung als z.B. die Verwender von Schuß- oder Stichwaffen. Auch die Zahl der Versöhnungen zwischen Täter und Opfer lag hier wesentlich höher. ‚Vitriolattentate' wurden von der Öffentlichkeit als besonders infame und hinterlistige Gewalttaten verurteilt, und sie wurden vor Gericht häufig auch viel schwerer bestraft als Attentate durch Revolver oder Messer, welche doch wesentlich häufiger mit schweren oder tödlichen Verletzungen endeten.

Marie Lederer, 40 Jahre, übergoß ihren Gatten Karl, 43 Jahre, während er schlief, mit Vitriol und verletzte ihn dadurch schwer. Als Grund für ihre Tat gab sie das Liebesverhältnis ihres Gatten zu einer anderen Frau an, das zu lösen sich dieser geweigert habe, während sie selbst zur Zeit ihr siebentes Kind erwartete. (Kronen Zeitung, 19. 4. 1912)

Besonders brutal waren in der Regel jene Fälle, wo Waffen wie Hammer oder Hacken verwendet wurden. Ebenso wie Küchenmesser waren um 1900 auch Holzhakken in den meisten Haushalten vorhanden.

Der 48jährige Hilfsarbeiter Wilhelm Halig überfiel seine schlafende Gattin mit einer Küchenhacke und fügte ihr schwere Verletzungen zu. Halig war Alkoholiker und hatte schon eine vierwöchige Haftstrafe wegen Mißhandlung und Bedrohung seiner Gattin verbüßen müssen. Halig wurde nun zu 15 Monaten schweren Kerkers verurteilt. (Kronen Zeitung, 6. 4. 1913 und 10. 7. 1913)

Gift wurde eher selten als Tatwaffe gegen den Partner eingesetzt, wurde in den untersuchten Fällen aber ausschließlich von Männern verwendet.

Abschließend läßt sich sagen, daß Männer insgesamt wesentlich häufiger aggressiv handelten als Frauen. Waffen, die eine schwere oder tödliche Verletzung des Opfers möglich machen, wurden aber im Vergleich häufiger von Frauen verwendet.

Tatort:

Ein Großteil der Revolver- und Vitriolattentate fand auf offener Straße statt. Es handelte sich hier meist um gelöste Beziehungen, in welchen Täter und Opfer keinen gemeinsamen Haushalt hatten. Der Täter lauerte seinem Opfer meist auf und überraschte es mit seinem Angriff; diesen Attentaten gingen nur selten Diskussionen oder ein Streit am Tatort voraus. Bei Intimpartnern fand die Mißhandlung oder das Attentat in etwa zwei Drittel der Fälle außerhalb der Wohnung statt, bei Ehepaaren ereigneten sich zwei Drittel innerhalb der gemeinsamen Wohnung. Dabei war die Küche der häufigste Tatort.

Selbstmord(versuch) des Täters:

Selbstmordversuche eines Täters fanden nur nach der
Tötung oder dem Tötungsversuch des Opfers statt, nie
aber nach einer Mißhandlung. Die größte Zahl der Selbstmordversuche der Täter fand sich bei den Attentaten mittels Schußwaffen. Meistens handelte es sich dabei um eine
Affekttat, der Selbstmord(versuch) konnte nur sehr selten als geplant nachgewiesen werden.

Wenzel Wosecek, 34 Jahre, erschoß seine ehemalige Geliebte, eine
32jährige Bedienerin, auf offener Straße und verletzte sich danach
bei einem Selbstmordversuch schwer. Die Frau hatte Wosecek kurze
Zeit vor der Tat aus der gemeinsamen Wohnung gewiesen, da er
sich hartnäckig weigerte, eine Arbeit anzunehmen und sich von ihr
aushalten ließ. Wosecek bestürmte die Frau, ihn wieder aufzunehmen, was sie aber verweigerte. (Kronen Zeitung, 16. 7. 1913)
Charles Vinzenz Banting, 32 Jahre, Vizedirektor, tötete seine 43-
jährige Gattin und sich selbst mit einem Jagdgewehr. „Das Ehepaar,
das einen sehr vornehmen Haushalt führte, eine Köchin und ein
Stubenmädchen im Dienst hatte, lebte im glücklichsten Einvernehmen." Banting soll die Tat in einem Anfall von Geistesstörung begangen haben. Als Motiv vermutete man Angst vor dem finanziellen
Ruin. (Kronen Zeitung, 26. 2. 1913 und 27. 2. 1913)

Etwa ein Viertel aller ledigen Täter unternahm nach
der Tat einen Selbstmordversuch, der wiederum in einem
Viertel dieser Fälle für den Täter tödlich endete. Von den
verheirateten Tätern wurde nur in einem Siebentel der
Fälle ein Selbstmordversuch unternommen, wobei etwas
weniger als die Hälfte dieser Täter starb. Gesamt gesehen
unternahmen Männer etwa doppelt so oft einen Selbstmordversuch nach der Tat als Frauen (22 % der männlichen Täter, 13 % der weiblichen).

Tatart und Folgen:

Im untersuchten Material fanden sich mehr Verbrechen, die sich gegen das Leben des Opfers richteten, als
Mißhandlungen. Dies hat seine Ursache natürlich in der
,Öffentlichkeit' von schweren Gewaltverbrechen. Ganz
im Gegensatz dazu bleiben Mißhandlungen meist im pri-

vaten und intimen Bereich, nur in schweren Fällen interessieren sich Zeitungen und Gerichte für derartige Vorfälle. Man kann daher gerade bei Mißhandlungen unter Ehe- und Intimpartnern eine ganz enorm hohe Dunkelziffer annehmen. Ein Vergleich zwischen verheirateten und ledigen Opfern zeigt auch, daß Ehepartner, besonders die Frauen, wesentlich mißhandlungsgefährdeter waren, wogegen bei Intimpartnern, wieder besonders bei Frauen, die Angriffe gegen das Leben überwogen. Dementsprechend waren im ganzen gesehen auch die Verletzungen von Intimpartnern häufiger schwere oder tödliche. Von allen untersuchten Gewalttaten zwischen Ehe- und Intimpaaren endeten fast 10 % tödlich für das Opfer.

Wiederholungstäter:

Etwa 14 % aller Täter können als Wiederholungstäter bezeichnet werden. Sie mißhandelten, bedrohten oder verletzten ihren Partner mehrmals hintereinander. Zwei Drittel dieser Personen fanden sich unter den Verheirateten, und zwar hauptsächlich unter den Mißhandlern. Jene Täter, die wiederholt das Leben des Partners durch Attentate gefährdeten, wurden zum Großteil in psychiatrische Behandlung gegeben. Einige spektakuläre Fälle belebten auch die öffentliche Diskussion um die Unzulänglichkeit der Psychiatrie neu.

Johann Kißling, Hausbesorger, erschlug seine zweite Gattin Karoline mit einer Hacke. Kißling hatte Jahre zuvor einen Mordversuch an seiner ersten Gattin begangen und war daher in psychiatrischer Behandlung gewesen. Bei seiner Vernehmung behauptete Kißling, er habe seine Gattin durch den Mord „ (. . .) von ihren Leiden erlöst". Der Mann wurde in die Landesirrenanstalt eingeliefert. (Kronen Zeitung, 8. 9. 1906, 9. 9. 1906 und 11. 9. 1906)
Jakob Schabick, 37 Jahre, Färbergehilfe, mißhandelte und bedrohte seine im gemeinsamen Haushalt lebende Geliebte, Katharina Leisacher, 42 Jahre, mehrfach. Vier Jahre zuvor hatte der Mann seine Gattin aus Eifersucht erschossen, war aber vom Gericht freigesprochen worden. (Kronen Zeitung, 23. 3. 1904)
Der Agent Rudolf Schrenk verübte im Jahre 1902 einen Mordanschlag auf seine Gattin, wobei er sie durch Messerstiche verletzte. Schrenk wurde nach Steinhof überstellt und einige Jahre später als

‚geheilt mit Defekt' entlassen. Im Jahre 1913 bedrohte er seine
Gattin und seine Tochter wieder mit Mord und versuchte auch, die
Frau zu erstechen. Schrenk wurde wieder nach Steinhof eingelie-
fert. (Kronen Zeitung, 4. 7. 1902 und 11. 7. 1913)

Gegenseitige Mißhandlung der Partner:

In den meisten Fällen stellte sich gegenseitige Mißhandlung als Akt der Notwehr für einen der beiden Partner dar. Bei vielen derartigen Vorfällen waren auch andere Personen, meist die Kinder des Paares, in das Miß-
handlungsgeschehen involviert.

Josefa Buresch verübte im Juni 1909 einen Mordversuch an ihrem
Gatten und einen Selbstmordversuch. Als Motiv für ihre Tat gab die
Frau an, sie sei von ihrem Mann mit einer Krankheit (Krebs) angesteckt worden. Im Jahre 1913 wurde die Frau aus der Anstalt Steinhof einlassen. Im gleichen Jahr wurde sie von ihrem Gatten durch
einen Schlag mit einem Bierglas verletzt, einige Monate später versuchte ihr Gatte sie zu erstechen. Frau Buresch konnte fliehen, der
Gatte wurde verhaftet. (Kronen Zeitung, 7. 6. 1909, 5. 9. 1909
und 17. 8. 1913)
Josef Pfeifinger, 42 Jahre, Hilfsarbeiter, mißhandelte und bedrohte
seine Gattin in betrunkenem Zustand. Da sich die Frau gegen den
wütenden Mann nicht mehr wehren konnte, kam ihr der 18jährige
Sohn zu Hilfe. Der Mann begann nun, auch seinen Sohn zu würgen,
worauf dieser ein Messer ergriff und auf den Vater einstach. Josef
Pfeifinger wurde in eine psychiatrische Anstalt eingeliefert. (Kronen
Zeitung, 4. 2. 1910)

Resümee und Ausblick

Nach wie vor wird eine große Zahl von Ehefrauen und
Partnerinnen von Gatten und   Freunden geschlagen.Wo
immer man Frauenhäuser eröffnet, sind sie vom ersten
Tag an überfüllt. Hier die Frage nach einer zahlenmäßigen
Veränderung von Mißhandlungen und Gewalttaten im
partnerschaftlichen Bereich zu stellen — was sich also seit
der Jahrhundertwende verändert hat — erscheint sinnlos.
Ihre Beantwortung scheitert an schlecht, falsch oder gar
nicht geführten Statistiken, am Desinteresse der Umwelt
und an der Scham und   Angst der Mißhandelten selbst.

Ganz zweifellos kam 1900 wie auch heute nur ein Bruchteil aller Gewalttaten ans Licht der Öffentlichkeit, wie wir auch bei der Kindesmißhandlung von einer erschrekkend hohen Dunkelziffer sprechen können. Ein Vergleich zwischen dem Wien der Jahrhundertwende und dem der 80er Jahre zeigt allerdings eine Reihe veränderter Bedingungen und Ursachen für den Konflikt im familiären und partnerschaftlichen Bereich. Nie zuvor wurde an die Ehe und Partnerschaft ein so hoher Harmonie- und Glücksanspruch gestellt wie heute. Sah man in der Ehe vor einigen Jahrzehnten noch die Basis für die Verwirklichung geschlechtsspezifischer Rollen wie Mutter, Beschützer, Ernährer usw., so setzt sich heute immer stärker die Auffassung durch, die Ehe und Partnerschaft habe auch der Selbstverwirklichung ihrer Mitglieder zu dienen. Aus diesem sicher sehr erstrebenswerten, aber auch sehr hohen Anspruch ergibt sich ein völlig neues Konfliktpotential. Heute wie damals werden Ehen auch nur sehr selten mit einer realistischen Einschätzung dessen, was an Glück und Harmonie möglich ist, und dessen, was an Problemen zu erwarten ist, geschlossen. Beziehungen sind meist von Anfang an mit Erwartungen überfrachtet. Was der Alltag heute weniger denn je bieten kann, das Gefühl, einzigartig und unersetzbar zu sein, innig geliebt zu werden, Probleme gemeinschaftlich meistern zu können, all das soll die Partnerschaft bieten. Gleichzeitig mit diesen erhöhten Ansprüchen steigt heute auch die Intimität der Familie. Sie besteht aus immer weniger Mitgliedern, die eine Art sozialer Kontrolle ausüben könnten, und zeigt immer stärkere Tendenzen zu Abschließungen gegen die Außenwelt. Damit wächst nicht nur die Einsamkeit vieler Familien und Paare, sondern auch die Möglichkeit, Gewalt zu vertuschen. Die wachsende Anonymität, z.B. die der Nachbarn in großen Wohnsilos, erlaubt Gewalt in den eigenen vier Wänden und macht sie auch beim Nachbarn möglich. Erst wenn die Beziehung völlig ruiniert scheint, wird die Ebene der Öffentlichkeit eingeschaltet, Gerichte und Anwälte kehren die letzten Scherben zusammen. Gewalttätige Handlungen in der Ehe oder der Intimpartnerschaft ziehen eine fast endlose Reihe von Proble-

men nach sich. Nicht nur die physische und psychische
Situation der Geschlagenen ist unerträglich, auch die
Täter selbst leben häufig in einer Streßsituation. Ihre
Gewaltanwendung entsteht vielfach aus der Unfähigkeit,
mit dem Partner zu kommunizieren, Wünsche, Ängste
und Probleme anders als durch Schläge zu artikulieren.
Der erste Schlag in einer Beziehung zeichnet in vielen
Fällen eine Zukunft der Angst und Gewalttätigkeit
voraus.

Bei all diesen veränderten Problemen der heutigen
Zeit kann man jedoch eine allgemeine Verbesserung der
Situation der Frauen nicht in Abrede stellen. Die Möglichkeiten für eine eigenständige Lebensgestaltung sind
heute um ein Vielfaches größer. Dennoch sollte man
das Problem der Mißhandlung in der Familie mit größter
Aufmerksamkeit weiter verfolgen und nicht etwa in den
Fehler verfallen, dieses zu einem rein historischen, zu
einer Art ‚mittelalterlichen' Abstrusität zu machen. Nach
wie vor stellt die Familie eines der größten Konfliktpo-
tentiale unserer Gesellschaft dar, nach wie vor passiert
etwa ein Drittel aller Morde innerhalb der Familie oder
Partnerschaft und nach wie vor nimmt der ‚Verbrechens-
schauplatz' Familie kaum einen Platz im Bewußtsein der
Öffentlichkeit ein, obwohl hier ein ganz wesentlicher Beitrag zur Verbrechensbekämpfung geleistet werden könnte.

Familie ist immer ein Spiegelbild der Gesellschaft, in
die sie eingebettet ist. In ihr finden sich die gleichen
Machtstrukturen, das gleiche Aggressionsverhalten. Kinder lernen von ihren Eltern, wie man mit dem Partner
umgeht, und viel zu viele von ihnen müssen am eigenen
Leib verspüren, daß in dieser Gesellschaft der Verzicht auf
Gewalt und die Machtlosigkeit zahllose Nachteile bringt,
daß der aggressionslose häufig auch der schwache und un-
terdrückte Teil ist. Die Frage nach der Abschaffung der
Prügelstrafe für Kinder wie für Frauen wird heute zum
Prüfstein für die „ (. . .) Legitimation einer Gesellschaft,
die Frieden, Freiheit und soziale Gerechtigkeit und Demokratie zu ihren besten Zielen rechnet".[12]

Anmerkungen

1 Vgl. dazu Sabina Kolleth, Gewalt in der Familie und in Intimpartnerschaften in Wien, 1900 – 1914. Eine sozialhistorische Untersuchung mit Vergleichen zur heutigen Situation, Diss, Wien 1984.

2 P. J. Möbius, Über den Physiologischen Schwachsinn des Weibes, Halle a. S. 1903, S. 30.

3 Eduard Ritter von Liszt, Die vorsätzlichen Tötungen. Eine kriminalpolitische Studie, Wien 1919, S. 74 f.

4 Möbius (wie Anm. 2), S. 8.

5 Ebenda, S. 18.

6 Ebenda, S. 26.

7 Max Runge, Das Weib in seiner Geschlechtsindividualität, Berlin 1896, S. 17.

8 Möbius (wie Anm. 2), S. 60.

9 Österreichische Frauenzeitung, 9, Wien 1906, S. 5.

10 Bernard Shaw, Der Aufstand gegen die Ehe, Frankfurt a. M. 1978, S. 43.

11 Zu allen Daten vgl. wie Anm. 1.

12 Horst Petri, Matthias Lauterbach, Gewalt in der Erzählung. Plädoyer zur Abschaffung der Prügelstrafe, Frankfurt a. M. 1975, S. 103.

MICHAEL JOHN

OBDACHLOSIGKEIT – MASSENERSCHEINUNG UND UNRUHEHERD IM WIEN DER SPÄTGRÜNDERZEIT

Die Umschreibung der Thematik – Vom Bettgeher bis zum Kanalschläfer

Arbeitslosigkeit, Zuwanderung, Delogierungen und Wohnungsmangel stellten im spätgründerzeitlichen Wien zehntausende Personen aus den Unterschichten vor das Problem, nicht genau zu wissen, wo sie in den nächsten Tagen schlafen sollten. Ein erheblicher Prozentsatz der von Obdachlosigkeit Betroffenen war nach den jährlichen Statistiken der Asyle männlich, ledig und eher jung,[1] was das Problem der obdachlosen Familien jedoch nicht herabspielt. Die Mehrheit der Obdachlosen war fremdzuständig. Fremdzuständig bedeutete, daß der Betroffene das Wiener Heimatrecht nicht innehatte. Das Heimatrecht war Voraussetzung für die Unterstützung eines Armen aus öffentlichen Mitteln. In Wien hatte die Heimatberechtigungsquote der Bevölkerung 1880 35,2 %, 1890 34,9 %, 1900 38 % betragen und – nach dem Inkrafttreten einer Reform des Heimatrechts, die nach zehnjährigem Aufenthalt in Wien zu dessen Verleihung führte – 1910 55 %.[2] Ledige Personen fanden hauptsächlich ein Unterkommen als Bettgeher, im Jahrzehnt von 1900 bis 1910 gingen pro Jahr an die 80.000 Menschen zu „Bett".[3] Die Bettstellen wurden an den Haustoren auf Zetteln angeboten. Arbeiter- und andere einkommensschwache Familien vermieteten in ihren ohnedies sehr kleinen Zimmer/Küche- oder Zimmer/Küche/Kabinett-Wohnungen ein, zwei oder mehrere Schlafplätze. Dies hatte unter anderem eine enorme Überfüllung der Kleinwohnungen zur Folge und charakterisierte die Wohnverhältnisse der Unterschichten dieser Zeit. Die Arbeiterfamilien boten Schlafstellen, bestehend aus einem Tafelbett oder einem Strohsack an, um die sehr hohen Mietzinse bezahlen zu kön-

nen. Bettstellen waren verhältnismäßig billig, für regelmäßig arbeitende Personen leicht erschwinglich.[4] Junge
Zuwanderer aus Böhmen und Mähren fanden des öfteren bei Bekannten oder Verwandten ein Bett, Arbeits-
kollegen nahmen gelegentlich kurzfristig unterstandslose
Kollegen nach Hause mit.[5] So erzählt die sozialdemokratische Politikerin Adelheid Popp aus ihrer Jugend:

> „Wir mietheten ein Kabinett, das wir für uns ganz allein hatten.
> Auch mein jüngerer Bruder kam wieder zu uns und brachte einen
> Kollegen mit, mit dem er das Bett teilte. So waren wir vier Per-
> sonen in einem kleinen Raum, der nicht einmal ein Fenster hatte,
> sondern das Licht nur durch die Fensterscheiben erhielt, die sich
> in der Tür befanden. Als einmal ein bekanntes Dienstmädchen
> stellenlos wurde, kam auch sie zu uns, sie schlief bei meiner Mutter
> im Bett und ich mußte zu ihren Füßen liegen und meine eigenen
> Füße auf einen angeschobenen Stuhl lehnen."[6]

Johann Böhm, später Präsident des ÖGB, berichtet
aus seiner Jungarbeiterzeit um 1910 von einer Bettfrau,
die ihm und seinem Freund monatelang Bettgeld und
Frühstückskaffee stundete;[7] der Schriftsteller und Arbei-
terdichter Alfons Petzold wurde von seiner Bettfrau zwar
hinausgeworfen, aber das in eher freundlicher Weise und
erst dann, nachdem der junge Arbeitslose monatelang das
Bettgeld nicht bezahlt hatte.[8] Es liegt nahe, das Bettgeherwesen teilweise als Selbsthilfe innerhalb der Unterschichten gegen drohende Obdachlosigkeit zu interpretieren.
    Einmal tatsächlich ohne unmittelbare Aussicht auf
eine Übernachtungsmöglichkeit suchten potentiell Obdachlose meist ein billiges Massenquartier oder eines der
Obdachlosenasyle auf. Es gab ein paar Dutzend Massenquartiere in Wien, die Übernachtung kostete 20 – 40
Heller, bei einem durchschnittlichen Hilfsarbeiterver-
dienst von 2 Kronen 80 Heller pro Tag.[9] Ein Großteil der
Massenquartiere war stark überfüllt, schmutzig, jedoch
billig, zentral gelegen und mit dem Vorteil, daß strenge
Hausordnungen unbekannt waren.[10] Wesentlich besser
ausgestattet und leidlich sauber waren die Obdachlosenasyle mit ihren riesigen Schlafsälen. Um die Jahrhundertwende gab es zwei Asyle, das städtische in Favoriten,
Arsenalstraße und das Asyl des Asylvereins für Obdach-

lose, 1868 von dem Wohnungsreformer Max Steiner begründet, in der Blattgasse im dritten Bezirk. Beide Asyle zusammen boten Platz für cirka 500 Personen. 1909 übersiedelte der Asylverein nach Meidling, Asylgasse, in ein neues Haus für maximal 1 100 Personen. 1912 eröffnete der Asylverein ein zusätzliches Asyl in der Triesterstraße, Favoriten, für 340 Personen und 10 Familien. 1912 bot das städtische Asyl durch Zu- und Umbauten Platz für 1 000 Personen. Auf Grund der steigenden Zahl obdachloser Familien waren zusätzlich ab der Jahrhundertwende Familienasyle eingerichtet worden, vom Katholischen Wohltätigkeitsverband in der Kaiserstraße im siebten Bezirk für 30 Familien, vom Philantrophischen Verein 1902 das Heim für obdachlose Familien im 20. Bezirk in der Universumstraße, 1912 das Heim in der Herbststraße, 14. Bezirk; die Gebäude waren für 27 bzw. 36 Familien angelegt. Auch der Asylverein richtete 1912 ein eigenes Familienasyl ein, die Epstein-Stiftung in der Moosbruggergasse in Meidling für 32 Familien. [11] In allen diesen Asylen war die Übernachtung unentgeltlich. Die Kaiser Franz Josefs-Jubiläumsstiftung für Volkswohnungen eröffnete 1905 und 1912 sogenannte Männerheime, in der Meldemannstraße, 20. Bezirk und in der Wurlitzergasse, 17. Bezirk mit 544 bzw. 890 Schlafplätzen; eine Übernachtung kostete in der billigsten Variante 40 Heller. [12]

Allein die Neu- und Zubauten in den Jahren nach 1900 signalisieren stark wachsenden Bedarf. Dies fand seine Entsprechung auch in der Zahl der Nächtigungen in den Asylen.

Immer wieder wurden jedoch viele Obdachlose wegen der Überfüllung der Asyle abgewiesen. Dies nicht nur während Phasen extremer Wohnungsverknappung, sondern auch in anderen Jahren. 1901 hatte dies eine Note der Wiener Polizei an den niederösterreichischen Landtag im Jänner 1902 zur Folge, die festhielt, daß das „Bedürfnis nach Vermehrung der vorhandenen Unterkunftshäuser für Obdachlose unabweislich sei." [13] Weihnachten 1904 z.B. wurde ein Obdachloser tot in einem Ziegelofen aufgefunden, in der Woche vom 15. bis 21. Jänner 1905 entdeckte man einen Obdachlosen erfroren in einem Favoritner Ziegelwerk, einen zweiten erfroren in einer Florids-

Tabelle: *Nächtigungen in Obdachlosenasylen Wien,*
                    1898 – 1913

	Städtisches Asyl (a)	Asyle des Asylvereins (b)			Heime für obdachlose Familien (c)	
		im III.	XII.	X. Bez.	Epstein-stiftung	des Philanthrop. Vereins
1898	16.824	102.914				
1899	16.176	98.111				
1900	15.684	94.793				
1901	15,309	96.342				
1902	15.127	105.289				
1903	14.971	102.099				16.254
1904	13.946	134.587				20.318
1905	13.602	146.787				20.669
1906	17.833	144.218				12.823
1907	37.585	135.276				18.258
1908	53.445	– (d)				19.205
1909	56.098		268.778			23.991
1910	64.222		314776	– (d)		35.045
1911	94.032		383.498	– (d)		37.306
1912	96.032		349.430	111.008	63.300	67.162
1913	119.490		326.782	93.677	41.003	62.139

(a) Aufenthalt pro Vierteljahr maximal 7 Tage
(b) Aufenthalt maximal 5 Tage
(c) Aufenthalt bis 14 Tage, in Ausnahmefällen 1 Monat
(d) wurde nicht erhoben

Quelle: Statistisches Jahrbuch der Stadt Wien 1898 – 1913

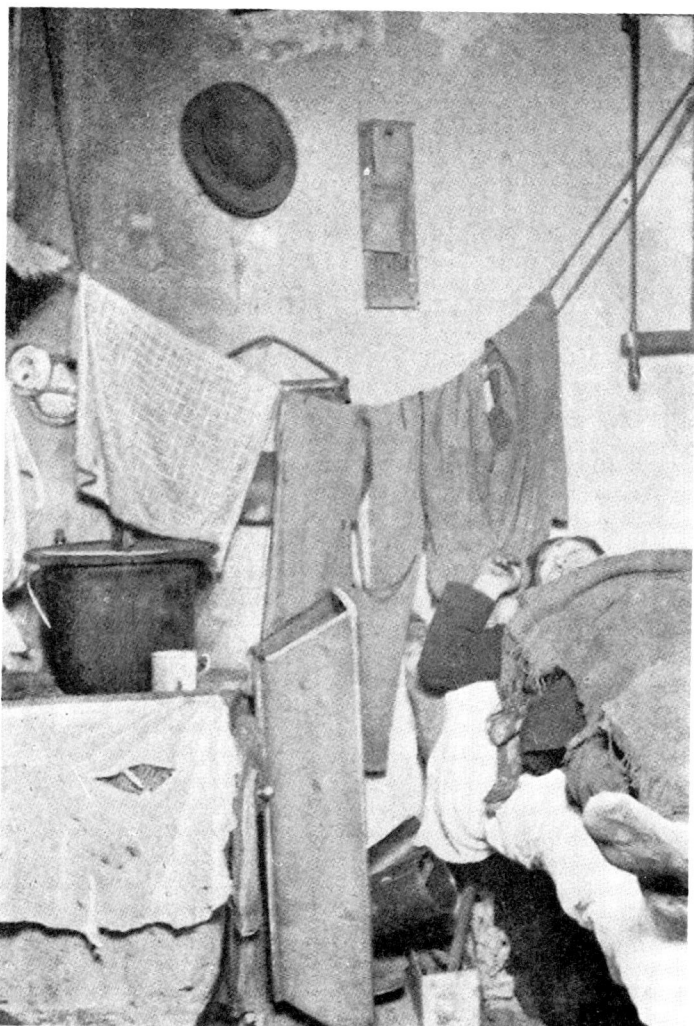

Um die Jahrhundertwende lebten mehr als 60.000 Personen in Wien als Bettgeher. Sie schliefen meist in der Küche oder in einem Winkel des Zimmers, das sie in den Kleinwohnungen mit der Hauptmietpartei teilten. *(Quelle: Ernst Kläger, Durch die Quartiere des Elends und Verbrechens, Wien 1908, o.S.)*

Bilder aus dem Obdachlosenasyl in der Triesterstraße. Um 1910.
(Quelle: Das Asyl- und Werkhaus der Stadt Wien, Wien 1913, o.S.)

Nr. 51. **Wien, Mittwoch, 17. December 1902.** VII. Jahrgang.

Abonnements-Bedingnisse: Der Wien mit 2 Agsirnbrung vierteljährig K 1·50, halbjährig K 3·00, ganzjährig K 6·00; für Oesterreich-Ungarn vierteljährig K 1·80, halbjährig K 3·60, ganzjährig K 7·20; für Deutschland vierteljährig M. 2·50 ganzjährig M. 10·—; für Wandungen und Bereine vierteljährig Pesa 3·50, ganzjährig Pesa 13·—; für alle übrigen Weltpostvereinsländer vierteljährig Pesa 4·—, halbjährig Pesa 16·—. Redaktion und Administration: III. Linke Bahngasse 5. — Telephon Nr. 7708. — k. k. Postsparkassen-Amt Clearing-Verkehr Nr. 854.164.

Eine Nacht in der Brigittenauer Wärmestube in Wien.
Hundertzwanzig Obdachlose übernachten in der Wärmestube in der Burghardtgasse.

Das Aufkommen der Sozialreportage. Titelblatt zu einer Story über die Obdachlosen in der Wärmestube. *(Quelle: Wiener Bilder, Nr. 51/1902, S.1.)*

Junge Obdachlose auf einer Wiese.
(Quelle: Bildarchiv der Österreichischen Nationalbibliothek)

Der Wiener Hausherr Schachenhuber zufrieden vor den Einnahmen vom Zinstermin. Wie mehrere dutzend der ca. 1800 Armenräte verband er seine Stellung als Hausbesitzer − durch dessen „Wirken" viele obdachlos wurden − mit der Funktion eines Armenrates, der wiederum aus Geldern der öffentlichen Hand kinderreichen, obdachlosen Familien kleine Mietzinsaushilfen gewährte.
(Quelle: Wiener Bilder, Nr. 5/1902, S.5.)

dorfer Scheune beide Beine. Am 23. 12. 1904 standen 21 Häftlinge vor einem Favoritner Strafrichter, die bei einer einzigen Polizeistreife als Obdachlose festgenommen worden waren.[14] In Wien bestand grundsätzlich kein Recht der Bewohner auf Obdach.[15]

Jene, die in Asylen, Heimen und Massenquartieren keinen Platz fanden oder finden wollten, die effektiv Unterstandslosen, nächtigten an den verschiedensten Plätzen, etwa im Freien in der Nähe des Asyls:

„Die Wiese, die von der Triesterstraße zum Asyl für Obdachlose in Meidling führt, glich gestern einem Biwak. An mehr als 20 Stellen brannte zwischen aufgestellten Ziegeln oder Pflastersteinen ein Feuer und hier kochten Frauen Kaffee, Suppe oder Erdäpfel und anderes. Um das Feuer hockten Frauen, Kinder, Männer. Eine Frau hatte an der Friedhofsplanke aus einem Leintuch eine Art Hänge-matte konstruiert, in der ein Säugling schlief . . . Auf der Wiese lagerten auch etwa 30 von den Höhlenbewohnern der Stadt, die sich seit Jahren unterstandslos herumtreiben und es aufgegeben haben, Arbeit und Wohnung zu suchen."[16]

Des weiteren fand man sie an der Donau, am Donau-kanal, in Zillen, Schuppen, bei den Mistgstätten der Gärt-nereien, in den unterirdischen Kanälen, bei den Ringöfen der Ziegelwerke und – wenn sie von der Polizei entdeckt wurden – im Arrest. Der sozialdemokratische Journalist und Sozialreporter Max Winter schätzte sie im Jahre 1904 auf 3 000 bis 4 000 Personen,[17] deren Zahl stieg in den letzten Vorkriegsjahren stark an. Ihre Lebensweise war ein beliebter Gegenstand der Publizistik. Ebenso wie in London, Frankfurt und Berlin übernachteten professio-nelle und Hobbyjournalisten in Obdachlosenasylen, Wärmestuben und im Arrest, krochen in Kanäle und be-richteten über Elendsbehausungen. Nach der Jahrhundert-wende erlebte die Sozialreportage auch in Wien eine Hoch-blüte. In vielbeachteten Einzelpublikationen hatten be-reits 1888 bzw. 1894 der Sozialdemokrat Viktor Adler und der Hochschulprofessor Eugen von Philippovich über die Schlafsäle der Favoritner Ziegelarbeiter bzw. das pro-letarische Wohnungselend berichtet,[18] um die Jahrhun-dertwende begann der bedeutendste Sozialreporter dieser Zeit, Max Winter zu publizieren.[19] Es folgten viele klei-nere Sozialreportagen aus der Privatwohltätigkeit. Das Protokollwesen der christlichen oder philantropischen

Sozialarbeit bot hier ideale Anknüpfungspunkte. In
diesem Zusammenhang sind Hans Maria Truxa[20] und die
Publikationen des Vereins gegen Armut und Bettelei zu
nennen.[21] Zeitungs- und Sensationsjournalisten nahmen
sich zunehmend der Thematik an, wie Ernst Kläger, der
sich zu seinen Berichten über die Asyle, Massenquartiere,
Kanäle und Wärmestuben den reißerischen und denun-
ziatorischen Titel „Durch die Quartiere des Elends und
Verbrechens"[22] einfallen ließ. Schriftsteller wie Ferdinand Hanusch, Paul Busson, Hugo Bettauer und Carl
Colbert verfaßten literarisch verfremdete Sozialreportagen.[23] Die Adressaten dieser Schriften waren Intellektuelle, das Kleinbürgertum und das liberale Bürgertum.
Ähnlich wie in London diente es in gewisser Weise der
Entdeckung des Elends. Es war ein Thema. Unterschiedliche Motive leiteten die Verfasser, vom „Aufrütteln",
der Stärkung der Privatwohltätigkeit durch Spenden des
liberalen und philantropischen Bürgertums, der persönlichen Profilierung als Schriftsteller bzw. Journalist bis
zur Selbstdarstellung, wie sie etwa Alfons Petzold betrieb; dessen Schilderung der eigenen Obdachlosigkeit
als arbeitsloser Prolet zählt zu den eindrucksvollsten
Berichten.[24] Die politische Relevanz der Sozialreportage war – außer der Stärkung der Privatwohltätigkeit –
verschwindend gering.

Obdachlosigkeit und Armut als Gefährdung der bürger-lichen Welt und ihrer Normen

> „Die Leiden der Armen sind die
> Gefahr der Reichen."
> *(Mathias Ratkowsky)*

> „Das Gesetz in seiner majestäti-
> schen Gleichheit verbietet es, den
> Reichen wie den Armen, auf den
> Straßen zu betteln, unter den
> Brücken zu schlafen."
> *(Anatole France)*

Ein Paradigma des liberalen Wien beruhte auf der Ansicht, daß Not und Elend potentiell in Aufruhr umschlage,
daß die unteren Schichten die bürgerliche Welt sanitär,

mental, in krimineller und letztlich revolutionärer Form
bedrohe. „Die Besitzenden haben ein lebhaftes Interesse
daran, die Besitzlosen und mit diesen zugleich auch sich
selbst vor Cholera-, Typhus-, Blattern- und anderen Epidemien zu bewahren, dieselben von Lastern und Verbrechen und schließlich von der socialen Revolution ab-
zuhalten."[25] Grundsätzlich zählte man zum Unruhepotential die untersten sozialen Schichten, jene, die nicht
selbständig ihre Reproduktion sicherten, im zeitgenössischen Sprachgebrauch die „Armen" oder die „Armut".[26]
Die Obdachlosen rechneten die politischen Repräsentanten der Macht sowohl in der Ära des liberalen wie des
christlich-sozialen Wien dazu. So warnte ebenso der libe-
ral-sozialpolitisch dominierte Asylverein für Obdachlose
vor der Gefährdung von Sicherheit und Eigentum durch
die Obdachlosen[27] wie der Wiener Polizeipräsident im
Krisenjahr 1911. Im Oktober 1911 berichtete der Polizeipräsident Brzesowsky von der Massenobdachlosigkeit: „Der Effekt ist der immer mehr anwachsende Haß
unter den Obdachlosen gegen die besitzenden Klassen
und vor allem gegen die Behörden, welche ihnen keine
Wohnungen verschaffen." Der zuständige Ministerialrat
Meinzingen bringt es dann auf den Punkt: „Ein weiteres
müßiges Zuschauen dieser Not gegenüber hieße die Gefahr
des Anarchismus heraufbeschwören."[28] Im Jahre 1918,
als es der Monarchie an den Kragen ging, erkannte der
liberale Gemeinderat Schwarz-Hiller wiederum: „Zum
Anarchisten wird man, wenn man in der Nacht nicht weiß,
wohin man sein Haupt hinlegen soll."[29]
   Soweit die – aufs minimale reduzierte – Grundhaltung
der bürgerlichen Welt. Neben das sicherheitspolitische
Kalkül trat ein spezifisches bei den Maßnahmen gegenüber Armut und Obdachlosigkeit. Dies lag in der Durchsetzung des Prinzips der Lohnarbeit.[30] Die Einbindung
eines stark wachsenden Teils der Bevölkerung in die kapi-
talistische Produktion war in Österreich erst ab der Mitte
des vorigen Jahrhunderts gegeben. Daneben existierten in
nennenswerter Größenordnung Formen von Nicht-Lohnarbeit, die unter Prostitution, Kriminalität, Arbeitslosigkeit respektive Gelegenheitsarbeit, Gesellenwanderschaft,
Landstreicherei und Bettelei zu subsummieren war. Im

Sinne der kapitalistischen Expansion, im Sinne einer
„Reservearmee" des Kapitals, im Sinne der ordnungspoli-
tischen Absichten der Gesetzgeber lag es, den Bereich der
Nicht-Lohnarbeit zu minimieren. Es sollte vermieden
werden, daß Arbeitslose, Gelegenheitsarbeiter, Bettler
und Vagabunden an ihrer Lebensweise Gefallen fanden.
Juristische Sanktionen sollten dies an erster Stelle verhindern helfen. Sie hatten in Österreich eine lange Tradition,
die in etwas abgemilderter Form auch zu Beginn des 20.
Jahrhunderts aufrechterhalten worden war.[31] Sowohl
Straßenbettel als auch das Übernachten im Freien waren
polizeilich verboten und führten zu ein- bis mehrtägigem
Arrestaufenthalt; Max Winter berichtet z.B. am 8. 11.
1901 in der Arbeiterzeitung von einem Obdachlosenlager
mit 50 Personen beim Donaukanal in der Brigittenau, dies
hatte in derselben Nacht eine Prügelorgie der Polizei und
die Festnahme der Obdachlosen zur Folge. Am nächsten
Tag ließ sich Winter selbst, als Obdachloser verkleidet,
arretieren und verbrachte die Nacht in einer Zelle, 22 Personen auf 12 m^2, durchwegs Obdachlose.[32] Wienern
drohte nach der Nacht im Arrest die polizeiliche Über-
stellung ins Werkhaus, eine Arbeitsanstalt mit strenger
Hausordnung und einem sehr schlechten Image, Fremdzu-
ständigen die Schubierung in ihre Heimatgemeinde. Der
Schub war ein probates Mittel der Behörden bei der
Lösung des Obdachlosenproblems. Die Schubzahlen von
Armen, Obdachlosen und Kleinstkriminellen betrugen
während des Wohnungsversorgungsengpasses von 1898
und 1899 6 700 bzw. 6 183 Personen. Nach der Reform
des Heimatrechts sank die Zahl der Abgeschobenen auf
konstant unter 5 000; 1910 und 1911 wurden 2 855 bzw.
2 985 Personen in ihre Heimatgemeinde abgeschoben.[33]
   Nun war auch der bürgerlichen Gesellschaft des spätgründerzeitlichen Wien und deren politischer Repräsen-
tanz bewußt, daß die Wirtschaftsordnung dieser Zeit un-
ablässig einen bestimmten Prozentsatz von Arbeitslosen
produzierte, die in Wien spezifische Wohnungswirtschaft,
-vermarktung und -politik einen ständigen Satz von Delogierten und Obdachlosen. Es galt nun die Spreu vom
Weizen zu trennen, die „Bettler, Vagabunden und Parasiten" vom „würdigen", integrationsfähigen Armen; man

agierte so bei der gesamten Armutsproblematik,[34] wie bei der Obdachlosigkeit. Es wird z.b. der christlich-soziale Politiker Max von Findenigg im Gemeinderat konkret: „Die Polizei soll sorgen, daß das arbeitsscheue Gesindel beseitigt wird . . . der Winter hat sie nach Wien geführt, weil sie wußten, da ist Humanität, da bekomme ich ein schützendes Obdach und ein warmes Essen . . . , auch die Erfahrungen gemacht, daß ein starker Prozentsatz unter diesen Obdachlosen ist, die arbeitsunwilligen Volkes sind."[35] Als der sozialdemokratische Gemeinderat während der großen Wohnungsnot 1910/1911 in einer Anfrage am konkreten Fall von ca. 70 obdachlosen Familien die repressive Vorgangsweise der Behörden kritisiert und vorhält, daß die Gemeinde alles unternehme, „was die Obdachlosen möglichst schlecht in der Öffentlichkeit erscheinen lasse", antwortet der Bürgermeister höchstpersönlich. Er streicht selbstbewußt den Fürsorgegedanken der Gemeinde heraus, wendet sich aber gegen jene Familien, „die sich das ganze Jahr hindurch in Wärmestuben, Asylen und Kanälen aufhalten" und deren Mitglieder „Geldaushilfen zum Zwecke der Aufnahme einer Wohnung . . . zur Gänze verträten."[36] Zumindest einige sozialdemokratische Politiker im Gemeinderat dürften sich mit der differenzierenden Grundhaltung gegenüber den Armen identifiziert haben: Jakob Reumann etwa, der 1901 kritisiert, daß bei der Armenpflege nicht gründlich genug erhoben, daß nicht genügend individualisierend vorgegangen werde oder zehn Jahre später im Gemeinderat, als er von der Unterstützung unschuldig (!) obdachlos gewordener Familien spricht.[37]

In der praktischen, nicht-polizeilichen Obdachlosenfürsorge kam das Paradigma vom Unruhepotential bzw. dessen Differenzierung ebenfalls zum Tragen. Im städtischen Asyl mußte sich jeder Obdachlose ausweisen, seine Heimatzuständigkeit angeben, die Verwaltung führte über die „Insassen" einen Kataster, die Verwaltung konnte jeden über die Gründe seiner Obdachlosigkeit „einvernehmen". Im Gebäude befand sich eine Polizeiwachstube, im Asyl arbeitete eine kleine Armada von 34 „Aufsehern". Das Aufsichtspersonal trug Uniform. Nach der Ausschöpfung der maximalen Aufenthaltsdauer von sieben Tagen konnte der Betreffende, sofern er noch immer keine Wohngelegenheit bzw. einen Arbeitsplatz hatte, ins berüchtigte Werkhaus überstellt werden — Asyl und Werkhaus befanden sich in einem Gebäudekomplex —, Fremdzuständige konnten abgeschoben werden.[38] Auf Grund dieser an offene Repression grenzenden Struktur wurde das städtische Asyl von den Obdachlosen eher gemieden, nach einem Bericht des Asylvereins sogar von den „berücksichtigungswerten Armen."[39]

In den Asylen des Asylvereins herrschte keine Meldepflicht, jedoch Willkür bei der Aufnahme; bis zur Jahrhundertwende wurden Wienzuständige bevorzugt eingelassen. Vor den Gebäuden patroullierten Polizeistreifen.[40] Lajos Kassak, ein ungarischer Schriftsteller, der um 1910 als arbeitsloser Schlossergeselle durch Europa vagabundierte, schlief im neuen Asyl in Meidling und beschrieb dessen Atmosphäre:

„Hinter einem Hügel tauchte das Asyl auf. Es war ein traurig aussehendes Gebäude, das einsam und verlassen dastand ... Es mochte sieben Uhr sein, die Tore waren noch nicht geöffnet. Längs der Mauer wartete in Viererreihen eine lange, unentwegt murmelnde und sich bewegende Schlange von Menschen. Endlich taten sich die Tore auf. Die Menschen schoben sich, eng aneinandergepreßt, hinein. Ich war von allen Seiten eingezwängt, die Strömung riß mich mit sich wie ein Stein. Auf den Gängen standen Dienstleute in Hemdsärmeln, zu harter Arbeit bereit, wie Metzger. Die riesige Menge, die die Hausordnung bereits kannte, ordnete sich zu einer Reihe und trat schüchtern und ehrerbietig vor die Dienstleute, die Vertreter von Ordnung und Macht ... Männer und Frauen zogen sich halbnackt aus, banden ihre Unterhosen auf, lösten ihre Rockfalten. Mit mürrischen, brutalen Gesichtern suchten uns die Angestellten nach Läusen ab ... ‚Also‘ brüllten die Dienstleute, ‚los‘! Wir bewegten uns langsam vorwärts, und als stünden wir in einem riesigen Sieb, wurde unbarmherzig der ausgesiebt, den die Läuse bereits gefressen hatten. Für den Verlausten gab es keine Rettung und keiner kümmerte sich mehr um ihn ... Jene, die bleiben durften, mußten sich nackt ausziehen, dann gingen wir in einen großen Saal mit Steinwänden, wo wir, etwa dreißig bis vierzig Männer, von den Dienstleuten aus dicken Gummischläuchen mit eiskaltem Wasser abgespritzt wurden ... Im Schlafraum wiesen uns die Dienstleute die Betten zu. Es war ein riesiger, kalter Saal, ein Bett stand neben dem anderen ...
Als ich an das Asyl dachte, erfaßte mich mehr Traurigkeit als Verzweiflung. Während der letzten beiden Tage hatte sich vieles in mir abgespielt dennoch fühlte ich, daß dieses Asyl dort draußen, kein Ort für mich war. Er demütigte mich ... "[41]

„Das Asyl dort draußen . . . " Alle Asyle waren dort draußen, am Rande der Stadt: Distanz und Überschaubarkeit als Sicherungsmechanismen gegenüber dem Unruhepotential. In der Stadt waren Obdachlose nicht gern gesehen. Als Jakob Reumann 1908 vorschlägt, die Obdachlosen unter den Stadtbahnbögen unterzubringen, wird sein Vorschlag unter anderem deswegen abgelehnt, da Hausbesitzer und Geschäftsleute drohten, die Gegend zu verlassen. [42] Als im September 1910 eine Gruppe unterstandsloser Familien einen Protestzug zum Rathaus unternahm, wurde sie von der Polizei in Ringstraßennähe gestoppt und auf Seitenstraßen zu ihrem Ziel eskortiert. [43]

Auf Überwachung und rigide Hausordnungen trafen die Obdachlosen und Armen auch dort, wo sie sich tagsüber aufhalten konnten. Davon zeugt ein Memorandum des Volksküchenvereins ebenso wie Max Winters Reportage über die Wärmestuben. [44] In diesen durfte man auch sitzend übernachten. In der Nacht herrschte Rauch- und Redeverbot, Polizeistreifen führten regelmäßige Kontrollgänge durch. [45]

Mit anderen Mechanismen wurden Arme und Obdachlose konfrontiert, wenn sie sich an die organisierte Privatwohltätigkeit wandten, die sich im Sinne der Aussonderung der „Schmarotzer" und aus sozialpädagogischen Motiven der „individualisierenden Methode"[46] verpflichtet fühlte. Der Philantropische Verein, der zwei Heime für obdachlose Familien führte, verlangte eine schriftliche Begründung der Bewerbung. Sogenannte Recherchenten gingen dem Fall nach und entschieden über die Aufnahme. So spionierte der Recherchent Dr. Daum, ein liberaler Gemeinderat, einem Bewerber in die letzten drei Wohnungen der Familie nach. Er befragte die Hausmeister, die Nachbarn, den Branntweiner, bei dem der Mann Zechschulden hatte und wies dann das Gesuch ab.[47]

Einer der größten privaten Unterstützungsvereine, der Verein gegen Armut und Bettelei, der sich u.a. mit der Obdachlosenprävention von armen und proletarischen Familien befaßte, unterhielt für die Erhebungen rund 200 Recherchenten. Sie besuchten die Petenten in ihren Wohnungen, erhoben Familienstand, Kinderanzahl, Einkommensverhältnisse, Ursachen der Verarmung, usw., erstellten einen Akt, machten Vorschläge zur Behebung des Elends oder lehnten eine Unterstützung ab. War sich das Sektionskomitee, das letztlich entschied, im Unklaren, konnten auch zwei oder drei Recherchenten auf eine Person angesetzt werden. Im Jahresschnitt wurden an die 9 000 Recherchen durchgeführt, cirka ein Drittel der Unterstützungsansuchen lehnte der Verein ab.[48] Diese Privatwohltätigkeitsvereine verfolgten fest umrissene armenpolitische Ziele, die eine präzise Kanalisierung der bürgerlichen Spendengelder zum Inhalt hatte. In unzähligen Artikeln und Vereinsmitteilungen warnten sie vor dem Straßenbettel, schilderten ,,Bettelbetrug'' und wandten sich gegen das Almosengeben an ,,Hausarme'', kritisierten aber ebenso die bürgerlichen Selbstdarstellungsversuche in Form von öffentlichen Armenbeteilungen und exhibitionistischen ,,Armenfesten, in deren Glanz sich die Spender sonnten.''[49]

Faßt man die Maßnahmen, die von verschiedenster Seite gegenüber Obdachlosen und von Unterstandslosigkeit Bedrohten getroffen wurden, zusammen, wird deutlich: Polizeilicher und quasi-polizeilicher Einsatz sorgten für offene Repression in Form von Abschiebung, Arrest oder Werkhaus. Versteckter, jedoch ebenfalls auf repressiv-überwachender Basis funktionierten die Asyle des Asylvereins. Nach den Mitteilungen des Vereins bewährten sich die dortigen Kontrollmechanismen gut, es gab kaum nennenswerte Vorfälle, der Verein verwies stolz darauf, daß auch ,,gemeingefährliche Individuen'' gut aufgehoben und aus dem Verkehr gezogen seien.[50] Die Privatwohltätigkeit ging mit selektierenden und sozialpädagogischen Methoden vor, die nicht gerade angetan waren, das Selbstbewußtsein der Bittsteller zu stärken. Letztendlich bot die öffentliche Armenversorgung jenen Demütigung und Erniedrigung, die durch den jedoch eher groben Raster des Geldverteilungsschemas der Armenräte[51] fielen. Das folgende Beispiel mag dies verdeutlichen. Alfons Petzold stand vor der Obdachlosigkeit, er suchte den Armenrat auf:

,, ,Waaas wollen Sie deen. Saaagen Sie'S schnell, Zeit hab ich niiicht viel ... ' Stotternd − ich muß die Worte förmlich aus mir herausgraben − erzähle ich ihm von meiner schrecklichen Notlage und bitte ihn flehentlich mir mit ein paar Kronen auszuhelfen: ‚Bitt schön, Herr Armenrat, wenigstens 3 Kronen, damit ich mein Bettgeld zahlen kann!' Der Herr Armenvater — so nennt der Wiener die Armenräte — hat sich während meines Sprechens mit einer langen Stecknadel die Zähne ausgestochert: ‚Ja, wiiissen Sie mein Lieber, Geeeld können wiiir Ihneen niiicht geben. Siiie siiind nicht verheiratet, haaaben keinee Kiiinder zu erhaaalten. Waaas wollen Siiie denn? Diiie Gemeindee kaan niiicht jedem Vaaazierenden das Beeettgeld zaaahlen. Siiie müssen siiich halt fleißiiiger umschauen, werden schon eine Arbeit finden. Waaan Siiie wollen, geb iiich Ihnen halt eineee Anweisung auf das städtische Werkhaus.'

Wie ich so schnell wieder auf den Gang hinausgekommen bin, weiß ich nicht. Ich habe nur die dunkle Erinnerung, daß ich bei der Erwähnung des Werkhauses, um dem Dicken nicht ins Gesicht zu spucken, stracks kehrtmachte und mich ohne Gruß empfahl, sozusagen mich selbst hinauswarf. ‚Werkhaus'. Ich . . . soll in das Werkhaus gehen, in dieses Vorzimmer des Zuchthauses . . . "[52]

Offene und versteckte Repressionsmaßnahmen und raffinierte Demütigungsmechanismen vermittelten — bei allen diversen Differenzierungen — eine Norm. Ein anständiger Mensch, ein anständiger Arbeiter ist nicht obdachlos, und wenn überhaupt, dann nur kurz und selten. Angesichts von cirka 120 000 bis 150 000 Kündigungen pro Jahr in den Vorkriegsjahren, angesichts des enormen Mangels an Kleinwohnungen und der infolge häufiger Arbeitslosigkeit eingeschränkten Zahlungsunfähigkeit, angesichts des Fehlens von staatlicher Arbeitslosenversicherung und Mieterschutz war diese Norm von ihrer Relevanz her obsolet. Sie demütigte und bedrohte, normative Wirkung konnte sie kaum haben.

Obdachlosenpolitik statt Wohnungspolitik —
Die Krisenjahre 1910 und 1911

Das Problem der Obdachlosigkeit steht zwar in engem Zusammenhang mit Arbeitslosigkeit, der Schlüssel dazu liegt im spätgründerzeitlichen Wien jedoch bei Wohnungswirtschaft, Wohnungsvermarktung und Wohnungspolitik.[53] Die damalige Wohnungsproduktion erfolgte fast ausschließlich von privater Seite. Wie aus detaillierten Untersuchungen hervorgeht, bedingte die rein privatkapitalistische Produktionsweise mit ihrem Kapitalverwer-

tungszwang unter den spezifischen Bedingungen Wiens
einen viel zu eng begrenzten Kleinwohnungsmarkt, einen
notorischen Mangel an Kleinwohnungen. Diese Knappheit
führte zu einem in west- und mitteleuropäischen Groß-
städten einmalig hohen Preisniveau. Eine extrem hohe
Besteuerung, die Hauszinssteuer, die im Vorkriegswien
durchschnittlich 41,3 % ausmachte, verschärfte die Situation zusätzlich. Unter Steuerdruck und der Abhängigkeit vom Kreditapparat stehende Hausbesitzer versuchten
rücksichtslos ihre Profitinteressen durchzusetzen. Minimale Kündigungs- und Pfändungsbeschränkungen, wie sie
zumindest in mehreren deutschen Städten und in Budapest bestanden, gab es in Wien nicht. Das für die Wiener
Gemeinderatswahlen bis 1919 gültige Verhältniswahl-
recht, das dazu führte, daß in manchen Funktionsperio-
den über 50 % der Gemeinderäte über Haus- und Immobi-
lienbesitz verfügten, blockierte alle Reformgedanken.[54]
Nach der gerichtlichen Kündigung, die ohne Angabe von
Gründen erfolgen konnte, mußte die Wohnung innerhalb
von 14 Tagen geräumt werden, dann wurde delogiert.
Dies und die für proletarische Durchschnittseinkommen
zu hohen Kleinwohnungsmieten fand seinen Niederschlag
in horrend hohen Kündigungsziffern. Hatte die Anzahl
der gerichtlichen Kündigungen in den Jahren 1925 bis
1930 bei Geltung von Mieterschutzbestimmungen in Wien
zwischen 15 000 und 20 000 betragen, so lag sie zwischen
1900 und 1914 nicht unter 115 000, erreichte 1905 den
Spitzenwert von 156 000 und betrug 1910 cirka 140 000.[55]
Kündigung, Delogierung und Umzug war eine Alltags-
erfahrung, die die meisten Unterschichtenfamilien machten. So erinnert sich Frau Wikowitsch, die Tochter eines
Schneiders, geboren 1903, an das Wohnungswechseln in
der Kaiserzeit:

„Meine Eltern, die sind oft umgezogen, sehr oft. In der Kriehubergasse, da haben die zwei Kinder nicht gepaßt, ist er gekündigt worden. Warten Sie einmal, da haben wir in der Herzgasse gewohnt, da
muß ich ungefähr vier Jahre gewesen sein, da haben wir die Schlüssel verloren, da haben wir im vierten Stock gewohnt, das hat ihnen
nicht gepaßt. Von dort sind wir gezogen Zentagasse oder was, kann
mich nimmer genau erinnern, dann wars die Siebenbrunnengasse,
da ist er gekündigt worden, die hat kein Schneider haben wollen in

der Wohnung, weil er ruiniert ihr ja die Wohnung . . . Also Kriehubergasse, Herzgasse, Siebenbrunnengasse, Zentagasse und dann Wiedner Hauptstraße . . . "[56]

In erster Linie wurden Wohnungen wegen Zahlungsrückständen und Zahlungsunfähigkeit gekündigt. Jedoch auch Kinderreichtum und schlechtes Image konnten zum Verlust der Wohnung führen, da die Hausherren in Zeiten drückendster Nachfrage auf optimale und risikolose Vermietung Wert legen konnten. Von der philantropischen Armenfürsorge dürften manche Hausbesitzer das System der nachforschenden Recherche übernommen haben, wie aus den Erinnerungen einer fast neunzigjährigen Frau hervorgeht:

„Im Zwölferjahr hat er die Kündigung der Wohnung kriegt. Jetzt hat er müssen schauen, daß er a Wohnung kriegt. Früher warn die Taferln an die Haustore und ist er halt fragen ganga. Jetzt hat er geschaut, ob er nit im 10. Bezirk a Wohnung kriegt. Und hat er das Taferl gsehen, hat die Wohnung aufgnommen, und, die Hausbesorgerinnen haben früher nachfragen gehen · müssen, was das für eine Partei ist. Die Hausbesorgerin is nachfragen gangen in 3. Bezirk auf die Landstrasse, die Hausfrau hat gsagt, sie soll nachfragen. Na wie sie hin kommen is, wo wir auszogen sind, hats geheißen ‚Die Mutter is delogiert worden mit dem Misthaufen'. Weil die Mutter keine Wirtschafterin war, haben mir die Kündigung kriegt. Die Hausbesorgerin, wo der Vater die (neue M.J.) Wohnung schon aufgenommen hat, wollt er Zins zahlen gehen, sagt die Hausbesorgerin: ‚Herr Opusil, ich kann Sie nicht nehmen, ich hab a schlechte Auskunft kriegt'."[57]

Einmal delogiert, war es in den meisten Fällen durch intensives Suchen oder durch Mundpropaganda möglich, sofort eine neue Wohnung zu finden, mitgekündigte Bettgeher mieteten eine neue Bettstelle oder sie gingen in ein Massenquartier. Nicht selten fanden Delogierte kurzfristig einen Unterschlupf bei Nachbarn oder Bekannten, eine Unterkunft „in der Freundschaft".[58] Informelle Solidarstrukturen spielten eine gewisse Rolle bei der Verhinderung effektiver Unterstandslosigkeit, so heißt es des öfteren in den „Mitteilungen für Armenfürsorge": „Die Familie wurde delogiert, fand keine Wohnung, war dann im Asyl. Jetzt schlafen sie jede Nacht bei anderen Bekannten, die sich ihrer erbarmen."[59]

Eine tendenziell starke Zunahme der Personen, die unmittelbar keine neue Wohnung fanden, war ab 1907 zu verzeichnen; 1910 und 1911 erreichte diese Entwicklung im Zusammenhang mit einer Kleinwohnungsproduktionskrise, einer neuen kommunalen Steuer, die die Hausbesitzer abzuliefern hatten, dem anhaltenden Zuwandererstrom und der enormen Inflation ihren Höhepunkt. In den typischen Proletarierbezirken gab es praktisch keine leerstehenden Wohnungen. [60] In Zeitungsberichten hieß es: ,,Die mit Kindern gesegneten Familien werden überall zurückgestoßen, ziehen von Wohnung zu Wohnung, von Haus zu Haus, vergebens."[61] Der extreme Mangel an Kleinwohnungen setzte das Prinzip der Zahlungsfähigkeit außer Kraft:

,,Es kommt oft vor, wie man mitteilt, daß Hausherren, denen vom städtischen Amte, wenn endlich eine Wohnung entdeckt ist, die erste Zinssumme übergeben werden soll, die Aufnahme einer ,solchen' Partei verweigern, weil sie befürchteten, daß sie ihnen später den Zins schuldig bleiben werde. Die Folge sind verzweiflungsvolle nicht selten gehörte Rufe der armen Obdachlosen: Was nützt uns das Geld! Wir kriegen keine Wohnung."[62]

Fast jeden Tag berichteten die Zeitungen über die extreme Wohnungsnot: von gut verdienenden Kommunalarbeitern, von 200 pro Tag obdachlos werdenden Familien im Sommer 1911, von Selbstmorden und Selbstmordversuchen wegen Delogierung, von Familien, die im Polizeiarrest nächtigen, von sterbenden Kindern vor dem Asyl.[63]

In diesen beiden Jahren begriffen sich jedoch mehr und mehr Betroffene nicht nur als Opfer, sondern als Gegner; der verhaßten Hausherren, der Behörden, der Asylverwaltungen. Mietparteien eines Hauses weigerten sich kollektiv die hohe Miete oder Mietzinssteigerungen zu bezahlen, Delogierungen führten dutzende Male zur Demonstration von Solidarität:

,,Vorgestern abends sammelten sich auf Verabredung gegen 800 Arbeiter vor dem der Kagraner Sparkasse gehörigen Hause, Favoriten, Thavonatgasse 10 an, um gegen die Zinssteigerung und gegen einige Kündigungen zu demonstrieren . . . Sicherheitswache war bald zur Stelle. Zuerst promenierten die Manifestanten ruhig auf und ab, dann fingen sie zu pfeifen und zu johlen an und Steine flogen gegen die Scheiben und zerschlugen die Fenster." [64]

„In Meidlung ist es Mittwoch nachts in der Mandlgasse und auf dem angrenzenden Marktplatz zu einer Mieterdemonstration gekommen. Sie hat sich gegen zwei Hausherren gerichtet. Als Sicherheitswache einschritt, wurde sie von den Demonstranten mit Steinen und Biergläsern beworfen. Die Wache zertreute die Menge. Dabei wurden 24 Personen arretiert."[65]

Es wehrten sich nicht nur die proletarischen Schichten in den Arbeiterwohnvierteln, auf das Meidlinger Obdachlosenasyl unternahmen am 3. 4. 1910 hunderte Abgewiesene „wie auf Verabredung" einen Sturm, die Polizei wurde mit Steinen beworfen, es „gelang" ihr „nur mit größter Mühe die Ruhe wiederherzustellen."[66] Ein Rundbrief des Asylvereins für Obdachlose gab zu erkennen, daß diese „Revolution vor dem Asyl" kein Einzelfall war:

„Es wurde berichtet, daß sich Sonntag und Montag vor dem Gebäude des Asyls für Obdachlose in Meidling beim Einlaß überaus stürmische Szenen abspielten, in dem auch nach vollständiger Besetzung des Asyls eine große Anzahl von Personen, die notgedrungen abgewiesen werden mußte, Einlaß begehrten und ihn erzwingen wollten. Diese Erscheinung ist leider fast alltäglich, denn das Asyl reicht für die große Anzahl der Petenten . . . nicht aus . . . und allabendlich stehen noch Hunderte draußen, die abgewiesen werden müssen."[67]

Einige Monate später veranstalteten obdachlose Familien mit ihren Kindern, insgesamt fast 200 Personen, eine Protestdemonstration zum Rathaus.[68] Obdachlose führten ebenso eine Flugblattaktion über die Zustände im Asyl in der Triesterstraße durch,[69] wie sie versuchten, im Rathaus direkt beim Bürgermeister zu protestieren. Am 14. 8. 1911 verlangten cirka 200 Arbeits- und Obdachlose im Hof des Rathauses den Bürgermeister zu sprechen, die Magistratsdiener ließen sie nicht ein, die Polizei warf sie hinaus. [70] Zwei Mal protestierten im Rathaus über 150 Frauen und Kinder gegen die mit Obdachlosigkeit verbundene Demolierung ihrer Wohnhäuser, „sie lagerten auf den Treppen und forderten einen Aufschub der Demolierung." [71]

Als integrierende Bestandteile der Lebens- und Erfahrungswelt einer von Hunger, Delogierung und Obdachlosigkeit bedrohten und betroffenen Unterschichtenpopulation sind in diesen beiden Jahren Wut und spontaner Protest anzusehen. Bis herab zu individuellen Aktionen: Ein Obdachloser schlägt die Scheibe eines Straßenbahnwagens ein, um auf seine Lage aufmerksam zu machen, eine obdachlose Familie lagert und kocht bei einem Brunnen in der Innenstadt um Aufsehen zu erregen, eine andere Familie zieht mit einem Kinderwagen und einem Schild durch die Straßen, sie müsse die Stadt verlassen, da sie keine Wohnung finde.[72]

Die Reaktion der Gemeinde auf Wohnungsnot, Massenobdachlosigkeit und massiven Protest eines Teils der Unterschichten bestand in der für das Wohnungswesen traditionellen Form der minimalen Intervention. „In Würdigung des außerordentlichen Notstandes jedoch ohne Anerkennung einer rechtlichen Verpflichtung der Gemeinde zur Unterbringung wohnsitzloser Familien"[73] beschloß der Stadtrat 1911 die Errichtung von Notstandsbaracken im 10., 16. und 20. Bezirk für insgesamt 255 Familien. Dazu kam die Unterbringung von 20 obdachlosen Familien in einem desolaten Schloß, Subventionen für die privaten Asyle, die Gewährung einer einmaligen Mietzinsaushilfe bis maximal 30 Kronen.[74] 1911 wurden 25 728 Kronen an cirka 800 unterstandslose Familien verteilt.[75] Die konservative Mehrheitsfraktion des Gemeinderates deklarierte diese Aktivitäten als Notstandsmaßnahmen, ergriff kaum wohnungspolitische Initiativen. Die christlich-sozialen Gemeindeverwaltungen betrieben im wesentlichen hinsichtlich der Wohnungsfrage Obdachlosenfürsorge, Baracken- und Asylpolitik. Das Verständnis, das der Vizebürgermeister Hoß 1911 „den Hausbesitzern, die die Wohnungen ihrer schönen, neuen Häuser vor dem Ansturm der kinderreichen Familien, die die Wohnungen im desolaten Zustand wieder verlassen, bewahrt wissen wollen",[76] entgegenbrachte, sicherte den Bauunternehmern und Hausherren weiterhin eine von gesetzgeberischen Einschränkungen ungestörte Wohnungsproduktion und -vermarktung.

Eine Verbesserung der Wohnverhältnisse bzw. die Reduktion des Bettgeherwesens und der Obdachlosigkeit waren erst unter den geänderten politischen Verhältnissen

der Ersten Republik möglich, als die Prinzipien Mieterschutz, Wohnungsanforderung und sozialer Wohnbau die
Wohnungspolitik des Rathauses bestimmten und die
staatliche Arbeitslosenversicherung den Unterschichten
eine gewisse Reproduktionsgarantie unabhängig von
Gegenleistung und Wohlverhalten bot.[77]

Die austrofaschistische Wohnungs- und Fürsorgepolitik, aber auch die Bauwirtschaftspolitik – Großprojekte
(z.b. die Höhenstraße, Kirchen) anstelle von Wohnungen – in den Jahren 1934 bis 1938 ähnelte hingegen der
Luegerschen verblüffend. Man könnte fast von einem
Remake mit einem ordentlichen Schuß Klerikalismus
sprechen. Die austrofaschistischen Machthaber stellten
den kommunalen Wohnbau bis auf Ausnahmen ein und
errichteten statt dessen Obdachlosenheime, acht Familienasyle konzipiert für cirka 1 000 Haushalte.[78] Das
städtische Asyl, in das man nun bis zu 2 000 Personen
hineinpreßte, bereicherte man um eine Notkirche. Priester
bestimmten die Verteilung von Geldbeträgen und Klei-
dungsstücken nach ihrer persönlichen Einschätzung von
Bedürftigkeit und „Würdigkeit". Zu Ostern erhielten die
Obdachlosen ein rotes Ei, am Karfreitag ein Frühstück.
Die Frau des Bürgermeisters spendete einmal 3 000 Paar
Würstel.[79] Insgesamt ein erstaunlicher Rückgriff.

Anmerkungen

1 Vgl. Statistisches Jahrbuch der Stadt Wien. 1895 – 1913; Jahresberichte
   der Kaiser Franz Josefs I. Jubiläums-Stiftung für Volkswohnungen und
   Wohlfahrtseinrichtungen. Wien 1899 – 1917.
2 Zit. nach Gerhard Melinz, Hilfe, Schutz und Kontrolle. Versuch zur
   historischen Genese der öffentlichen „Jugendfürsorge" in Österreich,
   unter besonderer Berücksichtigung von Wien (1880 – 1914), phil.
   Diss, Wien 1982, S. 79.
3 In der zeitgenössischen Literatur wurden Bettgeher, Massenquartier-
   und Asylbesucher in einem gemeinsamen Kontext gesehen. Vgl. z.B.
   Hans Maria Truxa, Armenleben, Wien 1905, S. 109.
4 Ein Bett kostete um die Jahrhundertwende cirka 8 – 10 Kronen, bei
   einem durchschnittlichen Wochenverdienst eines Fabrikarbeiters von
   20 Kronen. Zur Relation von Wohnungs- bzw. Übernachtungskosten
   und Arbeitereinkommen vgl. Michael John, Wohnverhältnisse sozialer
   Unterschichten im Wien Kaiser Franz Josephs, Wien 1984, S. 10 – 42.

5   Zum Untermieter- und Bettgeherwesen vgl. allgemein Michael John, Hausherrenmacht und Mieterelend. Wohnverhältnisse und Wohnerfahrung 1890 – 1923, Wien 1982, S. 87 – 107.

6   Adelheid Popp, Jugend einer Arbeiterin, Wien 1977, S. 36.

7   Johann Böhm, Erinnerungen aus meinem Leben, Wien 1964, S. 89.

8   Alfons Petzold, Das Alfons Petzold Buch. Eine Auswahl aus den Werken des Dichters von Karl Ziak, Wien o.J., S. 100 – 111.

9   Mitteilung des Ministerium für Inneres Nr. 14 ex 1901, Wien 1901.

10 Vgl. John (wie Anm 5), S. 79 ff.

11 Vgl. Der „Asylverein für Obdachlose" 1870 – 1903, Wien 1903; Jahresbericht des Asylvereins für Obdachlose in Wien, Wien 1900 – 1913; Statistisches Jahrbuch der Stadt Wien 1913, Wien 1914, S. 838.

12 Jahresbericht Franz Josefs-Stiftung (wie Anm. 1), Jg. 1912, S. 5.

13 Die Armenpflege, Mitteilungen aus dem Gebiet der freiwilligen Armenpflege, hg. v. Verein gegen Armut und Bettelei, Jg. 1905, Heft 1, S. 3.

14 Ebenda.

15 Vgl. Amtsblatt der k.k. Reichshaupt- und Residenzstadt Wien, 1911, S. 2374.

16 Arbeiter-Zeitung (Wien), 13. 7. 1911, S. 7.

17 Armenpflege (wie Anm. 13), S. 2.

18 Viktor Adler, Die Lage der Ziegelarbeiter. In: Die Gleichheit (Wien), 1. 12. 1888; Eugen von Philippovich, Wiener Wohnungsverhältnisse, Wien 1894.

19 Vgl. Max Winter, Im dunkelsten Wien, Berlin 1904; ders., Das Goldene Wienerherz, Berlin 1905; ders., Meidlinger Bilder. Wie Minister wohnen, Wien 1908.

20 Hans Maria Truxa, Armenleben, Wien 1905.

21 Neben den Sonderdrucken aus der Zeitschrift ‚Die Armenpflege' vgl. vor allem Großstädtisches Elend. Skizzen aus der Mappe eines Pflegers, Wien 1903.

22 Ernst Kläger, Durch die Quartiere des Elends und Verbrechens, ein Wanderbuch aus dem Jenseits, Wien 1908.

23 Paul Busson verfaßte kurze Sozialreportagen im Neuen Wiener Tagblatt, Colbert bzw. Bettauer in: Der Morgen; vgl. weiters Carl Colbert, Morgendämmerung, Wien 1915; Ferdinand Hanusch, Die Namenlosen. Geschichten aus dem Leben der Arbeiter und Armen, Wien 1910.

24 Petzold (wie Anm. 8), S. 118 – 123. Zur Sozialreportage allgemein vgl. Klaus Bergmann, Zur Entstehung der Sozialreportage. In: Ders. (Hg.), Schwarze Reportagen. Aus dem Leben der untersten Schichten vor 1914: Huren, Vagabunden, Lumpen. Reinbek 1984, S. 337 ff.

25 Mathias Ratkowsky, Die zur Reform der Wohnungs-Zustände in grossen Städten nothwendigen Massregeln der Gesetzgebung und Verwaltung. Mit besonderer Berücksichtigung auf die Verhältnisse Wiens, Wien 1871, S. 59.

26 Asylverein (wie Anm. 11), S. 12.

28 Zit. nach Albert Lichtblau, Wiener Wohnungspolitik 1892 – 1919, Wien 1984, S. 50.

29 Ebenda.

30 Dazu bzw. zur Konzeption von Armenpolitik generell vgl. Melinz (wie

Anm. 2), S. 49 – 66.

31 Vgl. dazu allgemein Hannes Stekl, Österreichs Zucht- und Arbeitshäuser 1671 – 1920. Institutionen zwischen Fürsorge und Strafvollzug, Wien 1978.

32 Winter, Im dunkelsten Wien (wie Anm. 19), S. 125 ff. Zur Gesetzeslage hinsichtlich Vagabundage und Bettelei vgl. August Finger, Landstreicherei und Bettel. In: Österreichisches Staatswörterbuch, hg. v. Ernst Mischler und Josef Ulbrich, Wien 1907, Bd. 3, S. 431 ff.

33 Vgl. Statistisches Jahrbuch der Stadt Wien, 1898 – 1914.

34 Dazu vgl. Melinz (wie Anm. 2), S. 174 ff; sowie Bergmann (wie Anm. 24), S. 345 ff.

35 Amtsblatt (wie Anm. 15), S. 1914, S. 1769.

36 Amtsblatt (wie Anm. 15), S. 1911, S. 2681.

37 Amtsblatt (wie Anm. 15), S. 1901, S. 2211; dass. 1911, S. 2393.

38 Das Asyl- und Werkhaus der Stadt Wien, Wien 1913, S. 18 f., 22 ff.

39 Asylverein (wie Anm. 11), S. 12.

40 Vgl. Max Winter, Das schwarze Wienerherz. Sozialreportagen aus dem frühen 20. Jh. hg. v. Helmut Strutzmann, Wien 1982, S. 45 – 60.

41 Lajos Kassak, Als Vagabund unterwegs. Erinnerungen, Budapest 1979, S. 22 ff.

42 Vgl. Lichtblau (wie Anm. 28), S. 83.

43 Arbeiter-Zeitung, 19. 10. 1910, S. 4.

44 Vgl. Vorstellung dem löblichen Magistrate der k.k. Reichshaupt- und Residenzstadt Wien behufs einheitlicher Druchführung des Verbots der Verabreichung von Rum zum Thee in Suppen- und Theeanstalten und Volksküchen überreicht vom Ersten Wiener Volksküchen-Vereine, Wien 1900. Zu den Wärmestuben vgl. auch Winter, Goldenes Wienerherz (wie Anm. 19), S. 9 – 23.

45 Vgl. Kläger (wie Anm. 22), S. 98 ff., 1911 wurden in den Wärmestuben 104 964 Übernachtungen registriert, dazu vgl. Obdachlosigkeit und Obdachlosenfürsorge, hg. v. Raimund Fürlinger, Wien 1916, S. 3.

46 Die individualisierende Methode beinhaltet die präzise Erhebung, Beratung und Unterstützung jedes einzelnen Petenten. Auf institutioneller Ebene nach dem ersten Einsatz in Mitteleuropa „Elberfelder System" genannt. Vgl. Ernst Köhler, Arme und Irre. Die liberale Fürsorgepolitik des Bürgertums, Berlin 1977, S. 108 ff. Zur Debatte in Wien über das Elberfelder System vgl. Melinz (wie Anm. 2), S. 174 – 180.

47 Armenpflege (wie Anm. 13), Jg. 1903, Heft 2, S. 17 f.

48 Armenpflege (wie Anm. 13), Jg. 1911, S. 91.

49 Armenpflege (wie Anm. 13). Jg. 1905, Heft 10, S. 12. Bürgerliches Almosengeben nahm mitunter eigenartige, fast wie Verhöhnung anmutende Formen an. So wurden etwa Lumpenbälle und Obdachlosenbälle veranstaltet, wo sich die bürgerliche Hautevolée, oder wer sich dafür hielt, in Lumpen hüllte oder als Obdachloser verkleidete. Der Reinerlös floß den Asylen oder sonstigen Armenvereinen zu.

50 Asylverein (wie Anm. 11), S. 12.

51 1775 Armenräte gab es in Wien um 1900. Sie wurden gewählt, die Funktion war ehrenamtlich. Die Armenräte verteilten die Armenunterstützungsgelder. Vgl. Melinz (wie Anm. 2), S. 86, 247.

52 Petzold (wie Anm. 8), S. 114 f.
53 Vgl. dazu Peter Feldbauer, Stadtwachstum und Wohnungsnot. Determinanten unzureichender Wohnungsversorgung in Wien 1848 – 1914, Wien 1977.
54 Vgl. John (wie Anm. 4), S. 169 – 179.
55 Vgl. John (wie Anm. 5), S. 8.
56 Interview Frau Wikowitsch am 1. 11. 1980, Transkript, S. 10.
57 Interview Frau Skoda (1980, von Robert Wegs), Transkript, S. 2 f.
58 Vgl. Die Wohnungs- und Gesundheitsverhältnisse der Schuhmacher, Wien 1906, S. 112.
59 Armenpflege (wie Anm. 13), Jg. 1910, S. 130. Mehrmals wurde in dieser Zeitschrift bei der Kurzbeschreibung von Armutsfällen über eine Aufnahme von Delogierten bei Nachbarn und Bekannten berichtet.
60 Vgl. John (wie Anm. 4), S. 52 ff.
61 Neue Zeitung, 26. 11. 1910, S. 1.
62 Neue Zeitung, 11. 8. 1910, S. 5.
63 Vgl. John (wie Anm. 58); weiters Lichtblau (wie Anm. 28), S. 130 f.
64 Neue Zeitung, 22. 2. 1911, S. 4. Zu den Mieterkrawallen und Mieterstreiks vgl. generell John (wie Anm. 5), S. 41 – 53.
65 Neue Zeitung, 22. 9. 1911, S. 3.
66 Aus dem Polizeibericht zit. nach Arbeiter-Zeitung, 5. 4. 1910, S. 5.
67 Zit. nach Arbeiter-Zeitung, 7. 4. 1910, S. 6 f.
68 Arbeiter-Zeitung, 19. 10. 1910, S. 4.
69 Volkswille (Graz), 15. 8. 1911, S. 2 ff.
70 Neue Zeitung, 15. 8. 1911, S. 4.
71 Neue Zeitung, 15. 8. 1911, S. 5; 22. 8. 1911, S. 5.
72 Arbeiter-Zeitung, 11. 2. 1911, S. 8 und 14. 9. 1911, S. 7; Reichspost, 15. 9. 1911, S. 5.
73 Amtsblatt (wie Anm. 15), 1911, S. 2374.
74 Vgl. Lichtblau (wie Anm. 28), S. 84 f.
75 Asyl- und Werkhaus (wie Anm. 38), Beiblatt Statistik, o.S.
76 Amtsblatt (wie Anm. 15), 1911, S. 2606.
77 Die christlich-soziale Parlamentsmehrheit bewirkte Ende 1925 das Auslaufen der Gültigkeit des Wohnungsanforderungsgesetzes. Danach stiegen die Obdachlosenzahlen stark an, insbesondere nach 1929 unter dem Einfluß der Massenarbeitslosigkeit. In den dreißiger Jahren überschritt die Anzahl der Obdachlosennächtigungen jene des Jahres 1913.
78 Vgl. Jan Tabor, Österreichische Architektur. Teil 1: 1934 – 1938. In: ÖH-Express 75/1984, S. 58.
79 Vgl. Franz Loidl, Franz Marian Wagner, „Pfarrer der Obdachlosen" in Wien (1880 – 1943), Wien 1972, S. 9 ff.

JOSEF EHMER

WIENER ARBEITSWELTEN UM 1900

Lenkt man seinen Blick weg vom Ringstraßenkorso, den bürgerlichen Salons, dem fin de siècle und hin zu den nüchternen Zahlen der Statistik, dann zeigt sich eines ohne jeden Zweifel: Wien um 1900, das war eine Arbeiterstadt. Zwar dehnten sich — getragen von Stadt- und Wirtschaftswachstum — auch andere soziale Schichten rasch aus, wie selbständige Kleingewerbetreibende, „Privatbeamte" und solche des öffentlichen Dienstes, mehr als die Hälfte der Berufstätigen und knapp zwei Drittel der Unselbständigen wurden aber in der Volkszählung des Jahres 1900 unter die Rubrik „Arbeiter" gereiht. Zehn Jahre später waren es schon fast 70 Prozent der Unselbständigen, die als Arbeiter eingetragen wurden.

Welche Realität verbarg sich aber hinter dieser Bezeichnung? Nachdem die „Große Depression" überwunden worden war, befand sich die Wiener Wirtschaft zur Jahrhundertwende in einer Phase dynamischen Aufschwungs, in den die meisten Arbeiter in dieser oder jener Form einbezogen waren. Seit den 1880er Jahren schränkten die ersten sozialpolitischen Maßnahmen die Unternehmerwillkür in den Betrieben ein und gewährten den Arbeitern einen zumindest kleinen Schutz vor Unfall und Krankheit. Die Organisierung der Arbeiterschaft schritt rasch voran, die Sozialdemokratie war zu einem politischen Faktor geworden, und die Gewerkschaften erkämpften die ersten kollektiven Regelungen der Arbeitsbedingungen, des Lohnes und der Arbeitszeit. „Wenn ich versuche, für die Zeit vor dem Ersten Weltkriege, in der ich aufgewachsen bin, eine handliche Formel zu finden, so hoffe ich am prägnantesten zu sein, wenn ich sage: es war das goldene Zeitalter der Sicherheit."[1] Stefan Zweig schrieb dies mit dem Blick auf seine eigene wohlhabende Klasse und unter dem Eindruck der Beständigkeit der Währung, der Zinsen und der Beamtenlaufbahn. Trotzdem, verglichen mit den Lebensbedingungen einer oder zweier Generationen zuvor, hatte auch die Existenz der Wiener Arbeiter an Beständigkeit und Sicherheit gewonnen.

Damit allerdings ist nur eine Seite der Wirklichkeit angesprochen, und zudem eine solche, die sich eher der langfristigen Perspektive des Historikers erschließt, als der unmittelbaren Erfahrung der Betroffenen. Das Dasein der Wiener Arbeiter war nach wie vor vom zähen Kampf um das Lebensnotwendigste geprägt, und was sich an tatsächlichem Fortschritt und an gemeinsamen Kämpfen vollzog, war vielfach gebrochen von der Realität ganz unterschiedlicher Arbeitermilieus. Trotz der allen gemeinsamen Bestimmung, ihre Arbeitskraft zu Markte tragen zu müssen und trotz des Bewußtseins einer gemeinsamen Klassenlage, das immer mehr um sich griff, waren die Wiener Arbeiter um 1900 alles andere als homogen. Mehr als die Hälfte war in den verschiedenen Branchen der kleingewerblichen Produktion beschäftigt, etwa 20 Prozent in der Fabriksindustrie. In Kleinstbetrieben mit weniger als fünf Beschäftigten arbeitete rund ein Viertel, in Großbetrieben mit mehr als 1 000 Arbeitern nur drei oder vier Prozent der Arbeiterschaft. Die große Mehrheit war in Arbeitsverhältnisse eingebunden, die sich fließend von kleinen und mittleren Handwerks- und Gewerbebetrieben bis hin zu Fabriken unterschiedlichen Umfangs erstreckten (Vgl. die nebenstehende Tabelle).

Die größte Branche stellte die Bekleidungsindustrie, in der rund ein Viertel der Unselbständigen Arbeit fand, die Hälfte von ihnen Frauen. Etwa 20 Prozent – und fast nur Männer – beschäftigte die Metallverarbeitung einschließlich des Maschinenbaus; die Anteile der übrigen großen Branchen, wie Holzverarbeitung und Baugewerbe, lagen schon unter zehn Prozent der Unselbständigen in der gewerblich-industriellen Produktion.

Die Arbeitsweise und die soziale Lage der Wiener Arbeiter um 1900 war demnach weitgefächert. Sie wurde bestimmt von den unterschiedlichen sozialen und wirtschaftlichen Traditionen und Perspektiven der einzelnen Gewerbezweige und von der unterschiedlichen Organisierung und Kampfkraft der Arbeiter selbst. Ein Streifzug durch verschiedene Wiener Arbeitermilieus soll diese Zusammen-

Tabelle: *Größe und Zusammensetzung der Wiener Arbeiterschaft um 1900*

a) Verteilung der unselbständig Berufstätigen nach den Volkszählungen 1890, 1900 und 1910

	1890	1900	1910
Angestellte	95.149	120.960*	140.633
Hausdienerschaft	91.752	101.866	104.364
Arbeiter	362.112	432.483	581.238
Taglöhner	19.894	17.500	8.638
Unselbständige zusammen	568.907	672.809	834.873

* davon Militär: 26.622; Öffentl. Dienst und freie Berufe: 36.795

b) Unselbständig Beschäftigte der Erzeugungs-, Handels- und Verkehrsgewerbe nach Betriebsgrößen (nach der Betriebszählung 1902)

Betriebsgrößenklasse	Zahl der unselbst. Beschäftigten
1 – 19 unselbst. Beschäftigte	198.486
20 – 49	49.142
50 –	145.990
Heimarbeiter	30.603
In der Betriebszählung erfaßte unselbst. Beschäftigte zusammen	424.221

c) Unselbständig Beschäftigte in den (klein-)gewerblichen Genossenschaften (nach den Ausweisen der gewerblichen Genossenschaften)

	1900	1910
Gehilfen und sonst. Hilfsarbeiter in den gewerbl. Genossenschaften	234.859	318.495

d) Arbeiter in den Fabriksbetrieben (nach der Statistik der Handelskammer 1890 und der Fabrikszählung 1906)

Arbeiter in den 1.226 fabriksmäßig betriebenen Groß- und Mittelbetrieben (ab fl. 21 Erwerbssteuer)	1890:	75.828
Arbeiter in den 1 503 Fabriksbetrieben	1906:	113.438

Quellen: Birgit Bolognese-Leuchtenmüller, Bevölkerungsentwicklung und Berufstruktur, Gesundheits- und Fürsorgewesen in Österreich 1750 – 1918, Wien 1978, S. 223; Ergebnisse der gewerblichen Betriebszählung vom 3. Juni 1902 = Österr. Statistik LXXV, Tab. F 2; Statistisches Jahrbuch der Stadt Wien für das Jahr 1900, S. 629, 1910, S. 665; Renate Banik-Schweitzer, Gerhard Meißl, Industriestadt Wien, Wien 1983, S. 175, 161.

hänge sichtbar machen. Ihn durchzuführen ist nicht
schwer, da in jenen Jahren zahlreiche sozialpolitische En-
queten, wissenschaftliche Studien und auch anklagende
Artikel in der Arbeiterpresse entlegene und mitunter erschreckende Winkel der Arbeitswelt aus dem Dunkel
kleingewerblicher Kellerlokale oder größerer Fabrikshöfe
heraushoben und an das Licht der Öffentlichkeit brachten. In denselben Jahren stießen immer mehr Angehörige
der verschiedensten Branchen zur Arbeiterbewegung,
manche stiegen in führende Positionen auf und begannen
in späteren Jahren, ihre Erinnerungen an das Arbeiterda-
sein zur Jahrhundertwende niederzuschreiben. Dieses
reichhaltigen Schrifttums bedienen wir uns im folgenden,
nicht mit dem Anspruch der Vollständigkeit, wohl aber,
die wichtigsten Typen der Wiener Arbeitswelt um 1900
darzustellen, und − nach Möglichkeit − in den Worten
der Beteiligten selbst zu beschreiben.

In der Fabrik

Beginnen wir unseren Streifzug in den Fabriken, die
meist als die Wahrzeichen der Arbeitswelt jener Periode
erscheinen, wenn auch wie schon erwähnt − nur eine
Minderheit der Arbeiter in ihnen Beschäftigung fand.

Die Professionisten und die Stempeluhr

Die Elektroindustrie bildete zur Jahrhundertwende den
dynamischesten Industriezweig Wiens. Eine beschleunigte
Elektrifizierung, der vermehrte Bau von elektrischen
Bahnen, die Entwicklung neuer Maschinenantriebe und
der billigeren Metallfaden-Glühlampe, das immer dichtere
Telefonnetz und der allmähliche Einzug des elektrischen
Stroms in die Haushalte waren „Elemente eines schier un-
aufhaltsamen Siegeszuges“. [2]   Die Zahl der in der Wiener
Elektroindustrie Beschäftigten stieg von rund 2 500 im
Jahr 1890 auf rund 18 000 1913, von denen mehr als
zwei Drittel in sechs Großunternehmungen konzentriert
waren.

Hier herrschten nun die modernsten Formen der Arbeitsorganisation, die ein ausgefeiltes Akkordsystem und rigide Zeitkontrollen umfaßten. 1900 wurden in der Floridsdorfer Maschinenfabrik von Siemens & Halske die ersten Stempeluhren eingeführt, und schon fünf Jahre vorher hatte die Zeitung der Metallarbeitergewerkschaft die Auswirkungen des Akkords beklagt:

„Dieses schmachvollste System der Ausbeutung menschlicher Arbeitskraft . . . wird in den elektrischen Fabriken in einer Weise prakticiert, daß sie längst den Culminationspunkt überschritten hat; es ist heute nicht mehr ausreichend, ein praktischer, intelligenter Arbeiter zu sein", sondern man könne nur dann noch ein paar Gulden verdienen, „wenn man die höchstmögliche Spannung seiner Arbeitskraft damit in Verbindung bringt; dieses Verdienen ist aber stets wieder Ursache weiterer Preisreductionen von Seiten des nimmersatten Unternehmers, noch schlimmer ist es bei den Maschinenarbeitern; man weiß bald nicht mehr ob sie die Maschinen bedienen oder gar nur mehr als ein Theil derselben zu betrachten sind . . . " [3]

Tatsächlich hing die Steigerung von Arbeitstempo und intensität eng mit der Einführung der neuesten Technologie zusammen,wie sich — um nur ein Beispiel unter vielen zu zitieren — etwa an den Fräsmaschinen der Siemens-Schuckert-Werke zeigt: „Früher mußte bei der Erzeugung der Zahnräder jeder einzelne Zahn für sich gefräst und dann das Rad vom Arbeiter um einen Zahn weiter gedreht werden. Jetzt führt der Arbeiter die kreisrund geschnittene Scheibe in eine automatische Räderfräsmaschine. Diese fräst in rascher Folge ohne Unterbrechung. Zahn um Zahn. Der Arbeiter hat nichts anderes zu tun, als der Maschine die Scheiben zuzuführen. Ein Arbeiter kann so gleichzeitig mehrere Maschinen bedienen." [4]

Obwohl auf dieser Grundlage die Arbeitsteilung in den Betrieben rasch voranschritt und immer mehr Ungelernte eingestellt wurden, blieb das Qualifikationsniveau in der Elektroindustrie hoch. Offenbar waren hier für verschiedene Arbeitsgänge geistig bewegliche und mit elementarer Bildung ausgestattete Arbeiter vonnöten. Siemens & Halske beschäftigten 1904 in der Fertigung und Montage von Schwachstromprodukten noch fast zu zwei Dritteln „Professionisten".

Die Arbeiter der Elektroindustrie waren gewerkschaftlich hoch organisiert – in manchen Betrieben bis zu 90
Prozent – und hatten wesentliche Verbesserungen er-
kämpft. 1900 führte das erste Unternehmen den Neun-
stundentag ein, 1904 gab es bei Siemens-Schuckert die
50-Stunden-Woche bei vollem Lohnausgleich und – für
Arbeiter mit zehnjähriger Betriebszugehörigkeit – eine
bezahlte Urlaubswoche.Auch nach der Lohnhöhe lagen
die Beschäftigten dieser Branche an der Spitze der Wiener
Arbeiterschaft. In einer der ersten sozialwissenschaft-
lichen Betriebsanalysen kommt Julius Deutsch 1910 zu
folgendem Schluß, der wohl für die Elektroindustrie insgesamt zutrifft:

„Die Lebenshaltung der Arbeiter der Siemens-Schuckert-Werke
weist nicht jenes düstere Elendsbild auf, das uns in ganz schlecht
entlohnten Arbeiterschichten begegnet. Freilich, von einer durchaus befriedigenden Lebenshaltung wird auch hier nicht gesprochen
werden. Es zeigt uns die Lebensführung der in den Siemens-Schuk-
kert-Werken Beschäftigten, daß es auch verhältnismäßig gut entlohnten, stabil beschäftigten Arbeitern noch immer schlecht genug ergehen kann. Der Durchschnittsarbeiter der Siemens-Schuk-
kert-Werke ist gewiß besser daran als viele Arbeiter anderer österreichischer Betriebe, trotzdem – und das wollten wir nur feststellen – kann selbst die Lebenshaltung so mancher dieser Arbeiter
bescheidenen Anforderungen kaum genügen." [5]

Die Fabrikmädchen der Textilbranche

Ein ganz anderer Typ von Fabriksarbeiter tritt uns in
der Textilindustrie gegenüber. Sie beschäftigte in Wien um
1900 rund 18 000 Personen, von denen rund 60 Prozent
in Großbetrieben mit mehr als 100 Beschäftigten arbeiteten. Vergleicht man die Arbeiter der Textilindustrie mit
jenen der Elektro- und Maschinenindustrie, so werden Ge-
meinsamkeiten und Unterschiede sichtbar. Beide Gruppen waren in relativ stabile Arbeitsverhältnisse eingebunden und der „Ordnung der Fabrik" unterworfen, die eine
kontinuierliche und rasche, dem Gang der Maschinen an-
gepaßte Arbeit verlangte. Zugleich bot aber die „objek-
tive Disziplin" der Fabrik auch einen bestimmten Schutz
vor persönlicher Willkür des Arbeitgebers, so daß der Groß-

betrieb für viele Arbeiter anziehender war als das Kleingewerbe oder der häusliche Dienst.

Ganz unterschiedlich gestalteten sich aber Arbeitsbedingungen, Lohn und Leistung. In der Textilbranche
waren ja schon von der Mitte des 19. Jahrhunderts an
Formen mechanischer Automation eingeführt worden,
die das Gros der Arbeitskräfte auf rasch zu erlernende
Überwachungs- und Ausbesserungsarbeiten festlegte. Der
Frauenanteil war dementsprechend hoch, und es waren
vor allem junge, ungelernte und im Haushalt ihrer Eltern
mitlebende Mädchen, die in den Textilfabriken arbeiteten.
Von den Alleinstehenden waren viele der Ansicht, daß sie
„schon längst verhungert wären, wenn sie nicht einen
Verehrer hätten."[6] Nach einer Erhebung der Wiener Handelskammer verdienten 1891 42 Prozent der Maschinenbauer, aber 88 Prozent der Textilarbeiter weniger als zehn
Gulden die Woche. Eine 1906 — allerdings für ganz Österreich vorgenommene — Untersuchung der Arbeitszeit in
den Fabriken ergab dasselbe Bild: nur 12 Prozent der
Maschinenbauer, aber 60 Prozent der Textilarbeiter werk-
ten länger als zehn Stunden am Tag. Obwohl schon 1893
der erste Arbeiterinnenstreik in einer Wiener Appretur-
fabrik drei Wochen lang für großes Aufsehen gesorgt hatte,
blieb der gewerkschaftliche Organisierungsgrad unter den
Fabriksmädchen gering.

Auch in der Textilbranche herrschten ganz unterschiedliche Arbeitsbedingungen, je nach Mechanisierungsgrad,
wirtschaftlicher Lage und Verhalten der Betriebsleitungen
der einzelnen Fabriken. Die im Jahre 1896 abgehaltene
Enquete über Frauenarbeit gibt ein anschauliches Bild
dieser Variationsbreite. Folgen wir dem Bericht der Arbeiterin einer Färberei, die mit ihrem Betrieb im großen
und ganzen zufrieden war; er zeigt, was in jenen Jahren
bereits als außergewöhnliche und deshalb erwähnenswerte
Wohltat empfunden wurde:

,Ich bin in der Sengerei . . . Wir hatten das ganze Jahr hindurch
gleichmäßig Arbeit. Kinder sind in der Fabrik nicht beschäftigt.
Bei allen Arten und Theilen des Betriebes sind Dampfmaschinen.
Deshalb kann auch keine Arbeit nach Hause genommen werden.
Die Arbeiterinnen stammen meist wieder aus Arbeiterkreisen.

Lehrmädchen gibt es bei uns nicht, sondern nur jugendliche Hilfs-
arbeiterinnen . . . Unsere Arbeitszeit ist von 7 Uhr Früh bis 6 Uhr
Abends mit einer einstündigen Mittagspause. Wir haben keine
Frühstücks- und Jausenpause. Nachtarbeit kommt nicht vor, nur
höchst selten eine bis zwei Überstunden. An Sonntagen wird
nicht gearbeitet, wohl aber an Feiertagen. Kündigungsfrist haben
wir keine. Wir können fortgehen, wann wir wollen, und der Herr
kann uns entlassen, wann er will. Es kommt aber selten vor, daß
Eine fortgeschickt wird. Ich habe fl. 4.80 Wochenlohn; der Lohn
bleibt während des ganzen Jahres der gleiche. Wir haben keine
Materialien beizustellen . . . Abzüge und Strafen haben wir nicht.
Wenn wir zu spät kommen, wird nur gebrummt; wenn jemand
etwas abbrennt, einen Meter Streifen oder dergleichen, so geht
das so mit drein; es wird nichts dafür abgezogen. In der Fabrik
hat Niemand vom Unternehmer Kost oder Wohnung. Unseren unmittelbaren Vorgesetzten nennen wir Meister. Wir können uns über
ihn durchaus nicht beklagen. Es werden ihm keine Geschenke gegeben; und er ist überhaupt nicht zuwider, er benimmt sich durchaus nicht unanständig gegen die Frauen. Ich wohne bei meinen
Eltern und gebe ihnen jede Woche fl. 3 von meinem Verdienst,
fl. 1.80 brauche ich selbst für meine Kleidung usw. Mein Vater
ist Kutscher, meine Mutter ist zu Hause. Ich gehe zum Essen nach
Hause und habe es daher besser wie die alleinstehenden Arbeiterinnen. In der Früh trinke ich Kaffee, zum Gabelfrühstück esse ich
Wurst, zu Mittag Kaffee mit einer Zuspeise, zur Jause Kaffee und
am Abend Suppe oder Zuspeise . . .
Die Sengerei liegt ebenerdig. Das Local ist nicht besonders groß,
es hat drei Fenster, und es befinden sich in demselben drei Frauen
und ein Mann. Es ist darin sehr heiß, ziemlich viel Staub und ein
großer Gestank, indem durch das Verbrennen der Stoffasern ein
brenzlicher Geruch entsteht. Wenn draußen ein Wind geht, so
treibt er den Dampf zurück, da brennen uns die Augen. Es ist kein
Thermometer im Local, und ich kann daher nicht angeben, wie
groß die Hitze ist. Im Winter und im Herbst ist es noch unange-
nehmer, weil da der Dampf mehr zurückgeschlagen wird, im Sommer ist es besser. Die Fenster können nicht geöffnet werden, weil
das mit dem Betriebe nicht vereinbar ist. Wir haben eine Venti-
lation, welche nicht genügt, um die Luft gehörig zu verbessern.
Der Fußboden in dem Local ist aus Steinen . . .
Wir haben eine genügende Anzahl von Aborten, für Männer und
Frauen getrennt; sie sind sehr rein. In der Mittagspause können
Diejenigen, welche nicht nach Hause gehen, in dem Local bleiben,
aber während dieser Zeit wird niemals gearbeitet, weil die Maschinen außer Function sind. Jene, welche nicht nach Hause gehen,
essen im Local. Als Waschvorrichtung haben wir ein Wasserschaff
und auch Handtücher und Seife. Unter den drei Arbeiterinnen in
meinem Zimmer sind zwei ledig und eine verheiratet. Im allgemeinen dürfte die Mehrzahl der Arbeiterinnen ledig sein, weil sehr viele
erst 16 und 17 Jahre alt sind . . . "[8]

Die Ziegelarbeiter

Als letztem großindustriellen Arbeitertyp wenden wir uns den Ziegelarbeitern zu. Die „Wienerberger Ziegelfabrik" war einer der größten Betriebe Wiens, die archaischen Arbeitsverhältnisse dieser Branche erinnern aber mehr an die Frühindustrialisierung als an das fin de siècle. Beschäftigt wurden überwiegend tschechische und italienische „Gastarbeiter", die während des Betriebsstillstandes in der kalten Jahreszeit wieder nach Hause geschickt wurden.

Die Lebensverhältnisse der Ziegelarbeiter hatten schon zu Ende der 1880er Jahre öffentliche Aufmerksamkeit erregt. Dr. Victor Adler verkleidete sich im November 1888 als Maurer, schlich sich in die Wienerberger Ziegelfabriken und berichtete über das Gesehene in aufsehenerregenden Reportagen in dem von ihm herausgegebenen sozialdemokratischen Wochenblatt „Gleichheit". Der nebenstehende Faksimilieabdruck enthält die erste dieser Reportagen vom 1. 12. 1888, eine Beschreibung der „ärmsten Sklaven, welche die Sonne bescheint". [9]

Im Kleingewerbe

Die Mehrzahl der Wiener Arbeiter war im Kleingewerbe beschäftigt. Dieses hatte sich zur Jahrhundertwende im allgemeinen an den industriellen Kapitalismus angepaßt, wobei aber die wirtschaftlichen und sozialen Traditionen des „alten Handwerks" in ganz unterschiedlicher Form abgebaut, modifiziert oder erhalten worden waren. In manchen Branchen fand das Kleingewerbe in Nischen der Produktion oder im Detailverkauf und in der Reparatur von Fabriksprodukten eine gesicherte Basis, in anderen standen sich aber Fabriken und Handwerker noch als Konkurrenten gegenüber, wobei sich letztere nur durch niedrigste Löhne und überlange Arbeitszeiten behaupten konnten.

Von den Verhältnissen der Ziegelschläger werden wir nächstens
ausführlich berichten, heute wollen wir von den „Arbeiterpartien"
sprechen, die aus ledigen Männern bestehen. Solche gibt es am
Wienerberg jetzt im Winter drei, jede zu 70—100 Mann *), welche
je unter einem Partieführer stehen. Der Arbeitslohn beträgt im
Sommer 6—7 fl. wöchentlich; im Winter sinkt er bis 4 fl. 20 kr.
Man bedenke, schwere Arbeit in freier Luft und zehn Minuten vor
den Thoren Wiens.

Aber wenn dieser elende Hungerlohn auch nur wirklich aus=
bezahlt werden würde! Diese armen Teufel sehen aber monatelang
kein „gutes Geld" (der dort übliche Ausdruck für das seltene
Baargeld).

Sondern zwei= bis dreimal täglich erfolgt die Auszahlung
in „Blech", ohne daß auch nur gefragt wird, ob der Arbeiter es
will und braucht. Noch mehr, wer kein Blech nimmt, wird sofort
entlassen. Dieses „Blech" wird nur in den den einzelnen Partien
zugewiesenen Kantinen angenommen, so daß der Arbeiter nicht nur
aus dem Werke nicht herauskann, weil er kein „gutes Geld" hat,
sondern auch innerhalb des Werkes ist jeder einem besonderen Kan=
tinenwirt als Bewucherungsobjekt zugewiesen. Die Preise in diesen
Kantinen sind bedeutend höher als in dem Orte Inzersdorf. Ein
Brot, das in Inzersdorf 4 kr. kostet, muß der Ziegelarbeiter mit
5 kr. Blech bezahlen. Ebenso sind Bier, Schnaps, Speck, Wurst
und Zigarren in der Kantine entsprechend theurer, die Qualität der
Nahrung ist natürlich die denkbar elendeste. Im Gefühle seiner
Macht sagte ein Wirt einem Arbeiter, der sich beklagte: „Und
wenn ich in die Schüssel sch . . ., müßt Ihr's auch fressen." Und der
Mann hat recht, sie m ü s s e n !!

Aber nicht nur Nahrungsmittel, sondern die elenden Arm=
seligkeiten, die sich der Ziegelarbeiter von seinen blutigen Kreuzern
kaufen kann, Alles erhält er gegen Blech. Der Partieführer selbst
verkauft ihm Fußsocken, Fausthandschuhe, Holzschuhe, Schürzen, ja
selbst alte Hosen und Stiefel (welche freilich nur sehr wenige sich
kaufen können), Alles um mindestens ein Drittel theurer als der
Krämer im Orte. Aber in den Ort hinaus gehen, um einzukaufen,
darf der Arbeiter nicht. Er kann ohnehin selten, weil er kein „gutes
Geld" hat, und verschaffte er sich's zufällig, so darf er's nicht hin=
austragen. Der Kantineur zählt seine Leute und hält strenge Ord=
nung, auf seinem Tische liegt der Ochsenziemer auf und wird gar
häufig angewendet. „Wollt Ihr Euch antrinken, so thut es hier,"
heißt es. Wer auswärts einkauft, wird sofort entlassen.

Bei dieser Blechwirtschaft weiß natürlich kein Arbeiter, wie
eigentlich seine Rechnung beim Partieführer steht; er erfährt nur,
daß er immer noch „Rest", d. h. schuldig ist, so daß er sich aus den
Klauen der Wucherer nie frei machen kann.

Aber die verheirateten Ziegelschläger und Handwerker sind noch die Aristokraten unter den Arbeitern! Nicht so glänzend geht es den ledigen Arbeitern, den Brennern, Heizern, Einscheibern, Ausscheibern, den Partie=Arbeitern. Auch diese müssen auf dem Werke wohnen. Die Gesellschaft stellt ihnen Wohnungen zur Verfügung; sie hat die Wohnungsfrage wunderbar gelöst.

Seit einiger Zeit „wohnen" die Ledigen in eigenen Schlaf=räumen. Ein nicht mehr benützter Ringofen, eine alte Baracke, wird dazu benützt. Da liegen denn in einem einzigen Raume 40, 50 bis 70 Personen. Holzpritschen, elendes altes Stroh, darauf liegen sie Körper an Körper hingeschlichtet. In einem solchen Raume, der etwa 10 Meter lang, 8 Meter breit und höchstens 2·2 Meter hoch ist, liegen über 40 Personen, für deren jede also kaum 4 Kubik=meter Luft bleiben, wo 15 Kubikmeter ein bei der schlechten Lüftung des Raumes kaum genügendes Minimum wäre. Aber freilich, dann dürften in dieser Schlafhöhle nur 10 Personen schlafen; und das kann die arme Wienerberger Gesellschaft nicht leisten. — Da liegen sie denn, diese armen Menschen, ohne Betttuch, ohne Decke. Alte Fetzen bilden die Unterlage, ihre schmutzigen Kleider dienen zum zudecken. Manche ziehen ihr einziges Hemd aus, um es zu schonen und liegen nackt da. Daß Wanzen und Läuse die steten Bett=begleiter sind, ist natürlich. Von Waschen, von Reinigung der Kleider kann ja keine Rede sein.

Aber noch mehr. In einem dieser Schlafsäle, wo 50 Menschen schlafen, liegt in einer Ecke ein Ehepaar. Die Frau hat vor zwei Wochen in demselben Raume, in Gegenwart der 50 halbnackten, schmutzigen Männer, in diesem stinkenden Dunst entbunden!

Sprechen wir nicht von der Schamhaftigkeit, sie ist ein Luxus, den sich nur die Besitzenden gestatten können. Das Leben der Mutter ist durch eine Geburt unter solchen Umständen bedroht. Aber was liegt an einem armen Weibe!

Diese „Schlafsäle" sind eine neue Errungenschaft. Bis vor kurzer Zeit schliefen alle ledigen Arbeiter, und heute schläft noch eine Männerpartie am Wienerberge, der größte Theil am Laaerberg und auf den anderen Werken — in und auf dem Ringofen. Schlafen sie da im Heizraume, so haben sie eine un=erträgliche Hitze auszustehen; schlafen sie oben, so überweht sie oben die kalte Nachtluft, unten werden sie halb gebraten von den heißen Abzügen des Feuers. Von Auskleiden ist natürlich keine Rede. Unter dem Kopfe einen Haufen Kohlen, decken sie sich mit dem schmutzigen Rocke nothdürftig zu. Wer sich Bretter oder Ziegel als Kopfpolster nimmt, ist in Gefahr, geprügelt zu werden, wenn er erwischt wird. Die Sträflinge in Sibirien sind besser versorgt als diese Leute, die das Verbrechen begehen, die fetten Dividenden für die Aktionäre der Gesellschaft zu erzeugen.

Die Kundenschuhmacherei

Wie vielfältig die Arbeitsverhältnisse waren, wird schon
am Beispiel eines einzelnen Gewerbes sichtbar, der Schuhmacherei: Als der Verein für Socialpolitik in den 1890er
Jahren seine „Untersuchungen über die Lage des Handwerks in Deutschland und Österreich" durchführte, beschrieb Richard Schüller die drei wichtigsten Betriebsformen der Schuhmacherei in Wien: Fabrik, Konfektion
(Handelsunternehmen, für das ein oder mehrere Meister
arbeiteten) und Kundenschuhmacherei. Bei der letzten
hatten sich traditionelle Betriebsformen erhalten:

„In einer Seitengasse tritt man durch die schmale Glasthüre in das
ebenerdige Lokal ein. Den Raum, in dem die Kunden empfangen
werden, grenzt ein mit fertigen Schuhen gefüllter Kasten von der
Werkstatt ab, die sich in demselben dreifenstrigen Zimmer befindet.
Der Meister, ein stattlicher Czeche, nimmt Maß. Er schneidet aus
seinem kleinen Ledervorrate Oberteil und Sohle aus. Doch hat er
auch fertige Oberteile liegen. Ein Mädchen, zugleich Stepperin
und Magd, näht die Oberteile zusammen. Einer der drei Gesellen –
in der Saison beschäftigt der Meister vier bis sieben Gesellen –
spannt den fertigen Oberteil über den Leisten, zieht ihn mit einer
Zange über den unteren Teil des Leistens und nagelt ihn mit
Stiften daran fest, damit der Oberteil die Form, die er durch das
Ziehen mit der Zange (das „Zwicken") erhalten hat, nicht verliere.
Hierauf näht der Geselle an den gespannten Oberteil zunächst
den obersten Teil der Sohle (die Brandsohle) und an diesen dann
die untere Sohlenplatte. Endlich werden die Absatzplatten ange-
pappt und genagelt. Mit einem Messer oder einem Glasstücke glättet
der Geselle zum Schlusse die Sohlenränder, schwärzt den Schuh
mit Wichse, putzt ihn mit Brenneisen und Bürste. In 1 1/2 Tagen
ist das Paar fertig. Hat der Schuster aber viel zu thun, so müssen
die Kunden oft eine Woche oder länger warten. Der Lehrbub trägt
die Schuhe aus und besorgt sonst bei der Arbeit Handreichungen.
In der Werkstatt kocht die Meisterin auf einem kleinen eisernen
Ofen das Essen. An die Werkstatt stößt ein Kabinett als Wohnraum
des kinderlosen Meisterpaares.
Diese Betriebsform variiert von dem im Souterrain der Vorstadt
arbeitenden Kunden und Flickschuster bis zu dem vornehmen, mit
mehreren geschickten Gesellen arbeitenden Schuhmacher, der im
Innern der Stadt teure Miete zahlt. Die wesentlichen Züge der Be-
triebsweise sind aber dieselben." [10]

Die Heimarbeit in der Schuhindustrie

Oft ließen aber die Fabrikanten nur die anspruchsvollsten Arbeitsgänge — das Zuschneiden des Leders und die Verfertigung der Oberteile — in den eigenen Werkstätten durchführen und vergaben alles übrige an Heimarbeiter. Eine realistische Schilderung des Lebens der Heimarbeiter in der Schuhindustrie der 1890er Jahre gibt Karl Renner:

„Im Bezirk Neubau war der Sitz einer größeren Zahl von Schuhwarenerzeugern, damals ein blühendes Gewerbe, das seine Erzeugnisse in großen Massen donauabwärts nach Ungarn und auf den Balkan verfrachtete. In den Mußestunden strich ich die Straßen des Bezirks ab und fand die Firmen: da waren nur große Versandgeschäfte ohne eigene Fabriken, das waren fast durchaus Verleger, die das zugeschnittene Leder in Heimarbeit ausgaben. Diese Heimarbeiter, die sogenannten „Sitzgesellen", lebten als Mieter in den elendesten Hof-, Dach- und Kellerwohnungen oder, wenn sie ledig waren, als Aftermieter allein oder zu zweit in billigen Kabinetten . . . Diese Heimarbeiter führten ein wahrhaft lichtloses, armseliges Dasein. Sie arbeiteten vom Morgengrauen bis in die tiefe Nacht bloß mit jenen Unterbrechungen, die ihnen das Bedürfnis ihrer Physis aufnötigte und stellten aus dem übernommenen Material nach meiner damaligen Schätzung eine Unzahl von Paaren schöner Damenschuhe in der Woche her, mit vergoldeten Holzstöckeln und allerlei sonstiger Zier. Freitag abends und Samstag vormittags gingen sie liefern und streiften den kärglichen Lohn ein. An Samstagen legten sie sich meist zu Bett und schliefen durch bis Sonntag mittag. Nach dem Mittagessen aber begaben sie sich in die ringsherum gelegenen Gasthäuser und tranken die Sonntagnacht durch, schliefen dann wie Tote bis Montag vormittag, erwachten in halber Alkoholvergiftung, arbeitsunfähig, heilten das heulende Elend durch den Genuß von Hering und Bier und waren in der Regel erst wieder Dienstag arbeitsfähig . . . "[11]

Näherinnen und Zwischenmeisterinnen

Die Bekleidungsindustrie war der größte Wiener Gewerbezweig, neben der Oberbekleidungserzeugung waren vor allem in der Wäschekonfektion Frauen beschäftigt.

In der Wäschekonfektion war in Wien um 1900 das System der „Zwischenmeisterinnen" weit verbreitet, ein besonderer Typ der Verlagsarbeit, in dem Frauen aus

„günstiger situierten Arbeiterkreisen" oder aus „kleinbürgerlichen Kreisen" Aufträge von größeren Verlagshäusern
übernahmen und in ihren Wohnungen mit mehreren Hilfskräften ausführten. Die Spezialisierung innerhalb der
Zwischenmeisterinnen war äußerst hoch, so daß in einer
Werkstatt nur Herrenhemden, in der anderen nur Kor-
sette, Krägen, Manschetten oder anderes genäht wurde.
Die meisten Meisterinnen beschäftigten zwei bis fünf Hilfskräfte, üblicherweise Mädchen oder junge Frauen, aber
auch Betriebe mit mehr als zehn Beschäftigten waren
nicht selten. Häufig waren neben den „Werkstattarbei-
terinnen" auch „Außerhausnäherinnen" beschäftigt, die
Heimarbeit verrichteten.

Die Mittelstellung der Zwischenmeisterinnen zwischen
Verlagsunternehmern und Arbeiterinnen führte dazu, daß
die Höhe ihres Einkommens abhing von dem „Maß ihrer
Härte und Rücksichtslosigkeit, wie auch ihrer Geschicklichkeit, selbe bei Abschluß der Lohnverträge, die sie mit
ihren Hilfskräften eingeht, durchzusetzen . . ."[12] Der
von den Verlagshäusern ausgehende und von den
Zwischenmeisterinnen verstärkte Druck auf die Arbeiterinnen betraf aber nicht nur die Löhne, sondern auch
die Arbeitsräume und die Arbeitsintensität: „Während
die Verhältnisse manchmal ganz leidliche sind und hie
und da, wenn auch selten, sogar ein besonderer Arbeits-
raum vorhanden ist, der nicht als Schlafraum dient, findet
man nur allzuhäufig dumpfige, schlechtgelüftete und im
Verhältnis zur untergebrachten Arbeiterinnenzahl viel zu
kleine Räume. Eine Arbeiterin gab an, daß sie in einem
Zwischenmeisterinnenbetriebe beschäftigt war, in dem
30 Arbeiterinnen in einem zweifenstrigen Zimmer unter-
gebracht waren."[13] Über die Intensität wird berichtet,
daß man den fertigen Produkten „vielfach die fieberhafte
Eile und Hast ansieht, in der sie gemacht werden und wie
mit jedem Stiche bei der Handnäherei gespart wird, weil
jede Minute, die verstreicht, genützt werden muß. Am un-
günstigsten gestalten sich die gesundheitlichen Verhältnisse für die Maschinnäherinnen, insbesondere dann,
wenn bei minderen Sorten und arbeitsteiligem Verfahren
ein unausgesetztes Treten mit forciertem Tempo zusam-
menfällt, welch letzteres bei feiner Ware schon durch die

Formerei, Wien 10, Dampfgasse 4
(aus: Gross-Industrie)

Metalldreherei, Wien 10, Erlachgasse 17
(aus: Gross-Industrie)

Schusterwerkstätte
(aus: Augenzeugen)

Schneiderei
(aus: Augenzeugen)

Bauarbeiter beim
Bau von Notstands-
häusern auf der
Schmelz, 1910
(aus: Augenzeugen)

erforderliche Genauigkeit mit Rücksicht auf einen gleich-
mäßigen Stich und das exakte Einhalten der gleichen
Nahtbreite im selben Maß ausgeschlossen erscheint.
Dieses ‚Hängen an der Maschine', wie die Arbeiterinnen
dies rastlose Treten zu bezeichnen pflegen, untergräbt die
Gesundheit der jungen Näherinnen in oft erschreckend
kurzer Zeit. ,Wenn eine so viel niederlegen (d.h. per Tag
soviel fertig stellen) muß, so ist sie in drei oder vier Jahren fertig und kann gehen'. Derlei Bemerkungen kann
man von Arbeiterinnen und feine Qualitäten erzeugenden
Zwischenmeisterinnen des öfteren hören."[14]

Bauarbeiter im ‚Hotel Königswarter'

Eine Zwischenstellung zwischen Kleingewerbe und
Großbetrieb nahmen die Bauarbeiter ein. Auf den großen
Baustellen der Stadt waren sie zu hunderten beschäftigt,
die Arbeitsweise war aber im wesentlichen handwerklich
geblieben. Die Arbeitsbedingungen der Bauarbeiter beschreibt Johann Böhm, der um 1900 in Wien als Maurer-
lehrling arbeitete.

„Ich lief den ganzen Tag, um den mir zugeteilten Maurern die nö-
tigen Ziegel zuzutragen. Die Arbeitszeit währte von sieben Uhr früh
bis sechs Uhr abends, auch an Samstagen, und ich hatte nach Ar-
beitsschluß mit meinen drei übrigen Lehrlingskollegen noch überdies das auf der Baustelle herumliegende Werkzeug zusammenzu-
tragen und in der Zeughütte zu deponieren. Dafür, daß kein Stück
verlorenging, waren wir Lehrlinge verantwortlich. Für das Werk-
zeugzusammentragen, das außerhalb der normalen Arbeitszeit zumindest noch eine Stunde in Anspruch nahm, erhielten wir selbstverständlich keine besondere Bezahlung . . . Man muß bedenken,
daß alle Bauarbeiter damit rechnen mußten, mindestens zehn bis
zwölf Wochen im Winter ohne Beschäftigung zu sein. Es mußte
also Reisegeld in die Heimat und wieder zurück gespart werden,
und es mußte auch für diese Winterwochen ein wenigstens kümmer-
licher Notgroschen zurückgelegt werden, denn Arbeitslosenunter-
stützung gab es zu jener Zeit nicht.
Die wenigen in den Wintermonaten in Wien zurückbleibenden
Bauarbeiter, die ja unmöglich soviel Geld ersparen konnten, um in
der Zeit der Arbeitslosigkeit ihr Leben fristen zu können, haben
sich teils als Heizer in verschiedenen Ämtern, als Kohlenträger und
mit anderen Gelegenheitsarbeiten, wenn sie solche fanden, mehr
recht als schlecht durchgebracht. Für jene, die längere Zeit ohne

Beschäftigung waren, gab es meist nur noch die Wärmestuben, von
ihnen mit grausamer Ironie „Hotel Königswarter", nach dem
Namen des Stifters, Baron Königswarter, genannt. Dort erhielten
sie zweimal des Tages eine Schale Einbrennsuppe und ein Stück
Brot. Sie konnten sich auch, wenn sie keine geheizte Wohnung
hatten, tagsüber dort aufhalten, um nicht frieren zu müssen . . .
Bauarbeiter waren für jedermann auch auf der Gasse schon von fern
zu erkennen, waren doch ihre Schuhe und Kleider, mitunter auch
das Gesicht und die Kopfbedeckung von Mörtelspritzern oder
Ziegelstaub bedeckt. Lediglich den Arbeitsschurz, der für die Kleider einen notdürftigen Schutz bot, legten die Bauarbeiter meist auf
der Arbeitsstelle ab und verwahrten ihn hinter einem Ziegelhaufen.
Es gab sogar vereinzelte Sonderlinge, die sich in einem Wasserbot-
tich die Hände wuschen. Allerdings, die meisten Bauarbeiter hielten
eine solche Zeremonie für überflüssig; sie fuhren sich nach Arbeits-
schluß ein- oder zweimal mit den Händen über das Gesicht, versuchten den Staub von den Kleidern abzuschütteln und traten den
Heimweg an." [15]

Die Bauarbeiter litten auch unter dem Kantinenwesen.
Auf den Baustellen wurden Kantinen von den Polieren
oder deren Frauen geführt, und es bestand ein unge-
schriebenes Gesetz, den Bedarf an Lebensmitteln und Ge-
tränken dort zu decken. Die Speisen und Getränke in den
Kantinen waren minderwertig und teurer als in anderen
Geschäften. Die Macht der Poliere war jedoch so groß,
daß Arbeiter, die sich nicht der Kantinen bedienten,
schon nach wenigen Tagen entlassen wurden. Die Kan-
tinenpächter förderten auch das Borgsystem, so daß sich
viele Arbeiter rettungslos und langfristig an sie verschul-
deten. Erst um 1900 begann ein zäher „Kantinenkrieg",
in dem sich schließlich die Maurergewerkschaft gegen
diese Unsitte durchsetzte.

Die Krätze im täglichen Brot

Von allen kleingewerblichen Branchen hatten sich bei
den Bäckern traditionell handwerkliche Lebensverhältnisse am längsten erhalten. Bei ihnen war das Wohnen im
Haushalt des Meisters zur Jahrhundertwende noch die
dominierende Lebensform, und auch diejenigen, die ein
eigenes Quartier nahmen, konnten sich der Kontrolle der
Arbeitgeber nicht völlig entziehen. „Die meisten Meister

verlangen, daß die Gehilfen Abend 10 Uhr (in manchen Bäckereien auch früher) zu Hause sind, d.h. ob sie verheiratet oder ledig, ob sie im Hause des Meisters oder außerhalb wohnen, müssen sie um 10 Uhr zur Arbeit kommen, wenn die Arbeit auch erst 3 bis 4 Stunden später beginnt. In der Zwischenzeit können sie in einem ‚Bette' schlafen."[16]

Dies führte zu extrem langen Arbeitszeiten, die in einzelnen Fällen bis zu 21 Stunden pro Tag reichten. Im Durchschnitt arbeiteten die Bäcker – mit Abzug der Pausen – knapp 13 Stunden am Tag, jedoch siebenmal in der Woche. Die Schlafräume befanden sich häufig in einem unhygienischen Zustand: „Die Betten sind oft von miserabler Beschaffenheit Erbärmliche Strohsäcke und Kopfpölster, schmutzige Bettwäsche, zerrissene Decken, kein Wunder wenn auch Ungeziefer sich einnistet. Etagebetten sind noch viele vorhanden. Viel Klage wird auch darüber geführt, daß die Schlafzimmer im Winter nicht geheizt werden."[17] Auch bei den Bäckern bildete die Arbeitslosigkeit ein ernstes Problem, und eine Untersuchung des gewerkschaftlichen Fachvereins kam zu dem Schluß, daß in den 1890er Jahren mindestens ein Drittel der in Wien anwesenden Bäckergehilfen arbeitslos sei; die Dauer der Arbeitslosigkeit schwanke zwischen vier Wochen und einem Jahr.

Lange Arbeitszeiten und das verbreitete Wohnen beim Meister bewirkten, daß sich nur sehr wenige Bäckergesellen verheiraten konnten. Beziehungen zu Prostituierten waren für diese Berufsgruppe besonders typisch und in der Folge davon zahlreiche Fälle von Geschlechtskrankheiten. Dazu kamen auch noch Hautkrankheiten, die mit den unhygienischen Schlafräumen zusammenhingen. „Die Wiener (können) sich der Tatsache rühmen, daß Menschen, die an Syphilis, Tuberkulose, Krätze etc. leiden, an der Herstellung des täglichen Brotes mitwirken."[18]

Ein Lebenslauf – Alfons Petzold

Soweit unser Streifzug durch Wiener Arbeitermilieus um 1900. So verschieden sie im einzelnen sind, so enthal-

ten sie doch auch Gemeinsames: Die Härte der Arbeit und
Lebensbedingungen, die auch im besten Fall „bescheidenen Ansprüchen kaum genügen",[19] stehen als allgemeine
Erfahrungen hinter den verschiedenen konkreten Be-
schreibungen.

Diese gemeinsame Erfahrung tritt noch stärker hervor,
wenn wir nicht von einzelnen Arbeitsmilieus ausgehen,
sondern von den Lebensläufen einzelner Arbeiter. Alfons
Petzolds literarisch meisterhaft gestaltete Autobiographie
„Das rauhe Leben"[20] beschreibt ein individuelles Schicksal, das aber im Wien der Jahrhundertwende noch für
große Teile der Arbeiterschaft charakteristisch war: Getrieben vom Zwang der Verhältnisse, von Entlassungen,
körperlichen und psychischen Zusammenbrüchen, ebenso
aber auch von der nie versiegenden aber doch meist schnell
enttäuschten Hoffnung auf Verbesserung war ihre Existenz nicht von Beständigkeit oder einem einzelnen Ar-
beitsmilieu geprägt, sondern vom unsteten Wechsel von
einem zum anderen.

Alfons Petzold begann 1896, kaum vierzehnjährig, sein
„Proletarierdasein" als Lehrling in einer „Silber-Präge-
und Montieranstalt" im Schottenfeld, in einer kleinen
Werkstätte, in der ein tschechischer Meister und Hausbesitzer drei Lehrbuben für sich schuften ließ und selbst
die meiste Zeit im Kaffeehaus verbrachte. Als sich schon
bald herausstellte, daß hier die Lehrlinge nichts lernten,
sondern nur Hilfsarbeiten verrichteten, suchte Petzolds
Mutter eine neue Lehrstelle. Sie wurde gefunden in einer
Schusterwerkstatt, die überdies Kost und Quartier bot.
Zu Tode verängstigt von der Roheit seiner fünf Mitge-
sellen und acht Mitlehrlinge, und von der Hoffnung auf
ausreichende Ernährung enttäuscht, flüchtete Alfons
aus dieser Werkstätte und war auch durch die Polizei
nicht mehr zurückzubringen. Bald fand sich ein neuer
Lehrplatz in der „Chirurgischen Instrumenten- und
Bandagenfabrik Odelga". Sie bot leichte und interessante
Arbeit, aber so wenig Lohn, daß sie aus freien Stücken verlassen wurde, um dem Rat eines Bettgehers aus dem Baugewerbe zu folgen, der von hohen Löhnen für Maurerlehr-
linge sprach. Alfons Petzold begann auf einer Großbau-
stelle auf dem Neubau, erlitt aber bald infolge körperli-

cher Überanstrengung und der Roheit der Kollegen einen
völligen Zusammenbruch. Als nächstes fand er Kost und
Quartier in einer Bäckerei in Ottakring, doch als er beim
Ausführen des Brotes einen schweren Unfall hatte, war
auch die Lehre als Bäcker zu Ende. Nun versuchte er sich
als Kellnerlehrling in der „Goldenen Weintraube" in
Simmering, wo die Arbeitszeit vom frühen Morgen bis
tief nach Mitternacht dauerte und der Schlafplatz aus
einer Kiste bestand. Als er seinen im Sterben liegenden
Vater besuchen wollte, führte dies zur Entlassung, und
nun verzichtete Alfons Petzold endgültig auf das Erler-
nen eines Handwerks. Er wurde „Mädchen für alles in
einer Stiefelschmier- und Wichsfabrik", wo er fünf Kronen die Woche verdiente und zum ersten Mal den Stolz
erlebte, vom Chef mit „Sie" angesprochen zu werden.
Die Hoffnung auf eine Krone mehr veranlaßte ihn, in
eine kleine Kartonfabrik zu wechseln, und daran schlossen sich Arbeiten in einer Buchdruckerei, als Vertreter
einer Kunstblumenfabrik, wieder Bauarbeit und eine
Bronzewarenfabrik an, jeweils unterbrochen durch
längere Phasen der Arbeitslosigkeit, die notdürftig mit
Schneeschaufeln oder dem Fangen und Verkaufen von
Wienerwaldvögeln überbrückt wurden.
Schon am Beginn seines Arbeitslebens hatte Alfons
Petzold damit zahlreiche ganz unterschiedliche Arbeitsmilieus durchlaufen. Was sich in zeitgenössischen Enque-
ten und Studien wie auch in der analytischen Perspektive
des Historikers als getrennte Arbeitswelten darstellt,
verschmolz in seinem Lebenslauf zu einer einzigen Arbeitswelt, die nur wenig Platz ließ für Freude und Stolz,
und ausgefüllt war mit Mühsal, Demütigung und Entbehrung.

Anmerkungen

1 Stefan Zweig, Die Welt von Gestern. Erinnerungen eines Europäers, Frankfurt a. M. 1982, S. 14.

2 Gerhard Meißl, Minutenpolitik. Die Anfänge der „Wissenschaftlichen Betriebsführung" am Beispiel der Wiener Elektroindustrie vor dem Ersten Weltkrieg. In: Helmut Konrad/Wolfgang Maderthaner (Hg.), Neuere Studien zur Arbeitergeschichte, Wien 1984, S. 43. Die weitere Darstellung der Elektroindustrie folgt im wesentlichen dieser Studie.

3 Österreichischer Metallarbeiter 1895, Nr. 22, S. 3ff, zit. nach Meißl (wie Anm. 2), S. 50.

4 Julius Deutsch, Auslese und Anpassung der Arbeiter in den österreichischen Siemens-Schuckert-Werken in Wien.. In: Schriften des Vereins für Socialpolitik, Bd. 134 (1910), S. 242.

5 Ebenda, S. 293.

6 Die Arbeits- und Lebensverhältnisse der Wiener Lohnarbeiterinnen. Ergebnis und stenographisches Protokoll der Enquete über Frauenarbeit, abgehalten in Wien vom 1. März bis 21. April 1896, Wien 1897, S. 448, 450, 470 usw.

7 Gerhard Meißl, Harte Zeiten. Arbeitsdauer und Intensität als Konfliktfeld der industriellen Gesellschaft; ders., Arbeitslohn und Arbeitsleistung. Beides in: Walter Sauer (Hg.), Der dressierte Arbeiter. Geschichte und Gegenwart der industriellen Arbeitswelt, München 1984, S.103,121.

8 Arbeits- Lebensverhältnisse (wie Anm. 6), S. 400 f.

9 Die Lage der Ziegelarbeiter. In: Gleichheit. Sozial-demokratisches Wochenblatt, II. Jg. (1888), Nr. 48, S. 2.; vgl. ferner Irene Wondratsch, Zur sozialen Lage der Arbeiterschaft im 19. Jahrhundert am Beispiel der Wienerberger Ziegelarbeiter. In: Zeitgeschichte 9 (1981), H. 2, S. 52−70.

10 Richard Schüller, Die Schuhmacherei in Wien. In: Schriften des Vereins für Socialpolitik 71 (1897), S. 39 ff.

11 Karl Renner, An der Wende zweier Zeiten, Wien 1946, S. 214 f.

12 Hedwig Lemberger, Die Wiener Wäsche-Industrie, Wien 1907, S. 28 f, 35, 83−85.

13 Ebenda, S. 83.

14 Ebenda, S. 85.

15 Johann Böhm, Erinnerungen aus meinem Leben. Wien 1953, S. 23 f, 27 f, 30.

16 So leben die Bäckerarbeiter! Statistische Zusammenstellung über die Arbeits- und Lohnverhältnisse im Bäckergewerbe in den 19 Gemeindebezirken Wiens, hg. von der Gewerkschaft der Bäckereiarbeiter Niederösterreichs, Wien 1893 (ohne Seitenangabe).

17 Ebenda.

18 Ebenda.

19 Siehe Anm. 5.

20 Alfons Petzold, Das rauhe Leben. Graz 1979, S. 97, 101, 112, 113, 116, 125, 149, 172, 176, 193 etc.

Bildnachweis: Augenzeugen. Das Bild der Arbeit, Wien 1982, S. 94, 98, 103. Die Gross-Industrie Oesterreichs. Festgabe zum fünfzigjährigen Regierungs-Jubiläum Franz Josef I., Wien 1898, S. 37 f.

JAN TABOR

AN DIESER BLUME GEHST DU ZUGRUNDE
Bleich, purpurrot, weiß – Krankheit als Inspiration

> Als Gregor Samsa eines Morgens
> aus unruhigen Träumen erwach-
> te, fand er sich in seinem Bett
> zu einem ungeheueren Ungezie-
> fer verwandelt.
>
> *Franz Kafka, Die Verwandlung.*
> *1912.*

Vorweg: Meine Erinnerung an ein verdrängtes Unheil

Eines Nachmittags, als meine Mitschüler und ich durch die Stadt schlenderten, wurden wir von einem gutaussehenden, doch auffallend dünnen und bleichen jungen Mann angesprochen. Er wollte nichts Seltsameres, als uns herrliche Bananen anbieten. Ich dachte an Wunder, meine Freunde aber benahmen sich höchst merkwürdig. Sie hielten Abstand, sagten nichts, lehnten ab. Als auswärtiger Hauptschulpendler kannte ich die Stadtbewohner kaum. Ich nahm die Früchte, die ich bis dahin noch nie gekostet hatte, und drückte die mir entgegengestreckte Hand. Im freundlich-traurigen Gesicht des jungen Mannes, so glaube ich mich zu erinnern, erblickte ich einen in dem Augenblick mir unbegreiflichen Hauch von Dankbarkeit.

Meine Freunde waren inzwischen einige Schritte weitergegangen und schauten mich verdutzt an. Ich holte sie, eine Banane essend, langsam ein. „Er ist ein Tuberak", sagte einer leise, Tuberak, der Tuberkulöskranke!

Das war damals, Mitte der fünfziger Jahre, in Böhmen eines der schlimmsten Schimpfwörter. In dem Augenblick sah ich jene Spucknäpfe vor mir, die wir aus Kliniken und Ämtern kannten, den Inbegriff des Ekels. Ich sah die käsige, grüngelbrote Spucke, in der Zigarettenstummel schwammen. Wie elektrisiert warf ich die Bananen weg, wie von einem unsichtbaren Scheusal verfolgt rannten wir davon.

Ich mußte kotzen. Ich hatte entsetzliche Angst. Dabei hatte die Tuberkulose für uns längst nicht mehr bedeutet als jährlich einen schulfreien Tag, an dem wir zu einer recht vergnüglichen Grunduntersuchung gehen mußten.

Drei oder vier Jahre später, wir waren vierzehn, trafen wir uns mit ein paar Mädchen zu einem der üblichen pubertären Flirtversuche. Überraschenderweise wurde ausgerechnet um das schönste, mir unbekannte Mädchen kein Wettbewerb der Angeber ausgetragen. Man nannte sie Mondschein, sie hieß aber Eva. Sie hielt sich abseits, stand sozusagen zur Verfügung. Ich ahnte den Grund, erkannte ihn an dem Hauch der ungewöhnlichen Dankbarkeit. Es war kein Flirt. Es war ein Einblick ins Innere des Unfaßbaren. Es war eine stundenlange Reise zum Abgrund einer ungeahnten Welt des Leidens ohne Schmerzen.

Sie lebe nicht zu Hause, erzählte sie mir, sie wohne in einem Sanatorium, drei Jahre schon. Jetzt sei sie nur kurz hier, zu Besuch bei ihren Eltern. Zu Hause habe sie ihr eigenes Zimmer, ihr eigenes Geschirr, ihre eigene Bettwäsche. Übermorgen müsse sie wieder zurück, dann würden die Eltern das Zimmer gründlich säubern, alles rein reiben. Alle seien sehr lieb zu ihr, auch die Geschwister, alles sei so komisch, als wäre sie vom Mond gefallen, damals, als die Mutter den Schularzt habe aufsuchen müssen. Wann sie wieder zurückkommen werde, wisse sie nicht. Einige dort, im Sanatorium, seien bereits gestorben. Aber nur wenige, sehr wenige.

Diesmal hatte ich keine Angst. Ich erinnere mich nur an ihre anmutige Erscheinung. Sie war die erste Frau, die ich wirklich geküßt habe. So habe ich die Tuberkulose kennengelernt. Jugenderinnerungen sind entweder schrecklich oder schön.

Der Mythos der Vorahnung

„Experiment Weltuntergang. Wien um 1900" war der Titel einer Ausstellung in Hamburg, 1981. Werner Hofmann zeigte dort Bilder von Makart, Klimt, Kokoschka, Schiele, Gerstl, Schönberg und Kubin. Auf dem Katalogumschlag ist ein Bild von Oskar Kokoschka abgebildet, die „Pieta" von 1908/09: Eine bleiche Frau, fast eine Leiche, hält in ihren Armen eine purpurrote, zusammenfallende männliche Gestalt.

Der Titel und der Leitgedanke der Ausstellung ist Karl Kraus entlehnt, seinem Nachruf auf den ermordeten Thronfolger in der „Fackel" am 19. Juli 1914, wo das Wort von der „österreichischen Versuchsstation des Weltunterganges" fiel. Kraus nannte Franz Ferdinand einen „ungestümen Boten aus Altösterreich", der eine kranke Zeit wecken wollte, „daß sie nicht ihren Tod verschlafe". Erweitert um Kraus' ursprünglich gegen die Journalisten gerichtetes Verdikt, sie seien „Dekorateure des Unterganges", entwarf Hofmann in seinem brillianten Katalogessay „Das Erwachen zum Tode" das Bild der österreichischen Kultur um die Jahrhundertwende als eine von feinfühligen Künstlern ästhetisch verschlüsselte Vorankündigung des kommenden Unheils. „Wir haben es hier mit den Entdeckungen einer nervösen Reizbarkeit zu tun, die ihre subjektive Intuition zum Maßstab aller Dinge macht." [1]

Hofmann dreht die Auffassung, der Ursprung der (österreichischen) Moderne sei in der Aufbruchstimmung zu suchen, ins Gegenteil um: in die Untergangsstimmung. Die schlimmen politischen und sozialen Zustände unterschlägt er nicht, lediglich die individuellen Lebenserfahrungen der Künstler klammert er völlig aus. „Nervöse Reizbarkeit" und „subjektive Intuition", die präkognitive Fähigkeit, den Gang der Dinge vorauszuahnen und ins Werk einfließen zu lassen — das klingt gut und sieht auch angesichts einer „Pietã" von Kokoschka und der später stattgefundenen Untergänge Weltkrieg und Monarchieende einleuchtend aus.

Die gegenwärtige Nostalgiemaschinerie (Ausstellungsmacher, Publizisten, Kunsthistoriker) nahmen diesen schönen Auslegungsköder dankbar auf: Wien um 1900 war ein Labor des Unterganges, das ist die These. Nun gilt es, Antithesen aufzustellen, materialistische Disharmonie in diesen romantischen Interpretationseinklang von Ursachen und Wirkungen zu bringen.

Meine (bewußt eingeschränkte) Antithese ist: Der Alltag, die alltägliche, die allgegenwärtig lauernde und Fami-
lienangehörige, Freunde, Bekannte oder Idole der Künstler plötzlich oder schleppend wegraffende *Krankheit* war
jener Boden, aus dem die eigenartigen Blumen des Bösen
zu sprießen begannen. Das dargestellte Unheil war kein
kommendes, es war gegenwärtig und konkret. Es hieß
Lustseuche, Schlaganfall, Krebs, Nierenschrumpfung oder
Irrsinn. Es hieß vor allem *Schwindsucht,* die Angst und
das Unglück vieler. Wir haben es verdrängt.

Die falschen Text-Diagnosen, Beispiel Franz Kafka

Lungenkrankheiten waren ein Haupt- oder Neben-
thema einer Reihe bedeutender literarischer Werke: „Effi
Briest" von Theodor Fontane etwa oder der sterbende
Lewin in „Anna Karenina" von Leo Tolstoi. Der erste
Sanatoriumsroman, „Ships That Pass in the Night" der
Engländerin Beatrice Harraden, spielt in einem Schweizer
Kurort; 1893 erschienen, lag 1901 davon bereits die
zwanzigste Auflage vor, die deutsche Übersetzung von
1895 erlebte ebenfalls mehrere Auflagen.[2] 1894 ver-
öffentlichte Arthur Schnitzler seine Tbc-Erzählung
„Sterben". Die Novelle „Tristan" von Thomas Mann
(1901) spielt in einem Sanatorium; nachdem seine Frau
Katja 1912 zu einem langen Kuraufenthalt abgereist war,
begann Thomas Mann am „Zauberberg" zu arbeiten, dem
wohl wichtigsten Sanatoriumsroman. 1937 schließlich
erschien auf englisch der melodramatische Tbc-Roman
„Drei Kameraden" von Erich Maria Remarque.
    Über den autobiographischen Fortsetzungsroman
„Szenen aus dem Leben der Bohème" (1848) von Henri
Murger gelangte 1896 die lungenkranke Näherin Mimi
in die Oper „La Bohème" von Giacomo Puccini. Die
Margherita aus dem Roman „Kameliendame" von Alexander Dumas d.J. diente Giuseppe Verdi (dessen beide
kleinen Kinder und Frau Margherita kurz hintereinander
starben) 1853 als Vorbild für die lungenkranke Violetta
in „La Traviata". Dazu ein Musiklexikon:[3] „Weder
mythische noch mystische Liebestode finden auf Verdis

Bühne statt. Seine Gestalten behalten Menschenmaß, sie bleiben real, auch wenn ihre Geschicke noch so romantisch-abenteuerlich anmuten."

An all diesen berühmten Texten und Szenen ist kaum herumzudeuteln: Die Menschen darin erkranken und sterben an einer tückischen Lungenkrankheit, als wären sie Opfer einer entsetzlichen Ungerechtigkeit. Auch Franz Kafka erkrankte und starb an der Tuberkulose. Ließ er sich, der als Angestellter der „Arbeiter-Unfall-Versicherungs-Anstalt" über die elenden Lebensbedingungen und über die Krankheitshäufigkeit der Arbeiterschaft gut Bescheid wußte und auch dazu Stellung nahm, als Dichter auf das Thema Kranksein nicht ein? Mitnichten. Die Krankheitsanspielungen bei Kafka sind lediglich schwer zu deuten und werden deshalb meist psychoanalytisch überinterpretiert.

Im Frühjahr 1917, einige Monate vor der ärztlichen Feststellung seiner Tuberkulose, schrieb Kafka die Erzählung „Ein Landarzt". In einer Nacht muß ein skeptischer Arzt („So sind die Leute in meiner Gegend. Immer das Unmögliche vom Arzt verlangen. Den alten Glauben haben sie verloren; der Pfarrer sitzt zu Hause und zerzupft die Meßgewänder . . . ") einen Kranken besuchen. Zuerst hält er ihn für gesund (!), dann aber entdeckt er das Unheil: „Rosa, in vielen Schattierungen, . . . , Blut, offen wie ein Bergwerk obertags . . . Armer Junge, dir ist nicht zu helfen. Ich habe deine große Wunde aufgefunden; an dieser Blume an deiner Seite gehst du zugrunde. Die Familie ist glücklich, sie sieht mich in Tätigkeit." Der kranke Junge aber sagt zum Arzt: „Mein Vertrauen zu dir ist sehr gering." Seine Krankheitsdisposition ist ihm angeboren: „Mit einer schönen Wunde kam ich auf die Welt; das war meine Ausstattung." Ob die Wunde von Syphilis oder Tuberkulose (beide Krankheiten galten als erblich) herrührt, verrät Kafka nicht. Die an Psychoanalyse, Psychopathologie, Existentialismus oder Strukturalismus geschulten Germanisten verbringen wahre Deutungsakrobatik: Vom Prometheusmythos über Christuswunden, Erbsünde, Geschlechtsverwandlung, Kastrationsangst, Ödipuskomplex bis zur Persiflage der Psychoanalyse reichen die Deutungen dieser Wunde. [4]

Die Szene aber ist stellenweise so realistisch geschildert, daß die Erzählung auch als Beschreibung der damals sich abzeichnenden neuen Beziehung von Arzt und Patienten gelten kann: einer Spannung zwischen der berechtigten Hoffnung des Kranken in die gewaltigen Fortschritte der Medizin und der faktischen Unmöglichkeit des Arztes, in einzelnen Fällen helfen zu können. Bereits in den 80er Jahren des 19. Jahrhunderts nahm der Arzt allmählich die Stelle des Priesters, als einziger Vermittler zwischen Leben und Tod, zwischen Gott und Mensch, ein. „Der weiße Gott" entstand.

Die meistinterpretierte Erzählung Kafkas ist „Die Verwandlung": Von Vorahnung der NS-Morde über Vater-, Selbst- oder Judenhaß bis zur Entlarvung der bürgerlichen Familie reicht die Interpretationskunst. „Eine Deutung nach Brehms Tierleben" ist ebenfalls vorhanden.[5] Als ich die „Verwandlung" las, dachte ich an das Mädchen, das Eva hieß und Mondschein genannt wurde. An ihre Erzählung, wie erschrocken ihre Eltern und Geschwister waren, als sie Blut spuckte. Wie sie zum Mittelpunkt des Familienlebens wurde und wie sie es haßte, dies zu sein. Ersetzt man das Sinnbild Ungeziefer durch Bazillus, also durch die Feststellung einer ansteckenden Krankheit, sieht man von der symbolischen Füllung ab und legt man das realistische Gerüst dieser modernen Fabel frei, so erfahren wir einen Aspekt der sozialen Wirklichkeit, der uns heute nicht mehr in seiner ganzen Tragik gegenwärtig ist.

In einer Familie erkrankt jemand an der Tuberkulose (oder einer anderen langwierigen Krankheit) und versetzt alle Beteiligten in eine äußerst prekäre Lage. Die damals (zum Beispiel 1898 von dem deutschen Arzt Pütter) entwickelten Verhaltensvorschriften verlangten die Separierung des Kranken, die Desinfektion der Wohnung, separate Wäsche, Bestecke, Geschirr. Das Krankenzimmer sollte einfach eingerichtet sein, damit regelmäßige gründliche Säuberung möglich ist. Der Kranke, meist ein junger Mensch, wurde in der Regel arbeitsunfähig und fiel nicht nur den sozial schwachen, sondern auch begüterten Familien zur Last. Die Behandlungen waren sehr kostspielig, ihr Erfolg höchst ungewiß. Die Situation des Kranken war dadurch noch schlimmer: er machte sich Vorwürfe, oft verübte er (wie etwa im Roman Harradens) Selbstmord, und sei es durch die Verweigerung der Therapie. All das ist deutlich der „Verwandlung" zu entnehmen.

Die Sekundärliteratur zu Kafka ist kaum mehr zu überblicken, doch die Krankheit als solche und die Erkrankung Kafkas werden dort noch immer kaum beachtet. Im Unterschied zu psychischen Krankheiten, die sich seit der Romantik unter dem Gesichtspunkt „Genie und Wahnsinn" außerordentlicher Aufmerksamkeit erfreuen, werden somatische Krankheiten als Interpretationsgrundlage oder wichtige biographische Hinweise gern übergangen. So bedient sich beispielsweise Peter Gorsen in seinem umfangreichen Buch „Kunst und Krankheit. Metamorphosen der ästhetischen Einbildungskraft" fast ausschließlich des Begriffsinstrumentariums der Psychopathologie.[6]

Bei der Rezeption von Franz Kafka ist diese Zurückhaltung deshalb umso unverständlicher, als seine Tuberkulose in fast allen Biographien ausführlich dokumentiert wird. Der erste Blutsturz fand in der Nacht vom 9. auf den 10. August 1917 statt – infolge des Kriegs gab es einen dramatischen Anstieg der Tbc-Erkrankungen. Am 24. August nennt Kafka die Tuberkulose „geistige Krankheit"; etwa zur gleichen Zeit schreibt er in einem Brief, als seine „angelockte Krankheit" ausbrach, habe er sie als „fast eine Erleichterung" empfunden – sie war der willkommene Vorwand, auch die dritte Verlobung zu stornieren. Daß die „Verwandlung" nie im Zusammenhang mit seiner Erkrankung betrachtet wird, dürfte darin begründet sein, daß Kafka sie bereits Ende 1912 geschrieben hatte, also fast fünf Jahre vor der (biographisch abgesicherten) Diagnose. Mag sein, daß Kafka die Erkrankung im nachhinein als herbeigewünscht erschien, aber auch das entsprach den gängigen Verdrängungsmechanismen. Man hatte sie kultiviert und sublimiert: die Reichen durch Kurreisen (der Tbc-Kranke Thronfolger Franz Ferdinand kurierte sich in Ägypten aus), die Künstler in der Dekadenz (Aubrey Beardsley zeichnete seine erotischen Bilder zwischen den einzelnen Blutstürzen), die linken Intellektuellen als die „proletarische Krankheit" und damit als ein Zeichen der Klassenzugehörigkeit.

Der Blutsturz, das Blutspucken ist freilich das Symptom der fortgeschrittenen Tuberkulose, zwischen dessen
Auftreten und der Erkrankung oft Jahre einer Latenz (die
man auch für ein Zeichen der Genesung hielt) liegen können. Mit anderen Worten: Es ist durchaus denkbar (aber
nicht belegbar), daß Kafka schon viel früher vor seinem
Tbc-Ausbruch 1917 mit seiner Erkrankung konfrontiert
war. Aubrey Beardsley (1872 — 1898) erkrankte bereits
1879, der erste schlimme Blutsturz trat erst 1891 auf.[7]
Auch Amadeo Modigliani (1884 — 1920), dessen Krankheit augenfällig auch seine Kunst beeinflußte und bei dem
das Bewußtsein kurzer Lebenszeit eine große Rolle spielte,
erkrankte 1901 an der Tuberkulose. Nach einer Beruhi-
gung brach sie 1918 erneut aus. Einen Tag nach Modig-
lianis Tod am 24. Jänner 1920 sprang seine schwangere
Frau Jeanne Hebuterne aus dem Fenster.[8] Die Tuberkulose war nicht irgendeine schreckliche Krankheit, sie war
eine Tragödie.

Exkurs Nr. 1: Tuberkulose

Gegen Ende des 19. Jahrhunderts war die Schwindsucht eine Massenkrankheit, deren seuchenartige Verbreitung durch die Zuwanderung und Ballung von Menschen in Industriezentren sowie die elenden Ernährungs-
und Wohnverhältnisse begünstigt wurde. Besonders anfällig waren die Zuwanderer aus den im allgemeinen Tbc-
freien ländlichen Gebieten. Die Tbc-Sterblichkeit lag in
Österreich bei 390 Todesfällen pro 100.000 Einwohnern
(1890), in Wien noch wesentlich höher, in Elendsvierteln
vier- bis sechsmal höher. Mit fast der Hälfte der Todesfälle belegte sie mit Abstand die erste Stelle der Todes-
ursachen.[9] (Die Tuberkulose wurde hier gern „Wiener
Krankheit" genannt). Das Verhängnisvolle war, daß
hauptsächlich junge Menschen, oft nach allmählicher,
langdauernder Körperaufzehrung (eben „Schwindsucht"),
an der Tbc starben. Obwohl die Krankheitsanfälligkeit
der Menschen aus der Unterschicht besonders hoch war,
blieb die Tbc keine „Armenkrankheit"; auch die Oberschicht (der Thronfolger Franz Ferdinand zum Beispiel)

war bedroht. Die Armen drängten sich in den überfüllten Spitälern (in Wien mußten damals täglich 50 bis 60 akute Fälle abgewiesen werden) oder vegetierten dahin und steckten weitere Menschen an. Die Reichen kurierten sich in den rasch wachsenden Kurorten wie Davos, Meran oder jenen an der Riviera. Die eigenartige Sanatoriumskultur entstand.

Der Kurort Semmering entwickelte sich erst zu einer beinahe mystischen Heillandschaft, als die Oberschicht gezwungen war, prophylaktisch aus der „kranken" Großstadt zu flüchten. „Den gesunden Lungenflügel Wiens" nannte Peter Rosegger den Semmering. Man sprach vom „Hausarzt Wiens" oder vom „Nervenstahlbad". Für das Werbemagazin „Südbahn und Lloyd" warb der Cafeliterat Peter Altenberg: „Wir steigen aus. Wir atmen rasiermesserscharfe Bergluft . . . Wir sind 1 000 Meter über dem Dunkel der Stadt. Nahezu siebenmal so hoch wie der Stephansturm . . . Lunge und Herz sind beglückt."[10] Die Schwindsucht, das tückische Unheil, beherrschte das Denken der Menschen mehr als alles andere. Jede Meldung der Zeitungen über ein neues Heilmittel erregte die Gemüter, löste eine Welle der Hoffnung aus. Umso bitterer waren die Enttäuschungen. So erwies sich etwa 1879 die Heilwirkung von Natrium benzoicum als Fehlannahme. Die Entdeckung der Tuberkulus-Bazillen durch Robert Koch 1882 war zwar ein überaus bedeutender Schritt vorwärts, doch der therapeutische Effekt blieb noch jahrelang gering. Hohlbrüstige, eckige, knochige Menschen mit fiebrig leuchtenden Augen und mondscheinbleichen Gesichtern, umhüllt vom Fluidum des unabwendbaren Todes, begegnete man zunächst auf der Straße, wenig später auch auf Bildern des Symbolismus und des Jugendstils. Die „Makart-Zeit" dagegen hatte die Rubens'sche Fülle und Gesundheit vorgezogen.

Die Ästheten fanden die Anmut und Traurigkeit der Todgeweihten schön. „Ein Gesicht wie ein Silberbeil", so beschrieb Oscar Wilde seinen Landsmann Beardsley. „Seine Schönheit erschreckt mich im Inneren und tut wundervoll weh, seine Häßlichkeit verfolgt mich in Träumen, ich liebe ihn, daß ich ihn schon hasse, ich hasse ihn, daß er mich so zu törichter Liebe zwingt", so drückte

eine junge Dame 1892 ihre Bewunderung für den kranken
Beardsley aus, dieses tragische Menschensymbol der
„Yellow Nineties".[11]

Die jungen Expressionisten reagierten mit Entsetzen.
Die Schwindsucht-Erfahrung von Oskar Kokoschka hieß
Bessie Bruce.[12] Sie war Tänzerin im Wiener Casino de
Paris. Von Peter Altenberg und Adolf Loos gleichermaßen
leidenschaftlich umworben, entschied sie sich für Loos.
Altenberg („vollständig wahnsinnig geworden, weint un-
aufhörlich . . . ", schrieb Loos in einem Brief) drohte,
Loos zu erschießen. Bessie war neunzehn Jahre alt und
bereits schwer erkrankt. Das war 1906.

1908 lernte Loos Kokoschka kennen, der für Josef
Hoffmanns „Wiener Werkstätte" arbeitete, die für Loos
der Inbegriff des schlechten Geschmacks war. Loos bewirkte, daß Kokoschka sich von Hoffmann trennte. In
dieser für die Entwicklung seines Stils so wichtigen Zeit
war Kokoschka mit dem Fall der kranken Bessie konfrontiert: Im Spätherbst 1909 nahm Loos Kokoschka
nach Leysin in der Schweiz mit, wo sich Bessie in einem
Lungensanatorium aufhielt. Um die fälligen Sanatoriums-
rechnungen bezahlen zu können, so erinnerte sich Kokoschka später, nahm Loos seine kostbaren Orienttep-
piche mit und verkaufte sie dort. (Eine ähnliche Geschichte spielt sich in den „Drei Kameraden" von Remarque ab:
Um den Sanatoriumsaufenthalt eines armen Mädchens zu
bezahlen, verkaufen die drei Freunde ihren selbstgebauten
Rennwagen, mit dem sie ein wichtiges Rennen gewinnen
wollten)

„Ich war ihr natürlich sofort von Herzen zugetan. Sie
hatte den zartesten Teint . . . (und) ein fröhliches Kinder-
lachen, auch wenn sie Blut spuckte in die berüchtigte
blaue Glasflasche, die alle Patienten einer tuberkulösen
Heilanstalt mit sich wie eine Reliquie herumtragen", erinnerte sich Kokoschka. Abends, wenn die Ärzte schlafen
gingen, kroch sie aus dem Fenster, „um mit anderen Patienten, soweit sie lebendig genug waren, tanzen zu gehen".[13] Kokoschka blieb längere Zeit in Leysin und por-
trätierte dort Patienten, die Bessie überreden konnte.
Symptomatisch ist, daß das damals gemalte Porträt des
Forschers Auguste Forel von seiner Familie mit der Be-

gründung abgelehnt wurde, Forel sei als kranker Mann dargestellt worden. Kokoschka „malte die Lebenden, als wären sie zwei Tage tot. Als er einmal einen Toten malen wollte, war der Sarg schon geschlossen", vermerkte Karl Kraus 1911 in seiner „Fackel".

Das Interesse der Bohème und der Künstler für Tänzerinnen, sei es als Freundinnen, sei es als Modelle, war um die Jahrhundertwende auffallend groß. Wie die Engländerin Bessie stammten sie fast ausschließlich aus der Unterschicht, waren chronisch unterernährt, übermüdet und mußten noch dazu unter außerordentlich schlechten Arbeitsbedingungen arbeiten (Bars, Casinos, Kabaretts). Viele waren Tbc-krank. Sie sahen kindlich aus, hatten den „zartesten Teint" und waren zugleich fröhlich und endlos schwermütig. Sie waren die Verkörperung der beliebten Gleichnisse „Jugend und Tod" und „Eros und Tod". Ihre Erscheinung war eine ästhetische Herausforderung, ihr Schicksal das Memento mori. Es verwundert nicht, daß der junge Kokoschka sich nach der Erfahrung im Sanatorium für die Dekorationssehnsüchte der Wiener Kunstgewerbler nicht mehr begeistern konnte. Er wurde zum Expressionisten.

Die falschen Bild-Diagnosen: Egon Schiele

Das Interesse Egon Schieles für unterernährte, rachitische Mädchen aus den Vorstadtquartieren als Modelle ist sprichwörtlich. Es wäre übertrieben, wie etwa bei Käthe Kollwitz, auch bei Schiele von Kunst als sozialer Anklage zu sprechen. Noch mehr verfehlt aber wäre es, die „nachträgliche Entpolitisierung" (Hans Bisanz) seiner Kunst zu akzeptieren.[14] Indem er elende Menschen malte, stellte er das wirkliche Elend dar, die nackte Existenz, die Schattenseite der Gesellschaft. Schiele war ein erklärter Antimilitarist („die Uniformen ekeln mich an"), er war wichtiger Mitarbeiter jener linksradikalen Expressionistenzeitschrift „Die Aktion", die sich am Anfang des Krieges im Oktober 1914 inmitten der patriotischen Orgien (an denen auch die Sozialdemokraten teilnahmen) die unerhörte Frechheit erlaubte, mit einer Zeichnung von Schiele auf der Titelseite den gefallenen französischen Dichter Charles Peguy zu ehren.

Schiele stellte häufig sich selbst (aber auch andere) ekelverzerrt grimassierend dar, mit auf Haut und Knochen abgemagerten, von Krämpfen verrenkten Gliedern und Körpern, mit fast signalartig leuchtenden roten Flecken und Körperteilen wie Genitalien, Nabel, Brustwarzen und Augen: lebende Leichen. „Ich bin Mensch, ich liebe den Tod und ich liebe das Leben." „Sterbliches Leben, Tod." „Alles ist lebend tot." So beendete er 1909/10 seine Gedichte. In „Anarchist Sonne" schreibt er: „Schaue an, Vater, mich, der du doch da bist, umstricke mich, gib mir: Nähe, Weite, laufe ab und auf, rasend Welt. – Strecke jetzt deine edlen Knochen. Reiche mir weiches Ohr, schöne blaublasse Wasseraugen. – Das, Vater, war da. Vor dir bin ich."[15] Vom Vater träumte und sprach Schiele oft. „Egon redet in der Nacht immer: vorige Nacht, sagte er, sei sein Papa bei ihm gewesen, nicht im Traum – er habe viel zu ihm gesprochen!", berichtete Schieles Schwager Anton Peschka.[16] Zu dem 1912 gemalten Bild „Die Eremiten", auf dem Schiele sich selbst und Klimt dargestellt hatte, schieb er: „Ich habe das Bild nicht von heute auf morgen malen können, sondern durch meine Erlebnisse einige Jahre vom Tode meines Vaters an . . . "[17] Seltsam genug, daß Schiele, der wie kein anderer Künstler die Erotik ohne jede symbolische Verhüllung darzustellen vermochte und dem ein Prozeß wegen eines Sittlichkeitsvergehens drohte, sich als Eremiten malt. Der Tod seines Vaters – Egon war fünfzehn Jahre alt – war für Schieles Kunst offensichtlich von größter Bedeutung.

Adolf Schiele starb am 31. Dezember 1905 an den Folgen einer progressiven Paralyse, dem Endstadium der Syphilis. Mit „Anzeichen geistiger Verwirrung", wie es eine Biographie vorsichtig umschreibt.[18] Die ersten zwei Geschwister wurden tot geboren, ein in Familien von Syphilitikern häufiges Vorkommnis. Eine andere Schwester starb zehn Jahre alt, Egon war drei. Er und seine zwei Schwestern Melanie und Gertrude waren gesund. Egon hatte eine schwache körperliche Konstitution und das sogenannte „Kinderherz" (er war in Friedens-

zeiten untauglich). In einem Anfall von Verwirrung ver-
brannte der Vater den gesamten Aktienbesitz der Familie
und stürzte sie dadurch in arge finanzielle Schwierigkeiten.
In den letzten Jahren seines Lebens zwang Adolf Schiele
seine Familie, für einen imaginären Gast (seinen erstge-
borenen toten Sohn?) zu decken und den Gast höflich zu
behandeln. Ob also diese Erlebnisse (und womöglich auch
die Angst, selber vielleicht krank zu sein) oder eine ,,sub-
jektive Intuition'' seine Kunst mehr geprägt haben, sei
dahingestellt. Egon Schiele starb am 31. Oktober 1918,
28 Jahre alt, an der spanischen Grippe. Drei Tage vorher
war seine Frau Edith — im sechsten Monat schwanger —
gestorben.

    1910 beziehungsweise 1911 hatte Schiele mit den
Bildern ,,Tote Mutter'' und ,,Schwangere und Tod'' zwei
seiner eindrucksvollsten Werke gemalt. Eine abgemagerte,
gelbbleiche tote Mutter trägt in einer bauchartigen Umhüllung ein purpurrot glühendes lebendiges Kind. Die
Komposition der Szene erinnert an Bilder von Edvard
Munch. In dem zweiten Gemälde steht neben der toten,
ebenfalls schwangeren Mutter ein Todesengel in Gestalt
eines düsteren, totenblassen Mönchs. Angesichts der weit-
gehenden Übereinstimmung der beiden Bilder mit den
Umständen des Todes seiner Frau könnte man tatsächlich
über Schieles Vorahnungsvermögen spekulieren. Auch
wenn Schieles Mutter nicht zwei Totgeburten gehabt
hätte: Der wahre Zeitschrecken war nicht die Tuberkulose oder die Syphilis, es waren die massenhaft sterbenden
Kleinkinder (bereits ein Viertel der Kinder starb im ersten
Lebensjahr, und es gibt zahlreiche Zeugnisse, daß dieses
Massensterben die Trauerfähigkeit der Menschen keineswegs verminderte). Die Künstler reagierten darauf, wie
etwa die 1909 von Gustav Mahler komponierten ,,Kinder-
totenlieder'' und die erschütternden pietáartigen Zeichnungen von Käthe Kollwitz (die ihren Mann, einen Ar-
menarzt in Berlin, oft begleitete) zeigen. Das bis dahin
der Christus-Darstellung vorbehaltene Pietá-Motiv wurde
zuerst für den Kindertod, nach dem Weltkrieg dann für
den Soldatentod angewendet. Die Deutungen in Richtung
Totenkult oder gar Nekrophilie sind schlechthin falsch.

Exkurs Nr. 2: Syphilis

Die Syphilis, auch Lustseuche genannt, war eine überaus häufige Erkrankung. Noch in der Biedermeierzeit rangierte sie vor Krätze und Wechselfieber weit vorne auf der Liste der behandelten Krankheiten, obwohl sie häufig nicht oder nur geheim behandelt wurde. Die Statistik ist daher unverläßlich. Die Verbreitung der Syphilis um 1900 bezeugen die zahlreichen Ärzteannoncen, in denen auch das Unmögliche versprochen wurde: die „veraltete Syphilis" zu heilen. Sie wurde auch als „geheime Krankheit" oder „Jugendsünde" umschrieben.

Die „veraltete" und unheilbare Syphilis schleppte sich über Jahre hin, ohne daß es äußere Krankheitssymptome gab. Sie griff aber die inneren Organe an und brach dann einmal auch nach außen hin aus. Das Verhängnisvolle war, daß es neben den offensichtlich angesteckten Neugeborenen auch Kinder geben konnte, bei denen vorerst keine Symptome erkennbar waren. Neben den gesunden gab es auch scheinbar gesunde Kinder. Kein Wunder also, daß die Syphilis nicht nur als die geheime, sondern auch als eine geheimnisvolle Krankheit galt, mehr noch, als „Strafe Gottes".

Bei Charles Baudelaire (1821 − 1867) brach die vermutlich angeborene Syphilis 1864 aus, zwei Jahre später war er gelähmt und hatte die Sprache verloren. Dadurch verlor er auch seine Freunde und seine gesellschaftliche Position. Der Fotograf und Schriftsteller Nadar war einer der wenigen Freunde, die den dahinsiechenden Dichter noch besuchten oder nach Hause einluden. „Er pflegte noch immer sorgfältig seinen Körper. Kaum hatte er mein Haus betreten, wies er mir seine Hände, und ich mußte die Ärmel hochkrempeln, ihm die Hände mit Seife schrubben, sie abreiben und glänzend reiben . . . , Cré Nom! Cré Nom! wiederholte er immer wieder in ekstatischem Ton, die einzigen Worte, die noch über diese Lippen gelangten, denen unsterbliche Verse entströmt waren."[19] Darüber, ob die „Blumen des Bösen" mit seiner Krankheit zusammenhingen und ob zwischen Baudelaires „Blumen" und Kafkas „Blume", an der der Knabe zugrundegeht, eine Beziehung besteht, läßt sich spekulieren. Auf jeden Fall kommt in Baudelaires späten poetisch-philosophischen Notizen das Wort „Hygiene" in den unpassendsten Zusammenhängen vor.

Henri Murger (1822 – 1861), der mit seinem Roman der Bohème ihren Namen gab, wurde nach seinen wilden jungen Jahren ein leidenschaftlicher Sportsmann. Es nützte ihm nichts. „Jede Woche am gleichen Tag und zur gleichen Stunde" (Nadar) färbte sich seine Haut purpurrot. [20] Es war die Syphilis der schlimmsten Sorte. Murger verweste einsam und gemieden. Die „nervöse Reizbarkeit" vieler Menschen hatte also durchaus irdische Ursachen, häufig eben die (angeborene) Syphilis. Franz Schubert, Hans Makart, Paul Gauguin, Jules de Goncourt oder Kronprinz Rudolf waren vielleicht auch deshalb extravagante Menschen geworden, weil sie wußten, wie kurz das Leben und wie grausam sein Ende sein kann.

Die Vorbilder: Künstler heilen ihre Wunden

Ob man krank oder gesund war: Das Unheil war konkret und die Angst berechtigt. Sie waren ein Teil der Wirklichkeit, und Künstler setzten ihn auch in die Kunst um. „Edvard Munch ängstigte das Publikum durch sein Bild: ‚Angst' . . . Man unterscheidet zehn Gesichter, alle bleich, mit entsetzten Augen, von Angst verzerrt, karikiert . . . Aber der Künstler macht ihre Angst auch symbolisch sichtbar, er macht aus der Angst Ornamente", schrieb Ludwig Hevesi anläßlich einer internationalen Ausstellung in der Wiener Secession 1901, wo unter anderem Bilder von Munch und Ferdinand Hodler gezeigt wurden. [21] Die Bedeutung dieser Ausstellung für die Entwicklung der Wiener Kunst kann nicht eindringlich genug betont werden. Wer waren die Vorbilder, woher kam die Kraft ihrer Werke?

Anton Romako (1832 – 1889), der bedeutendste österreichische Maler des 19. Jahrhunderts, war und ist in Österreich nicht besonders geschätzt. In der Ausstellung „Traum und Wirklichkeit" beispielsweise war er nicht vertreten. Unter dem Einfluß von Goya malte Romako Porträts, in denen die Menschen nicht mehr als gesund ver-

ewigt, sondern als todesanfällig dargestellt wurden. Das
Leben in seinen Bildern beginnt bereits durch die schwin-
denden Umrisse und unheilkündenden Töne zu verhau-
chen. Der Schritt von Romako zu Kokoschka ist klein.
,,Ich habe schon in den zwanziger Jahren Propaganda gemacht für den originellen und in Österreich vollkommen
vergessenen Maler Romako, den ich als wahren Pionier der
modernen Malerei schätze", meinte Kokoschka 1971. [22]
Romako starb, von seiner Frau verlassen und von dem gemeinsamen Selbstmord seiner beiden Töchter gebrochen,
verlacht und völlig arm, an den Folgen einer langwierigen
(wahrscheinlich tuberkulösen) Nierenschrumpfung.

Der belgische Bildhauer George Minne (1866 – 1941):
,,Diese Menschen sind mit der Milch der sieben mageren
Kühe gesäugt, sie bestehen größtenteils aus Röhren-
knochen und Muskelschwund." [23] So beschrieb Hevesi
den ,,Brunnen der fünf Knaben" (1898). Die Skulptur
mit diesen ,,Jammergestalten" war 1900 in der Secession
ausgestellt und sprach bei Kokoschka und noch mehr bei
Schiele deren Vorliebe für dürre, grätige, rachitisch wirkende Figuren an. Minnes erste Plastik, ,,Mutter, ihr totes
Kind beweinend", ging auf seine schmerzlichen Kind-
heitserinnerungen zurück. Der Schweizer Maler Ferdinand
Hodler (1853 – 1918), den die Wiener Secessionisten ver-
götterten und ihm auch zum ersten Erfolg verholfen hatten: Hodler war sieben Jahre alt, als sein Vater (34jährig
an einer Lungenkrankheit), fünfzehn Jahre alt, als seine
Mutter starb.[24] Noch als alter Mann weinte er, als er
schilderte, wie er und seine kleinen Geschwister die auf
einem Armenfeld plötzlich tot zusammengebrochene
Mutter auf einem Karren nach Hause geschleppt hatten.
Alle seine Geschwister starben an der Schwindsucht; ihm
schien, ,,als wäre immer ein Toter im Haus".

Der Norweger Edvard Munch (1863 – 1944): ,,In
meinem Elternhaus hausten Krankheit und Tod", beschreibt Munch die Umstände, durch die seine Kunst
wesentlich geprägt wurde. ,,Ich habe wohl nie das Unglück von dort überwunden . . . Die Tuberkulose wütete
in unserer Familie. Ich hatte außer Gichtfieber lang-
dauernde Krankheiten mit Blutsturz zu erleiden." 1920
notierte er, daß das ,,seit der Kindheit vorhandene Gefühl

einer blutigen Ungerechtigkeit die Grundlage für meine Neigung zum Aufruhr in meiner Kunst" bildete. „Doch meine ich nicht, daß dies meine Kunst krankmachen sollte. Im Gegenteil glaube ich, daß meine Kunst eine gesunde Reaktion war." Munch war fünf Jahre alt, als seine Mutter, vierzehn Jahre alt, als seine älteste Schwester, und zweiunddreißig Jahre alt, als sein Bruder starben. Seine Bilder mit Todes- und Krankheitsmotiven schockierten die Welt, riefen Entrüstung hervor. Munch war der erste, der den alltäglichen Tod, nicht den in symbolische Figuren wie Ophelia oder Eurydike versteckten, gemalt hatte. Munch ängstigte die Menschen durch ihre eigenen Ängste. Er malte, was er erlebte. Seine Kunst aber war nicht der Ausdruck eines Pessimismus, sondern des rebellischen Lebenswillens. „Ich, welcher krank in die Welt hineinkam – in kranker Umgebung – welchem die Jugend ein Krankenzimmer und das Leben ein strahlend sonnenbeleuchtetes Fenster war – mit herrlichen Farben und herrlichen Freuden – und dorthin – draußen möchte ich gerne im Tanz dabei sein."[25] So Munch 1898. Etwa zehn Jahre später, als sich sein gesundheitlicher Zustand weitgehend konsolidiert hatte, begann er, hauptsächlich Arbeiterbilder zu malen.

Künstlerbiographien: fast immer ein Toter im Haus

Auffallend viele „aufrührerische" Künstler wurden von Krankheitsfällen oder dem Tod ihrer Familienangehörigen geprägt, hatten unter dem Verlust geliebter Personen gelitten. Otto Wagner war fünf Jahre alt, als sein Vater an einer Lungenkrankheit starb. Als Gustav Klimts Schwester Anna fünfjährig starb (Klimt war zwölf), erlitt seine Mutter einen Zusammenbruch. Als 1892 sein Vater und sein Bruder Ernst (ein nicht weniger talentierter Künstler, mit dem Gustav gemeinsam studiert und dann auch gearbeitet hatte) im selben Jahr starben, veränderte Gustav Klimt sozusagen über Nacht seinen Stil – aus einem Gründerzeitmaler wurde der Führer der Moderne. Giovanni Segantini, ein in Wien einflußreicher Maler, verlor seine Mutter im sechsten Lebensjahr und fristete seine

Jugend in einem Kinderheim für Arme. „Mit meinem
Körper, in den das Schicksal meine Seele legte, hatte ich
viel zu kämpfen. Ich war verlassen und Waise mit sechs
Jahren, so allein ohne Liebe, fern von allen, wie ein toller
Hund."[26] So beschrieb Segantini, der Maler von „Bösen
Müttern" und pflegebedürftigen Jungtieren, seine Kind-
heit. Adolf Loos war sieben Jahre alt, als sein Vater starb.
Seine beiden jüngeren Schwestern starben kurz nach
ihrem dreißigsten Jahr.

Auch die jungen Genies starben früh. Klimt war 56
Jahre alt (und litt nach dem Tod seines Vaters und seines
Bruders unter der Vorstellung, daß auch er vorzeitig ab-
leben würde), als er an einem Infarkt starb. Makart war
44, Kolo Moser 50, Schiele 28, Gustav Mahler 51, Josef
Maria Olbrich 41, Beardsley 27, van Gogh 37, Segantini
41 . . . „Wien trauert, denn es hat Segantini geliebt",
schrieb Hevesi in seinem Nachruf.[27] „Dieser Kraftmensch
aus der Steinzeit, der in unserer Kultur herumging, daß
man sich wunderte, nicht bloß sein massives Skelett in
einem Hofmuseum zu sehen. Nur einundvierzig Jahre ist
er alt geworden. Wozu ist man also Urmensch, Kraftnatur,
Natursohn und lebt Sommers und Winters in der höchsten
Höhenluft, 8000 Fuß und mehr über dem Bakterienge-
wimmel, das wir Zivilisation nennen?"

Die schaukelnde Hoffnung: Der Aufstieg der Mediziner

Die Empörung des Großstädters Hevesi war berechtigt.
Segantini starb in der nach damaligen Vorstellungen wohl
gesündesten Gegend der Welt: in einer Sennhütte auf dem
Schafberg in der Schweiz, 3000 Meter hoch — dreimal
höher als der Semmering, der „Hausarzt Wiens" (Segantini
starb an einer Blinddarmentzündung). Nichts also, beklagt
Hevesi, schützt vor dem raschen Tod. Ob man gesund ist
wie ein Urmensch oder anfällig wie ein Städter — der
tückische Bazillus und der frühe Tod kann jedermann (wie
den „Jedermann" von Hugo von Hofmannsthal) holen.
Hier drückte sich der um 1900 offensichtlich gewordene
Widerspruch zwischen dem gewaltigen Fortschritt der
Medizin und dem großen Ansehen der Ärzte aus, zwischen

ihren Einsichten und den immer noch bescheidenen Möglichkeiten der Therapie. Die Erfolge der Medizin wurden durch die zunehmende Verschlechterung der Lebensbedingungen in den Industriezentren weitgehend zunichte gemacht. Dennoch gab es Erfolge. Nachdem 1873 die erste Hochquellenwasserleitung fertiggestellt war, sank die Zahl der Typhustoten von 1149 (1871) auf 185 (1879). Der Diphterie-Bazillus wurde 1884 entdeckt (in Wien rund 5 000 Todesfälle jährlich) und 1893 das Heilserum eingesetzt; die Zahl der Diphterietoten sank auf 1 800 (1900). [28]

Der Arztberuf hatte außerordentlich an Ansehen gewonnen, Namen wie Theodor Billroth, Anton von Eiselsberg oder Ernst Wertheim waren fast so populär wie die der Schauspieler. „Hausarzt"-Bücher und verschiedene medizinische Populärpublikationen erfreuten sich riesiger Auflagen. Die Einstellung zur Gesundheit, die Kenntnisse der Hygiene, das ganze Körperbewußtsein hatten sich grundsätzlich gewandelt. All die für das Ende des 19. Jahrhunderts typischen Kulturerscheinungen wie Lebensreformen, Sport, Mode, Sommerfrische, Kuraufenthalte bis hin zu Freikörperkultur, Wandervögel oder Anthroposophie waren unmittelbare Folgen des Aufstiegs der Medizin. Das Gegenteil von gesund wurde damals zweideutig: krank und ungesund. In den merkwürdigsten Analogieblüten und in den entlegensten Winkeln der Gesellschaft und Kultur breitete sich dieser medizinische Trialismus als die vorherrschende Denkmethode und Anleitung zum Handeln aus. Das neue Gesundheitsbewußtsein begünstigte auch die rasche Einbürgerung und schließlich auch die Effizienz der Medizin, des Sozialbiologismus und -darwinismus in den praktischen Handlungen. Kunst, Architektur, Politik, Ökonomie oder Philosophie und ihre Fachsprachen waren sozusagen mit Medizin infisziert.

Der Jugendstil mit der Anbetung des heiligen Frühlings, des Jungbrunnens, der Luft und der Sonne, des Reinen, des Heilen, des Naturhaften zeigten dies ebenso wie der kriegssüchtige Futurismus. „Wir wollen den Krieg verherrlichen — diese einzige Hygiene der Welt . . . ", steht im Futuristischen Manifest von 1909. Die Welle der amateur-philosophischen und -politischen Abhandlungen (mit Weiningers „Geschlecht und Charakter" an der Spitze) lebte von dem neuen Bewußtsein genauso wie der damals hochgekommene biologische Rassismus und sozialdarwinistische Chauvinismus. Schlagwörter wie Blut (und Boden), Parasiten, Rassenhygiene, Ausrotten, Austilgen, Ungeziefer, Krebsgeschwüre, gesunder (Volks)körper und wie all die beliebten Ausdrücke hießen, wanderten aus den Ordinationen auf die Straße und in die Bierbeisln.

Nicht selten waren es die Ärzte selbst, die ihre Fachsprache und Methoden auf die Gesellschaft übertrugen. Eine damals typische Sozialdiagnose des Wiener Neurologen Richard Krafft (1840 − 1902) als Beispiel: „Auch ohne Pessimist zu sein, muß man zugeben, daß der sociale Organismus krankhafte Züge in sich trägt. Erscheint uns doch der moderne Europäer vielfach als blasierter, mit sich und der Welt unzufriedener, in seiner Ethik und Religion zerfahrener, an dem Bestehenden nörgelnder, zur Aenderung der gesellschaftlichen Zustände drängender, von Furcht vor der ungewissen Zukunft angekränkelter Mensch." [29] Als die Nazis mit der „Säuberung der deutschen Kunsttempel", also mit ihrem Vernichtungszug gegen die „kranke", „degenerierte", „parasitäre" und sonstwie apostrophierte Moderne beginnen konnten, griffen sie auf den von dem Arzt Max Nordau geprägten Begriff „Entartung" der Kultur zurück. 1893 diagnostizierte Nordau, daß der Improfessionismus Resultat kranker Augen sei. Um 1900 war bereits alles „krank", die Luft, die Stadt, die Gesellschaft, das Volk, die Rasse, die Welt. Man sehnte sich nach dem Großen Mediziner.

In seiner Rede bei der Eröffnung der „Ersten Großen Deutschen Kunstausstellung" im „Haus der deutschen Kunst" in München am 18. Juli 1937 sagte Adolf Hitler unter anderem: „Ungeheure Anstrengungen werden auf unzähligen Gebieten des Lebens vollbracht, um das Volk zu heben, um unsere Männer, Knaben und Jünglinge, die Mädchen und Frauen gesünder und damit kraftvoller und schöner zu gestalten . . . diesen Menschentyp, den wir erst im vergangenen Jahr in den Olympischen Spielen in seiner strahlenden, stolzen, körperlichen Kraft und Gesundheit vor der ganzen Welt in Erscheinung treten sahen, dieser Menschentyp, meine Herren prähistorischen Kunststotterer, ist der Typ der neuen Zeit, und was fabrizieren Sie?

Mißgestaltete Krüppel und Kretins, Frauen, die abscheu-
erregend wirken können, Männer, die Tieren näher sind
als Menschen, Kinder, die, wenn sie so leben würden, geradezu als Fluch Gottes empfunden werden müßten! . . .
Nein, hier gibt es nur zwei Möglichkeiten: Entweder diese
sogenannten ,Künstler' sehen die Dinge wirklich so und
glauben daher an das, was sie darstellen, dann wäre nur zu
untersuchen, ob ihre Augenfehler entweder auf mechani-
sche Weise oder durch Vererbung zustandegekommen
sind. In einem Falle tief bedauerlich für diese Unglücklichen, im zweiten wichtig für das Reichsinnenministe-
rium, das sich dann mit der Frage zu beschäftigen hätte,
wenigstens eine weitere Vererbung derartig grauenhafter
Störungen zu unterbinden." Eine der neun Gruppen der
gleichzeitig mit der „Deutschen Kunst" laufenden Ausstellung „Entartete Kunst" hieß: „Der Idiot, der Kretin
und der Paralytiker".

Die weiße Vision

Wie verhängnisvoll das medizinische Denken in der
Politik war, so erforderlich war es für die Architektur und
den Städtebau. Die Hygiene war der Spiritus rector und
die Ultima ratio der allmählich entstehenden modernen
Stadtplanung. Die Hygiene, nicht die Ästhetik, stand am
Beginn des funktionalistischen Denkens. „Ich verlange
von einer Stadt", drückte es im Januar 1911 Karl Kraus
in der „Fackel" aus, „in der ich leben soll, Asphalt,
Straßenspülung, Haustorschlüssel, Luftheizung und Warm-
wasserleitung. Gemütlich bin ich selbst."
Der Zustand der, aus heutiger Sicht gemütlichen,
Städte war bereits um die Mitte des 19. Jahrhunderts
katastrophal geworden. Mit dem englischen „Public
Health Act" von 1848, der ersten modernen Bauordnung,
gewannen die Ärzte entscheidend Einfluß auf Städtebau
und Architektur.[30] Ihr Beitrag an der Entwicklung der
Architektur war so determinierend wie, bis zu einem gewissen Zeitpunkt, ausgesprochen segensreich. Ohne Hy-
gienemaßnahmen wären die Städte längst an Rachitis und
Typhus zugrundegegangen. Die Grundsätze der Hygiene

haben sich seither nachhaltig in das Denken der Architekten eingeprägt und beeinflußen deren Arbeit mehr als andere Anliegen, einschließlich der Ästhetik, die noch gegen
Ende des 19. Jahrhunderts das Hauptgebot der Baukunst
war. „Schönheit?", fragte 1929 Siegfried Gideon in seiner
Broschüre „Befreites Wohnen". „Schön ist ein Haus, das
unserem Lebensgefühl entspricht. Dieses verlangt Licht,
Luft, Bewegung, Öffnung . . . "[31]

 Der Dualismus „gesund — krank" war das bestimmen-
de Denkmodell der Stadtreformer am Ende des 19. Jahrhunderts. Die „kranken" Stadtteile galt es zu assanieren,
das heißt, „gesund zu machen". In der Praxis hieß das,
die „kranken alten Städte" zu isolieren und, den kranken
Menschen gleich, dorthin zu transferieren, wo es gesund
war: aufs Land, auf die Sommerfrische. Der Gartenstadt-
Gedanke, ein alter utopischer Traum, fand viel Anklang.
Mit Gesundheitsgründen argumentierten auch die Hoch-
haus-Verfechter. Hubert Gessner, der 1924 sein Projekt,
den Reumannhof mit einem 40 Meter hohen Wohnturm
errichten, verteidigen mußte, meinte damals: „Ein
modern denkender Architekt muß sich sagen, daß in einer
Großstadt dort, wo es zulässig erscheint, Wohnungen
überhaupt erst im vierten oder fünften Stockwerk beginnen sollten, denn dort bietet man den Großstädtern, was
sie so dringend brauchen, Sonne und frische Luft."[32]
Gessner war Absolvent jener Wagner-Schule, für die
Zweckmäßigkeit und Gesundheit ein wesentlicher Bestandteil des architektonischen Denkens war.

 Otto Wagner (1841 — 1918) war der erste moderne
Architekt Europas. In seinem theoretischen Werk „Die
Baukunst unserer Zeit" (1895) vertrat er die Ansicht,
daß der Ausgangspunkt moderner Architektur in den Erfordernissen des modernen Lebens liege. „Zwei Bedingungen sind es, welche als Kriterien zu gelten haben und
deren Erfüllung die moderne Menschheit fordert:
GRÖSZTMÖGLICHSTE BEQUEMLICHKEIT UND
GRÖSZTMÖGLICHSTE REINLICHKEIT."[33] Das war,
wiewohl sprachlich verschnörkelt, nicht leere Theorie.
1903 besprach Hevesi die ausgestellten Postsparkassen-
Modelle: „Über Licht, Luft, Heizung, Reinigung, Hygiene
ist natürlich mit voller Wagner'scher Strenge verfügt." Die

Konsequenz der Reinlichkeitsforderung war Einfachheit
und jene Beschaffenheit, die jegliche Unreinlichkeit sofort anzeigen würden. Die Konsequenz war: glatt und
weiß. Die Manifestation des medizinischen Bewußtseins
bei den Architekten war das Sanatorium Purkersdorf
(1904/05) von Josef Hoffmann. Es wird heute als das
erste Bauwerk der europäischen Moderne bezeichnet. Als
„das vollkommenste Haus der Welt" apostrophierte es
schon damals sein Bauherr Viktor Zuckerkandl. „Une
maison pour les anges", meinte seine Enkelin. „Erbaut
von der hohen Muse der Sachlichkeit und Geometrie. Es
ist ein großes, weißes, fanatisch viereckiges Haus", schreibt
der Publizist Karl Marilaun 1918. Hevesi nannte die Nutz-
räume „eine weißlackierte ‚waschbare' Welt".[34] Ein Bauwerk als antiseptisches Gerät, als Manifestation der Bazil-
lenangst, als Architekturgewordene Gesundheit steht also
am Anfang des „Neuen Bauens". Zu den medizinisch determinierten Architektur-Visionen gesellten sich später
die des Schiffes oder der Maschine, die vor allem mit Le
Corbusier assoziiert werden. „Das Haus ist eine Wohn-
maschine", sagte er 1920. Wie fortgeschritten diese Denk-
modelle in Wien um 1900 bereits entwickelt waren, bezeugt ein Aufsatz von Josef August Lux, dem einfluß-
reichen Architektur-Publizisten, ersten Biographen von
Otto Wagner und engen Freund von Josef Hoffmann. In
seinem programmatischen Essay entwarf er das ideale
Wohngebäude der Zukunft: „Das sind drei Prinzipien, auf
denen das Problem beruht: Daß das Haus funktioniere
maschinenmäßig, wie ein tadellos konstruierter Apparat;
daß es in den Einrichtungen auf der Höhe des Wagon-lits
steht; daß es in bezug auf Hygiene und Reinlichkeit, auch
was die Gebrauchsgegenstände betrifft, klinischen Anforderungen entspreche. Also eine Synthese von Klinik,
Wagon-lits und Maschine."[35] (Viele von Hoffmann
zwischen 1900 bis 1910 entworfenen Bestecke und sein
metallenes Eßgeschirr erinnern tatsächlich an chirurgische
Instrumente)
Über die Inneneinrichtung schrieb Lux: „Hier greift
die hygienische Forderung Platz, für die uns heute nur die
Kliniken ein Vorbild geben. Also, lassen wir auch für die
Fremdenherberge den Grundsatz gelten, der verbietet,

daß irgendwelche Staubfänger, unkontrollierte Schmutz-
winkel, Bazillenherde entstehen können, demnach sind
plüschartige Stoffe ganz zu vermeiden. Für Möbelbezüge
kommen nur die glatten modernen Stoffe in Betracht, an
dem Fenster hat man weißes, waschbares Leinenzeug . . . "
Der Schnörkel war als Gefahr erkannt. Nachdem man am
Ende des in Stukkaturen, Plüsch und Ornamente verlieb-
ten 19. Jahrhunderts immer neue Bazillen als Erreger von
tückischen Krankheiten ausmachte, wurde der Kampf
gegen sie umso gründlicher aufgenommen. Um „Schmutz-
winkel" erkenntlich zu machen, forderte man Weiß. Zugleich mit dem Schnörkel wurde auch das Ornament angegriffen. Adolf Loos hielt Ornamente für eine „degenera-
tionserscheinung", sie seien „vergeudete arbeitskraft und
dadurch vergeudete gesundheit". Sein berühmter Essay
„Ornament und Verbrechen" (1908) beginnt bezeichnenderweise mit einer medizinisch-sozialgenetischen Metapher eines menschlichen Embryos, der sich vom Tier über
einen Papua, einen Germanen und einen Sokrates bis zu
einem latenten Verbrecher oder degenerierten Aristokraten (die sich tätowieren lassen, also ornamentieren)
entwickelt. Loos wußte freilich, daß dem Menschen die
Trennung von den geliebten Ornamenten schwerfallen
würde: „Weinet nicht. Sehet, die zeit ist nahe, die erfüllung wartet unser. Bald werden die straßen und städte
wie weiße Mauern glänzen! Wie Zion, die heilige Stadt,
die hauptstadt des himmels. Dann ist die erfüllung da."[36]
Bereits 1909 war sie ansatzweise da. „Auf dem langen
Hügelrücken über dem Örtchen Baumgarten – Gustav
Klimt ist da geboren; modernes Omen – schimmert in der
hellen Sommersonne eine weiße Stadt."[37] So sah Ludwig
Hevesi die von Otto Wagner entworfene Nervenheilanstalt
„Am Steinhof". Es war die erste Wiener Gartenstadt, die
erste Wiener Satellitensiedlung. „Und ist es nicht eine
hübsche Ironie des Schicksals, daß so ziemlich das erste
vernünftige sezessionistische Gebäude großen Stils in
Wien für die – Irrsinnigen gebaut worden ist?", bedauerte
die „Neue Freie Presse" 1907.[38] „Eigentlich ist es schade,
daß man ein wenig unzurechnungsfähig sein muß, um so
einer wunderschönen weißen Purkersdorfer Kabine teil-
haftig zu werden", bedauerte 1918 Karl Marilaun.[39]

Die weiße Vision ist längst Wirklichkeit geworden, oft allzu weiße, karge und zweckmäßige Wirklichkeit. Doch sie hat wesentlich dazu beigetragen, daß keine Tbc-Spucknäpfe mehr aufgestellt werden müssen.

Wien um 1900 — Weltuntergang oder Weltaufgang?

Die Wiener Kultur um die Jahrhundertwende in einen einzigen Sack zu stopfen, diesem das Etikett „Weltuntergang" aufzukleben und mit der hübschen Schleife „fröhliche Apokalypse" zuzuschnüren, hieße vorzutäuschen, daß namhafte Künstler tatsächlich in ihren Werken Anzeichen eines bevorstehenden Monarchiezerfalls festhielten. Für diese Auslegung gibt es aber keine stichhaltigen Beweise. Weder von Klimt noch von Kokoschka, Loos oder Schiele sind Äußerungen zur prekären Lage des Staates überliefert worden.

Alle Zusammenhänge zwischen den Werken und den später eingetretenen Ereignissen sind lediglich Spekulationen. Belegbar dagegen ist das Gegenteil: daß der Weiterbestand der Monarchie für zahlreiche Künstler ein Lebensfixum war, das nicht einmal der ausgebrochene Weltkrieg (vor dem etwa der Thronfolger Franz Ferdinand als dem Ende der Monarchie eindringlich gewarnt hatte) in Frage stellen konnte.

Das medizinische Analogiedenken — die Welt(kultur) sei krank und der Krieg sei die notwendige Regenerationsmaßnahme — griff offensichtlich nicht nur den gesunden Menschenverstand an, sondern auch die genialische Intuition der Künstler. „Das vergossene Blut", schrieb damals Leo P. Trenc, „der gewaltsame Aderlaß der Menschheit befruchtet das Leben . . . Der Krieg ist die Tat und der Friede ist das Publikum der Tat."[40]

Auch Oskar Kokoschka begrüßte (nicht zuletzt wegen seiner enttäuschten Liebe zu Alma Mahler) den Ausbruch des Kriegs enthusiastisch. „Lieber Herr Marc", schrieb er spontan am 3. September 1914 an den deutschen Expressionisten Franz Marc, der sich sofort als Freiwilliger gemeldet hatte und einrücken durfte (zum Beginn des Kriegs mußten sich die Freiwilligen vor den Einberufungsbüros in oft kilometerlangen Schlangen anstellen). „Ich gratuliere Ihnen herzlich zu der Auszeichnung, für Deutschland in den Kampf zu kommen. Wenn die Sendboten unserer jungen deutschen Kunst zu hören (sein) werden, wie auch einmal die Vorstellung von einer Welt, die wir schaffen mit einer natürlichen Gewalt ausbrechen (wird)." [41]

Kokoschka war keine Ausnahme, er war die Regel. Als Georg Trakl — von Angst geplagt, wegen Feigheit vor dem Feind vors Militärgericht gestellt zu werden — sich am 4. November 1914 das Leben genommen hatte, erklärte ihn Karl Kraus für einen Sonderling. „Er ist wohl kein Opfer des Kriegs", schrieb er an Sidonie Nádherny. Wenig später schrieb er ihr über seinen engen Freund Adolf Loos: „Loos verrät in Gesprächen einen furor teutonicus." [42] So hatten einst die Römer die germanische Angriffslust genannt.

Adolf Loos, der fortschrittliche Lebensreformer, für den die „Hygiene . . . Vorraussetzung jeglicher Kultur" [43] war, verfaßte im November 1914 einen „Aufruf an die Soldaten mit Extrauniformen", in dem er vor der Gefahr der Schweißfüße durch die Gummistiefel eindringlich warnte. Im Herbst 1917 beschäftigte sich der Landsturm-Leutnant des k.k. Schützenregiments Nr. 25 in St. Pölten, Adolf Loos, mit dem Projekt einer patriotischen Ruhmeshalle für ein Franz-Josef-Denkmal und Büsten bedeutender Staatsmänner der Monarchie auf den Gartenbaugründen am Wiener Parkring.

Die Architekten waren stets Künstler einer ganz anderen Weltanschauungssorte. Die Architektur galt als die Königin der Künste, als eine himmlische Berufung, ein göttlicher Beruf. Architekten waren und sind von Grund auf Optimisten. Ihr Denken heißt: Bauen, Erbauen, die Welt von Neuem erschaffen. Die selbstbewußten unter ihnen fühlten sich als Welterbauer, die bescheidenen als Weltreformer. Die traditionelle Selbsthochschätzung wandelte sich im Laufe des 19. Jahrhunderts in einer Art Universalanspruch um, der stets utopische Grundzüge hatte. Auch der Historismus war zukunftszugewandte Sehnsucht nach einer besseren Welt.

„In der Wagnerschule wurde an die Erweiterung der
Kunst zu einer poetischen und glückhaften Funktion des
globalen Evolutionsprozesses der sich organisierenden
Menschheit gedacht. Der weltgestaltende Optimismus
wurde aus der österreichischen Kunst der folgenden Zeit
(nach 1905, Anm. d. Verf.), groteskerweise aber auch aus
der Kunstgeschichtsschreibung verdrängt. Trotzdem erscheint die Behauptung gerechtfertigt, daß die ‚vergessene‘
Wagnerschule in der ‚Versuchsstation für Weltuntergang‘,
wie Karl Kraus das sich selbst zerstörende Altösterreich
nannte, eine der Versuchsstationen für Weltaufgang er-
richtete, die eine bessere Zukunft jenseits der alten Gehäuse und Systeme ahnten und vorbereiteten.‘'44 So der
Wagner-Experte Otto Antonia Graf 1969. Wie richtig
diese Behauptung ist, bezeugt die Tatsache, daß der soziale Wohnbau seinen Erfolg nicht zuletzt den für diese Aufgabe und diese ethische Verantwortung hervorragend vorbereiteten Wagnerschülern verdankte.

Die gegenwärtigen Weltuntergangs-Auslegungen lassen
vollkommen außer acht, daß die sogenannte Todessucht
der Wiener Kultur um 1900 nicht autochton war, sondern
mit einer (üblichen) Verspätung von etwa einem Viertel-
jahrhundert aus England (Präraffaeliten) und Frankreich
(Symbolisten) importiert wurde. Offensichtlich nur,
weil die österreichische Monarchie als das einzige Reich
an den Folgen des Weltkriegs gründlich zugrunde ging, ist
es jetzt möglich, die Kunst der Jahrhundertwende mit
den politischen Folgen zusammenzumischen. Obwohl an-
derswo die Todessehnsüchte in der Kunst viel mächtiger
wucherten, würde niemand ernsthaft zu behaupten wagen,
Paris, London oder Berlin wären „Versuchsstationen des
Unterganges‘‘. Liegt nicht auch das British Empire längst
in Trümmern? Man hat diese Rolle Wien zugeschlagen
und Wien spielt sie nun allzu gern: So ist man wieder im
Mittelpunkt.

„Ich bin das Reich am Ende des Verfalls‘‘, dichtete
Paul Verlaine. Wie er verfielen viele Dichter und Künst-
ler des fin de siècle — häufig wortwörtlich — kultivierter
Schwermut. Von der Welt angeekelt, für den Alltag, die
Politik oder das soziale Elend ohne Interesse, stellten sie
eine Minderheit dar, die für die wirkliche Stimmung der

Belle Epoque nicht repräsentativ war. Man denke nur in der Kunst an die Impressionisten und in der Politik an die Arbeiterbewegung. Die maladen und dichtenden Propheten des Leidens waren lediglich Autobiographen ihrer eigenen Erfahrungen oder Einbildungen.

Anmerkungen

1   Werner Hofmann, Experiment Weltuntergang. Wien um 1900. Ausstellungskatalog, Hamburg 1982, S. 254.
2   Heinz Saueressig, Die medizinische Region des ‚Zauberbergs'. In: ders., Besichtigung des Zauberbergs, Biberach a.d. Riss 1974, S. 142.
3   Kurt Honolka, Weltgeschichte der Musik, Eltrille a. Rhein 1976, S. 443.
4   Hans H. Hiebel, Franz Kafka ‚Ein Landarzt', München 1984.
5   Kindlers Literatur Lexikon, Band 22, Stichwort „Die Verwandlung", München 1974, S. 9904.
6   Peter Gorsen, Kunst und Krankheit, Frankfurt a.M. 1980.
7   Aubrey Beardsley in den ‚Yellow Nineties' 1891 – 1898. Ausstellungskatalog, München 1984.
8   Amadeo Modigliani 1884 – 1920. Ausstellungskatalog, Paris 1981.
9   Der Wandel des Krankheitsspektrum in Österreich seit der Jahrhundertwende, Österreichisches Institut für Gesundheitswesen, Wien 1979.
10 Zit. in Wolfgang Kos, Über den Semmering. Kulturgeschichte einer künstlerischen Landschaft, Wien 1984, S. 132.
11 Franz Blei, Aubrey Beardsley, 1898 und 1920. In: Beardsley (wie Anm. 7), S. 67.
12 Zit. in Burkhard Rukschcio-Roland Schachel, Adolf Loos, Leben und Werk, Salzburg 1982, S. 139 f.
13 Ebenda, S. 144.
14 Hans Bisanz, Egon Schiele – Kunst und Gedankenwelt. Ausstellungskatalog, Wien 1981, S. 14.
15 Egon Schiele – Schriften und Zeichnungen.Privatdruck der Allerheiligenpresse, Innsbruck 1979.
16 Zit. in Christian M. Nebehay, Egon Schiele Leben und Werk, Salzburg 1980, S. 25. (Nebehay ist einer der wenigen Biographen, der die Krankheitsgeschichte von Schieles Familie erwähnt.)
17 Ebenda.
18 Egon Schiele. Heimkehr nach Tulln 1980. Ausstellungskatalog, Tulln 1980, S. 25.
19 Zit. in Nigel Gosling, Nadar Photograph berühmter Zeitgenossen, Frankfurt a.M. 1977, S. 66.
20 Ebenda, S. 52.
21 Ludwig Hevesi, Acht Jahre Sezession, Wien 1906, Reprint, Klagenfurt 1984, S. 356.
22 Zit. in Österreichs Aufbruch in die Moderne. Katalogbuch, Wien 1980, S. 3.

23 Hevesi (wie Anm. 21), S. 293.

24 Ferdinand Hodler. Ausstellungskatalog. Paris 1983.

25 Edvard Munch Arbeiterbilder 1910 – 1930. Ausstellungskatalog, Hamburg 1978.

26 Giovanni Segantini 1858 – 1899. Ausstellungskatalog, Wien 1981, S. 39.

27 Hevesi (wie Anm. 21), S. 183 f.

28 Erna Lesky, Medizinisches Porträt der Metropole. In: Wien 1879. Ausstellungskatalog, Wien 1979, S. 76.

29 Zit. in Österreichs Aufbruch (wie Anm. 22), S. 120.

30 Leonardo Benevolo, Die sozialen Ursprünge des modernen Städtebaus, München 1971.

31 Zit. in Norbert Huse, ‚Neues Bauen' 1918 bis 1933, München 1975, S. 64.

32 Zit. in Wilfried Posch, Die Wiener Gartenstadtbewegung, Wien 1981, S. 69.

33 Otto Wagner, Die Baukunst unserer Zeit, 1914, Reprint, Wien 1979, S. 99.

34 Zit. in Werner J. Schweiger, Wiener Werkstätte Kunst und Handwerk 1903 – 1932, Wien 1982, S. 154 f.

35 Joseph August Lux, Das Hotel, ein Problem. In: Marco Pozzetto, Die Schule Otto Wagner 1894 – 1912, Wien 1980, S. 206 f.

36 Adolf Loos, Ornament und Verbrechen. In: ders., Trotzdem, 1931, Neudruck, Wien 1982, S, 78 f.

37 Zit. in Peter Haiko, Harald Leupold-Löwenthal, Mara Reissberger, ‚Die weiße Stadt' – der ‚Steinhof' in Wien. Architektur als Reflex der Einstellung zur Geisteskrankheit. In: kritische berichte, Heft 6/1981, S. 3 – 37.

38 Ebenda.

39 Schweiger (wie Anm. 34), S. 154 f.

40 Zit. in Hofmann (wie Anm. 1), S. 258.

41 Zit. in Franz Marc 1880 – 1916. Ausstellungskatalog, München 1980, S. 44.

42 Zit. in Rukschcio-Schachel (wie Anm. 12), S. 199.

43 Ebenda.

44 Otto Antonia Graf, Die vergessene Wagnerschule, Wien 1969, S. 28.

KULTURELLE AUSDRUCKSFORMEN

GERNOT HEISS

ERICH VON STROHEIM: WIEN IN HOLLYWOOD
Erinnerung, Wirklichkeit, Fiktion

> Hier hat jemand wirklich dem alten
> Österreich ein Denkmal gesetzt!
> Das war Geschichtsschreibung in
> märchenhaften Bildern!
> *Anton Kuh über „The Wedding*
> *March" 1931* [1]

Vor hundert Jahren, am 22. September 1885, wurde
Erich von Stroheim in Wien geboren. Er ist der erste und
einer der bedeutendsten der zahlreichen aus Wien stammenden Regisseure Hollywoods. Doch nicht die anerkannt große Qualität der Filme Stroheims steht im Mittelpunkt der folgenden Ausführungen, sondern in erster Linie
das Wienbild, das Stroheim in seinen beiden Stummfilmen
„Merry Go Round" („Prater", 1922/23) und „The
Wedding March" („Hochzeitsmarsch", 1926/28) ent-
wirft. [2] Dieses soll, da Stroheim seine Kindheit und Jugend von 1885 bis 1909 in Wien verlebte, als Sicht eines
Zeitgenossen, als Quelle zur Geschichte aufgegriffen werden. Das Klischee nimmt dabei einen wichtigen Stellenwert ein, weil die Typenbildung und der Handlungsablauf
in beiden Filmen nach dem Muster trivialer, kitschiger
Geschichten erfolgen. In weiterer Folge geht es um einen
Aspekt des Problems *Film und Geschichte:* In beiden
Filmen werden – so meint auch Anton Kuh im obigen
Zitat – in erfundenen, ja grotesk-phantastischen Szenen
Einsichten in historische Wirklichkeit vermittelt. Zu diesem Phänomen – dem Gegenstück zum häufigen Scheitern
tatsachenbezogener Darstellungen in der Vermittlung
historischer Erkenntnis – wird auch auf Stroheims Realismus, auf sein Bemühen um Wahrhaftigkeit eingegangen,
sowie auf die Rolle, die er persönlich im Film und im
Leben spielte.

Vorangestellt werden eine kurze Biographie Stroheims (mit Schwerpunkt auf seiner Herkunft und Jugend – in ‚Fiktion und Wirklichkeit‘) und kurze Inhaltsangaben der beiden Filme.

Biographie und *Fiktion* [3]

Erich Oswald Hans Carl Maria von Stroheim, Graf von Nordwall, kurz „Von“, Pseudonym für Erich Oswald Stroheim, geboren am 22. September 1885 in Wien VII, Lindengasse 17a als Sohn des aus Gleiwitz stammenden jüdischen Hutfabrikanten Benno Stroheim und der Johanna, geborene Bondy aus Prag. *Nach Stroheim ist diese Eintragung in die Matrikel der israelitischen Kultusgemeinde* [4] *eine Fälschung der Nationalsozialisten; er sei der Sohn des Friedrich von Nordwall,* [5] *Major im 6. Dragonerregiment und dann erfolgloser Geschäftsmann, und der Johanna, geborenen Baronesse Bondy, einst Hoffräulein der Kaiserin Elisabeth und Schwester des kaiserlichen Rats Emil Bondy;* [6] *er habe die Kadettenschule und die Wiener Neustädter Militärakademie besucht und 1902 bis 1909 bei den 4er Dragonern, den 14er Hussaren und den 3er Ulanen, ja 1908 sogar aktiv in Bosnien und Herzegowina gedient; als der Botschaft in Montenegro zugeteilter k. und k. Offizier sei er bei den Ereignissen in Cetinje anwesend gewesen, die für die „Lustige Witwe“ das Vorbild gaben.* [7] Durch einen Unfall, bei dem sein jüngerer Bruder Benno einen Spielkameraden erschoß, wirtschaftliche und auch familiäre Schwierigkeiten. Besuch und Abschluß der Handelsakademie; Eintritt in den Betrieb des Vaters. Am 29. September 1906 kam er als Einjährig-Freiwilliger zum k. und k. Trainerregiment Nr. 1, Traindivision Nr. 2, Ersatzdepotkader Nr. 2, „a⫽uf⫽ e⫽igene⫽ K⫽osten⫽“ (eine keineswegs übliche und patriotische Haltung des Sohnes aus wohlhabendem Haus) und mit einer Verpflichtung auf zehn (statt sieben) Jahre; beides läßt darauf schließen, daß er damit möglicherweise seine Chancen, bei den Dragonern als einem angeseheneren Truppenkörper aufgenommen zu werden (seine Fiktion weist auf diesen Wunsch hin),[8] und seine Karriereaussichten verbessern wollte. Am 23. Dezember 1906 wurde er zum Gefreiten befördert, am 20. April 1907 „superarbitr[iert]", „als invalid waffenunfähig, bürgerlich erwerbsfähig zu entlassen klassifiziert", am 23. desselben Monats beurlaubt und am 29. Mai 1907 entlassen.[9] Am 17. November 1908 ist er aus der israelitischen Kultusgemeinde ausgetreten. Es dürfte irgendetwas besonderes vorgefallen sein, jedenfalls kam es *nach Stroheim wegen hoher Spielschulden, pikanter Affären und wegen des unglücklichen Ausgangs eines Duells mit einem Günstling des Kaisers zur Flucht, bzw. Verbannung durch den Kaiser persönlich und auf Befehl und mit Geld des Onkels* zur Auswanderung in die Vereinigten Staaten von Bremen aus am 15. November 1909 mit dem deutschen Schiff „Prinz Friedrich Wilhelm".

Seit 1912 lebte Stroheim meist an der Westküste, war Statist, erhielt dann kleinere Rollen und war Regieassistent (als Spezialist für Militär) bei D.W. Griffith und John Emmerson. Ende des Ersten Weltkrieges spielte er mehrmals die Rolle des hassenswerten deutschen Offiziers in Propagandafilmen. Von 1918 bis 1928 führte er in acht Stummfilmen Regie. Schwere Auseinandersetzungen mit den Produzenten wegen der hohen Ausgaben — dem stand in fünf Fällen ein mehr oder weniger vollständiger finanzieller Mißerfolg gegenüber — führten dazu, daß fast alle diese Filme entweder unvollendet blieben, oder von anderen Filmemachern zu Ende geführt, gekürzt und verstümmelt wurden; so auch sein Meisterwerk „Greed" (1923/24): Stroheims 8- bzw. 5-Stunden-Fassung wurde auf ca. 2 1/4 Stunden gekürzt.

Nach einem Sprechfilm, „Walking Down Broadway" (1932/33), der verloren ging, verfaßte er einige Drehbücher, die unrealisiert blieben, arbeitete an Drehbüchern mit und war vor allem in Frankreich und in den USA als Filmschauspieler tätig. Nach dem zweiten Weltkrieg übersiedelte er nach Frankreich, wo er nach langer schwerer Krankheit am 12. Mai 1957 starb.[10]

Inhalt der Filme

„Merry go Round" (1922)

Inhalt nach den Drehbüchern, da die Produktionsleitung Stroheim nach ca. 1/4 der Dreharbeiten entließ, und einige wichtige Szenen gestrichen bzw. geändert wurden[11]
Motto: „Vienna, with a code of morals all its own ... bravely idling away the hours ... to the strains of Strauss and Lehar ...not knowing of tomorrow."

Graf Franz Maximilian von Hohenegg, Hauptmann der k. und k. 6. Dragoner, Flügeladjutant des Kaisers Franz Joseph, bei der Morgentoilette (Mieder, Bartbinde, verstreute Wäschestücke, Diener). – Baronesse Gisella von Steinbruch, seine Verlobte, in Umarmung mit ihrem Stallburschen. – Kaiserliche Fußwaschung am Gründonnerstag in der Stephanskirche. – Vor dem Dom die „alljährliche" Demonstration der Wiener Arbeiter.

Der Graf lernt im Prater die Drehorgelspielerin Agnes Urban kennen, der gegenüber er sich als bürgerlicher Kaufmann ausgibt. Sie wird vom schüchternen, mißgestalteten Tierwärter Bartholomäus Gruber und vom brutalen Karussellbesitzer Schani Huber begehrt; letzterer versucht, sie zu vergewaltigen. – Gelage des Grafen im Bordell. Das ärmliche Sterbezimmer der Mutter von Agnes. – Der Graf will ebenfalls Agnes vergewaltigen, besinnt sich jedoch. – Die Baronesse löst ihre Verlobung und bringt einen Toast auf die freie Liebe aus. – Liebesszene: der Graf und Agnes im Prater. – Der Tierwärter läßt Schani Huber durch seinen Gorilla umbringen. – Der Kaiser befiehlt die Hochzeit zwischen dem Grafen und der Baronesse.

Ausbruch des Ersten Weltkrieges. Nach dem Krieg kehrt der Graf verarmt und verstümmelt zurück. Die Baronesse ist Prostituierte; der Graf verkauft Schuhriemen und Postkarten. Nur durch eine Leinwand getrennt merkt Agnes nicht, daß er in ihrer Nähe ist. (Nach einer zweiten Fassung und in der Filmfassung finden sich die beiden).

Stroheim ließ die Uniformen und die kaiserliche Kutsche
aus Wien kommen und soll auch Karl und Zita eingeladen
haben, für 250.000 Dollar im Film aufzutreten.[12]

„The Wedding March" (1926/28)[13]

Motto: „O Love – without thee Marriage is a sacrilege and mockery."
„Dedicated to the true lovers of the world."

„Vienna, anno Domini 1914 ... under the benign reign of
His Royal and Imperial Majesty, Franz Josef of Habsburg,
Emperor of Austria, King of Bohemia, Apostolic King of
Hungary, King of Jerusalem, Defender of the Catholic
Faith." – Morgen des Fronleichnamstages. Das eheliche
Schlafgemach von Prinzessin Maria Immaculata und Prinz
Ottokar Ladislaus von Wildeliebe-Rauffenberg. Ihr ‚hoff-
nungsvoller' Sohn, Prinz Niki, Offizier der berittenen
kaiserlichen Garde, beim Erwachen und bei der Morgentoilette. – Fronleichmansprozession vor der Stephans-
kirche. Im Volk Mitzi mit ihren Eltern und ihrem Verlob-
ten, dem Fleischer Schani Eberle. Prinz Niki und Mitzi
sehen sich zum ersten Mal. Durch die Salutschüsse scheut
Nikis Pferd und verletzt Mitzi am Fuß.
Niki besucht Mitzi am Krankenbett, dann beim Heurigen in Nußdorf, wo sie bei den „Wiener Schwalben" die
Harfe spielt. – Niki verabschiedet sich von seinen Lieben
im Bordell und geht zu Mitzi. Liebesszene unter den
blühenden Apfelbäumen an der Donau. Mitzi erzählt die
Geschichte vom Donauweibchen und vom eisernen Rathausmann: Sie zu sehen bringt Glück, aber zu sehen,
wie der Rathausmann sie raubt, verkündet Unglück und
Tod. Mitzi sieht das Schreckensbild. – Gleichzeitig ver-
einbaren Prinz Ottokar und der Hühneraugenpflasterfabrikant Schweisser im Bordell die Ehe zwischen Niki und
der hinkenden Cäcilie Schweisser. Wegen der Geldschwie-
rigkeiten der Familie akzeptiert Niki.
Schani will aus Eifersucht Niki töten und versucht,
Mitzi zu vergewaltigen. Um Niki zu retten, willigt Mitzi
in die Ehe mit Schani ein. Hochzeit Nikis mit Cäcilie
Schweisser. Unter den Zuschauern die weinende Mitzi.

Hoch über Wien in den Wolken lacht der Rathausmann.

Im 2. Teil des Filmes, der unter dem Titel „Honeymoon" stark gekürzt gezeigt wurde, seither jedoch ebenfalls verloren ging, sind das Ehepaar Niki und Cäcilie auf
Hochzeitsreise in Tirol. Mitzi ist in der Kirche vor der
Eheschließung ohnmächtig zusammengebrochen. Der
aufgebrachte Schani will wieder Niki ermorden und reist
ihm nach. Mitzi folgt ihm, um den Mord zu verhindern.
Schani tötet versehentlich Cäcilie und stirbt selbst in den
Bergen. Niki sucht Mitzi in Nußdorf, sie aber, die sich
schuldig fühlt, ging ins Kloster.

Eine Drehbuchversion, die jedoch wahrscheinlich nicht
verfilmt wurde, setzt fort: Mitzi weist Niki, der sie im
Kloster aufsucht, ab. – Niki ist im Bordell, um sich zu
zerstreuen. Mehrmals erscheint der eiserne Rathausmann,
um neues Unheil zu bringen. Kriegsbeginn und Kriegs-
begeisterung. – Ein Kloster an der serbischen Grenze.
Eine Bande von Räubern und Deserteuren, unter ihnen
Schani, überfällt das Kloster, Unter den Nonnen ist
Mitzi. Eine Schwadron der 9. Dragoner mit Niki kommt
zu Hilfe. Schani, der wiederum Mitzi vergewaltigen will,
wird von Niki getötet. – Niki und Mitzi heiraten in der
Klosterkirche, aber Niki muß vom Altar weg an die
Front.

Analyse und Interpretation

*Wien, wie es war: Sind die Filme geschmacklos kitschig
oder treffen sie damit die Wirklichkeit, den Stil der
Vorkriegszeit?*

Béla Baläsz schrieb über den Film „Prater (1914-1918)"
– unter diesem Titel und ohne daß Stroheim genannt
wurde, lief „Merry Go Round" vom 19. bis 26. September
1924 in Wiener Kinos – *in Der Tag*[14] als über „Eine Entdeckung Wiens." Der Film sei ein „Zeugnis für die schöp-
ferische Bedeutung der Kinematographie", denn der
amerikanische Regisseur hätte hier

„den *Wiener Stil* der Vorkriegszeit entdeckt und damit vielleicht einen neuen Begriff für die Kulturgeschichte geformt [...]. Amerikanische Regisseure hatten den Blick für die eigene Formwelt der Wiener Vorkriegszeit, in der sich Architektur und Kleidung, Ausdrucksbewegung, Lebensart und Mentalität zur Harmonie eines einheitlich charakteristischen Stils zusammenfinden. Dieser Stil hat noch keinen Namen. Aber man wird ihn einmal vielleicht den ‚Praterstil‘ nennen wie man Rokoko oder Biedermeier sagt."

Ganz anders fiel das Urteil Fritz Rosenfelds in der *Arbeiter-Zeitung*[15] aus, der den Film als „eines der ärgsten Machwerke, die die betriebsame Filmindustrie Amerikas je verbrochen hat", als Kitsch und findige Geschäftemacherei verwirft. „Der Prater war niemals so herrlich elektrisch beleuchtet und niemals so − sauber wie hier," kritisiert er die „äußerliche Aufmachung" als „verkracht" und dann „inhaltlich", er sei „so kitschig als nur möglich, alle Fehler, die man dem Schundroman vorwirft, sind hier vollzählig zu finden". Er geht in seinem Verriß fast ausschließlich von der äußeren Handlung aus (die freilich nach der Entlassung Stroheims beschönigt und verkitscht wurde), verfällt aber auch in einen Widerspruch, wenn er den ganzen Film einerseits als „klebrig-süße" Verherrlichung der alten Zeit mißversteht, andererseits dann doch die negative Typisierung des hochadeligen Offiziers hervorhebt.

Der Filmtheoretiker Béla Balász, dessen Buch „Der sichtbare Mensch" im selben Jahr in Wien erschienen war, dringt über die Analyse der visuellen Sprache des neuen Mediums zu einem tieferen Verständnis vor. Er schildert an einem Beispiel, wie diese „uns schon als längst abgegriffener Kitsch bis zum Überdruß" bekannten Figuren und Geschichten im Film zu „Photographien einer unmittelbaren Realität, einer physiognomisch erfüllten Lebendigkeit" werden:

„Das arme Mädchen, das im Prater das Werkel dreht, sehnt sich nach guter Musik, bittet den feinen Offizier, ihr einen Strauß-Walzer vorzuspielen, und beginnt vor Rührung zu weinen. So niedergeschrieben ist es der ekligste Kitsch. Aber im Film *sehen wir* das Gesicht des Mädchens [...] während des Zuhörens. Wir *sehen Musik* zu Traum werden, zu Schicksal werden, sich einsaugen in einen menschlichen Körper. Wir sehen eine dramatische Begegnung von

Musik und Mensch, die einen ganz spezifischen Wiener National-
charakter hat und durch die das so trivial gewordene Wort ‚Gemüt‘
wieder seelenvolle Tiefe, reiche Bedeutung bekommt".

Balász schließt seinen Essay mit der Feststellung: „Dieser Film rehabilitiert in seiner Sphäre die verkitschte Wiener Volkspoesie".

Rosenfeld hatte aufgrund der vordergründigen Handlung und Personenbeschreibung, sowie auch einer äußeren Übereinstimmung geurteilt und dabei übersehen, daß
es etwa auch in der ‚hohen' Literatur der Zeit nicht unüb-
lich war, für das Handlungsschema in die Register des Tri-
vialromans zu greifen, wie Sybille Murlot-Deri an Robert
Musils „Törleß" und an Thomas Manns „Tonio Kröger"
feststellt,[16] daß es hier — wohl in beiden Bereichen —
nicht auf diese Ebene der Mitteilung ankommen konnte;
er drang nicht zur zentralen Frage des Films vor, zur Bild-
sprache. Stroheim scheint mit der Verwendung solcher
Kitschgeschichten durchgehend auf jenen „Irrsinn" ab-
zuzielen, auf jenen Bruch im harmonischen Klischee, den
Siegfried Kracauer manchmal und nur „für Augenblicke"
auch in matten Produkten jener Zeit fand: „Sie haben
erschreckende Gesichter, sie schleudern Bilder hervor, die
das wirkliche Antlitz der Gesellschaft zeigen."[17] Stroheim
verwendet diese Kitschtypen und Kitschgeschichten, um
Realität zu fassen, um realistisch, wahrhaftig (nicht natur-
getreu) zu werden. Sie müssen deshalb in jenen Vergleich
einbezogen werden, „zwischen dem Material, das uns
unsere jeweilige Weltansicht und unser Geschichtsbild an-
liefert [...] und den in der künstlerischen Tätigkeit sich
entfaltenden Strukturationen und Figurationen", vor
dem Georg Schmid warnt,[18] und der im folgenden
dennoch versucht wird. Denn, abgesehen davon, daß
„kein Kitsch erfunden werden kann, den das Leben nicht
überträfe",[19] gehe ich davon aus, daß Stroheims Typen
des süßen Wiener Mädels und des strammen, hocharisto-
kratischen Offiziers, seine Geschichten von ihrer Liebe,
die ganze Darstellung des Wiener Lebens auf Erfahrung
beruht — auf jenem unentwirrbaren Ergebnis von Praxis
und Phantasie, von kulturellen Vorgaben/Interpretations-
mustern und physischer Konfrontation. Und weil diese

Vorstellungen so ‚trivial‘, so ‚kitschig‘ sind, werde ich in
der Folge u.a. auch Trivialliteratur zum Vergleich heran-
ziehen, eben die ‚klischierte‘ Sicht der Dinge. Denn auch
die Klischees sind Quellen für „Erfahrungswelt", spiegeln
Wunsch- und Haßgedanken, sind voller Betroffenheit. Sie
entstammen subjektiver Erfahrung, und sie wirken auf
die Realität zurück. Handlungscodes und Normen sind in
ihnen überliefert. Sie wurzeln im Leben, selbst wenn sie
Träume voll Sehnsucht beschreiben und nach tradierten
Mustern urteilen. Die kleinen und die großen Dramen des
Lebens laufen nach den Mustern von Trivialgeschichten
ab, oder besser, werden nach diesen Mustern empfunden,
wahrgenommen.

Stroheim baut sich zwar seine eigene Welt,[20] aber er tut
es mit Versatzstücken aus seiner Jugend. Im Film wird
diese Welt zu einer neuen Wirklichkeit.

Das *Regierungssystem* wird in beiden Filmen – für
„Merry Go Round" ist vom Drehbuch auszugehen –
durch eine kirchliche Zeremonie charakterisiert, in
„Merry Go Round" durch die Fußwaschung am Gründonnerstag, in der der Kaiser in der Nachfolge Christi an
zwölf armen alten Menschen seine erlauchte Demut und
Gleichheit in Christus demonstriert,[21] in „The Wedding
March" durch den Fronleichnamsumzug. Stroheim verwendet sie in ihrer Eigenheit als religiös überhöhte Staats-
zeremonien, als Inszenierungen der hierarchisch-monar-
chischen „Welt"– Ordnung und ihrer kirchlichen Legiti-
mierung, als repräsentative Selbstdarstellung der Regie-
rungsform in ihrem staatlich-kirchlich-militärischen Dekor. Eine Schaustellung des Prunkes der Herrschenden
und ihrer ‚Berechtigung‘ zur Macht – zum Ergötzen des
Volkes.[22] Stroheim erinnerte sich 1930 im Gespräch:[23]

„ [...] on Corpus Christi Day [...] the Emperor himself in full
robes walked bareheaded behind the gorgeously gowned priests
carrying the Host, and as far as you could see, the streets that
led to St. Stephen's were scarlet and gold and purple",

und er schuf aus dieser Erinnerung – nicht nur mit
großem Detailaufwand, sondern auch als einzige Szene
in Farbe [24] – eine Filmsequenz, über die Anton Kuh
voll Begeisterung schrieb: [25]

,, [...] Aus der Hand des Hasses wuchs die Liebe. Stroheim zog
aus, um seiner Heimat ein Monument der Charakter-Häßlichkeit zu
setzen [siehe unten das Zitat zu den „Physiognomien", G. H.] –
und was blieb? Ein Monument seiner vergangenen Kulturschönheit.
Wider Willen wird der Ankläger zum Aufbewahrer. Wahrhaftig –
wider Willen? Konnte diese prachtvolle, in ihrer Naturtreue un-
überbietbare Fronleichnamsprozession – im Atelier von Hollywood hergestellt! – mit dem ganzen Gepränge der alten Residenz
(sogar einem waschechten, mit der Kerze hinterdrein schreitenden
Franz Josef) und dem ganzen hellblauen Licht der Stadt und ihres
Volks, nur aus dem Hang zur Genauigkeit erstehen? Konnte diesen
Stefansplatz jemand bauen, der nicht im alten Wien, im alten Österreich sein Herz verlor? ... Man mag vom Geist dieses Films oft die
Empfindung haben, als habe sich hier ein Schnitzler-Leutnant aus
der Komödien-Welt, in die ihn der Dichter sperrte, losgelöst und
mit feschem, achselwerfendem Elan entschieden: ‚A wos – ich bau
mir um mich meine eigene Welt!' Aber die Luft dieser Welt ist:
Schönheit".

Im zitierten Abschnitt hat Anton Kuh diese Darstellung
der Fronleichnamsprozession gewiß zu isoliert betrachtet, und ich habe diesen Mangel durch das Herauslösen
aus dem Essay noch verstärkt. Jedenfalls steht diese
‚schöne' Szene in Bezug zu anderen des Film, insbesondere in Kontrast zur vorhergehenden, die die adeligen
Protagonisten beim Aufstehen am Morgen zeigt. Innerhalb
der farbigen Sequenz steht das einfache Volk als Zuschauer in weniger starkem Kontrast zu den an der prächtigen
Zeremonie Beteiligten, als in „Merry Go Round" (Drehbuch) die Demonstration der Arbeiter vor dem Dom zur
Fußwaschung. (Im Gegensatz zur Behauptung im Zwi-
schentitel, diese Demonstration habe „alljährlich" stattgefunden, konnte ich dazu kein historisches Vorbild finden;
auch die „Frühlingsfeste", die von Antiklerikalen und
Freidenkern gegen die Fronleichnamsprozessionen organisiert wurden, sind erst nach 1920 nachzuweisen).[26] Am
Rande, im Schnittpunkt der Klassen begegnen sich die
Blicke des ungleichen Paares, des Prinzen Niki und des
einfachen Mädchens Mitzi.

Die *männliche Hauptrolle* in beiden Filmen ist ein
Hochadeliger und Militär, Mischung aus hervorragender
geburtsständischer gesellschaftlicher Position und der
uniformierten Gestalt als Popanz „aggressiver Männlich-

Morgendliche Szene im ehelichen Schlafzimmer Wildeliebe-Rauffenburg – Maude George, George Fawcett (*The Wedding March*)

„Ein Trauschein über dem Ehebett kann in Bezug gesetzt zu anderen Gegenständen: Abführmittel, Nachthaube, Wecker etc. zur schrecklichsten und objektivsten Anklage gegen gewisse Eheverbindungen werden." (*Franju*[46])

(The Wedding
March)

"as far as you could see, the streets that led to St. Stephen's were scarlet and gold and purple" (*Stroheim 1930[19]*).

R. Lechner: Fronleichnamprozession am Graben 1907.

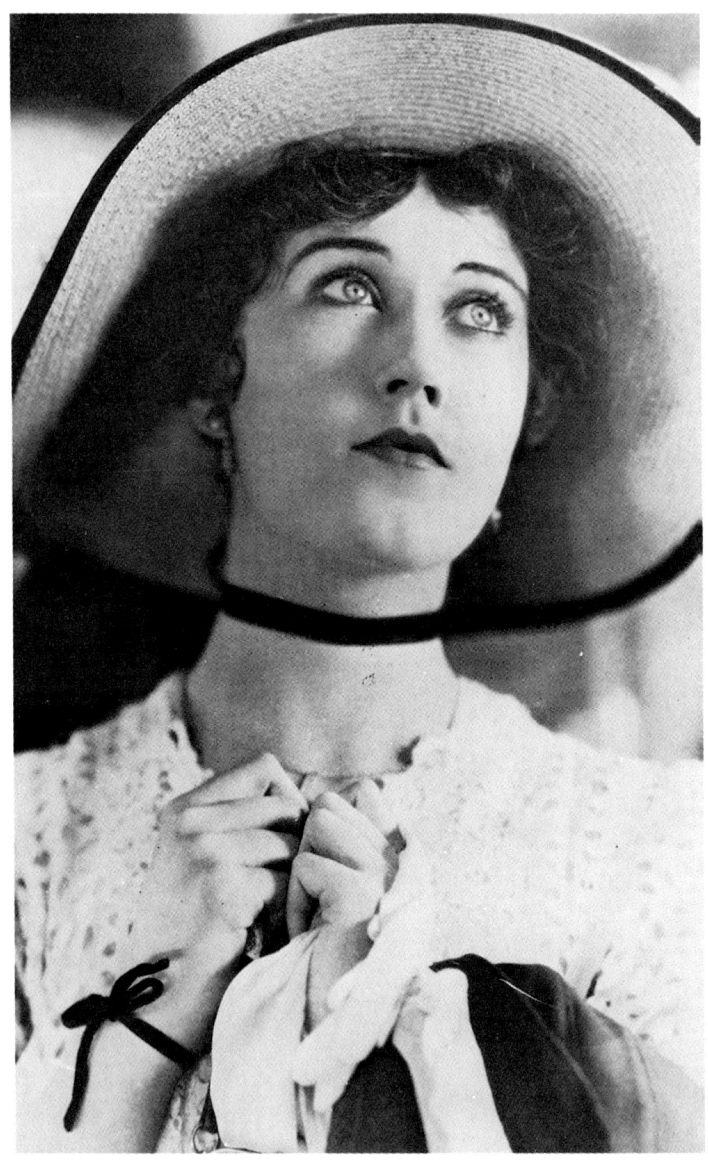

Das Wienermädl Mitzi Schrammel – Fay Wray *(The Wedding March)*

Prinz Nikolaus („Nicki") Ehrhart Hans Karl Maria von Wildeliebe-Rauffenburg, Erster Leutnant der berittenen kaiserlichen Leibgarde — Erich von
Stroheim *(The Wedding March)*

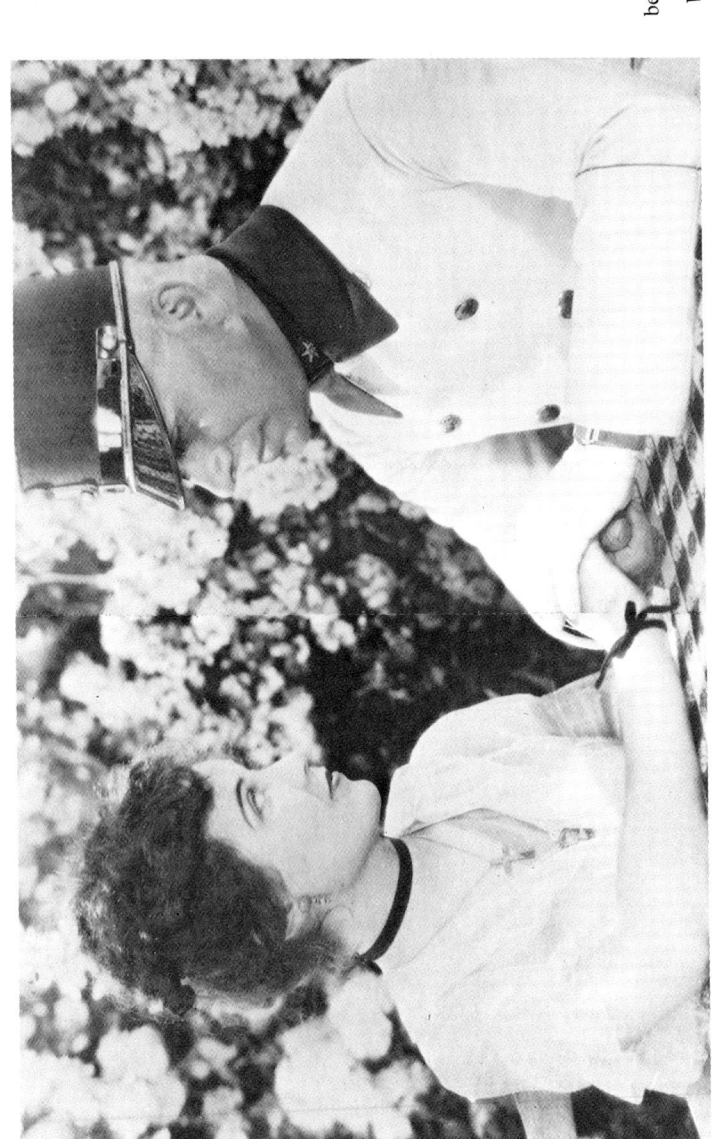

Mitzi und Nicki beim Heurigen in Nußdorf (*The Wedding March*)

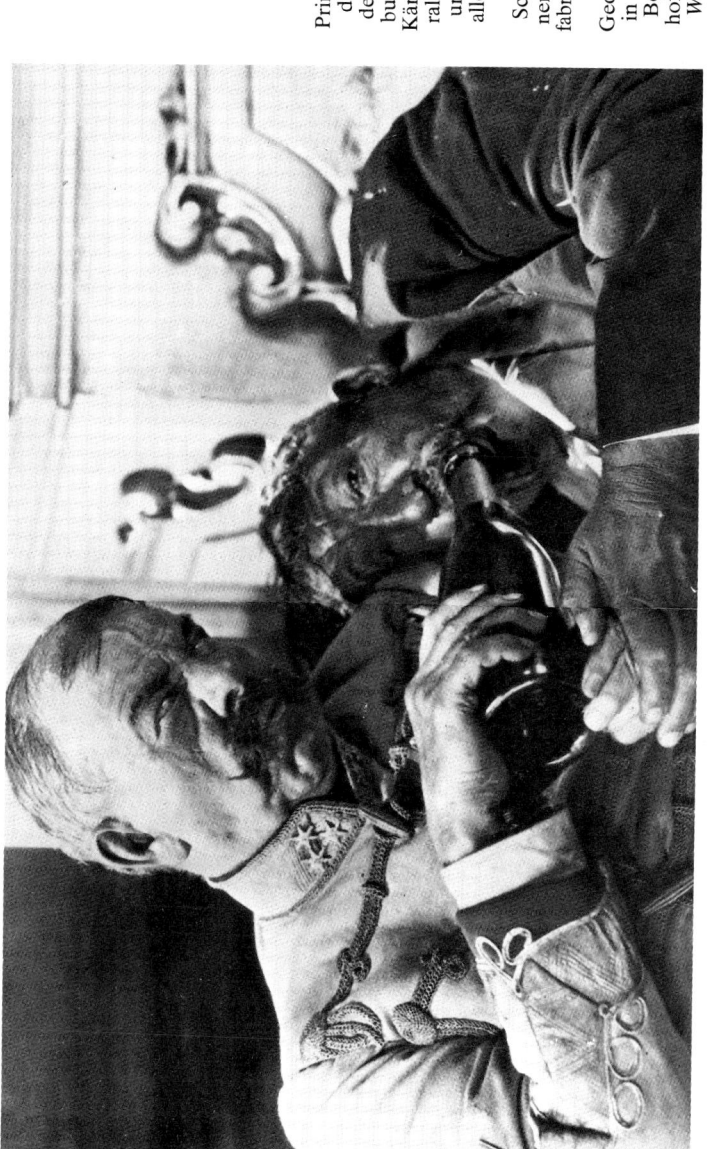

Prinz Ottokar Ladislaus von Wildeliebe-Rauffenburg, kaiserlicher Kämmerer, General der Kavallerie und Hauptmann aller Garden und Fortunatus Schweißer, Hühneraugenpflasterfabrikant – George Fawcett und George Nichols – in Madam Rosas Bordell, Kölnerhofgasse 69 (*The Wedding March*)

Der unglückskündende eiserne Rathausmann raubt das Donauweibchen
(The Wedding March)

keit."[27] Stroheim, der ursprünglich für die Besetzung beider Rollen sich selbst vorgesehen hatte, aber dann nur den Prinzen Niki von Wildeliebe-Rauffenberg in „The Wedding March" spielte, zeigt uns die beiden Herren zuerst am Morgen beim Aufstehen, in ihrer luxuriösen Umgebung, in ihrem Verhalten gegenüber der Dienerschaft, vor allem aber in ihrer Gestik, in ihrer Kleidung, bei ihrer Toilette: Bartbinde, Korsett, Fußtritt für den Burschen in „Merry Go Round" (Film); ‚Bloody-Oyster‘ gegen den Kater, eine von Sternberg aus der Kinofassung geschnittene Rasierszene – „Diese Szene war wesentlich, weil sie mich von meiner unbarmherzigen Seite zeigte. Man muß das gesehen haben, um zu begreifen, was Mitzi in der Folge aus mir machte"[28] –, Geldleihe beim Dienstmädchen in „The Wedding March". Zu dieser Charakterisierung des Helden beim ‚Lever‘ meinte Stroheim später in einem Vergleich seiner Version der „Lustigen Witwe" (1925) mit jener von Ernst Lubitsch (1934): „Lubitsch shows you first the king on his throne, then as he is in his bedroom. I show you the king first in his bedroom so you'll know just what he is when you see him on his throne"[29] . – Jedenfalls eine schöne Variante jener Sicht des Kammerdieners, für den es keinen Helden gibt.[30] – In „The Wedding March" folgt den Aufsteh- und Ankleideszenen der fürstlichen Familie die Fronleichnamsprozession, wie auch in „Merry Go Round" diese Vorstellung des Helden der (gestrichenen) Fußwaschung vorangehen sollte: Die widerliche Realität der Mächtigen wird der prunkvollen Zeremonie vorangestellt und bleibt so ‚hinter der Fassade‘ bewußt. „S. W-r." *[Siegfried Weyer] schrieb 1930 in der sozialdemokratischen kulturpolitischen Wochenzeitschrift* Der Kuckuck zu dieser Szenenfolge:

„Und gerade in dieser Staatszeremonie [...] wird die grauenhafte Seelenlosigkeit der francisco-josefinischen Epoche unerbittlich klar," eben weil diese Aufstehszenen ihr vorausgehen; „überall der Abgrund neben der äußeren Pracht."[31]

Zum adeligen Helden wird die selbständige adelige Frau gezeigt, die zigarrenrauchende Mutter Nikis (Prinzessin Maria Immaculata von Wildeliebe-Rauffenburg) in „The

Wedding March" und die der freien Liebe huldigende Verlobte des Grafen (Baronesse Gisella von Steinbrück) in
„Merry Go Round" — die Liebesszene mit ihrem Stallburschen und der Toast, den sie laut Drehbuch auf die
freie Liebe ausbringt, wurden geschnitten, bzw. gestrichen.

Zur äußeren Erscheinung des Offiziers gehört vor allem
die genau sitzende makellose Uniform mit allen Details[32]
bis oben hin zugeknöpft; so wird bereits die Abnahme
des Mantels, um ihn dem „süßen Mädel" umzulegen, zur
intimen Geste! Als weitere wesentliche Bestandteile der
äußeren Charakterisierung verwendet Stroheim den Haarschnitt und den Schnurrbart: Nicht nur die höheren
österreichisch-ungarischen Offiziere hatten mit wenigen
Ausnahmen (so   schrieb die Regimentstradition den
Windischgrätz-Dragonern Bartlosigkeit vor) dieses Zeichen
von Männlichkeit, zumindest einen kleinen Oberlippen-
bart (Menjou). In einem Album zum Regierungsjubiläum
des Kaisers von 1888 haben alle höheren Offiziere mit
Ausnahme der noch bartlosen ganz jungen Erzherzöge
sogar einen aufgezwirbelten Schnurrbart (Moustache) [32]
und diesen — beim ‚Lever' mit Bartbinde — tragen in
Stroheims Filmen Graf Franz Maximilian von Hohenegg
in „Merry Go Round" und der Vater Nikis, Prinz Ottokar
Ladislaus von Wildeliebe-Rauffenburg, in „The Wedding
March"; Niki — seinen Namen fand ich bei der Durch-
sicht von ‚Trivialanalysen' bzw. ‚Klischierungen', wie ich
die literarische Gattung von Büchern à la Alfred Deutsch-
Germans „Wiener Mädel" nennen möchte, als den eines
feinen aristokratischen Bürschchens mit ausgesproche-
nen Lebensbedürfnissen" [34] — hat keinen Bart, dafür
aber ist bei ihm der militärische (hinaufgeschorene)
Haarschnitt besonders auffallend, der etwa an jenen des
Thronfolgers Franz Ferdinand, also der Generation der
kurz vor dem Ersten Weltkrieg 50jährigen Offiziere,
erinnert.

Das Auftreten Stroheims als österreichisch-ungarischer
hochadeliger Offizier ist wohl etwas zu preußisch stramm,
um als typisch gelten zu können. Er selbst sagte 1930,
die jungen Männer hätten Franz Josef nachgeahmt, „his
way of wearing his whiskers" ebenso wie „his way   of

walking, always with one shoulder a trifle forward".[35] Und Felix Salten schreibt über den „Habitus" des adeligen österreichischen Offiziers,

er gefalle sich eher „in jener unschlüssigen, unpathetischen, mehr auf Grazie bedachten Haltung" und kultiviere besonders seit 1866 eine „österreichische Art von Eleganz": „Nur nicht das ‚Brust heraus!' sondern einen flachen, eher eingesunkenen Thorax, nur nicht diese durchgedrückten Knie, — da schon viel lieber ein schleifender Schritt, der in den Kniegelenken zu wanken scheint, nur nicht diese preußisch-geraden, auf Stämmigkeit posierenden Achseln, sondern abfallende Schultern, und statt des forsch im Nacken zurückgeworfenen Hauptes ein vorgeneigter, leicht schief gedrehter Kopf".[36]

Zum Ersten Weltkrieg hin scheint sich dieser Habitus — gut vertreten in „The Wedding March" durch den Vater Nikis — jedoch, ebenso wie der Haarschnitt, zu Nikis Typus hin verändert zu haben.

Selbstverständlich ist der Anteil jenes Typus des hochadeligen Offiziers gemessen an der Gesamtbevölkerung quantitativ sehr gering; der ganz reiche Adel machte mit dem Großbürgertum gemeinsam kaum 5 % der Wiener Bevölkerung aus.[37] Daran ist jedoch der gesellschaftliche Stellenwert eines hochadeligen Offiziers ebensowenig zu ermessen wie die Militarisierung der Gesellschaft vor dem Ersten Weltkrieg an der Zahl der Soldaten in den Kasernen der Residenzstadt (1910: 26.559[38]). Die ‚Höhere Gesellschaft' war eine kleine, aber sie war die herrschende Gruppe in der sozial stark polarisierten Bevölkerung Wiens, und in dieser dünnen Oberschicht waren die uniformierten höheren Beamten des Kriegsministeriums und anderer militärischer Behörden nicht zu übersehen, vor allem auch deshalb, weil Kaiser, Thronfolger und ein großer Teil ihrer Umgebung ebenfalls fast immer in militärischer Adjustierung auftraten. So berichtet ein französischer Diplomat von seinen Eindrücken im Wien der neunziger Jahre, beim Hofball hätten sich einige amerikanische Geschäftsträger und ihre Sekretäre nicht recht am Platz gefühlt, weil — im Unterschied zu den offiziellen Bällen etwa in Frankreich — sonst fast alle die farbenprächtigsten Uniformen trugen.[39] Stroheim hatte zu dieser Figur seiner Filme eine starke persönliche Affinität, obwohl ihr „allemal etwas Lächerliches an(haftet)"[40] und etwas Abstoßend-Brutales (vgl. oben seinen eigenen Ausspruch zur Rasierszene und seine Darstellung des österreichischen Offiziers und Verführers in seinem ersten Film „Blind Husbands" von 1918). Er spielte diese Rolle nicht nur im Film, sondern auch im Leben, wovon später noch die Rede sein wird. Wie viele andere, so interpretierte Anton Kuh diese Zweideutigkeit als Haßliebe

eines „von unten, der nicht hinauf durfte"; Stroheim sei „ein kleiner Österreicher, der in seiner Heimat nicht groß werden durfte und sie zur Rache dafür – – unvergänglich machte! Einer, der nicht mittun durfte und deshalb die Vergangenheit mit der gleichen Maßlosigkeit bekämpfte, mit der er ihren versäumten Schönheiten nachtrauert".[41]

So soll Stroheim 1930 auch behauptet haben, er würde im Wien der Republik gewiß „the military sound of the feet of officiers' horses on the cobblestones" und die Soldaten „strutting and pulling their moustaches for the admiration of red-cheeked nursemaids" vermissen.[42]

Vom k.und k. Militarismus gibt Stroheim in seinen Filmen Kurzfassungen, individualisiert und typisiert ihn. Er reduziert ihn nicht nur auf Äußerlichkeiten, auf die glänzende, farbenprächtige, korrekte Uniform und auf die Gestik, die durch eine genaue Ausführung einzelner gewichtiger Details (wie die karikierende Übertreibung) starke inhaltliche Assoziationen anspricht, sondern auch auf Personen- und Beziehungstypen. Das wird im Film insgesamt zum signifikanten, mit Bedeutung aufgeladenen, ästhetischen Ausdruck einer Kultur (und Moral). Nur in diesem Zusammenhang, d.h. aus der primär die Probleme kurzgefaßt auf einen ästhetischen Nenner bringenden und typisierenden Perspektive des Filmemachers wird eine Äußerung Stroheims von 1930 interessant, in der er die Frage nach der Ursache von Krieg auf die k. und k. Militärkultur und ihre Wirkung auf ‚die' Wiener Damenwelt einengt:

„Why did the soldiers hold themselves so stiffly erect and tighten their chin-straps and shine their brass buttons, strutting like peacocks in the parks, except to catch the eyes of the pretty nursemaids and errand-girls? Why did the officers polish their patent-

leather boots till they glittered and swing their jeweled scabbards
that looked, so ferocious and were filled with such pretty harmless
swords, if it were not to win the admiration of the titled ladies
strolling with their duennas under the blossoming chestnut tress?
Why do men fight at all, except because women love soldiers and
martial show? If women said, ‚No more war!' wars would cease.
They are not fought primarily for honor or right or to make the
world safe for democracy, but for love."[43]

Die *weibliche Hauptrolle* in beiden Filmen ist das „süße
Wienermädel" in seiner Variante des unschuldigen, der
männlichen Gewalt ausgelieferten, armen, tapferen Mädchens aus dem Volk. Ihre Reinheit steht im Gegensatz
zu dem Sumpf, der sie umgibt.[44] Im Widerspruch zu
dem, was Dr. Raphael Hellbach in seiner Trivialanalyse
„Naturgeschichte der Wienerin" über die Kopfbedeckung
der Wiener Fabrikmädchen und Handarbeiterinnen feststellt,

‚daß diese Wiener Grisetten" als ein Ergebnis ihres „Schönheits-
sinnes, welchen man beinahe ‚Instinkt' nennen könnte, *[. . .]* die
das Haupt bedeckenden und fast an die Kapuzen der spanischen
Mantille erinnernden Schleiertüchelchen seit undenklichen Zeiten
beibehalten haben, da durch die Kopfumhüllung das pikante Ge-
sichtchen in so neckischer Weise eingerahmt wird und sie überhaupt
viel vorteilhafter kleidet als der französische Hut",[45]

trägt Stroheims Heldin einen Strohhut, der ihr zartes Gesicht wie ein Heiligenschein umgibt. So gleicht sie zwar
den amerikanischen Heldinnen, die Stroheims Lehrer
D. W. Griffith auf die Leinwand brachte, sonst aber entspricht ihre Rolle ganz dem erotischen Trivialtypus des
unschuldigen Opfers der raffinierten Männer ‚von Welt'
sowie der brutalen Männer aus dem Volke,[46] einem
Typus der freilich eben durch diese Klischeevorstellung
(Männerphantasie) vielfach zu lebendiger Wirklichkeit
wurde. Es hat gewiß nichts mit der Realität der berufstätigen Frau zu tun, daß Agnes in „Merry Go Round"
Drehorgelspielerin im Prater und Mitzi in „The Wedding
March" Harfenistin beim Heurigen in Nußdorf, daß also
beide ‚Volkskünstlerinnen' sind, sondern mit der Vorliebe
Stroheims, die Klischees noch zu steigern, auszugestalten.
In „The Wedding March" paßt dazu auch die symbolische

Legende vom bösen eisernen Rathausmann, der das liebliche Donauweibchen raubt, die sich offensichtlich auf
eine Legende der Zeit (nach der Erbauung des neugoti-
schen Rathauses 1883) stützt: Ein Büchlein über „die
Wienerin" von 1909 wird durch eine „liebliche" Version
eingeleitet: [47]

„Donauweibchen hat ein Herz, so warm und weich wie – Gold;
nicht nur eines, das im Glutenglanze flammender Gefühle feuerver-
goldet scheint, wie die Herzen anderer Maiden auch. Donauweibchen hegt in seinem goldenen Herzen eine stille oder lautaufjauch-
zende Liebe zum ‚eisernen, eisernen Rathausmann', zu dessen Füs-
sen die Wienerstadt liegt."

Möglicherweise wäre auch noch irgendwo Stroheims
schreckliche Version der Legende zu finden. Zur so an-
ziehenden armen Reinheit des Wienermädels steht hier
noch zu lesen:

„Donauweibchen trägt das berühmte Waschkleid, das nur ein paar
Kreuzer kostet, und in dem es sich so fürstlich ausnimmt wie die
Königin von Saba [. . .]"

Zum Volk gehören weiters noch Personen, die ebenso
wehrlos, verletzlich, sanft, gütig *und besitzlos* sind – in
beiden Filmen der Vater der Heldin, in „Merry Go Round"
außerdem der bucklige Tierhalter und Verehrer des Mädchens – und jeweils einer, der *besitzend* und gewalttätig
ist – Schani Huber, der Karussellbesitzer in „Merry Go
Round" und der Metzger Schani Eberle in „The Wedding
March".

Zu den *Beziehungen*: Die Ehe wird als eine aus Macht-
und Geldinteresse eingegangene Gemeinschaft charakterisiert; „die Schlafzimmer sind Wechselstuben gegenseitiger
Macht-, Prestige- und anderer Interessensbefriedigung",
schreibt Sebastian Feldmann über Stroheims Filme; [48]in
ihnen hat die Liebe keinen Platz. – Hier unterscheidet
sich Stroheims Konstruktion von den auf Schlußidyllen
abzielenden Trivialgeschichten. – In „The Wedding
March" zeigt sich diese Lieblosigkeit in der widerlichen
Morgenszene im Schlafgemach der Eltern des Prinzen –
an der Wand über den Betten hängt hinter Glas und ge-

rahmt der Brautschleier und -kranz[49] –, in „Merry Go
Round" etwas anders im Verhältnis zwischen dem Grafen
Franz Maximilian und der Baronesse Gisella, die in der
zweiten Version ihre standesgemäße Ehe auf Befehl des
Kaisers eingehen müssen, und schließlich auch in der Ehe
des Prinzen Niki in „The Wedding March" mit der hinkenden Cäcilia Schweisser, Tochter des reichen „Hühner-
augenpflastermagnaten" der Habsburgermonarchie, deren
Hochzeitsnacht ohne Liebe am Beginn von „The Honeymoon", dem Fortsetzungsteil von „The Wedding March",
steht. Diese Ehe wird von den beiden Vätern im Bordell
abgesprochen, in einer Szene, die vor allem Anton Kuh
dazu veranlaßte, als „Held dieses [. . .] Films [. . .] das
Gesicht der altösterreichischen oberen Zehntausend" zu
bezeichnen; Stroheims „eigentliche Kunst" sei die

„Auswahl der Gesichter. So etwas Lebenswahres, ja Dokumenta-
risches wie den Vater General, der mit der Schnurrbartbinde ein-
schläft, oder wie den Schwiegervater Bierbrauer [!], der vor Ge-
winnsucht förmlich mit den Augen blökt und dabei nicht einmal
im verrufenen Salon aufhört, ‚Bürger von Wien' zu sein, so etwas
Gutmütig-Böses, Original-Österreichisches hat man kaum je gesehen. Rückschauend erscheint hier der Untergang einer Welt vor-
hergesagt aus ihren Physiognomien."[50]

Erotik wird in sado-masochistischen Beziehungen gefunden, in der Herrschaft des einen über den anderen –
des Mannes über das arme, verletzliche, zarte Mädchen. In
diesen Verhältnissen artikuliert sich Klassenherrschaft: die
Baronesse Gisella sucht Liebe bei ‚ihrem' Stallburschen,
Graf Franz Maximilian und Prinz Niki beim Mädchen aus
dem Volk oder im Bordell; die beiden – besitzenden –
Unholde aus dem Volk (Schani Huber und Schani Eberle)
versuchen die beiden Heldinnen zu vergewaltigen, in
„Merry Go Round" versucht dies auch der Graf.
    Aus dem starken Gegensatz von Reichtum und Luxus
auf der einen und bitterster Armut auf der anderen Seite
kann Prostitution im Wien der Jahrhundertwende als besonders weitverbreitet angenommen werden. ‚Trivitallite-
ratur' à la „Mutzenbacher" und ‚Weltliteratur' à la
„Reigen" entwerfen ein ähnliches Bild von den Liebesbeziehungen dieser Zeit. Den ganzen Umfang und vor allem
die Brutalität des Handels mit der Liebe lassen wohl auch

die Polizeistatistiken nur erahnen. [51] Als kennzeichnend
für die Härte dieses Geschäftes in dieser Stadt und in
dieser Zeit scheint mir jedenfalls, daß damals in Europa
‚harte‘ pornographische Fotos als „Wiener Ware“ gehandelt wurden, während ‚Soft-Pornos‘ nach der Stadt an
der Seine benannt waren. [52]

Auch für die Ausnutzung standesgemäßer, ökonomischer
und dienstlicher Abhängigkeit und Verfügungsgewalt im
historischen Wien der Jahrhundertwende zur Beförderung
und Steigerung der ‚Verführungskünste‘, wie sie Stroheim
in den beiden Filmen zeigt, gibt es in der Literatur und in
den Erinnerungen viele Beispiele. Nur ist auch hieraus die
Frage nach der realen Bedeutsamkeit kaum präzise zu beantworten. Daß dieser Zusammenhang von sozioökono-
mischer Machtstellung und sexueller Verfügungsgewalt
aber sehr wohl empfunden wurde, zeigen die empörten
Äußerungen über Annäherungsversuche von Arbeitgebern
und Vorgesetzten und über sexuelle Beziehungen von Arbeiterinnen zu ihrem Brotgeber in Autobiographien von
Arbeiterinnen und Arbeitern.[53] Freilich, auch so sind
diese Beziehungen nicht zu quantifizieren, und in dieser
‚Qualität‘ wurden sie wohl vor allem von politisch bewuß-
ten Arbeiterinnen erkannt. Die sexuelle Prüderie, die
Übernahme der sogenannten bürgerlichen Moral durch die
sozialistischen Arbeiter damals ist aus diesem Blickwinkel
jedenfalls nicht nur als Anpassung an die Kultur der Besser-
gestellten zu interpretieren, sondern auch als ein Bestandteil der Emanzipation von Abhängigkeit und Unterdrük-
kung.

In beiden Filmen findet der hochadelige Herr beim einfachen Mädchen die ‚wahre Liebe‘, die jedoch durch Stan-
des- und wirtschaftliche Zwänge nicht gut enden kann; in
der Wiener literarischen Tradition gibt es für die idyllische,
aber hoffnungslose Liebe zwischen Vertretern verschiedener Stände mehrere Beispiele.[54] Erotik und Liebe sondern
sich ‚systemkonform‘ von der Ehe ab, insofern diese mit
dem Macht-Geld-Komplex zusammenhängt. Sie werden
vom Hochadeligen im Wien Stroheims in der nichtstan-
desgemäßen Beziehung oder gar im Bordell gefunden.
(Auch die beiden Adeligen in Jean Renoirs Film „La
grande illusion“ von 1937 – Stroheim spielte nicht nur

den Deutschen *von Raufenstein,* sondern hat auch an
ihrem Dialog mitgearbeitet – finden sich im Gespräch
über Pferde und Freudenmädchen).[55] Wieder ‚stimmen'
die Formen der Abhängigkeit und der Unterordnung.
Für Stroheim ist außerdem die Herkunft so determinierend, daß Niki und Mitzi in „The Wedding March" auch
nach dem Tod der beiden standes- bzw. interessensge-
mäßen Partner, und Agnes und Graf Franz Maximilian
in „Merry Go Round" (nach der ersten Fassung) auch
nach dem Ende des Ersten Weltkriegs und trotz der
Verelendung und Verstümmelung des Grafen nicht
heiraten sollten. Die Standesgrenzen waren für Stroheim
so ‚naturhaft' unüberwindlich, daß sie auch noch nach
einem äußeren Ende der geburtsständischen Gesellschaft
das Schicksal der Menschen bestimmten. – Für das historische Wien um 1900 wird in Erinnerungen wiederholt die
Strenge der Standesgrenzen hervorgehoben.[56]

Zusammenfassung: Die Aufnahme des Films „The Wedding March" in Wien 1930 zeigt, daß der Film in seiner
politischen Dimension, in seiner Kritik an der Gesellschaft der Franz-Josef-Zeit erfaßt wurde. Während Fritz
Rosenfeld in der *Arbeiter-Zeitung,* Joh. H. (Johann Holzer) in der sozialdemokratischen Zeitung *Das kleine Blatt*
und K. E. in *Der Tag* (linksliberal) positive Berichte über
dieses Filmereignis brachten – der Film lief vom 7. bis
16. Jänner 1930 im Tuchlauben- und im Maria Theresien
Kino als „Tonfilm", da eine Begleitmusik „tonfilmisch
synchronisiert" war[57] –, wurde er in einer kurzen Rezen-
sion im *Neuen Wiener Tagblatt* völlig verständnislos ab-
qualifiziert, und die Filmkritiker der *Neuen Freien Presse,*
der *Wiener Zeitung* und der *Reichspost* schwiegen überhaupt dazu.[58] Bei dem bereits damals im Bürgertum
Wiens weitverbreiteten nostalgisch-beschönigenden Blick
auf die Zeit des ‚großen' Österreich ist das freilich gar
nicht verwunderlich, denn – so Fritz Rosenfeld –

„in dieser Welt des Prunks und der Unterhaltung leben nicht die
idealisierten Gestalten, die es in Wien-Filmen sonst immer zu sehen
gibt, sondern die Wiener Vorkriegsaristokratie und das Wiener Vor-
kriegskleinbürgertum, wie es [!] *wirklich* war"; der Film zeige „das

alte Oesterreich . . . mit seinem ganzen äußeren Glanz und seiner ganzen inneren Verlogenheit und Fäulnis . . .‟

Ansonsten war schon damals ein k. und k. Wien beliebte Filmszenerie — so Siegfried Kracauer über das Angebot von 1928 —,

„das nichts vom 7. Oktober [!] weiß. Es träumt und musiziert, es kennt keine Wohnungsnot, sondern nur Biedermeierstuben, der Strauß spielt noch heute in ihm, und was seine Mädchen betrifft — *So küßt nur eine fesche Wienerin.*‟ [59]

Und das Filmpublikum war empfindlich. So mußte in Berlin Mitte der zwanziger Jahre die Aufführung von Stroheims Meisterwerk „Greed‟ abgebrochen werden, weil das Publikum als geschmacklos und beleidigend empfand, daß die deutsche Einwandererfamilie militärisch und im Gänsemarsch auftrat und ihren Vorgarten Tafeln mit der Aufschrift „Es ist strengstens verboten, die Blumen zu berühren‟ zierten. [60] Durch die Ablehnung der meisten von Stroheims bereits stark zensurierten Filmen zeigte das Publikum überall, daß diese nicht zu jenen Hollywood-Produkten gehören, die den Erwartungen des Publikums entgegenkommen, ja zum „Triumph des unreflektierten Klischees‟ tendieren, [61] sondern daß Stroßheim zwar Klischees verwendet und sie noch dazu sorgfältig ausgestaltet, sie aber gegen das Harmoniebedürfnis des Publikums kehrt. Auch der zu „The Wedding March‟ insgesamt recht positive Kritiker Fritz Rosenfeld kann nichts damit anfangen, wenn „sich in die bissige Kritik des Vorkriegstums die Sentimentalität zu mischen (beginnt)‟; ebenso hat Johann Holzer mit der Liebesgeschichte und mit der halbsympathischen Figur des Gardeoffiziers, „den Stroheim selber spielt, nein: der er mit jeder Faser ist‟, keine rechte Freude. [62] Anders der Rezensent Siegfried Weyer im *Kuckuck*, für den „ ‚Hochzeitsmarsch‘ [. . .] die blutigste Satire auf Altösterreich und das Wien der ‚Backhendlzeıt‘ (ist), die jemals im Film gezeigt worden ist, dabei mit einer zuckersüßen Soße von Sentimentalität und Kitschigkeit übergossen, die die Fratze der alten Zeit um so schauerlicher macht.‟ [63]

Im Gespräch mit Dorothy Calhoun für *Motion Picture Classic* von 1930 meint Stroheim:

„I shall never go back to the city where I was born. It would be like going to the morgue to identify the body of a sweetheart one remembers as a lovely living woman with whimsical ways and a thousand dear beauties." Sein Wien sei „at once gay and mocking, frivolous and sinister, cruel and beautiful — always beautiful" gewesen. Ja. „the drama and romance" dieser „city of the very rich and the very poor" „were based upon its contrasts", „such a social structure *[. . . .]* makes for color in life, for picturesqueness and romance." „My Vienna was a city of crassest contrast. *[. . .]* sentimental, easily moved to tears and laughter *[. . . a city]* of intolerance and prejudice and cruelty and hate." [64]

In dieser Werbung für „The Wedding March" — da ist es recht eindeutig — wurde die nostalgische Note, die Trauer um das kaiserliche Wien hervorgekehrt; dennoch werden auch hier die sozialen und emotionalen Kontraste betont. Vielleicht wollte Stroheim auch von Wien fernbleiben, um sich seine Vorstellungen nicht durch neue Eindrücke stören zu lassen, denn es ging nun um eine tiefere, eine andere, gewissermaßen auch eine zeitlose Realität. Mit der akzentuierenden Ausgestaltung dieser (historischen) Kontraste zerbricht die Oberfläche des Klischees, und es entsteht eine tiefgründige, eindrucksvolle neue Welt. Aus dem historischen Wien wurden Grundwahrheiten aufgenommen, in einer eigenen Vision weitergesponnen und — erst dadurch — im Film einsichtig gemacht. Da für Stroheim das individuelle Handeln und das Schicksal der Personen durch das soziale Gefüge, durch die Herkunft bestimmt ist, führt er den Charakter der sozialen Schichten und die durch die hierarchische Gesellschaft determinierten zwischenmenschlichen Beziehungen penibel genau aus. Die Kitschgeschichten, die Melodramen dienen ihm nur „als Sprungbrett ... für seine herbe Darstellung einer Gesellschaft, für seine wundervollen psychologischen Einfälle, für seine komplexen, kontrapunktischen Behandlungen der Themen, für seine revolutionären stilistischen Neuerungen". [65]
Es gibt wohl mehrere mögliche Ursachen, weshalb Stroheim die sozialen Kontraste im historischen Wien so heftig empfunden hat und aus diesem Stoff seine Filme

machte. Viel spricht für die häufige Erklärung „weil er
durch seine Herkunft und auch im Militär nicht nach
‚oben‘ durfte“; auch Widersprüchliches würde dadurch
verständlich, so wenn zwar einerseits immer wieder ein
starker Haß gegen die Herrschenden und die Besitzenden deutlich wird, sich aber andererseits Stroheim nun
‚in seiner Welt‘ in dieser Rolle stark auszuleben scheint,
die ihm so sehr verweigert worden war.[66] Zwiespältig
ist auch, wenn er in den morgentlichen Szenen die Hochadeligen als ‚Menschen wie du und ich‘ mit schweren
aber doch ‚menschlichen‘ Fehlern zeichnet, dann aber
doch die sozialen Schranken natur- und schicksalhaft
unüberwindlich bleiben.

Stroheim war kein Sozialist, sah nicht die Sozialkritik
als Ansatz und Aufforderung zur Veränderung der Gesellschaft. Wie bei Arthur Schnitzler, zu dem es viele
Parallelen gibt, die Personen in ihren Werthaltungen und
selbst entworfenen und stilisierten Lebensplänen gefangen sind (vgl. beispielsweise die „Komödie der Verführung“), so ist auch bei Stroheim das soziale ‚Schicksal‘
unentrinnbar. Die geschilderte Welt stellt sich nicht als
erhaltenswert, aber als ausweglos dar. Sie wird nicht auf
ihre Veränderbarkeit hin analysiert, sondern in ihrer
Zwanghaftigkeit erfaßt. Auf diese Weise hat aber Stroheim doch mit „Greed“, „ein proletarisches Amerika“
‚von unten gesehen‘ gestaltet [. . .], das ohne Vorläufer
war und fast ohne Nachfolger geblieben ist“, und was
„als der ‚böse Blick‘ Stroheims berühmt wurde, das
waren in ‚Greed‘ vor allem die offenen Augen“.[67] Mit
durch Erinnerungen und Obsessionen geformten Bildern
hat Stroheim für viele – das zeigen schon die Besprechun-
gen von damals – eine gültige Charakteristik der Wiener
Gesellschaft und Kultur vor dem Ersten Weltkrieg gegeben.

Authentizität – historische Wirklichkeit

> The audience must know that what
> von Stroheim produces is done
> with the utmost honesty and just
> as reliable as the National Geogra-
> phic Magacine or the Encyclopae-
> dia Britanica. Audience knows this,
> I believe. They think von Stroheim
> will stand up and fight for correct-
> ness of detail; that he is willing to
> suffer the consequences; that he is
> willing to go to damnation for his
> conviction. And he is. Because
> everything he puts before the eyes
> of an audience must be that thing
> itself – the real thing.
> *Stroheim 1924*[68]

Jean Renoir schreibt über den entscheidenden Einfluß,
den Stroheim auf ihn ausübte, folgendes: 1924 sah er in
Paris „Foolish Wives", einen der drei Ehebruchsfilme, in
denen es um die unbefriedigte, vom Ehemann unverstan-
dene, vom europäischen Schürzenjäger leicht zu verfüh-
rende Amerikanerin geht. Er habe dadurch verworfen,
was er bisher verehrte, er habe eingesehen, wie irregeleitet
er gewesen war. Er habe aufgehört, dumm dem sogenannten Unverstand der Zuschauer die Schuld zu geben und
endlich die Möglichkeit erkannt, die Menschen durch die
Darstellung „authentischer", wahrhaftiger Szenen zu
rühren – ganz in der Tradition des französischen Realismus. Nun habe er um sich viel Typisches entdeckt und
die französische Gestik in den Bildern seines Vaters und
der Maler aus dessen Generation studiert. Dann drehte
er seinen – nach eigener Meinung – ersten erwähnens-
werten Film, „Nana" nach Emile Zola.[69]

Zum Realismus Stroheims

Zum *Detailfanatismus* Stroheims gibt es viele Erzählungen. So wird über seine Entlassung bei den Dreharbeiten
an „Merry Go Round" die charakteristische Legende erzählt, er habe für die Gardesoldaten, „obwohl sie niemals

anders als in voller Uniform erscheinen sollten, seidene
Unterhosen mit dem Monogramm der kaiserlichen Garde
angeordnet"; eher zu glauben ist jedenfalls die Geschichte,
daß er drei Tage damit verbracht habe, „den Hollywood-
Statisten, die diese Gardesoldaten spielten, korrektes
österreichisches Salutieren beizubringen, für eine Aufnahme, die auf der Leinwand nur einige Sekunden dauern
sollte".[70] — Die Entlassung Stroheims bei diesen Dreharbeiten gilt in Hollywoods Filmgeschichte als einer der
ersten großen Siege der finanziellen Produktionsleitung
über die bisherige ‚Allmacht‘ der großen Regisseure. —
Die Arbeit an den Aufnahmen des Rückzugs der österreichisch-ungarischen Armee in „Merry Go Round"
unterbrach Stroheim, weil die Satteltaschen der Dragoner
nicht gefüllt waren, was während einer militärischen
Operation freilich unmöglich war.[71] Auf die aufwendig
gefilmte Fronleichnamsprozession in „The Wedding
March", zu der die Uniformen in Österreich angefertigt
wurden,[72] wurde bereits oben hingewiesen; für die Liebesszenen an der Donau bei Nußdorf im selben Film
ließ Stroheim Tausende von Apfelblüten aus Wachs anfertigen und schuf mit diesem Dekor eine der schönsten
und berührendsten Liebesszenen der Filmgeschichte —
so auch Denis Marion, der ansonsten die ‚Verschwen-
dungssucht‘ Stroheims kritisiert.[73]
   Es ist jedoch keinesfalls ein Glaube an die Wahrhaftigkeit bereits der minutiösen Rekonstruktion des De-
kors eines vergangenen Ereignisses („Greed"), einer erfundenen Geschichte, oder auch der Stadt seiner Jugend,
vielmehr wird dadurch für ihn die Wahrhaftigkeit des
Filmereignisses erst möglich (siehe den folgenden Abschnitt). Er konnte nicht „schwindeln", hatte eine Abneigung gegen filmische Tricks: Auf einen Kunstgriff bei
der Verfilmung eines Messerwurfs auf McTeague in
„Greed" angesprochen — ursprünglich sollte ein Messer-
künstler werfen, der Schauspieler hatte sich jedoch geweigert, weshalb ein Trick notwendig wurde — , antwortete
Stroheim mit Abscheu, „I hate technique … I hate things
like that! I can't cheat — I don't know how. My mind
doesn't work like that".[74]

Dieser Fanatismus in der genauen Ausführung von Details der Ausstattung, der Stroheim den Ruf des verschwenderischsten Regisseurs von Hollywood einbrachte (das wurde auch, mit Legenden ausgeschmückt, zur Werbung verwendet),[75] war die Voraussetzung für einen Realismus in der *Charakterisierung von Personen:* In „Greed", dem ein naturalistischer Roman von Frank Norris mit einem wirklichen Mord als Vorlage zugrunde liegt, zwang Stroheim seine Darsteller, während der ganzen Dreharbeiten in den Zimmern zu wohnen, die der Realität nachgestellt waren, und er drehte den Mord in dem Haus des Verbrechens. Für die gewalttätige Schlußszene dieses Films zwang er die beiden männlichen Hauptdarsteller, stundenlang durch die heiße Salzwüste zu kriechen, mit nacktem Oberkörper, bis ihre Haut zerschunden war. Wut und Haß sollten glaubwürdig werden. Zuletzt schrie Stroheim: „Schlagt euch! Versucht euch zu hassen, wie ihr mich haßt!"[76] Schon Monte Carlo in „Foolish Wives" wurde realistisch (d.h. nicht nur in bemalter Leinwand) aufgebaut – mit Hotelklingelanlage im Stummfilm[77] –, damit sich die Schauspieler in dieser Umgebung so fühlen und benehmen könnten, wie die Personen, die sie spielten. Für Stroheim selbst war diese Genauigkeit im kleinsten Detail unbedingt notwendig, um als Schauspieler authentisch sein zu können.[78] Es war der Weg, auf dem das Leben, daß sich nicht „wiederherstellen" lasse, „erschlichen" werden mußte.[79] Stroheim charakterisierte mehr sich selbst, wenn er über seinen Lehrmeister D. W. Griffith schrieb: „Es war Griffith, der zuerst die heilige Pflicht fühlte, alles so korrekt wie menschenmöglich wiederzugeben, ob Dekoration, Kostüm, Uniformen, Sitten oder Rituale, selbst in jenem frühen Stadium [...], der sich persönlich für die Echtheit von allem verantwortlich fühlte. Es war Griffith, der zuerst und ganz den psychologischen Effekt eines genauen und korrekten Kostüms auf den Schauspieler erkannte [...]".[80] Um die Schauspieler in ihrer Rolle glaubhaft zu machen, quälte er sie – was ihm häufig als Sadismus ausgelegt wurde[81] – wie oben die beiden Darsteller der Schlußszene von „Greed", oder den Fleischer Schani in „The Wedding March", den er so lange rohe Fleischstücke kauen und ausspeien ließ, bis ihm selbst so übel wurde, wie er auf andere widerlich wirken sollte. Um die Bordellszene zu filmen, engagierte Stroheim nicht nur Freudenmädchen, er veranstaltete Saufgelage (in der Zeit der Prohibition), und nahm auch insofern auf die ‚Wirklichkeit' Rücksicht, als er der Darstellerin des süßen, unschuldigen Wienermädels verbot, an diesen Tagen zu den Filmarbeiten zu erscheinen. [82]

Rausch, Wut, Haß, Ekel und Unschuld sollten glaubwürdig werden — nicht als Dargestelltes, sondern als real Erlebtes. Eine neue Wirklichkeit war zu filmen! Offensichtlich hatte Stroheim kein Vertrauen in Darstellung, sondern nur in Realität, weshalb er auch möglichst keine Schauspieler verwendete:

„In echten Städten und nicht in solchen, die von Cedric Gibbons oder Richard Days gemalt waren, auf echten Boulevards, an denen echte Bäume standen, mit Straßenbahnen [. . .] drehte ich meine Szenen, und ich bevölkerte sie mit echten Männern, Frauen und Kindern, wie man ihnen alltäglich im echten Leben begegnet [. . .]" [83]

Es entspricht diesem Anspruch, Realität zu filmen, daß Stroheim bei den Dreharbeiten „die Szenen zwar oft wiederholte, aber dann so perfekt und ohne überflüssige Einstellungswechsel durchzog, daß man die Szenen so hätte montieren können, wie sie gedreht worden waren", [84] daß also fast alles brauchbar war, was nach aufwendigen Vorbereitungen auf den Film kam.

Eine radikale Konsequenz des Realitätsanspruchs war schließlich die zur Filmrolle erfundene eigene Geschichte Stroheims. Die Rolle, die er spielte, wurde zu seiner Identität. [85] Lotte H. Eisner erinnert sich an den Besuch bei Stroheim in Schloß Maurepas wenige Monate vor seinem Tod,

„wo er [. . .] in einer feudalen Scheinwelt lebte [. . .], seinen weißen, chromblitzenden Cadillac, seine Hausmädchen, seinen Kammerdiener, seine Köchin und die phantastischen Interieurs seines Schlosses [dank Denis Vernac] behalten konnte. Das Arbeitszimmer sah aus wie das Dekor zu einem seiner Filme. Säbel mit verzierten Griffen hingen an den Wänden, vor dem hochpolierten riesigen Schreibtisch stand kein Stuhl, sondern ein bestickter Pferdesattel mit Steigbügeln, und auf dem Schreibtisch prangte ein feingerahmtes Photo von Erich von Stroheim als jungem Kadetten in weißer Uniform *[. . .]* Er *[. . .]* lag *[. . .]* in einem prachtvollen, schwarzseidenen Schlafrock mit dem berühmten weißen Stehkragen, den er auch in *La Grande Illusion* getragen hatte, auf einem mit rotem Sammet ausgeschlagenen Paradebett und begrüßte uns huldvoll."[86]

Er lebte nach seiner Rolle, und diese bestimmte sein ‚Schicksal': Extravaganz war der Grund, warum Erich Oswald Hans Carl Maria von Stroheim, Graf von Nordwall, vom Hofe Kaiser Franz Josefs verstoßen wurde, Extravaganz war es, warum Stroheim als Regisseur von Hollywood verstoßen und seine Meisterwerke verstümmelt wurden. – Die Legende wurde zur Wirklichkeit; das ‚Schicksal', vorgegeben durch seine Rolle, seinen Lebensplan, hatte sich erfüllt?

Für Stroheim sind die Personen durch die *soziale Herkunft* in ihrem Handeln und in ihrem Schicksal *determiniert:* Für „Greed" forschte er der Vorgeschichte der beiden Hauptpersonen nach,[87] und bevor er über Mitzi aus „The Wedding March" etwas sagen konnte, mußte er sich – so berichtet der Mitautor des Drehbuchs – die Lebensgeschichte ihrer Mutter entwerfen, die im Film ursprünglich gar nicht vorkommen sollte.[88] Deshalb die Unüberwindlichkeit der sozialen Schranken in seinen Wien-Filmen, die Notwendigkeit ihres unglücklichen Endes trotz der scheinbar besten Voraussetzungen für das Gegenteil: In „Merry Go Round" sollte nicht einmal die ökonomische, soziale und körperliche Deklassierung des (bettelnden, amputierten und nicht mehr adelig bevorrechteten) Grafen[89] für ein ‚Happy-End' genügen.

Vermittlung von historischer Erkenntnis durch ‚unwahre' Geschichten

Wie die Wahrnehmung, so erfolgt die Vermittlung nach Interpretationsmustern. Nur um das Problem zu verdeutlichen, soll kurz auf die Fernsehserie des ORF „Ringstraßenpalais" von Helmut Andics eingegangen werden, weil hier Geschichte in einer Art verwendet wird und in der Vermittlung von Realität scheitert, wie sie dem Historiker zu denken geben müßte:[90] Bei Andics liegt das Historisieren nicht nur in den Kostümen und in der Szenerie; in den Dialogen wird immer wieder auf historische Ereignisse und Persönlichkeiten angespielt. Z.B. in der ersten Folge — 1867 — wird beim Kaffee über die „empörende" Behandlung Benedeks und die Eröffnung der ersten Kaffeerösterei am Fleischmarkt durch Julius Meinl gesprochen. Dieser Rekurs auf historische Fakten, um den Gehalt an (historischer) Wahrhaftigkeit zu steigern, mißlingt, auch wenn der General über Königgrätz und der Diener Ferdinand über die Kaffeerösterei reden. Das aus mehreren Gründen, von denen hier weniger die schulmeisterlichplumpe Art der Dialoge interessiert, sondern der Umstand, daß dahinter wohl die Meinung steht, das historische Faktum sei nicht nur historische Realität, sondern es könne auch komplexe Realität vermitteln. — Das angesprochene Bildungswissen hilft nicht. Wer weiß schon nichts von der Schlacht bei Königgrätz 1866, von den Vorderladern und den Zündnadelgewehren, von den ‚beiden Kontrahenten' Benedek und Moltke (alles wird im Dialog wieder angesprochen), aber auch wenn er daraus die strategische Lehre ‚getrennt marschieren — vereint schlagen' zu ziehen gelehrt wurde, so gibt ihm das noch lange nicht Einsicht in die Lebenszusammenhänge. Hier ist es so mit dem „Ereignis" für den Historiker, wie Roland Barthes schreibt: als „Kapital, das auf einer anderen Ebene erkannt werden müßte, versperrt [es] überall die Perspektive; an sich wahr, führt [es] doch zu einer falschen Sicht", [91] oder zu gar keiner.

Geschichte ist eine Interpretation, eine Deutung von Zusammenhängen zwischen ausgewählten und bewerteten Fakten; die Frage ist, in welchen und in welchem Zusammenhang sie gebracht werden. Es geht nicht um die Rekonstruktion der Vergangenheit, auch nicht um eine Annäherung an ‚die' Vergangenheit durch das Sammeln möglichst vieler Fakten, sondern es geht um die Verifizierung/Falsifizierung von Erklärungsmustern für historische Konstellationen, Ereignisse und Ereignisketten und um deren Vermittlung. Auch in fiktiven Geschichten geht es um derartige Konstruktionen und es kommt auch zu einer Überprüfung ihrer Wahrhaftigkeit durch den Rezipienten. Stroheim baut seine Konstruktion auf dem sozialen Gegensatz im Wien vor dem Ersten Weltkrieg auf (sogar nach dem Muster „zu ebener Erde und im ersten Stock", wenn er in „Merry Go Round" dem Gelage der Offiziere das bescheidene Heim der Agnes folgen läßt); er vertieft sich in naturalistische Details, um in der Zusammen- und Gegeneinanderstellung Akzente setzen zu können, die in der Personen- und Beziehungscharakterisierung realistische Aussagen ermöglichen.

Die Wirklichkeit wird nach Mustern/Modellen erfaßt und die Erfahrung ist überzeugend und für viele verbindlich nur über Modell-Geschichten (fiktive oder tatsachenbezogene) mit Symbolcharakter weiterzugeben. Es sei für ihn – so Jean Renoir – vermutlich die wichtigste Lehre aus den Filmen Stroheims gewesen, daß Realität nur durch *Übersetzung* Qualität bekomme. Der Künstler müsse seine eigene kleine Welt schaffen, weshalb nicht Wien der Ort der Handlung sei, sondern die Welt Stroheims.[92] – Es ist das Wien Stroheims, gebaut aus extremen sozialen Gegensätzen, voller gewalttätiger, brutaler Herrschaftsformen, aggressiver sado-masochistischer Beziehungen, mit prunkvollen Inszenierungen eines erstarrenden und brüchigen Systems. In diesen „schwarzen Operetten",[93] in trivialen Geschichten treten „die krassesten Manifestationen des Lebens" zu Tage, all das, „was sich unter der dünnen Schicht der Zivilisation umtreibt".[94] So können diese phantastischen Geschichten und grotesk-drastischen Szenen Einsichten in eine Gesellschaft vermitteln. Es ist hier mit den fiktiven Geschichten so, wie wenn Robert Musil – gleich dem aufklärerischen Historiker – „Beiträge zur geistigen Bewältigung der Welt *[...]* auch durch den Roman" leisten wollte, und es ihm darauf ankam, daß das Publikum weniger seine ästhetischen Qualitäten beachtet und mehr diesen seinen Willen.[95]

Es war die „nackte Wahrheit",[96] eine überhöhte Wahrheit, die an Stroheims Filmen für einen Teil des Publikums schon in den zwanziger Jahren anstößig war. Jedenfalls führte Stroheims nostalgische Erinnerung an die eigene Jugendzeit nicht zu einer Harmonisierung, und sie unterscheidet sich damit deutlich von jener ,Wien um 1900-Nostalgie' heute, einer Verkitschung und Vermarktung der Geschichte, der Leistungen von Wissenschaftlern und

Künstlern. Stroheim bringt zwar kitschige — im Sinne von
banalen, häufig verwendeten und klischierten — Geschichten und Konstellationen, seine Filme sind jedoch nicht
„widerspruchslose, spannungslose, nur auf Verständlich-
keit und Eingängigkeit angelegte Produkte", sondern im
Gegenteil, sie sind Kunst „in ihrer Erscheinung, die die
gesellschaftlichen Widersprüche, die nicht eingelösten
Versprechungen der Aufklärung und bürgerlichen Revolution widerspiegelt".[97]

Anmerkungen

1   Anton Kuh, Der Traum eines österreichischen Reservisten. In: ders.,
    Der unsterbliche Österreicher, München 1931, S. 151, jetzt auch in:
    ders., Luftlinien. Feuilletons, Essays und Publizistik, hg. v. Ruth
    Greuner, Wien 1981, S. 137.

2   1912 hatte Stroheim ein Theaterstück geschrieben, „In the Morning",
    das zwar in Paris spielt, aber sonst in einigem ein Vorläufer seiner Wien-
    Filme ist; Hauptpersonen sind „Nicki" Nickolaus Maria Erwin Graf von
    Bertholdsburg und Mizzi Dorfler: Richard Koszarski, The man you love
    to hate. Erich von Stroheim and Hollywood, Oxford-New York-Toron-
    to-Melbourne 1982, S. 8 — 11. In Wien, bzw. in Österreich-Ungarn
    spielen weiters Stroheims Roman „Paprika" (Ed. Macauley, New York
    1935 u.a.) und sein Drehbuch für „La Dame Blanche" (1939), das
    wegen des Kriegsbeginns nicht mehr realisiert wurde: Teils ed. in:
    Bianco e Nero. Nr. 2—3, Rom, Februar-März 1959 (auch als Sonderheft
    gebunden: Erich von Stroheim. 1885 — 1957), S. 103 — 127. Vgl. Jon
    Barna, Erich von Stroheim, Wien 1966 (= Österreichisches Filmmuseum),
    S. 82 — 84.

3   Zur Biographie vgl. Koszarski und Barna (wie Anm. 2) und vor allem
    Denis Marion, Stroheim. In: études cinématographiques 48 — 50, Paris
    1966, S. 4 — 96. Die (schon durch die zeitliche Distanz nicht ganz zu-
    verlässigen) Erinnerungen an Stroheim von seinem Vetter Emil Feldmar
    [Pseudonym für Feldman], Schauspieler und Theaterregisseur, ebenda
    S. 101 — 103 wurden hier nur für den Hinweis auf den Unfall in Steinach
    am Brenner und dessen wirtschaftliche und familiäre Folgen, sowie für
    Stroheims Eintritt in den väterlichen Betrieb (gemeinsam mit Feldmar)
    als Quelle genommen. — Zur Fiktion: Ebenda und Thomas Quinn Cur-
    tiss, Von Stroheim, New York 1973.

4   Marion (wie Anm. 3), S. 15. Ich habe die Eintragung in der Matrikel der
    israelitischen Kulturgemeinde in Wien überprüft.

5   Das Adelsprädikat „von Nordwall" wurde am 18. Dezember 1834 (be-
    stätigt am 2./3. März 1835) an Franz Pollatschek, Hauptmann beim In-
    fantrieregiment Herzog von Nassau Nr. 29 verliehen (Österreichisches
    Staatsarchiv — Verwaltungsarchiv Wien, Adelsarchiv Fasz. IV D 1 P).

Die Namensgebung ist typisch für den Militäradel des 19. Jahrhunderts. Entfernte familiäre Beziehungen zu Stroheim sind freilich nicht auszuschließen.

6 Der Prager Großindustrielle Maximilian Bondy, kaiserlicher Rat und Kommerzialrat, Vizepräsident des Verwaltungsrates der Kupferwerke Österreich AG, geb. 1854 in Prag (also ev. ein Verwandter der Mutter Stroheims) wurde 1914 in den Adelsstand erhoben; Prädikat „von Bondrop" (Österreichisches Staatsarchiv – Verwaltungsarchiv Wien, Ministerium des Inneren Fasz. 43 Diplome). Der Titel ‚kaiserlicher Rat' hatte kaum Bedeutung.

7 Lt. Werbetext für die sehr erfolgreiche Verfilmung der „Lustigen Witwe" (1925): vgl. Marion (wie Anm. 3), S. 7 und 57.

8 Auf dem Foto, das Stroheim als Kadetten zeigt – abgebildet u. a. bei Bob Bergut, Eric von Stroheim, Paris 1960, S. 32/33, bei Curtiss (wie Anm. 3), S. 18 und jetzt auch bei Maurice Bessy, Erich von Stroheim. Eine Bildmonographie, München 1985, S. 20 – trägt er jedoch eindeutig eine Kavallerieuniform, die sich durch die hellen Egalisierungen von den dünkleren des Train unterscheidet. Zu einem Besuch der Kavalleriekadettenschule in Märisch-Weißkirchen konnte in den Akten bis 1906 nichts gefunden werden und auch am Grundbuchblatt 249 aus 1906 des k. u. k. Trainregiments Nr. 1 (Hauptgrundbuchblatt und Unterabteilungs-Grundbuchblatt), Österreichisches Staatsarchiv – Kriegsarchiv Wien (diese wurden in der k. u. k. Armee sehr sorgfältig geführt) weist nichts darauf hin. Da sich Stroheim „auf eigene Kosten" meldete, hätte er sich die Uniform bereits vor seiner Einrückung schneidern lassen können – mit den Egalisierungen seiner Wunsch-Truppe? Als Truppe, die in Kampfhandlungen nicht aktiv eingreift, war der Train bei Militärs teils sehr angesehen und wurde (als „Largierertruppe") im antisemitischen Jargon der Zeit auch als „Mosesdragoner" bezeichnet.

9 Grundbuchblatt (wie Anm. 8). Warum er entlassen wurde, konnte nicht genauer festgestellt werden; Anton Kuh und Siegfried Weyer, die 1930 recht gut über seine Herkunft Bescheid wissen und auch darüber, daß er beim Train war, behaupten, er habe zu den „Dreier-Dragonern" gewollt, sei aber durch das Los zum Train gekommen und habe dann die Offiziersprüfung nicht geschafft (Kuh, wie Anm. 1, S. 154 bzw. 141), bzw. er sei aus der „Einjährigenschule gejagt" worden: S. W-r. /Jt. Information von Alfred Magaziner und Alois Piperger, die damals Redakteure im Vorwärtsverlag waren, Siegel für Siegfried Weyer/, Hochzeitsmarsch. In: Der Kuckuck, 2.Jg. Nr. 3, 19. 1. 1930, S. 4.

10 Übersichtliche Zusammenstellung seiner Filme, Drehbücher, Romane, Artikel und Filmrollen bei Michel Ciment, Erich von Stroheim 1885 – 1957. In: Antologie du Cinéma Bd. 3, Paris 1968, S. 378 – 384 und in: Michel Ciment, Les conquérants d'un nouveau monde. Essais sur le cinéma américain (= Collection Idees/Gallimard 450), /Paris/ 1981, S. 31 – 77. Ciment bringt auch eine prägnante Stilanalyse. Ausführlich auch, mit etwas zu starker Betonung der Vergleiche mit europäischen literarischen und künstlerischen Strömungen, Eduardo Bruno, Espressione e ragione in Eric von Stroheim, Roma 1966 (mit der Übersetzung von einigen Stellungnahmen Stroheims zu eigenen Filmen im Anhang).

Eine übersichtliche chronologische Zusammenstellung mit Filmographien und wichtigen Zitaten aus der Literatur zu Legende und Wirklichkeit bringt Barna (wie Anm. 2).

11 Dazu vor allem Korszarski (wie Anm. 2), S. 89 – 113, bes. S. 93 – 97. Barna (wie Anm. 2), S. 35 – 37. Zur Filmfassung: Freddy Buache, Erich von Stroheim (= cinema d'aujourd'hui 71), /Paris/ 1972, S. 40 – 46. Herman G. Weinberg, Stroheim. A pictorial record of his nine films, New York 1975.

12 Curtiss (wie Anm. 3), S. 144.

13 Vgl. Koszarski (wie Anm. 2), S. 177 – 195. Insbesondere Herman G. Weinberg, The Complete Wedding March of Erich von Stroheim. A Reconstruction of the Film part one, „The Wedding March", part two, „The Honeymoon" in 255 still photos following the original screenplay, plus 13 production stills, Boston-Toronto 1974.

14 Béla Balász, Parter. Eine Entdeckung Wiens. In: Der Tag. Wien. Dienstag, 23. 9. 1924, S. 8 und in: ders., Schriften zum Film 1, Budapest-München 1982, S. 306 – 308.

15 Fritz Rosenfeld, Wien in Holywood. In: Arbeiter-Zeitung, Wien, Samstag, 27. 9. 1924, S. 9. – Eine kurze sehr positive Besprechung bringt die Neue Freie Presse. Morgenblatt, Wien, Freitag, 19. 9. 1924, S. 4 (gezeichnet mit N –) als „ausgezeichneter Propagandafilm gegen den Krieg und für die Republik Oesterreich /.../ In Kostümen und Typen verblüffende Echtheit."

16 Sybille Murlot-Deri, „Törleß" und der Dekadenz-Roman. In: Studi Tedeschi 23, Neapel 1980, S. 239 – 249.

17 Siegfried Kracauer, Die kleinen Ladenmädchen gehen ins Kino. In: ders., Das Ornament der Masse. Essays (= suhrkamp taschenbuch 371), Frankfurt a.M. 1977, S. 293.

18 Georg Schmid, Die Figuren des Kaleidoskops. Über Geschichte(n) im Film, Salzburg 1983, S. 33.

19 Kracauer (wie Anm. 16), S. 280.

20 Vgl. unten die Zitate von Anton Kuh (bei Anm. 24) und von Jean Renoir (bei Anm. 92).

21 Die Fußwaschung findet sich auch wieder im Drehbuch für „La Dame Blanche" (wie Anm. 2). – Erklärung der Gebräuche und Ceremonien unserer heiligen katholischen Kirche zum Gebrauche der studierenden Jugend, Wien [15]1869, S. 207: „ . . . auch die christlichen Kaiser, Könige . . ., die durch die Fußwaschung, Bewirtung und auch sonstige Versorgung mehrerer Armen an sich beweisen, daß die erhabene Würde, die sie als Erdenbeherrscher über Andere erhebt, nicht von den Banden der christlichen Bruderliebe, durch die wir Alle Glieder eines Leibes sind, trennen dürfe . . . "

22 Hier kann nicht darauf eingegangen werden, warum auch heute noch die „politische Prominenz hinter dem ‚Himmel' " geht, und die Medien darüber an wichtiger Stelle berichten; Bildunterschrift in: Die Presse, Wien, Freitag, 3. 6. 1983, S. 1. – Erklärung der Gebräuche (wie Anm. 21), S. 232: „Zunächst dem Baldachine folgen die Magistratspersonen, Beamten und andere Ansehnliche des Volkes, dann die Männer und zuletzt die Reihen des weiblichen Geschlechtes".

23 Dorothy Calhoun, The Vienna of Von Stroheim. It Was – It Is Not
    Now – A City of Romance And Pageantry And Walzing. As told by
    Eric Von Stroheim. In: Motion Picture Classic, Vol. 31, No. 2, Chicago
    April 1930, S. 78. – Einiges weist darauf hin, daß Stroheim prakti-
    zierender Katholik und sehr religiös war: der Ernst, mit dem er Szenen
    des kirchlichen Lebens filmte und religiöse Symbole verwendete (vgl.
    auch die Beichte der Mitzi in „The Wedding March"); ebenso die Ein-
    richtung seines Hauses bei Paris (vgl. das Foto bei Bondy – wie Anm.
    27 – S. 64). Im Archiv der Erzdiözese Wien konnte jedoch kein Beleg
    für einen Eintritt in die katholische Kirche nach seinem Austritt aus
    der isrealitischen Kultusgemeinde von 1908 gefunden werden.

24 Eine Kopie mit der Farbsequenz (in Technicolor) besitzt das Österrei-
    chische Filmmuseum.

25 Kuh (wie Anm. 1), S. 153 bzw. 140.

26 Nach dem Grundsatz, den Otto Neurath folgendermaßen ausdrückt: „Je
    mehr die Arbeiterklasse ihre Organisation ausbaut, Feste, Bräuche,
    Sitten schafft, um so weniger werden Arbeiterfamilien kirchlichem
    Wesen zugeführt" (Kirche und Proletariat. In: Die sozialistische Erzie-
    hung, 3. Jg., Wien 1923, S. 182 f.), wurden in den zwanziger Jahren von
    sozialdemokratischen Organisationen teils Parallelveranstaltungen ein-
    gerichtet; vgl. zu den Frühlingsfesten am Sonntag nach Fronleichnam,
    2. Juni 1929, A. Jalkotzy, Die Frühlingsfeste. In: Die sozialistische Er-
    ziehung, 8. Jg., Wien 1929, S. 146.

27 Francois Bondy, Zwischen zwei Legenden. Erich von Stroheims beste
    Rolle. In: Der Monat, 19. Jg. Heft 221, Februar 1967, 69 bezieht sich
    in dieser Formulierung auf Ulrich Gregor, Enno Patalas, Geschichte des
    Films 1: 1895 – 1939 (jetzt = rororo 6193, Hamburg 1976), S. 128.

28 Lotte H. Eisner, Einige Erinnerungen an Erich von Stroheim. In: Film-
    kritik, 20. Jg. Heft 2, Februar 1976, S. 65.

29 Herman G. Weinberg, Coffee, Brandy & Cigars XXX. In: Hommage à
    Erich von Stroheim, ed. Charlotte Gobeil (= Canadian Film Archives),
    Ottawa, February 1966, S. 42.

30 Vgl. Herta Nagl-Docekal, „Für einen Kammerdiener gibt es keinen
    Helden" – Hegels Kritik an der moralischen Beurteilung „welthisto-
    rischer Individuen". In: Biographie und Geschichtswissenschaft, hg.
    v. Grete Klingenstein, Heinrich Lutz, Gerald Stourzh (= Wiener Bei-
    träge zur Geschichte der Neuzeit 6) Wien 1979, S. 68 – 80.

31 Der Kuckuck (wie Anm. 9).

32 Die Uniformen hatten immer – trotz Schwarz-Weiß-Film – die richtige
    Farbe zu haben. Wie wichtig er Details – auch bei Phantasieunifor-
    men – nahm, zeigt der Bericht des Regisseurs Christian-Jaques, wo-
    nach er Dreharbeiten unterbrechen mußte, um für Stroheims selbst-
    entworfene Uniform eines chinesischen Generals ein Lederetui für eine
    weiße Signalpfeife anfertigen zu lassen, die im Film nie verwendet
    wurde. In: études cinématographiques 48 – 50, 1966, S. 108 f.

33 A. R. v. Treuenfeld, Armee-Album zur Erinnerung an das 40jährige
    Regierungsjubiläum, /Wien/ 1889.

34 Alfred Deutsch-German, Wiener Mädel (= Großstadt-Dokumente 17)
    Berlin /1905/, S. 16 f.

35   Calhoun (wie Anm. 23), S. 78.

36   Felix Salten /Pseudonym für Siegmund Salzmann/, Wiener Adel (= Groß-
     stadt-Dokumente 14), Berlin /1905/, S. 34. Vgl. die Haltung der mili-
     tärischen Würdenträger am Foto zum Fronleichnamszug 1907.

37   Nach Gustav Adolf Schimmer, Die Bevölkerung von Wien und seiner
     Umgebung nach dem Berufe und der Beschäftigung, Wien 1874, waren
     3,5 % Haus- und Rentenbesitzer („Capitalisten"), wozu noch einige
     wenige aus den drei folgenden Kategorien zu rechnen sind (Pensionisten;
     Stände mit höherer Schulbildung; Selbständige in Gewerbe, Industrie,
     Handel). Nach Josef Ehmer veränderte sich dieser Anteil in den folgen-
     den Jahrzehnten nur minimal.

38   Statistisches Jahrbuch der Stadt Wien für das Jahr 1912, Wien 1914,
     S. 890 (Ergebnisse der Volkszählung vom 31. 12. 1910).

39   Maurice Trubert, Impressions et souvenirs d'un diplomate, Paris 1913,
     S. 114: „A l'inverse de ce qui existe chez nous, il n'y a dans cette foule
     de cinq mille invités que les mornes habits noirs de quelque ministres
     ou secrétaires américains, qui semblent vouloir s'y perdre tant ils ont
     conscience du singulier effet qu'ils produisent. Tout le reste n'est que
     panaches, brandebourgs, aiguilletes, cordons de tous ordres et de
     toutes nuances, au milieu desquels, superbes de stature et de visage,
     revêtus de dolmans que bordent des fourrures précieuses, chaussés de
     hautes bottes à éperons d'or, montrant sur leurs larges poitrines tout
     ce qu'elles peuvent porter d'agrafes et de plaques en pierreries et tenant
     à la main leurs coiffures sombres surmontées d'une longue aigrette
     blanche, se détachent et resplendissent les magnats hongrois, ces puis-
     sants seigneurs qui sont de véritables petits rois. /Qui donc, en présence
     d'une pareille assemblée, pourrait se défendre parmi nous de faire un
     retour mélancolique sur les bals officiels de notre démocratie moder-
     ne? . . . '/

40   Gregor, Patalas (wie Anm. 27), S. 128.

41   Kuh (wie Anm. 1), S. 153 bzw. 140.

42   Calhoun (wie Anm. 23), S. 30.

43   Ebenda, S. 78 und 85.

44   Ciment (wie Anm. 10), S. 373. In dieser ausgezeichneten Analyse der
     Filme wird Stroheim zu seiner antithetischen Arbeitsweise zitiert: Als
     einzigartigen Kontrast inmitten dieses Morasts wolle er die Reinheit
     zeigen (Stroheim, Suis-je vraiment le metteur en scène le plus cher et
     le plus salaud du monde? In: Ciné-Club, No. 7, Avril 1949).

45   Dr. Raphael Hellbach, Naturgeschichte der Wienerin, Wien /1885/,
     S. 42 f.: „Indeß gibt es einige Abtrünnige", die an Feiertagen Hüte
     tragen. – Vgl. die vielen Damen mit Hüten unter den Zuschauern am
     beiliegend abgebildeten Foto zur Fronleichnamsprozession am Graben
     1907.

46   In seiner Besprechung von „Merry Go Round" (s. oben Anm. 14) ver-
     gleicht auch Béla Balász die Hauptdarstellerin Mary Philbin mit Lilian
     Gish, Hauptdarstellerin in Griffith-Filmen. – Zum Eros in Stroheims
     Filmen und zu seiner Symbolik vgl. u.a. Ciment (wie Anm. 10), S. 372.

47   Erich Felder /Pseudonym für Wilderich Rheinfelder/, Die Wienerin,
     Wien /1909/, S. 1.

48 Sebastian Feldmann, Erich Von. In: Filmkritik, 20. Jg. Heft 2, 1976, S. 60.

49 Zu einer ähnlichen Szene in „Greed" schrieb Georges Franju, Exhibition-isme. In: Cinématographe, No. 2, Mai 1937, zit. nach Ciment (wie Anm. 10), 357 (unter dem Foto) und 367: „Un certificat de mariage placardé sur le lit peut être, relativement aux objets qui l'entourent: flacon purgatif, bonnet de nuit, réveille-matin, etc., la plus terrible et la plus objective accusation faite à certaines alliances."

50 Kuh (wie Anm. 1), S. 152 bzw. S. 139.

51 Vgl. Karl F. Kocmata, Die Prostitution in Wien. Streifbilder vom Jahr-markt des Liebeslebens (= Großstadt- und Menschheitsdokumente 1), Wien 1925.

52 Hinweis von Erwin Puls, Wien, dem ich dafür danke.

53 Vgl. z.B. Adelheid Popp, Jugend einer Arbeiterin, Berlin-Bonn 1983, S. 54 f. und 63; Wenzel Holek, Lebensgang eines deutsch-tschechi-schen Handarbeiters, Jena 1908, S. 82 f.; Heinrich Holek, Unterwegs. Eine Selbstbiographie, Wien 1927, S. 182.

54 Vgl. z.B. Arthur Schnitzler „Liebelei" u.a.m. Siehe auch Giulio Cesare Castello, Erich von Stroheim. In: Premier Plan, No. 29, Lyon août 1963, S. 24 (Übersetzung des Artikels aus: Bianco e Nero, wie Anm. 2).

55 Jean Renoir, La grande illusion. ‚Die große Illusion', Drehbuch von Charles Spaak und Jean Renoir (= detebe 20435), Zürich 1981, S. 57: Rauffenstein (zu Bœldieu): I used to know a pretty girl at Maxim's . . . back in 1913. Her name was Fifi. Bœldieu: So did I.

56 Dazu die vielen Hinweise, sowie Beispiele für Mesalliancen und ihre Fol-gen, z.B. im Bericht eines ausländischen Beobachters: An English Of-ficer, Society Recollections in Paris and Vienna 1879 – 1904, London 1917, S. 154 f. und 220 (nichtstandesgemäße Heiraten würden in allen Gesellschaftsschichten als schockierend empfunden). Vgl. Salten (wie Anm. 36), S. 36 ff.

57 Wie so viele Werke Stroheims, so ist auch diese Musik- und Tonbeglei-tung verloren; aufgrund von beschädigten Platten rekonstruierte Stro-heim in den fünziger Jahren mit Hilfe der Cutterin Renée Lichtig in der Cinémathèque Française eine Tonfassung ohne Farbe.

58 Fritz Rosenfeld, Neue Tonfilme. In: Arbeiter-Zeitung, 10. 1. 1930, S. 8. Joh[ann] H[olzer], Der Film eines altösterreichischen Sonder-lings. „Hochzeitsmarsch", Manuskript, Regie, Hauptdarsteller: Erich v. Stroheim. In: Das kleine Blatt, 9. 1. 1930, S. 9. K. E., Neue Filme. In: Der Tag, 11. 1. 1930, S. 4. Dr. H. H., Der Film. In: Neues Wiener Tagblatt, 9. 1. 1930, S. 6 f. – In: Die Stunde, 11. 1. 1930, S. 7 ist unter der Rubrik „Tonfilme der Woche" eine kurze, sehr oberflächliche In-haltsangabe, und auf S. 8 ein Foto (Schani und Mitzi als Zuschauer am Stephansplatz). Ein Foto zur Vorankündigung des Films findet sich auch in: Der Tag, 3. 1. 1930, S. 12 (Prinz Niki und Mitzi an der Donau bei Nußdorf unter blühenden Apfelbäumen). – Als Werbung der Film-industrie können gelten: P. T., Vom Gardeoffizier zum Meisterregisseur. Erich von Stroheims sonderbare Karriere. In: Mein Film. Illustrierte Film- und Kinorundschau, Chefredakteur Friedrich Porges, Nr. 211, Wien [2. Jännerwoche 1930], S. 12 f. und Bilder S. 15 (mit der ganzen

Legende zu seiner Herkunft); Österreichische Film-Zeitung. Das Organ der österreichischen Filmindustrie 2/1930, Wien, 11. 1. 1930, S. 13. – Für Informationen danke ich Eckart Früh vom ,Tagblattarchiv' der Wiener Arbeiterkammer.

59 Siegfried Kracauer, Film 1928. In: ders. (wie Anm. 17), S. 297.

60 Vgl. Lotte H. Eisner, Anmerkungen zu Stroheims Stil. In: Filmkritik (wie Anm. 28), S. 75. Die Tafeln mit der Aufschrift „It is strictly forbidden to touch the flowers" im Vorgarten, siehe: Herman G. Weinberg, The Complete Greed of Erich von Stroheim, New York 1972.

61 Schmid (wie Anm. 18), S. 21.

62 Rosenfeld und Holzer (wie Anm. 58).

63 Weyer (wie Anm. 9).

64 Calhoun (wie Anm. 23), S. 30 und 85. – Stroheim war wieder in Wien, so existiert zu einer Ankunft 1935 ein Wochenschaubericht, der am 25. April 1985 im Österreichischen Filmmuseum aufgeführt wurde.

65 Castello (wie Anm. 54), S. 33 f.

66 Vgl. Sergej M. Eisenstein, YO Ich selbst. Memoiren, hg. v. Naum Klejman und Walentina Korschunowa, Einleitung v. Sergej Jutkewitsch, Wien 1984, S. 56 f.: „Warum ich Regisseur wurde. Jedes anständige Kind macht dreierlei: es macht Sachen kaputt, es öffnet die Bäuche von Puppen oder auch von Uhren [. . .] es quält Tiere. [. . .] Ganz anders verhält es sich mit dem ,guten' Jungen [. . .] Er verstümmelt in der Kindheit keine Puppen [. . .] er muß einfach letzten Endes Regisseur werden, da kann man all diese in der Kindheit versäumten Möglichkeiten besonders leicht nachholen [. . .] Die Grausamkeit und Härte, die nicht auf Fliegen, Libellen und Frösche verwandt wurde, hat die Wahl von Thematik und Methode und das Credo meiner Arbeit als Regisseur deutlich geprägt. Es ist tatsächlich so: in meinen Filmen wird eine Unmenge von Leuten erschossen, zersplittern die Schädel von Landarbeitern, die man bis zum Hals in die Erde eingegraben hat [. . .] unter den Hufen von Pferden [. . .], werden Kinder auf der Treppe von Odessa zu Tode getreten, vom Dach geworfen [. . .] in lodernde Feuer [. . .]."

67 Bondy (wie Anm. 27), S. 70.

68 Interview am Ende der Dreharbeiten zu „Greed", Koszarski (wie Anm. 2), S. 119 zitiert Don Ryan, Erich von Stroheim, the Real Thing. In: Picture Play, Juni 1924, S. 115.

69 Jean Renoir, Ecrits 1926 – 1971, Paris 1974, S. 40 f.: „Brûlant ce que j'avais adoré, je compris combien je m'étais fourvoyé jusqu'alors. Cessant d'accuser sottement la soi-disant incompréhension du public, j'entrevis la possibilité de le toucher par la projection de sujets authentiques dans la tradition du réalisme français. Je me mis à regarder autors de moi, et, émerveillé, je découvris des quantités d'éléments purement de chez nous, tout à fait transposables à l'écran. Je commençai a constater que le geste d'une laveuse de linge, d'une femme qui se peigne devant une glace, d'un marchand des quatre-saisons devant sa voiture avaient souvent ici une valeur plastique incomparable. Je refis une espéce d'étude du geste français a travers les tableaux de mon père, et des peintres de sa génération. Puis, fort de mes nouvelles acquisitions, je tournai

mon premier film qui vaille la peine qu'on en parle, Nana, d'apres le roman d'Emile Zola." – Stroheim wurde mit Zola verglichen: Kuh (Anm. 1), S. 151 bzw. 138. Erwin Piscator soll gesagt haben, „The Wedding March" sei wie ein Roman von Balzac: Weinberg (wie Anm. 29), S. 43.

70 Barna (wie Anm. 2), S. 36.

71 Marion (wie Anm. 3), S. 42.

72 Ebenso wie für „Merry Go Round" und die goldene Kutsche des Kaisers wurde in beiden Filmen verwendet. Vgl. Weyer (wie Anm. 9).

73 Marion (wie Anm. 3), S. 84.

74 Karl Rheisz, Stroheim at the national film theater. In: Hommage à Erich von Stroheim, ed. Charlotte Gobeil (= Canadian Film Archives), Ottawa February 1966, S. 37.

75 Vgl. die Ankündigungen von „The Wedding March" in Wien 1930: P.T. (wie Anm. 58); Neues Wiener Tagblatt, 7. 1. 1930, S. 7; Der Tag, 3. 1. 1930, S. 9.

76 Marion (wie Anm. 3), S. 87 f. Vgl. die Aussagen von Mitarbeitern: Robert M. Yost Jr. In: Photoplay, december 1919; Barryl Denton. In: Mition Picture, january 1925; Tod Welch. In: ebenda, march 1929; Dorothy Bay. In: Motion Picture Classic, december 1927; und den Prozeßbericht von Cedric Belfrage. In: ebenda, june 1930; alle zusammengestellt und ins italienische übersetzt in: Erich von Stroheim, materiali di documentazione, saggi, filmografia, bibliografia (= Divi et Divine, amministrazione provinciale di Pavia accessorato all'instituzione, ai servizi culturali e all'informatione, o.J.).

77 Bondy (wie Anm. 27), S. 68; vgl. auch Marion (wie Anm. 3), S. 33.

78 Vgl. dazu den Bericht des Regisseurs Christian-Jaques in Anm. 32.

79 Ciment (wie Anm. 10), S. 366 zit. Stroheim, Dreams of Realism. In: Confrontation, Bruxelles 1958. In französischer Übersetzung ed. im Anhang zu Buache (wie Anm. 11), S. 108 – 110.

80 Griffith visto da Stroheim. In: Bianco e Nero (wie Anm. 2), S. 52 – 56, deutsch zit. nach Gregor/Patalas (wie Anm. 27), S. 128.

81 In Stroheims Filmen ist mehrfach Sadismus zu finden: vgl. dazu z.B. Castello (wie Anm. 53), S. 29 ff. Das hat gewiß zuallererst etwas mit dem zu tun, was im Film dargestellt ist, so etwa mit dem Wien der beiden Filme und seinen sozialen Typen; in zweiter Linie aber auch etwas mit Stroheims Persönlichkeitsstruktur: Seine Besessenheit in der Ausführung von Details, die immer wiederkehrenden Szenen und Topoi der Vergewaltigung, Verführung und Männlichkeit, sein fanatisches Streben nach Perfektion (das auch in dieser Art der Führung der Schauspieler gipfeln konnte), lassen doch auf anal-sadistische Grundzüge schließen – mit Wurzeln im Erziehungsstil des dekadenten, neurotischen, altösterreichischen Wiener Bürgertums (mit besonders starker Konditionierung auf Karriere hin in der jüdisch-bürgerlichen Familie und das mit einer militärisch-männlichen Offiziersgesellschaft als fatalem, da unerreichbarem Vorbild).

82 Zu Schani vgl. Eisner (wie Anm. 60), S. 75; zu den Dreharbeiten an der Bordellszene und zum Ausschluß Fay Wrays: Koszarski (wie Anm. 2), S. 190 f. (aufgrund von Interviews).

83   Ciment (wie Anm. 10), S. 364 zit. Stroheim (wie Anm. 79).

84   Lotte H$_2$ Eisner, Ich hatte einst ein schönes Vaterland. Memoiren, Hei-
     delberg ^{2}1984, S. 243.

85   Vgl. Erving Goffman, Wir alle spielen Theater. Die Selbstdarstellung im
     Alltag, München 1969.

86   Eisner (wie Anm. 84), S. 244 f.

87   Vgl. u.a. Bondy (wie Anm. 27), S. 66. Koszarski (wie Anm. 2), S. 179.

88   Koszarski (wie Anm. 2), S. 178.

89   Vgl. die erste Drehbuchfassung. Stroheim betonte eine Verelendung des
     Hochadels, die es gewiß so allgemein nicht gab. Zum ‚Offizierselend'
     nach dem 1. Weltkrieg vgl. – wieder als subjektiv ‚übertriebene' Darstel-
     lung – Ferdinand Fauland, Die schwarz-gelbe Passion. Das Buch vom
     Sterben eines Standes, Wien [1930], der die Perspektive der gekränkten
     Standesperson in Trivialgeschichten wiedergibt.

90   Vgl. Drehbuch mit vielen Filmfotos der Serie in 3 Extra-Heften der
     ORF Nachlese, Wien [1980 – 1981].

91   Roland Barthes, Literatur oder Geschichte (= edition suhrkamp 303),
     Frankfurt a. M. 1969, S. 19.

92   Renoir (wie Anm. 68), S. 189 f.: ,,Stroheim m'a appris bien des choses.
     Le plus important de ses enseignements est peut-être que la réalité n'a
     de valeur que lorsqu'elle est transposée. Autrement dit, un artiste
     n'existe que s'il réussit a créer son propre petit monde. Ce n'est pas à
     Paris, à Vienne, à Monte-Carlo ou à Atlanta que les personnages de
     Stroheim, de Chaplin et de Griffith évoluent. C'est dans le monde de
     Stroheim, de Chaplin et de Griffith!"

93   Bondy (wie Anm. 27), S. 64.

94   Siegfried Kracauer, Theorie des Films. Die Errettung der äußeren Wirk-
     lichkeit, Frankfurt a.M. 1964, S. 398 f.

95   Was arbeiten Sie? Gespräch [Oskar Maurus Fontana] mit Robert Musil
     (1926). In: Robert Musil, Tagebücher, Aphorismen, Essays und Reden,
     Hamburg 1955, S. 788.

96   Barthelemy Amengual, Stroheim entre la légende et l'histoire. In:
     études cinématographiques 48 – 50, Paris 1966, S. 128 f. vergleicht
     Stroheim mit Eisenstein und Poudovkine und stellt ihm Papst entgegen,
     der auch die gewalttätigen Beziehungen der sozialen Klassen mit einem
     Mysterium umgibt.

97   Axel v. Criegern/Christian Kattenstroth, Kitsch und Kunst. Materialien
     zur Theorie und Praxis der Ästhetischen Erziehung, Ravensburg 1977,
     S. 26 f. fassen so die kulturkritische Bestimmung von Kitsch durch
     Theodor W. Adorno (Ästhetische Theorie [Gesammelte Schriften 7],
     Frankfurt a.M. 1970, S. 352 f. u.a.) zusammen.

Bildnachweis: Die Bilder aus ,,The Wedding March" siehe Weinberg (wie
Anm. 12).

Für wichtige Hinweise danke ich insbesondere Georg Hauptfeld, Wolfgang
Maderthaner vom Archiv für Geschichte der Arbeiterbewegung (Wien) sowie
Peter Jung und Christoph Tepperberg vom Kriegsarchiv (Wien). Der Aufsatz
ist die überarbeitete Fassung eines Vortrags, den ich im Seminar von Kurt
R. Fischer im Sommersemester 1984 hielt.

ROMAN SANDGRUBER

CYCLISATION UND ZIVILISATION
Fahrradkultur um 1900

„Das Ende des 19. Jahrhunderts stand im Zeichen des Rades". Aus der viel verspotteten Spielerei einiger versnobter Sportfans war innerhalb weniger Jahre ein Fortbewegungsmittel geworden, das die Entwicklung des individuellen Massenverkehrs zu einem Kultur- und Wirtschaftsfaktor ersten Ranges einleitete. Wenn von den überall aus dem Boden sprießenden Radfahrerjournalen die ‚Cyclisation' als neue, höhere Stufe der Zivilisation gefeiert wurde, so drückt sich jenes Erlebnis der Beschleunigung aus, das mit der Entwicklung der Eisenbahnen und Dampfschiffe am Anfang des 19. Jahrhunderts erstmals verspürt worden war und mit dem Fahrrad, Auto und Flugzeug am Ende desselben Jahrhunderts sich als Leitsektor der nächsten Generation ankündigte.[1]

Der Radfahrboom der neunziger Jahre

Der rasche Aufstieg des Radfahrens fällt in die neunziger Jahre des 19. Jahrhunderts. Auch wenn schon im späten 18. Jahrhundert in den Pariser Parks „cēleriferes" vorgeführt wurden und 1804 sogar eine Komödie ‚Les Vélociferes' im Pariser Vaudeville Theater gegeben wurde, so wird der einfache Gedanke, „einen auf zwei Räder befestigten Sitz mittels der Füße fortzubewegen", allgemein auf den badischen Forstmeister Carl Friedrich Baron Drais von Sauerbronn zurückgeführt, der 1817 ein Laufrad mit lenkbarem Vorderrad konstruiert hatte und den Anstoß zu einer ersten, wenn auch nur kurzwährenden Radbegeisterung in England gegeben hatte.
Die Art des Fahrens auf diesen Draisinen oder Velocipeden unterschied sich allerdings noch wenig von der Gehbewegung, da durch das notwendige Anschieben mit

den Beinen jederzeit Bodenkontakt und eine Abstützungs-
möglichkeit gegeben war. Niemand wollte glauben, daß es
möglich sei, sich auf zwei Rädern aufrecht zu halten,
ohne von Zeit zu Zeit mit den Füßen den Boden zu berühren. Das erste Fahrrad, bei dem mit dem Pedalantrieb
das bis heute gängige Prinzip des Fahrradfahrens verwirk-
licht wurde, war zwischen 1855 und 1863 von den Brü-
dern Pierre und Ernest Michaux entwickelt worden. Die
Pedale waren am Vorderrad angebracht. Zur Verbesserung der Übersetzung und Steigerung der erzielbaren Geschwindigkeiten wurden die Durchmesser der Vorder-
räder immer mehr vergrößert, was allerdings eine natürliche Begrenzung in der Beinlänge der Radfahrer fand.
Obwohl so ein Hochrad über kleinere Unebenheiten sehr
weich hinwegrollte konnte ein größeres Hindernis oder
schärferes Bremsen sehr rasch einen Kopfsturz verur-
sachen. Unfälle waren so alltäglich, daß die Konstruk-
teure extra auf die Sturzfestigkeit der Konstrukte ver-
wiesen.

Die Hochräder (Bicycles) der siebziger Jahre hatten
vor allem in England großen Erfolg. 1880 gab es in Großbritannien 230 Radfahrerclubs. Ein Massenvergnügen aber
war das Fahren auf dem Hochrad nicht. Dem sprichwörtlich verbissenen Radfahrerblick, der vom ängstlichen Ba-
lancieren auf den hohen Rädern hergerührt haben soll,
konnte erst mit dem Sicherheitsrad (Bicyclette) abge-
holfen werden.[2] 1885 hatte James K. Starley den Rover,
das Urmodell aller heutigen Fahrräder, entworfen und
damit die Voraussetzung zur allgemeinen Verbreitung
und kommerziellen Nutzung des Radfahrens geschaffen.
Obwohl sich die leicht zu handhabenden Niederräder
keineswegs sofort gegenüber den Hochrädern durchsetzen
konnten, da sie als weniger schnell, unruhiger und generell
als unsportlich und unmännlich galten, wurde doch erst
durch sie und durch die luftgefüllten Gummireifen des
irischen Tierarztes Dunlop der Fahrradboom der neunziger Jahre eingeleitet. Die Nachfrageausweitung war so
schlagartig, daß die Fabrikanten kaum Schritt halten
konnten. Im Vereinigten Königreich wurde die Zahl der
Radfahrer 1895 schon auf 1,5 Millionen geschätzt,[3] in
Frankreich auf etwa 250.000. Um die Jahrhundertwende

gab es in Frankreich etwa 1,2 Millionen Radfahrer, in
Paris allein etwa 200.000, in Deutschland mindestens eine
Million. In Berlin radelten 1896 etwa 35.000 Menschen,
um 1900 etwa 150.000.

In Wien war das erste Hochrad (Bicycle) im Jahre
1880 zu bewundern gewesen.[4] 1887 zählte man etwa 600
Radfahrer in Wien, 1892 1.500, 1893 3.000. 1894 waren
bei der Wiener Polizei bereits 6.200 Radfahrer gemeldet,
1895 etwa 10.000 und 1896 13.000. 1900 gab es nach
ungefähren Schätzungen in Wien bereits 70.000 Radfahrer.[5] In ganz Niederösterreich rechnete man 1896 inklu-
sive der Fahrer ohne Lizenz mit etwa 30.000 Radbe-
nützern.[6] Man wird nicht fehlgehen, wenn man für den
Bereich des heutigen Österreich um 1900 die Zahl der
Radfahrer mit mindestens 150.000 angibt. Zum Vergleich: 1936 waren in Österreich etwa 700.000 bis
900.000 Fahrräder in Gebrauch, davon etwa 250.000
in Wien.

Radfahrer in Niederösterreich (1896)[7]

Bezirk	Zahl	zum Ver- gnügen	zu Geschäfts- zwecken
Wien	13.000	8.000	5.000
Wr. Neustadt	700	350	350
Stadt Waidhofen	20	10	10
Sonstiges Land	7.000	2.500	4.500

Die Räder wurden vorerst aus England importiert. Die
ersten inländischen Fahrräder stammten von der Wiener
Firma K. Greger, die 1884 die Erzeugung von Hochrädern
und 1886 auch von Niederrädern aufgenommen hatte.
Weltweit wurden 1897 schon 2 Millionen Fahrräder produziert. Österreich-Ungarn lag mit einer Jahresproduktion
von etwa 60.000 Stück hinter den USA mit 900.000,
Großbritannien 500.000, Deutschland 350.000 und
Frankreich 90.000 weit abgeschlagen an fünfter Stelle der
Weltrangliste. Um 1900 wurde von amerikanischer Seite
die österreichische Fahrradproduktion mit 175.000 Stück
jährlich angegeben.[8]

„Geschäftsdenken und Vereinsleben" – Die Radfahrvereine

Man organisierte sich in exklusiven Radfahrvereinen.
Bereits 1869 soll unter dem Präsidium des Fürsten Egon
Thurn und Taxis in Wien ein Velocipedklub eingerichtet
worden sein, der aber nicht lange existiert haben dürfte.
1878 bestand auf der Hohen Warte in Döbling ein Drai-
sinen-Club. Als ältester Bicycleclub der Monarchie hatte
der ‚Český klub velocipedistů na Smíchově' in Prag gegenüber dem Wiener Bicycle-Club, der ersten und feinsten
Radfahrervereinigung Wiens, die noch im selben Jahr,
am 15. Oktober 1881, gegründet worden war, den Vorrang der Anciennität. 1882 folgten der „Wanderer"-
Bicycle Club[9] und zahlreiche weitere Gründungen in
Wien und in den Provinzstädten, im steirischen Bruck an
der Mur, das sich des drittältesten Radklubs Österreich
rühmte, im oberösterreichischen Micheldorf, wo die Sen-
sengewerken Zeitlinger das Radfahren förderten, in Graz,
in Steyr. 1886 gab es in Wien 5 und in der ganzen Monarchie bereits 120 Radclubs mit etwa 1.500 Mitgliedern.
1896 zählte man in Wien allein bereits etwa 175 Rad-
fahrervereine. Um 1900 mag diese Zahl schon dreihundert
überstiegen haben. Die mehr als 20 verschiedenen Rad-
fahrerzeitungen[10] Wiens auf Publikums- und Vereins-
ebene lassen das publizistische Interesse und die rasch
steigende kommerzielle Bedeutung des Radfahrens ermessen.

Radfahren war ein luxuriöser Sport der gehobenen
Gesellschaft. Ein Hochrad kostete in den frühen achtziger
Jahren etwa 200 Gulden. Um 1895 kam ein Niederrad
auf etwa 500 bis 600 Kronen oder 250 bis 300 Gulden zu
stehen, um 1900 auf 120 – 250 Kronen. Die Taglöhne
für Bauhilfsarbeiter lagen zwischen 0,9 und 1,4 Gulden,
für Maurer zwischen 1,5 und 2 Gulden.

Das Tempo, mit dem sich diese Sportart so plötzlich
durchgesetzt hatte, mußte einer Öffentlichkeit, in der
sportliche Betätigung noch etwas Außergewöhnliches
war, ganz ungeheuerlich erscheinen. Die Mitglieder der
Radfahrvereine bestanden durchwegs aus ganz jungen
Leuten, aus Studenten oder ‚sonstigen Söhnen ihrer
Väter', die nur den Beruf zu haben schienen, dem lieben

Der erste Ausflug eines Damen-R.-V.

Jäher Abschluß des ersten Ausfluges eines Damen-R.-V.
(aus: Radfahrer-Zeitung)

Achter-Hochradreigen des Wiener Club vorm. Wiener Radfahrer am Schottenfeld 1890

(aus: Draisena)

Arbeiterradfahrerbund
Hernals, 1903
(aus: Traum und
Wirklichkeit)

Werbeplakat von Michael Zeno Diemer, 1896
(aus: Pizzinini; Tiroler Landesmuseum Ferdinandeum Innsbruck)

Gott die Tagesstunden totschlagen zu helfen oder im
‚Dress" die Bewunderung der Nichtclubmenschen zu erregen. [11] Doch rasch hatte sich die Aufregung der Väter
über die Radfahrbegeisterung der Söhne beigelegt: „Na
ja", könnte so ein Wiener Hausherr räsoniert haben: „Dö
G'schicht is net so schlecht! Erstens frißt dös Ding nix,
braucht kan großen Platz, schlagt net aus, und der Bua
kann net d'ersaufen, wie bei derer dalkerten Schinakl-
fahrerei!" [12]

In der Mitgliederstruktur der Radfahrvereine dominierten die Wirtschaft und das Privatbeamtentum. Der
Deutsche Radfahrerbund, der sein Einzugsgebiet auch auf
Österreich erstreckte, hatte 1888 bei 9.250 Mitgliedern
eine berufliche Struktur, die auch für die Wiener Radver-
eine nicht untypisch gewesen sein dürfte:[13]

Kaufleute und Bankiers. 4262
Handwerker. 579
Industrielle 497
Beamte 411
Techniker 393
Studenten und Schüler 258
Hoteliers und Gastwirte. 193
Pharmazeuten und Chemiker. 163
Rentiers. 149
Geistliche und Lehrer 104
Land- und Forstwirte 97
Ärzte. 74
Gelehrte und Professoren 60
Offiziere 52
Schauspieler, Musiker 42
Damen. 23
Sonstige und ohne Angabe 1555

Der vornehmste Wiener Radsportverein, der Wiener
Bicycle Club, zählte 1890 als ordentliche Mitglieder 34
Industrielle und Kaufleute, 28 Beamte, 13 Freiberufler,
11 Adelige und Privatiers, 7 Studenten und als im Jahr
1890 neuangemeldete außerordentliche Mitglieder auch
10 Frauen. Prinz Franz Windisch-Graetz oder Fürst Paul
Metternich stellten den nicht sehr zahlreichen adeligen

Aufputz.[14]   Die Radfahrer-Union Vorwärts, der auch
Arthur Schnitzler, Richard Beer-Hofmann oder Bertha
Zuckerkandl angehörten, und in deren Mitgliederverzeich-
nissen sich nicht wenige Namen aus dem Schnitzlerschen
Bekanntenkreis, zahlreiche Bank- und Börsenleute, darunter sehr viele Angestellte der Länderbank und bekannte
Vertreter der Geschäftswelt fanden (Bunzl, Biach, Mandl,
Popper, Rappaport), zählte 1897 125 ausübende Mitglieder, 37 außerordentliche Mitglieder und 10 Eleven. Unter
den 204 ausübenden Mitgliedern nach dem Stand vom
1. Juli 1897 befanden sich 82 Kaufleute, Bankiers und
Bankangestellte, 13 Industrielle, 23 Beamte, 10 Advoka-
ten, 7 Privatiers, 6 Ärzte, 5 Schauspieler und Künstler,
3 Techniker, 2 Redakteure, 8 Sonstige und auch 46
Frauen.[15]

Ein Mitgliederverzeichnis des Clubs der Wiener Herrenfahrer aus 1901 enthält 29 Beamte (öffentlich und privat),
5 Wirtschaftstreibende, 7 Militärs, 1 Adeligen, 7 freie Berufe, 13 Studenten, 1 unbekannt und bereits 31 Frauen,
allerdings durchwegs ohne Berufsangabe: höhere Töchter,
hinter deren Radfahrbegeisterung die Öffentlichkeit nur
die Suche nach einem feschen Radfahrer zu vermuten ge-
neigt war.[16]

„Schöne Radlerin oder emanzipierte Dame" – *Frauen am Rad*

Solcher Nachrede vorzubeugen, mag das Motiv für die
Konstituierung eigener Radfahrerinnenvereine gewesen
sein. 1893 war in Graz der erste Damen Bicycle-Club
Österreichs begründet worden, der überhaupt die älteste
Vereinigung radfahrender Damen innerhalb des deutschen
Sprachgebietes gewesen sein soll. Geradezu überwältigend
scheint der Zulauf nicht gewesen zu sein, da der Verein [17]
bereits 1898 seine Auflösung beschlossen hat. 1894 war
auch in Wien ein Radfahrerinnenclub entstanden, der
Erste Wiener Damen B.C. Hier und in mehreren großen
deutschen Städten hielten sich die selbständigen Damen-
Bicycle-Clubs länger.[18] Die Männervereine sträubten
sich auch nicht länger gegen die Frauen. Sie sahen Frauen

als willkommenen Aufputz ihrer Ausflüge und Gesell-
schaftsabende. Selbst „Der Bicyclist", das offizielle Organ
des Wiener Bicycle Club, änderte sein Titelblatt und
nahm zum sportlichen Abbild eines Hochradfahrers auch
das einer anmutigen Radlerin dazu.

Frauen waren bevorzugte Motive der Werbegraphiker
der Jahrhundertwende. Das Image des Besonderen, des
Luxuriösen und Exklusiven, das Fahrräder ebenso wie
Spirituosen, Rauchwaren oder Autos signalisieren sollten,
wurde mit einer mit verführerischen Frauendarstellungen
lockenden Werbung an den ‚Mann' gebracht.[19] Die Fahr-
radwerbung glaubte ohne Frauen fast nicht auskommen
zu können.

Wieviele Radfahrerinnen um 1900 tatsächlich schon
in diese Männerdomäne eingedrungen waren, läßt sich
schwer angeben. In Triest jedenfalls soll es 1896 schon
etwa 60 radfahrende Damen gegeben haben, die unter
Herrenbegleitung – welche Aufregung – auch Touren
unternahmen. Das Jahr 1895 sah auch bereits einige
reizende Brünner Damen unter den Radlern.

Galt Radfahren anfänglich generell als lächerlich und
geckenhaft, so hatten die ersten Radfahrerinnen noch viel
mehr mit dem Mißtrauen, ja mit der feindseligen Ablehnung der Öffentlichkeit zu kämpfen.[20] Radfahren signalisierte Emanzipation und Selbständigkeit: „Unsere
Frauen sollten dem Fahrrad ein Denkmal setzen . . . ",
meinten die Radpioniere in ihrer Begeisterung.[21] Auch
die Frauenrechtlerin Rosa Mayreder, Mitbegründerin des
‚Allgemeinen Österreichischen Frauenvereins', gab gelegentlich ihrer Ansicht Ausdruck, daß das Radfahren
mehr für die Befreiung der Frau geleistet habe als alle
Frauenbewegungen zusammen.[22] Korsetts, Sonnen-
schirme und Schleier verschwanden, die Röcke wurden
kurz, denn „ein anderer Rhythmus war in der Welt",
schreibt Stefan Zweig.[23]

Für das Radfahren mußte sich die Kleidung ändern.
Die Ratlosigkeit unter den Modejournalen und Mode-
schöpfern war groß: „Wir müssen leider gestehen, daß in
der Costümfrage der allgemeinen Verbreitung des Rad-
fahrsportes ein nicht zu unterschätzendes Hindernis entgegensteht:[24] Es sei eben kein schöner Anblick, eine

Dame auf dem Rade in gebückter Haltung dahinfahren zu
sehen, wie selbige ängstlich bemüht sein muß, die immer
wieder emporflatternden Kleider mit größter Mühe her-
unterzuhalten. . . " [25]

Die meisten Radfahrerinnen plagten sich in langen
Röcken. Die modische Frau hingegen, einer Modezeit-
schrift zufolge etwa ein Drittel der Radfahrerinnen, trug
1895 in Wien zum Radfahrsport Hosen, die meist in
„Zuavenform" geschnitten waren, und darüber einen
Rock mit Schlitz. 1898 erfand man den „Beinkleider-
rock", den man offen und geschlossen tragen konnte. Um
den Unannehmlichkeiten entgegenzuwirken, die sich
beim Radfahren mit langen Röcken bemerkbar gemacht
hatten und um auch das gefährliche Verwickeln des
Kleides in den Pedalen auszuschalten, wurde eine neue
Form des Rockes vorgeschlagen, ein schürzbarer Rock,
der sich in Minutenfrist in einen ungeteilten Straßenrock
verwandeln ließ.[26]   Die Pumphose vermochte sich nicht
durchzusetzen: „Heutzutage wird eine Dame kaum mehr
mit Pumphose radeln", schrieb eine Modenzeitschrift
1901. [27] Das Damenrad mit Weglassung der oberen Quer-
stange gestattete auch das Fahren im Kleid. Das kurze
Backfischröckchen und andererseits das modifizierte
syrische Unterkleid, das als Rational Boston Dress bekannt
geworden war, ein unten halb sack-, halb hosenartig
geschlossener Rock, waren von der Fahrradmode geprägt.
Ohne Handschuhe sollten Damen der guten Sitte nach
nicht ausfahren.

Die Fahrfreiheit für die Frau auf dem Rade wurde
zum „großen Eintrittsbillet" stilisiert, mit dem in der
Hand das weibliche Geschlecht Gerechtigkeit verlange
von der modernen Zeit.[28] Ein Rad selbst zu lenken,
signalisierte Selbständigkeit, zumal wenn Frauen bei Rad-
ausflügen, unerhört, ohne Begleitung einmal allein ein
Gasthaus aufsuchten. Man blieb weiter ängstlich: „Ich
glaube, daß das Fahrrad viel tiefer in unsere Lebensge-
wohnheiten eingreift, als es zunächst scheint. Alle diese
jungen Mädchen und Frauen, die jetzt in die Ferne
streifen, geben damit einen beträchtlichen Teil ihres häuslichen Daseins auf." [29]

Das Pathos, mit dem die Radfahrjournale dem Radfahren der Frauen das Wort redeten, war von emanzipatorischen Intentionen zwar noch weit entfernt. Aber man sah die Rolle der Frau zumindest nicht mehr nur in der Aufgabe, dem Manne das Leben durch die tadellose Führung des Hauswesens zu verschönern, sondern auch in der Fähigkeit, ihm eine verständnisvolle Gefährtin, ein guter Kamerad zu werden: „Einer solchen Frau wird man es gewiß auch nicht übel nehmen, wenn sie ab und zu — falls es durchaus nicht anders möglich ist — allein fährt und dadurch eine erhöhte Aufmerksamkeit auf sich lenkt. Freilich ist es angenehmer und in jeder Beziehung wünschenswert, wenn eine Frau ihre Fahrten stets in Gesellschaft mitmacht . . . " Moralhüter glaubten aber auch in solchen Ausflugsfahrten viele Gefahren zu erblicken:

So fährt die heut'ge Jugend.
Wo bleibt da die Moral?
Führt wirklich noch die Tugend,
Bei ihr das Gubernal? [30]

Die Verbreitung des Niederrades wurde von den Radsportlern als Erhöhung des Vergnügens, der Geselligkeit und des Images des Radsportes begrüßt. Nicht die emanzipierte Frau sondern die Frau als fröhliche Gesellschafterin auf dem Zweirade erschien den Radfahrjournalen als das sympathische und willkommene Wunschbild":[31]

All Heil! Du schöne Radlerin,
nimm theil an uns'rem Zug,
es eilt der kleine Liebesgott
voran im frohen Flug.

Und wenn er von dem Flügelrad
entsendet seinen Pfeil,
dann ruft ihm zu nach Radlerbrauch
ein fröhliches All Heil! [32]

„Gebt Freiheit dem Rad!" — Das Rad im Verkehr

Das Rad hat uns die Freiheit gegeben, gebt Freiheit auch dem Rade! Es war ein erbittertes Ringen, das die Anerkennung des Rades als Fahrzeug und Fortbewegungsmittel im Straßenverkehr begleitete. Schon seit 1870 war durch eine polizeiliche Verordnung das Befahren der Straßen Wiens mit dem Velocipede absolut verboten. 1884 wurde dasselbe Verbot auch bezüglich des Fahrens mit Hochrädern für sämtliche Straßen der Stadt ausgesprochen. Nur außerhalb des Wiener Polizeirayons oder auf eigenen Rennbahnen durfte geradelt werden. Die Rücksicht auf den allgemeinen Verkehr wie auch auf die körperliche Sicherheit der Fußgänger wurde als Begründung angeführt. Wegen seiner Schnelligkeit sei das Rad eine permanente Belästigung und Gefahr. 1885 wurden zwar mit einer neuen Radfahrordnung einige Straßen und Gassen der Stadt für den Verkehr freigegeben, aber gleichzeitig Nummerntafeln und Fahrradprüfungen eingeführt. In der Kolingasse im 9. Bezirk mußte vor den Vertretern des ‚Wiener Rennvereins für Radfahrsport‘ die Radfahrprüfung (Befähigungsnachweis) abgelegt werden.

Verboten für den Radverkehr war die gesamte Innenstadt, alle Straßen um Schönbrunn, alle Straßen mit Tramwaygleisen, der Prater, die Laxenburger Allee etc. Um die Freigabe jedes einzelnen Straßenstückes gab es engagierte Diskussionen. Die Radfahrer lebten in einer permanenten Gegnerschaft zur Polizei. Jeder der Radpioniere berichtete später mit viel Freude und Nostalgie von solchen Auseinandersetzungen. Im Jahre 1894 wurden in Wien 1.466, 1895 2.297 und 1896 3.181 Amtshandlungen gegen Radfahrer verzeichnet, so daß im Durchschnitt jährlich ein Viertel der Radfahrer in irgendwelche Auseinandersetzungen mit der Obrigkeit verwickelt war.

Die Aggressionen und Vorurteile waren auf beiden Seiten groß. Besonders in der Nähe der Großstadt bestanden zahlreiche Vorurteile gegenüber Radfahrern, die oft in Gewalttätigkeiten ausarteten: „Hauts ös owi, die narrisch'n Todln!", war noch etwas vom Harmlosesten. Eine hartnäckige Feindschaft gegenüber Radfahrern besonders unter den Fuhrleuten wurde allgemein beklagt.[33]

Zweifellos war das Hochradfahren nicht ungefährlich und die Unfallhäufigkeit groß. Hinter der Angst vor dem Fahrrad steckte aber mehr. Für die Kulturpessimisten war die Geschwindigkeit des Rades Ausdruck der zunehmenden Nervosität, die man zu Ende des Jahrhunderts überall bemerken wollte.[34] Für die Politiker erhöhte es die Revolutionsgefahr, „weil man ja infolge der Schnelligkeit der Bewegung mit dem Rade, wie Sie ja wissen, in wenigen Stunden die Landesgrenze überschreiten kann", äußerte Statthalter Graf Kielmannsegg, der an sich selbst zusammen mit seiner Gattin ein begeisterter Radfahrer war, 1897 seine Besorgnisse. [35]

Der Siegeszug des Rades war aber nicht aufzuhalten: 1896 war die Fahrfreiheit in Berlin eingeführt worden. Mit Wirkung vom 1. Mai 1897 wurde für Niederösterreich eine neue, liberale Radfahrordnung erlassen, die sowohl die Aufhebung des Prüfungszwanges und der Numerierung als auch die Freigabe des Durchzugs durch Ortschaften und Ortschaftsteile brachte. 1898 wurden sämtliche Straßenzüge Wiens mit Ausnahme einiger kleiner Teilstücke für den Fahrradverkehr zugelassen.

Die Diskussion, ob das Fahrrad nicht nur ein Sportgerät sondern auch ein Fahrzeug sei und daher Anrecht auf Benutzung der Straßen habe, war 1897 positiv entschieden worden. Damit war ein wesentlicher Anstoß gegeben, die Aufmerksamkeit wiederum auf die Straßen zu lenken, die, von den Eisenbahnen konkurrenziert, sich um 1900 in einem beklagenswerten und gegenüber dem 18. und frühen 19. Jahrhundert viel schlechteren Zustand befanden.

Der Wert des Fahrrades als eines zeitsparenden Fortbewegungsmittels, das keinem Fahrplan und keinem Streckennetz untersteht, wurde bald erkannt. Telegraphenboten, Briefträger, Straßenmeister wurden in Niederösterreich 1897 dienstlich mit dem Fahrrad ausgerüstet. Auch Polizisten, Feuermelder oder Landärzte nutzten es früh. Friseurinnen, Ausläuferinnen, Diener waren auf dem Rad unterwegs: „Ich habe selbst schon Rauchfangkehrer und Geflügelhändler zu Rade gesehen — da kann man doch nicht mehr von einer Modesache für Damen sprechen." [36] 1896 bedienten sich in Wien bereits etwa ein Drittel der Radfahrer des Rades auch zu beruflichen Zwecken, auf dem Land sogar zwei Drittel.

1894 wurde das Rad ausgiebig bei den Herbstmanövern getestet. Das Waffenrad wurde präsentiert, verglei-

chende Studien über den Radeinsatz für militärische
Zwecke angestellt und utopische Erwägungen über den
Ersatz der Kavallerie durch Rad- und Tandemfahrer ver-
öffentlicht.

Mußte man da nicht bereits 1900 in die Klage ein-
stimmen, daß der Radfahrsport im Niedergang begriffen
sei? Für die einen war er nicht mehr fein genug, wo jetzt
jeder Gevatter Schuster und Schneider am Sonntag seine
Radpartie machte, für die anderen hörte Radfahren auf,
ein Sport zu sein, seit das Rad auch praktischen Zwecken
dienen konnte. Selbst die so hart erkämpfte Beseitigung
der Fahrverbote in der Stadt schien da an Wert zu verlieren: „Keinem Radfahrer, der das Radfahren als Sport
oder zu seinem Vergnügen betreibt, wird es einfallen,
durch die Straßen von Wien zu holpern . . . Zu bedauern
sind jene, die durch ihre Berufspflichten zur Benützung
des Rades innerhalb der Stadt gezwungen sind, und dieser
Talmi-Sport wird sich voraussichtlich nur noch mehr ver-
allgemeinern, anstatt zurückgehen. Doch die Beweggründe
zu diesem Radfahren können wir mit jenen, die uns bewegen werden, zu radeln, nicht vergleichen." [37]

Im ersten Jahrzehnt des 20. Jahrhunderts wurde Radfahren von einem Mittelklassevergnügen zu einer Arbeits-
notwendigkeit, um die größer werdenden Entfernungen
von den Wohnstätten zur Arbeitsstelle in schnellerer Zeit
zurückzulegen. Am 3. Februar 1896 hatte in Schön-
bachers Gasthaus in Graz eine Protestversammlung der
radfahrenden Arbeiter dieser Stadt stattgefunden. Es
wurde die Gründung eines Arbeiter-Radfahrvereins beschlossen, da in den bürgerlichen Clubs nur solche Leute
seien, die zum Vergnügen fahren. Die Radfahrordnung
richte sich direkt gegen jene, die das Fahrrad zur Arbeit
brauchen, obschon gerade die Arbeiter nicht so schnell
zu fahren pflegten wie die Sportler, wurde zu Protokoll
gegeben.

1897 existierte bereits ein ,Arbeiter-Radfahrclub
Favoriten', dessen Obmann Franz Schmutzer bei der
Enquete von 1897 die radfahrenden Arbeiter vertrat:
„Ich bin ein Arbeiter und will nur erwähnen, daß wir
das Fahrrad nicht zum Vergnügen gebrauchen können,
auch nicht zu Sportzwecken verwenden, sondern einzig

und allein, um die große Entfernung vom Wohnhause zur
Arbeitsstelle in schnellerer Zeit zurückzulegen . . . " Er
verlangt daher die Freigabe aller Straßen für den Radverkehr.[38]
   Dennoch war Radfahren auch der erste Sport, den Arbeiter betrieben. In der Arbeiter-Zeitung findet man um
1900 in den Vereinsanzeigen bereits immer wieder Radtouren angekündigt. Radfahren und Fußball wurde 1907
bei einer Befragung von vielen Arbeitern als Lieblingsbe-
tätigung genannt.[39] Das Fahrrad half, neben der Eisenbahn, als ‚demokratisches Vehikel‘, die Großstadt zu verlassen. Hier bot sich tatsächlich ein Weg, aus „Manchester"
hinauszukommen. Hinaus ins Grüne: Das bedeutete
Flucht ‚aus grauer Städte Mauern‘; die räumliche Enge,
die Trostlosigkeit der Mietskasernen wollte man genauso
hinter sich lassen wie den Drill von Schule, Kirche und
Militär. Während die bürgerliche Jugendbewegung des
‚Wandervogel‘ seit Ende der neunziger Jahre gegen die
spießigen Lebensformen von Eltern und Lehrern rebel-
lierte, fanden sich die jugendlichen Arbeiter aus Anlaß
konkreter physischer und ökonomischer Unterdrückung
zusammen. Vergnügen und Nützlichkeitsbestrebungen
gingen Hand in Hand.[40]
   Es war ein Zeichen der sich ausweitenden Popularität,
daß die Sozialdemokraten in den Radclubs eine Möglichkeit sahen, die Massen zu gewinnen. Radtouren waren
auch politische Werbefahrten. Wenn die Wiener Neustädter Arbeiterradfahrer im Jahr 1907 oft in Gruppen zu
dreißig und vierzig in die Bucklige Welt ausschwärmten
und für die sozialdemokratischen Kandidaten Propaganda
machten, wurden sie in den Ortschaften meist von einem
Steinhagel begrüßt. Nach den Schlachten, die sich Orts-
bevölkerung und Radfahrer lieferten, kam es immer
wieder zu Verhaftungen.[41]

„Das Rad hat uns die Freiheit gegeben"

Das Fahrrad, das Automobil, die elektrischen Bahnen
hatten die Distanzen verkleinert und der Welt ein neues
Raumgefühl gegeben. Die Bewegungsfreiheit, die das Fahr-

rad gebracht hatte, schien den Zeitgenossen nur mit der Eisenbahn vergleichbar, aber in einem unendlich vielfältigeren Sinn. Man sprach von der Emanzipation des schwerfälligen Gemeinverkehrs durch die verführerische Leichtigkeit des Rades: In die zahllosen Massen des kollektivistischen Verkehrs bringe es die ungebundene, individuelle Circulation, welche die durch die Eisenbahn verödeten Nebenstraßen wieder belebe.

Beschaulichkeit und Versenkung, nichts konnte der Jugend um 1900 unzeitgemäßer erscheinen. Das Fahrrad entsprach der Nervosität. Der rasche Kulissenwechsel, den Emile Zola 1898 als das Jahrhundertgefühl beschrieb, war durch das Fahrrad individuell erfahrbar geworden: ,,Und da überkam sie dieser fröhliche Rausch der Schnelligkeit, die schwindelnde Empfindung des Gleichgewichts in dem blitzähnlichen, atemversetzenden Hinabrollen . . . Das ist die unendliche Hoffnung, die Befreiung von den allzudrückenden Fesseln, über den Raum hinaus."[42]

Man legte erstaunliche Distanzen zurück. Bereits 1886 startete der Horner Buchdruckergeselle Ferdinand Berger zu einer großen Radtour, die ihn von Horn über Böhmen, Sachsen, Berlin nach Hamburg, Bremen, Hannover, Köln, Bonn, Mainz, Stuttgart, München und über Braunau, Linz zurück nach Horn führte: ,,Am 4. August des Jahres 1886, die Sonne sendete ihre Strahlen senkrecht zur Erde, bestieg ich um die Mittagsstunde meinen Renner, ,Grete' genannt", beginnt er seine Aufzeichnungen von der zweimonatigen Tour über mehr als 2 300 km.[43] Das Rad ersetzte das Wandern.

1886 wurde das erste Semmeringrennen von Schottwien zur Paßhöhe auf Hochrädern ausgetragen. Das Rad des Siegers, des Tschechen Jaroslav Kas, war 19 kg schwer. Die Rennsportbegeisterung war groß. Schwimmen, Rudern, Schifahren, Radfahren oder gar Ballonfahren waren die neuen Sportarten. Der ,,Semmeringkönig" Viktor Silberer (1846 – 1924), die ,,wienerische Verkörperung des amerikanischen Self-made-man, der in Amerika Ellbogentechnik gelernt hatte", wie in seine offizielle Biographie feierte,[44] der liberale Exponent der christlichsozialen Partei im Wiener Gemeinderat, war als Preisruderer, Radfahrpionier und waghalsiger Ballonflieger zu einer Berühmtheit geworden. Als Sportmanager, Verleger von Sportbüchern, Kalendern und Zeitschriften (Allgemeine Sportzeitung, Wiener Salonblatt, Luftschifferzeitung etc.) sowie durch Bodenspekulation und die Erschließung des Semmering war er zu Reichtum gekommen.

Der Rhythmus der neuen Geschwindigkeiten verdrängte die beleibten, „würdigen" Männer, die in ihrem gemächlichen Gang mit den langen, schwarzen Gehröcken und wenn möglich leichtem Emponpoint für Stefan Zweig die erstrebenswerte Gesetztheit der bürgerlichen Kultur verkörperten.[45] „Während in meinen Jugendjahren ein wirklich wohlgewachsener Mann auffiel inmitten der Dickhälse, Schmerbäuche und eingefallenen Brüste, wetteiferten jetzt miteinander turnerisch gelenkige, von Sonne gebräunte, von Sport gestraffte Gestalten ... Die ganze Generation entschloß sich, jugendlicher zu werden, jeder war im Gegensatz zu meiner Eltern Welt stolz darauf, jung zu sein ... Jung sein, frisch sein und nicht mehr Würdigkeit war die Parole."[46]

Proletarische wie bürgerliche Emanzipationsbestrebungen idealisierten und mystifizierten das Fahrrad. Wenn man am Sonntag ins Grüne frei, frank, frisch hinausradelte, der Sonne entgegen, verließ man die dumpfe Plüschwelt der Philister. „Die Welt steht im Zeichen des Zweirads!" hieß es in der „Jugend" von 1896.[47]

Anmerkungen

1 All Heil! Zeitschrift für Radfahrsport und Radtechnik 1, 1897, 8/5; R. Lerch, Das Fahrrad und seine Bedeutung für die Volkswirtschaft. In: Jahrbuch für Gesetzgebung 24, 1900. Zu Fuß erreichte man 4 – 6 km in der Stunde, mit dem Pferdewagen vielleicht 12 km, ein Reiter 15 km, der Personenzug 30 – 40 km, der Schnellzug 60 km. Und nun erreichte man mit dem Rad ebenfalls 15 bis 18 km, im Rennen noch viel mehr.

2 W. Hamish Fraser, The Coming of the Mass Market 1850 – 1914, London 1981.

3 John Woodforde, The story of the bicycle, London 1970; F. K. Mathys, Vom Schnellfuß zum Fahrrad. Schweizerisches Turn- und Sportmuseum Basel, Katalog o. J.

4 Der Nähmaschinenhändler Heinrich Schott hatte eine Howe-Maschine nach Wien gebracht und zur Schau gestellt. Professioneller hatte Albert

H. Durjel den Import von Rädern angepackt und 1880 die erste Fahr-
radniederlage Wiens eingerichtet. Der erste Radfahrer Wiens war Brömer-
Elmerhausen, der ab 1883 auch mit dem Vertrieb englischer Marken-
räder begann und später die Generalvertretung der Österreischischen
Waffenfabriks-Gesellschaft Steyr übernahm (Brömer-Elmerhausen &
Reich).

5   Gerda Buxbaum, Die Gesellschaftskritik in den Wiener Modezeitschriften
     des 19. Jahrhunderts, Diss. Wien 1981, S. 333 ff; Stenographisches
     Protokoll über die am 5. bis inclusive 7. April 1897 abgehaltene En-
     quete zum Zwecke der Beratung der gesetzlichen Regelung des Rad-
     fahrwesens in Niederösterreich, Wien 1907, S. 5.

6   In 10 Bezirken war keine Lizenz gefordert.

7   Stenographisches Protokoll (wie Anm. 5), S. 5, 18 ff.

8   Hans-Erhard Lessing (Hg.), Fahrradkultur. Der Höhepunkt um 1900,
     Reinbek bei Hamburg 1982, S. 14 ff; Österreichische Fahrradfabriken
     um 1896: Maschinen- und Metallwaarenfabrik G. Bernhardt's Söhne,
     Wien 12, Schönbrunnerstraße 28, 1845 gegründet, (Herkules-Kraft-
     Cycle); Bilgeri, Wurzer & Co., „Helios"-Fahrradfabrik in Bludenz-Nüzi-
     ders (Helios); Fahrradwerke „Austria" von Bernhardt & Mörbitz, Tep-
     litz (Austria); Bock & Hollender, Fahrradfabrik, Wien III, Hauptstraße
     72; August Braun, „Favorit" Fahrradwerke, Wien XVII, Rosenstein-
     gasse 67 und Hernalser Hauptstraße 102 (1884 gegründet, Favorit);
     Stahlradwerke Ferdinand Christ & Cie, Wien IV, Hechtengasse 22
     (Flügelrad), 1893 zusammen mit Walter Bleckmann, Mürzzuschlag be-
     gründet; Bielefelder Maschinenfabrik vorm. Dürkopp & Co, bedeutend-
     ste Nähmaschinen- und Fahrradfabrik des Kontinents, 1892 auch ein
     Assemblingwerk in Wien, 1896 wurden hier etwa 5000 Räder erzeugt;
     Vincenz Ettrich, Wien V, Wienstraße 47; Richard Franke, Fahrräder-
     fabrik, Wien III, Löwengasse 18; Th. Gericke, Fahrradfabrik, Wien VI,
     Magdalenenstraße 28; Carl Goldebrand, Wien IV, Trappelgasse 6 (Con-
     dor, 1884 gegründet, 1896 50 Beschäftigte, 1000 bis 1200 Maschinen
     jährlich); K. Greger, Wien XVI, Haymerlegasse 32 – 34, älteste Fahr-
     radfabrik Österreichs und eine der größten des Kontinents, um 1876 als
     Nähmaschinenfabrik begründet, 1884 erste Hochräder erzeugt, wovon
     jährlich 300 bis 400 abgesetzt wurden. 1886 Beginn der Fabrikation des
     Rover, 1888 etwa 700 Stück, 1896 jährlich 10 000 (nach eigenen An-
     gaben 12 000) Fahrräder, 800 Beschäftigte, davon 400 in Fahrradfabri-
     kation; Joh. & Anton Hanak, Wien VII, Mariahilferstraße 100 (Glücks-
     Fahrräder, 1895 ca. 400 Stück); Franz Jos. Hansal & Gustav Kotsch,
     Wien XV, Schönbrunnerstraße 20, 1893 gegründet; Hillmann, Herbert &
     Cooper, Premier Cycle-Comp., Coventry, mit Zweigwerk in Eger ab
     1892 (Premier); Alex. Hulla, Wien VII, Hermanngasse 21 (Danubia);
     Fahrradwerke Pilsen Hans Kleissl; Heinrich Kraus, Wien VIII, Lange-
     gasse 52 (Royal); Attila-Fahrradwerke E. Kretzschmer & Co, Dresden,
     Teplitz, Budapest (in Teplitz seit 1894); Stefanie-Fahrradwerke Möld-
     ner & Skreta, Reichenberg; Styria-Fahrradwerke Joh. Puch & Co, Graz,
     1890 gegr., 1896 bereits etwa 450 Arbeiter, 6000 bis 9000 Stück;
     Optima Fahrradwerke, Trautenau, 1895 gegr. (1896: 1500 Stück);
     Electra-Fahrradfabrik Franz Strametz in Graz, 1894 errichtet; Fahr-

radwerke Gebr. Thomas Bautzen-Seidau (Sachsen) und Wölmsdorf (Böhmen), 1888, sehr leistungsfähig; Oesterreichische Waffenfabriks-Gesellschaft Steyr, 1894 mit Fahrraderzeugung begonnen; Windsperger & Simeth, Fahrradfabrik, Wien VI, Windmühlgasse 30, 1893 gegr. (Record).

9   Chronik der ‚Wanderer'. In: Nr. 40 des Organs, 31. Okt. 1890.

10   All frei, Reichsorgan der Arbeiter-Radfahrer Österreichs, 1909; Mitteilungen des 1. Eisenbahnbeamten-Radfahrerclub; Mitteilungen des Währinger Bicycle-Club; Radlerei; Deutsch-Oesterreichischer Radfahrer, 1889–1901; Die Radlerin, das in Wien I erscheindende „Sportblatt der radfahrenden Damen Deutschlands und Oesterreich-Ungarns"; Österreichisch-ungarische Radfahrerzeitung: Wiener Stahlrad; Draisens (ebenfalls für Radfahrerinnen); Ostmark; Radfahrsport; Österreichisch-ungarischer Radmarkt; Mitteilungen des Club Wiener Herrenfahrer; Der Bicyclist; All Heil; Illustrierte Allgemeine Radfahrerzeitung; Cluborgan des Oesterreichischen Touring-Club, 1898 ff. etc.

11   Wien und die Wiener. Ungeschminkte Schilderungen eines fahrenden Gesellen, Berlin 1892, 63.

12   Wienerstadt, Lebensbilder aus der Gegenwart, Wien 1895.

13   Wiener Stahlrad, Fachschrift für Radfahrsport 1, 1888, Nr. 2, S. 12.

14   Die Informationen über Franz Windisch-Graetz verdanke ich Hannes Stekl.

15   Vorwärts, Clubzeitung der Radfahrer-Union „Vorwärts", Mitgliedsverzeichnis 1. 2. 1897 und Stand der ausübenden Mitglieder am 1. 7. 1897, 5, 1897, Nr. 11, S. 2 ff.

16   Theodor Hildebrand, Operngasse 2, Lambotte Camillo, Graben 28, Moßler August, Jasomirgottgasse 5 und Thonet Theodor waren die Gründer des Radfahrklubs „Die Wanderer" im Jahre 1883. 1890 zählte der Klub 101 Mitglieder. Die Mitglieder besaßen insgesamt 100 hohe Zweiräder, 55 Sicherheitszweiräder und 15 Dreiräder, Tandems etc. 1888 der Club Wiener Herrenfahrer, hatte im Jahr 1902 63 männliche und 31 weibliche Mitglieder. So zählten in den Anfängen von J. Puchs Firma die Mitglieder des Grazer „akademischen technischen Radfahrvereins" zu seinen wichtigsten Kunden.

17   Nach einer Notiz im Club-Organ des „Oesterreichischen Touring-Club", 1, 1898, 15. 4.

18   ‚Die Radlerin' hg. v. Jose v. Matzner Edle v. Heilwerth, für Deutschland und Österreich.

19   Bernhard Denscher, Kunst und Kommerz. Zur Geschichte der Wirtschaftswerbung in Österreich, Wien 1985, S. 52 f., 94 ff; Tagebuch der Straße, Geschichte in Plakaten, Wien 1981, S. 100; Die Frau im Korsett, Wiener Frauenalltag zwischen Klischee und Wirklichkeit 1848 – 1920, Katalog, Wien 1984, S. 120, 160 ff.

20   Stefan Zweig, Die Welt von Gestern. Erinnerungen eines Europäers, Wien 1948, S. 111; Lucie Hampel, Von der Sportkleidung zur Sportmode, Lenzinger Berichte, August 1963, Folge 14, S. 52.

21   Georg Hermann, Die deutsche Karikatur im 19. Jahrhundert Bielefeld-Leipzig, 1901.

22   Zit. nach Frau im Korsett (wie Anm. 19), S. 162.

23   Zweig (wie Anm. 20), S. 267.

24   Vademecum für Radfahrerinnen, hg. v. d. Redaktion der ‚Wiener Mode‘, Wien 1897, S. 11.

25   Wiener Illustrierte Frauen-Zeitung 1898, H. 12.

26   Ebenda.

27   Buxbaum (wie Anm. 5), S. 333 ff. In den neunziger Jahren begann die Reformmode einzusetzen. In Wien beschäftigten sich vor allem die Secessionisten mit der Reformierung der Frauenkleidung, die in Wien aber nur bedingt Anklang fand. 1902 wird die Dame von der Mode noch einmal, allen Reformbestrebungen zum Trotz, in eine Korsett-konstruktion gepreßt, die die sogenannte ‚sans ventre‘ oder S-Linie erzwang.

28   Balduin Groller, im Vorwort zu: Vademecum (wie Anm. 24).

29   H. Schramm, Das Sportkleid, Ciba Rundschau, 1965/4.

30   Radlerei, hg. v. Wiener Radfahrer-Club Künstlerhaus um 1897.

31   Vademecum (wie Anm. 24), S. 8, 9 f, 37, 53.

32   Radlerei, Wiener Radfahr-Club ‚Künstlerhaus‘.

33   Stenographisches Protokoll (wie Anm. 5), S. 27.

34   All Heil (wie Anm. 1), 15. Mai 1897, Retrospektive Betrachtungen.

35   Stenographisches Protokoll (wie Anm. 5), S. 4.

36   Wiener Mode, 1900, H. 14, 15. April.

37   Mitteilungen des Club Wiener Herrenfahrer, 4. Jg., 1901, Nr. 30.

38   Stenographisches Protokoll (wie Anm. 5), S. 11.

39   Richard Sorer, Auslese und Anpassung in einer Wiener Maschinen-fabrik (Schriften des Vereins für Sozialpolitik 135/3/1), Leipzig 1911, S. 256; Abbildung des Arbeiterradfahrerbund Hernals, um 1903.

40   Hermann Glaser, Maschinenwelt und Alltagsleben. Industriekultur in Deutschland vom Biedermeier bis zur Weimarer Republik, Frankfurt 1981.

41   Harald Sterk, Industriekultur in Österreich 1873 – 1918. Der Wandel in Architektur, Kunst und Gesellschaft im Fabrikszeitalter, Wien-München 1985, S. 92 f; Oskar Helmer, 50 Jahre erlebte Geschichte, 1957, S. 49 f.

42   Emile Zola 1898 in seinem Roman ‚Paris‘ aus der Trilogie ‚Die drei Städte‘.

43   Ferdinand Berger, Mit dem Hochrad unterwegs. Aufzeichnungen eines Horner Buchdruckergesellen (Schriftenreihe der Handelskammer Niederösterreich 8), Wien 1969.

44   Johann Plecher, Viktor Silberer, Wien 1916, S. 17.

45   Zweig (wie Anm. 20), S. 60.

46   Zweig (wie Anm. 20), S. 265 f; 48: Zeit und Alter hatten ein anderes Maß. Man lebte gemächlicher . . . Von den Figuren der Erwachsenen, die um seine Kindheit standen, fällt Zweig auf, wie viele unter ihnen frühzeitig korpulent waren: ,,Mein Vater, meine Onkel, meine Lehrer, die Verkäufer in den Geschäften, die Philharmoniker an ihren Pulten waren mit vierzig Jahren alle schon beleibte, ‚würdige‘ Männer . . . Selbst als mein Vater noch nicht vierzig Jahre alt war, kann ich mich nicht entsinnen, ihn je eine Treppe hastig hinauf- oder hinunterlaufen gesehen zu haben oder überhaupt etwas in sichtbarer Form hastig zu tun. Eile galt nicht nur als unfein, sie war in der Tat überflüssig, denn

in dieser bürgerlich stabilisierten Welt mit ihren unzähligen kleinen
Sicherungen und Rückendeckungen geschah nie etwas Plötzliches."
47   Nummer 35/1896 der ,Jugend'. In der Zwischenkriegszeit blieb das
Fahrrad das Hauptverkehrsmittel. Man rechnete für ganz Österreich mit
700 000 bis 900 000 Fahrrädern. 1934 wurden etwa 40 000 Räder
verkauft, 1935 102 000, 1936 150 000. 70 % der Wiener Radfahrer
benutzten das Rad zu Berufsfahrten. Obwohl mit Steyr Puch eine der
größten Fahrradfabriken (100 000 bis 150 000 Stück jährlich) in Österreich situiert war und durch die Arbeitslosigkeit das Fahrrad das einzige
Massenverkehrsmittel war, war eine fast feindliche Einstellung der Behörden festzustellen: Fahrradsteuern wurden in den dreißiger Jahren in
Wien, Kärnten, Steiermark und Oberösterreich eingeführt (5 – 6 Schil-
ling pro Jahr), während gleichzeitig die Kraftwagenabgabe beseitigt
wurde.

Bildnachweis: Draisena. Erstes und ältestes Sportblatt der radfahrenden Damen
6. Jg., Dresden – Wien, 15. Jänner 1900, S. 28. Manfred Pizzinini, Alt-Tirol
im Plakat, Innsbruck 1983, S. 69. Österreich-ungarische Radfahrer – Zeitung,
10. Jg., Wien 1895, S. 85 und 141. Traum und Wirklichkeit. Ausstellungskatalog, Wien 1985, S. 202.

GOTTFRIED PIRHOFER

DAS NEUE WIENER INTERIEUR DER JAHRHUN–DERTWENDE AM BEISPIEL DER „HOHEN WARTE"

Spätestens um die Jahrhundertwende erreichte Wien, jene Stadt, die seit eh und je „Ästhetik als Rohstoff produzierte",[1] in der Verfeinerung ein Niveau, in welchem sich die Gegensätze der Moderne und der Tradition zu einem „österreichischen Stil" vermittelten.

Gemeinsam war den Stilkünstlern dieser Jahre vor allem die Ablehnung des (eklektizistischen) Historismus und der Versuch seiner Überwindung durch eine neue, ‚zeitgemäß' entwickelte und fundierte Formensprache: „Jeder neue Stil, jedes neue Schönheitsideal in der Geschichte . . . sei gradweise aus dem vorangegangenen entstanden. ‚Neue Bauweisen, neue Baustoffe, neue Aufgaben und Ansichten der Menschen haben einen Wechsel oder die Neufassung vorhandener Formen hervorgerufen. Große gesellschaftliche Veränderungen waren es immer, die neue Stile entstehen ließen.' In der zweiten Hälfte des 19. Jahrhunderts sei dieser Prozeß zum Erliegen gekommen. Die Gangart des gesellschaftlichen Wandels war zu rasch gewesen, als daß die Kunst in ihrer Entwicklung damit hätte zurechtkommen können. Unfähig, einen Stil zum Ausdruck der Bedürfnisse und Ansichten des modernen Menschen zu entwickeln, hätten die Architekten alle historischen Stile aufgegriffen, um die Leere zu füllen."[2]

So neu diese 1895 von Otto Wagner formulierten Positionen schienen: Im Prinzip gab es auch dafür eine Tradition, die in die Bruchlinien des Historismus zurückreicht. Entscheidend durch Gottfried Semper angeregt, hatten die Kunstgewerbeschule und das Österreichische Museum für Kunst und Industrie seit den sechziger Jahren des 19. Jahrhunderts in Wien die institutionelle Basis für eine Stilreform geschaffen, deren „Gravitationspunkt nicht in den ‚freien' Künsten, sondern in der Architektur

und im Kunsthandwerk"[3] lag. Der wichtigste ‚Anstoß'
zu einer neuen Haltung erfolgte in Wien um die Jahrhundertwende — aber außerhalb und gegen die traditionellen Institutionen. „Wir kennen keine Unterscheidung zwischen ‚hoher Kunst' und ‚Kleinkunst', zwischen
Kunst für die Reichen und Kunst für die Armen. Kunst
ist Allgemeingut" (Ver Sacrum I, 1898). Gleichzeitig
verstärkte das Österreichische Museum seine Anstrengungen, den ‚Rückstand' des österreichischen Kunst-
gewerbes gegenüber den englischen Leitbildern aufzu-
holen. Seine Frühjahrs- und Winterausstellungen dien-
ten der öffentlichen Verbreitung und der inneren Entwicklung des neuen Stils. Zudem waren innerhalb von
wenigen Jahren in allen Zentren der Stilreform, in
England, Frankreich, Belgien, Deutschland und Österreich Zeitschriften und Bulletins entstanden: Instrumente zum internationalen Austausch der Ideen und zur
immanenten Verfeinerung der Stilkunst im Bereich der
Graphik.[4] Teilweise äußerst exquisit gestaltet, entspra-
chen sie sowohl den bibliophilen wie den reformprak-
tischen Bedürfnissen bildungsbürgerlicher Schichten, die
im kulturellen Aufbruch nach Zeichen für eine neue
Orientierung suchten.

„Typisch für dieses ‚gebildete Bürgertum' war ... die
Tilgung — sowohl durch das Publikum als auch durch die
Künstler — all dessen, was in ihren Augen ästhetisch nicht
vergleichbar war. Der gebildete Wiener, ein entfernter
Verwandter des *flaneur* von Baudelaire und des Wildeschen
Dandy, hatte mit ersterem die distanzierte Betrachtung
der Realität und mit lezterem die totale Hingabe an die
Kunst gemein. War der phantasmagorische Raum des
Rings erst einmal verinnerlicht — und historisiert —, vor
allem aber die Funktion dieser Arterie erschöpft oder
gänzlich als eine symbolisch-repräsentative enthüllt, so
entsagte der gebildete Wiener dem ‚Öffentlichen' zugunsten des ‚Privaten'. Er verlagerte gewissermaßen seine
flanerie in ein enger begrenztes Universum. Das bedeutete
einen Umschwung zum *interieur* und zum Einfamilien-
haus, der im Einklang mit dem stand, was sich im übrigen
Europa tat. Das *interieur* schien in Wien die Gegenposi-
tion zum kollektiven Prunk des Rings einzunehmen wie

im Frankreich des Zweiten Kaiserreichs zum *comptoir*."[5]
Aus diesen Kreisen formierte sich jenes neue Mäzena-
tentum, das – zur Ausstaffierung des eigenen privaten
Lebens – die bedeutendsten Werke der secessionistischen
Architekten in Auftrag gab.

1903 gründeten Josef Hoffmann und Kolo Moser zusammen mit Fritz Wärndorfer als Geldgeber die Wiener
Werkstätte. Ihre Gründung bedeutete eine weitere Auf-
wertung des Kunsthandwerks gegenüber der autonomen
Kunst – „Es soll die Arbeit des Kunsthandwerkers mit
demselben Maß gemessen werden wie die des Malers und
des Bildhauers"[6] –, vor allem aber eine größere Reich-
weite und (auch kommerzielle) Perspektive. Wenngleich
Fritz Wärndorfer noch weitgehend die Tradition des
Mäzenatentums repräsentierte, waren die Künstler – im
Verein mit den Kunsthandwerkern – im Prinzip selbst
‚Hersteller' geworden: in der direkten Auseinandersetzung mit dem mehr oder weniger anonymen Markt. De
facto betätigte sich die Wiener Werkstätte an Bauten wie
dem Sanatorium Purkersdorf und dem Palais Stoclet, in
allen Sparten der Inneneinrichtung, vom Kabarett Fleder-
maus als Gesamtkunstwerk bis zum Gebrauchsgegen-
stand in – freilich eher kleinen – Serien.

Jener Architekt, der das neue Interieur ‚gesellschaftlich' am erfolgreichsten gestaltete, war Josef Hoffmann.
Die an sich unvereinbaren Haltungen der Tradition und der
Moderne schienen in den besten seiner Lösungen zu etwas
Drittem aufgehoben. So radikal das Sanatorium Purkersdorf mit den glatten weißen Fassaden, dem Flachdach
und der im Innern sichtbaren Stahlbetonkonstruktion
wirkte: „Bei der Ausstattung der . . . Interieurs kommt es
zu reizvollen Kontrasten zwischen den lapidaren Raum-
und Körperformen der Architektur und so grazilen Formen von Einrichtungsgegenständen, wie man sie zum Beispiel bei den leichten Bugholzsesseln des Speisesaals be-
obachten kann."[7] Und wenngleich das Palais Stoclet in
aller Hermetik die Tradition des Gesamtkunstwerks be-
wahrte: Die kubische Grundform des Gebäudes, die Nega-
tion des Daches als lastender Abschluß und die – von
Profilen aus vergoldetem Metall gerahmten – ‚Tafel-
flächen' steigern sich zu einer ‚atektonischen' Wirkung,

die auf das ‚Neue Bauen' weist. Zugleich vollzieht die
Architektur des Palais Stoclet „jenen Prozeß der ‚aktiven
Dematerialisierung' " nicht. „Wo . . . eine virtuelle Bewegung vorkommt, ist sie ihrem Wesen nach nicht von
klar definierter Dynamik, sondern eher ein passives Be-
wegtwerden: ein Aneinandervorbeischweben und -gleiten
von Elementen, das einen Eindruck ‚passiver Dematerialisierung' hervorruft und an ähnliche Tendenzen in Bildern
von Gustav Klimt erinnert . . . Bei aller Vorsicht, die geboten ist, wenn man Vergleiche zwischen verschiedenen
Gebieten schöpferischer Tätigkeit ziehen will, wird man
doch an die Glissandoeffekte erinnert, die für die avantgardistische Musik dieser Periode so charakteristisch sind,
und vielleicht sogar an Hugo von Hofmannsthals Versuch
einer Charakterisierung der Epoche, als er 1905 — dem
Jahr, in dem das Palais Stoclet begonnen wurde — schrieb:
‚. . . das Wesen unserer Epoche ist Vieldeutigkeit und Un-
bestimmtheit. Sie kann nur auf Gleitendem ausruhen und
ist sich bewußt, daß es Gleitendes ist, wo andere Generationen an das Feste glaubten'."[8]
Vermutlich war es die Fähigkeit zum Ausgleich —
man könnte von einem kontrapunktischen Entwerfen
sprechen, das letztlich eine Ästhetik der Konsonanz ergab —, die Josef Hoffmann vom bevorzugten Architekten
des noblen Bürgertums werden ließ. Nur in einem generel-
len Sinn bedeutete dies ein gesellschaftliches Arrangement. Auf der „Suche nach Klauseln und Formeln"[9] unterschied Josef Hoffmann erst in zweiter Linie zwischen den
gesellschaftlichen ‚Funktionen'. Der für den Ausstellungs-
pavillon in Rom — zur 50. Jahresfeier des Königreichs
Italien — ausgewählte Stil konnte einem repräsentativen
Wohnhaus wie jenem für Skywa-Primavesi durchaus ‚ent-
sprechen'. Der historische Kompromiß bezog sich nicht
auf einen einzelnen Mäzen, nicht einmal auf eine bestimmte Gruppe oder Schicht: um so besser konnten
Josef Hoffmann und ‚sein Stil' jene „konservative Revolution"[10] repräsentieren, welche sich im Wiener Interieur
um die Jahrhundertwende zu vollziehen begann.

„Was war das einst für ein trauter Winkel und was hat
die neue Zeit damit angefangen! Das Herz könnte einem
bluten . . . Die Geschichte der alten Döblingerstraße

schwankt zwischen den freundlichsten Bildern verbliche-
ner Herrlichkeit und den schwärzesten Kapiteln heutiger
Bauverbrechen. Alle Wandlungen unserer Kultur kann
man auf diesem Wege erleben."[11]
Im Gegensatz zu den „neuen Prachtvillen, die protzen-
haft vornehm tun und fast lächerlich sind",[12] figurierte
die von Josef Hoffmann entworfene Villenkolonie „Hohe
Warte" im bildungsbürgerlichen Diskurs als ein Beispiel
,lebendiger Tradition'. In einer Entsprechung zu den Bildern von Carl Moll — der eine dieser Villen bewohnte —,
ließ Joseph August Lux 1903 in der Zeitschrift „Das Interieur" das träumerische Bild einer Wiederkehr entstehen — die sentimentale Kehrseite nietzscheanischen Ge-
niekults, der angesichts der „Hohen Warte" an sich nahe
lag. „Von mehr als einem Punkt aus der Ferne grüßt man
die Dächer wie liebe alte Bekannte. Nicht schiefergrau
sind sie, sondern ziegelrot, so dunkelfarbig ziegelrot, wie
alte Dächer sind, oder wie man sichs träumt, wenn von
einer Dorf- oder Bauernhausidylle die Rede ist."[13] Der
weißgraue Rauhputz, der farbige Holzanstrich, „hier und
da ein einfacher Dekor", die unregelmäßige, aus der inneren Organisation des Hauses entwickelte Verteilung der
Fenster, die *Dachlandschaft*, die Terrassen, „zum Teil
pergolaartig überdacht und grün überwachsen", und nicht
zuletzt die Gärten, bei denen man „an gewisse Altwiener
Hausgärten, die irgendeine märchenhafte Schönheit aufweisen", denken mochte — all das ergäbe ein neues „Daheim" — über dem historischen Daheim des in manchen
Häusern und Gärten noch überlieferten Biedermeier.
Gleichsam im Vorbeigang entwarf Lux das Schicht-
modell einer räumlichen und zeitlichen Kontinuität, die
Möglichkeit, über die Unterbrechung des Historismus
hinweg, an ein historisches Erbe zeitgemäß anzuschließen.
Tatsächlich war Josef Hoffmann wie kaum ein anderer
Stilkünstler dieser Jahre dazu fähig, dem Neuen die Form
oder den Anschein des Dauerhaften zu geben. Die Hin-
wendung zu Klassizismus und Biedermeier — wie sie sich
allgemein unter den Wiener Stilkünstlern um die Jahrhundertwende vollzog — entsprach dabei nicht nur dem
konservativen Klima in der Haupt- und Residenzstadt.
Der Jugendstil und die Secession hatten zwar den Historis-

mus ‚überwinden' können und im Bruch mit dem herrschenden Wertsystem einen Beitrag zur Moderne dargestellt, nach kurzen Schocks und fast treibhausmäßiger
Blüte sich aber relativ rasch verbraucht. Wenn der Historismus als herrschender Stil immerhin ein halbes Jahrhundert dauerte, so erschien nach wenigen Jahren bereits als vergangene Mode, was mit so viel Emphase und
Hoffnungszuschuß begonnen worden war. Und wenn man
die Quantitäten vor allem im Bauen verglich, dann erschienen Jugendstil und Secession als das, was sie von
Beginn an waren: ein minoritäres Experimentieren außerhalb des Zentrums der Macht, von kleinen Kreisen eines
aufgeklärten Mäzenatentums getragen.

Auch dafür ist die Villenkolonie „Hohe Warte" ein
gutes Beispiel. Der Plan oder vielmehr die Vision von
einer Wiener Künstlerkolonie wurde vielleicht erstmals
von Joseph Maria Olbrich im Anschluß an die Eröffnung
der ersten Secessionsausstellung 1898 formuliert: „Eine
Stadt müssen wir erbauen, eine ganze Stadt! Alles Andere
ist nichts! Die Regierung soll uns, in Hietzing oder auf der
Hohen Warte, ein Feld geben, und da wollen wir dann eine
Welt schaffen . . . da wollen wir dann zeigen, was wir können; in der ganzen Anlage und bis in's letzte Detail, alles
von demselben Geist beherrscht . . . ". [14]

Freilich unterschied sich diese Vision bereits von der
Sozialutopie enthusiastischer Secessionisten, welche gemeinsam in den „Höhlen des Bisamberges" hausen wollten. [15] Davon abgesehen, wäre eine von Olbrich entworfene Künstlerkolonie aber vermutlich ein Dokument für
jenen Jugendstil geworden, mit welchem man gängig die
Jahrhundertwende assoziiert. Olbrich war unter den Wiener Architekten aber „der einzige, der wirklich in der Linie
des europäischen Art Nouveau mit seinen Kurven, mit
Florealem, Phantastischem und Rocaille-Elementen" [16]
stand. In den wenigen von ihm geschaffenen Bauten und
Interieurs spürt man den „Nervenkult des fin de siècle", [17]
„diese drangvolle und beunruhigende Atmosphäre, glatt
und schlangenartig, sehnsuchtsvoll und zerfließend", [18]
und „es fällt schwer, an die ruhige und gesetzte Wiener
Gesellschaft und an die Frauen zu denken, die diese
Häuser bewohnen: Geschöpfe jenes schlangengleichen,

schwächlichen und matten Eros, den die sanft mit der
Decke verbundenen Wände einzuladen scheinen. Das ist
der Preis einer idealen Abstimmung mit dem internationalen Jugenstil, und verglichen mit dem Werk von Hoffmann, bei dem man dennoch viele Berührungspunkte
bemerkt, fallen die geringe Rücksichtnahme Olbrichs
auf die Psychologie der Benutzer auf, die ausgeprägtere
Heftigkeit seiner Ästhetik, welche aus jener dekadenten
und symbolistischen Dichtung heraus lebt, von der Wien
letztlich sowenig infiziert war. Die Bauten Hoffmanns
hingegen charakterisiert eine größere Rücksicht auf die
Auftraggeber, Toleranz, sogar Freundschaft." [19]
    Als sich Carl Moll und Kolo Moser entschlossen, zu-
sammen mit Victor Spitzer und Hugo Henneberg – jenen
typischen Repräsentanten eines liberalen Mäzenatentums – die Idee einer Künstlerkolonie zu realisieren,
wandte man sich zunächst an Olbrich. Aber gleichsam
symbolisch für seine ästhetische Haltung, die Franco
Borsi als eine ständige Auseinandersetzung mit dem
„Thema der ‚Trennung' " beschreibt, trennte sich Olbrich
schon bald wieder von dieser Aufgabe und beteiligte sich
an jener echten Künstlerkolonie in Darmstadt.
    Josef Hoffmann aber gelang es, Avantgardismus mit
gesellschaftlichem Realismus zu verbinden. Die von ihm
entworfenen Villen auf der Hohen Warte zeigten unter
ästhetischen Aspekten den „Versuch einer Versöhnung
der beiden Welten": [20] jener moralischen ‚Welt' mittel-
alterlicher, kleinstädtisch-handwerklicher Tradition und
jener sinnlichen ‚Welt' volkstümlicher Architektur und
einfachen Lebens im mediterranen Raum – Capri als
Arkadien.
    Der geniale Manierist, der Josef Hoffmann zweifel-
los war, fügte an ein und demselben Wohnhaus – dem
Haus Henneberg – „das klassizistische Flachdach mit
weit überhängender Gesimsplatte und das nordische
Steildach ganz eng . . . in eine der Intention nach zu-
sammenhängende Komposition". [21]
    Diese ‚Kontrapunktik' galt auch für die Farbgebung
und ganz allgemein für das Verhältnis zur Natur. Außen
Fachwerk, aber bunt bemalt, im Innern die Reduktion
der Farben auf Schwarz-weiß-grau und die Reduktion der

Formen auf das Quadrat — der sogenannte „Brettlstil".
Freilich: „Der Wienerwald wird bewußt in die Komposition miteinbezogen, denn alle Ateliers besitzen eine vor-
gelegte Terrasse mit Blick in die Landschaft, zu Kahlen-
und Leopoldsberg."[22] Keinesfalls bedeutete dies aber
schlichte Naturromantik. In seinen eigenen Worten ging
es Josef Hoffmann vielmehr darum, großzügige Ambiente
zu schaffen, in welchen sich „eine moderne Gesellschaft
im Frack und Uniform mit den modern gekleideten
Damen"[23] passend aufhalten und bewegen konnte.

So versuchten diese neuen Interieurs die Balance
zwischen einer zunehmenden Abschließung, einem Rückzug der liberal-bürgerlichen Gesellschaft vom ‚öffentlichen Leben' und einer inneren (privatim-kulturellen)
Öffnung. Dabei figurierte die „Halle" als das neue Zentrum. „Über die Halle sagt Alfred Lichtwark: ‚Sie ist sehr
wichtig für das tägliche Leben der Familie, sowohl für das
Gesellschaftsleben überhaupt. Um einen großen Raum
dieser Art zu erzielen, sollte man in den kleinen Stadt-
und Landhäusern das sogenannte Eintrittszimmer ohne
Bedenken opfern. Man wird stets die Beobachtung
machen, daß sich eine Gesellschaft am behaglichsten fühlt,
wenn sie in einem einzigen größeren Raum vereinigt ist.
Fehlt es daran und müssen sich einzelne Gruppen in
kleinere Nebenräume zurückziehen, so pflegen sie sich
wie ausgeschlossen zu fühlen, und wer zu ihnen hinein-
tritt, findet es schwer, sich anzuschließen und pflegt
nach einem flüchtigen Blicke wieder zu verschwinden. In
einem einzelnen großen Raum fällt das Anschließen und
Abbrechen unendlicher bequemer, weil es keinen so gewaltsamen Eindruck macht, wenn man durch eine Tür in
ein anderes Zimmer treten oder es auf demselben Wege
verlassen muß. Was leicht, ungezwungen und unbemerkt
vor sich gehen müßte . . ."[24]

An solchen ‚soziologischen' Überlegungen, die in der
neuen Architektur zunehmend eine Rolle spielten, lassen
sich Veränderungen in den gesellschaftlichen Verkehrsformen erkennen. „Das Haus wächst von innen nach
außen und trägt ein individuelles Gesicht anstatt jener
starren Maske der Häuser, die von der Fassade aus nach
innen wachsen . . . Die Räume lagern oft so durcheinan-
der, daß sich in der Halle die anmutigsten Ecken und

Wandflächen ergeben, die sogenannten cozy-corners, reizende Schmollwinkel, die auch den großen Raum traut und innig erscheinen lassen.ʻʻ[25]

Freilich erhob das Gesamtkunstwerk, dieses „einheitliche Zusammenkomponieren von Bauwerk und Wohnungseinrichtungʻʻ[26] Ansprüche auch gegenüber dem Bewohner. „Über die Unveränderbarkeit dieser Interieurs gibt es einen sehr bezeichnenden und charakteristischen Bericht von Cuno Amiet, Hodlers Aufenthalt in Wien betreffend: ‚die Bewohner dieser wunderschönen Villen (gemeint sind die Hoffmann-Bauten auf der Hohen Warte) waren ganz und gar dem Willen des Erbauers untertan. Wehe, wenn Professor Hodler sich den Lausbubenspaß erlaubte, eine Vase oder sonst ein Prunkgeschirr von seinem angewiesenen Platz hinweg zu nehmen und an einen anderen Ort zu stellen wagte. Die Augen des Besitzers trafen funkelnd die des Dieners und die Ordnung wurde schleunigst wieder hergestellt'.

Auch Dagobert Peche, der in einem bisher unpublizierten Manuskript sich u.a. mit der Arbeit Josef Hoffmanns auseinandersetzte, schrieb: ‚Die Menschen hatten Hochachtung ich möchte sagen Respekt bis in die Glieder bekommen, sie hatten Ehrfurcht. Alle Gegenstände und natürlich auch der Raum, jede Form, jedes Ornament redeten wenn man so sagen kann eine herrische Sprache . . . Vor den Werken Josef Hoffmanns empfindet man die Größe, das Unabänderliche, das Fertige'.

Der einzige noch nicht gestaltete Faktor (und damit störend) in diesem Gesamtkunstwerk war der Mensch. ‚Wehe der Dame, die nicht in künstlerisch abgewogener Toilette solchen Raum betreten wollte!' Als letztes Glied in der Gestaltungskette wurde deshalb fast zwangsläufig der Wiener Werkstätte eine Modeabteilung angegliedert.ʻʻ[27]

Anmerkungen

1   Daniele Baroni, Antonio D'Auria, Josef Hoffmann und die Wiener Werkstätte, Stuttgart 1984, S. 15.

2   Carl. E. Schorske, Wien. Geist und Gesellschaft im Fin de Siècle, Frankfurt 1982, S. 78 – 79.

3   Werner Hofmann, Klimt e la Secessione Viennese. In: L'Arte Moderna, Bd. 2, Mailand 1967, S. 17, zit. nach Baroni (wie Anm. 1), S. 22.

4   „The Studio" erschien erstmals 1893; es folgten „Pan" (1895), „Jugend"
     und „Simplizissimus" (1896), „Art et Decoration", „L'Art Decoratif",
     „Dekorative Kunst", „Deutsche Kunst und Dekoration" und „Zeit-
     schrift für Innendekoration" (1897), sowie in Österreich „Ver Sacrum",
     „Kunst und Kunsthandwerk" (1898) und „Das Interieur" (1900).
5   Baroni (wie Anm. 1), S. 40.
6   Werner Hofmann, Gesamtkunstwerk Wien. In: Der Hang zum Gesamt-
     kunstwerk, Aalen und Frankfurt a.M. 1983, S. 88.
7   Eduard F. Sekler, Josef Hoffmann, Salzburg und Wien 1982, S. 72.
8   Ebenda, S. 84 – 85.
9   Baroni (wie Anm. 1), S. 19.
10   Franco Borsi, Ezio Godoli, Wiener Bauten um die Jahrhundertwende,
     Stuttgart 1985, S. 91.
11   J. A. Lux, Villenkolonie Hohe Warte. In: „Das Interieur", 4. Jg., Wien
     1903, S. 122.
12   Ebenda, S. 123.
13   Ebenda, S. 128.
14   Sekler (wie Anm. 7), S. 41.
15   Ebenda.
16   Borsi (wie Anm. 10), S. 73.
17   Walter Benjamin, Das Passagen-Werk, Frankfurt a.M. 1982, S. 694.
18   Borsi (wie Anm. 10), S. 85.
19   Ebenda, S. 85 f.
20   Sekler (wie Anm. 7), S. 46.
21   Ebenda.
22   Ebenda.
23   Josef Hoffmann, Die Schule der Architekten (1924). In: Sekler (wie
     Anm. 7), S. 493.
24   Lux (wie Anm. 11), S. 135 ff.
25   Ebenda, S. 140.
26   Ebenda, S. 139.
27   Werner J. Schweiger, Wiener Werkstätte. Kunst und Handwerk 1903 –
     1932, Wien 1982, S. 90 f.

DIETER SCHRAGE

KLIMT – IKONE UND WASCHBOTTICH

Zu Traum und Wirklichkeit um 1900

> „Die Umwandlung der Welt in eine
> ästhetische Totalität wird zum Pro-
> gramm nicht nur des Jugendstils,
> sondern später auch das jener zu-
> nächst kleinen Schar von Gleichge-
> sinnten, die ihre Kräfte in einem
> Münchner Bierkeller anspannte wie
> weiland Zarathustra in der Wüste:
> gewillt, den Staat und die Welt in
> ein ästhetisches Substrat, in ein
> Gesamtkunstwerk zu verwandeln."
> *(Eckhard Siepmann. In: Kunst im
> Alltag um 1900, Berlin 1978, S. 10)*

Es war zu erwarten. „Traum und Wirklichkeit – Wien
1870 – 1930". Viel *Traum* und wenig *Wirklichkeit*. Und
es ist auch eingetroffen. Dort im Künstlerhaus.[1] Sehr viel
Traum. Es ist ein schöner Traum, ein kostbarer Traum.
Kostbare Kunst und kostbares Kunstgewerbe. Wien um
die Jahrhundertwende wird wieder einmal anhand der
herkömmlichen Requisiten vermittelt. Sicher sind es kostbare Requisiten, Kunst-Requisiten, Traum-Requisiten.
Vor allem Klimt-Gemälde. Und die Wirklichkeit bleibt
weitgehend ausgeblendet.

Aber was würde Hans Hollein auch im Künstlerhaus
mit einem Waschbottich anfangen, in dem sich um 1900
in einem Zinshauskabinett eine sechsköpfige Familie
sowie zwei Bettgeher wöchentlich gebadet hatten? Da
lassen sich die Klimt-Ikonen schon ganz anders präsen-
tieren. Und im Werk des Malers Gustav Klimt (1862 –
1918) – vor allem in seinem Schaffen nach den Universi-
tätsgemälden[2] – erfüllen sich ideal die Intentionen dieser
„Wien 1870 – 1930"-Schau: Viel *Traum* und wenig *Wirklichkeit*. Weitgehend sind Wollen und Wirken des Künstlers Klimt geprägt von idealistischen – sicher subjektiv

wohlmeinenden — Ansprüchen, die mit einem Ausblenden weiter Bereiche der Realität verbunden sind. Dies zeigte sich exemplarisch bei seiner bemerkenswerten Eröffnungsrede der „Kunstschau 1908". Hier hob Klimt, er war der Präsident des Arbeitsausschusses dieser Ausstellung, hervor: „daß kein Gebiet menschlichen Lebens zu unbedeutend und gering ist, um künstlerischen Bestrebungen Raum zu bieten, daß, um mit den Worten Morris' zu sprechen, auch das unscheinbarste Ding, wenn es vollkommen ausgeführt wird, die Schönheit dieser Erde vermehren hilft und daß einzig in der immer weiter fortschreitenden Durchdringung des ganzen Lebens mit künstlerischen Absichten der Fortschritt der Kultur gegründet ist. Demgemäß bietet ihnen diese Ausstellung nicht die abschließenden Endergebnisse künstlerischer Lebensläufe. Sie ist vielmehr eine Kräfterevue österreichischen Kunststrebens, ein getreuer Bericht über den heutigen Stand der Kultur in unserem Reiche."[3]

Präsentiert wurde diese „Kräfterevue österreichischen Kunststrebens" als „1. Wiener Kunstschau" vom Mai bis Oktober 1908 auf dem Baugrund für das heutige Konzerthaus (Wien 1, Lothringerstraße). Hier hatte der Secessionist Josef Hoffmann äußerst gekonnt einen großen Ausstellungspavillion gestaltet (improvisiert), der 54 Räume sowie Terrassen, Höfe, Gärten, ein Landhaus, ein Kaffeehaus und ein Sommertheater enthielt. [4]

Der Höhepunkt dieser „Kunstschau 1908" war der Raum 22, der Klimt-Raum, „die Gustav Klimt-Kirche der modernen Kunst" (Peter Altenberg). Gustav Klimt zeigte unter den insgesamt 16 Gemälden neben dem großen symbolischen Bild „Die drei Lebensalter" und mehreren Blumenbildern drei seiner wichtigen Damenbildnisse (Bildnis Fritza von Riedler aus 1906, Bildnis Adele Bloch-Bauer I aus 1907 und Bildnis Margaret Stonborough-Wittgenstein aus 1905) sowie sein berühmt-populäres Gemälde „Der Kuß" aus dem Jahr 1907/8.

Vor allem in seinen prächtig dekorativen Damenbildnissen zeigt sich nach dem anhaltenden öffentlichen Kunstskandal um seine Fakultätsbilder (Universitätsgemälde) und nach seiner „Krise im Jahr 1901" ein ins Private zurückgezogener Künstler. Carl E. Schorske schreibt in seinem Buch „Wien – Geist und Gesellschaft im Fin de Siècle" in dem Kapitel „Gustav Klimt: Die Malerei und die Krise des liberalen Ich" hierzu: „In den Vorhergegangenen Phasen – als er die Wertvorstellungen des Historismus in der Ringstraße darstellte und ebenso als er der Secession philosophischer Sucher nach der Modernität war – ist Klimt ein öffentlicher Künstler gewesen. Er verkündete seine Wahrheiten dem, was er, zumindest der Möglichkeit nach, für die ganze Gesellschaft hielt. Er hatte sich Aufträge öffentlicher Autoritäten gewünscht und sie erhalten, um Botschaften für alle zu formulieren. Jetzt zog er sich in den privaten Bereich zurück, um Maler und Dekorationskünstler für Wiens feine Gesellschaft zu werden. Die größten Leistungen von Klimts letzten fünfzehn Schaffensjahren liegen vielleicht in seinen Frauenbildnissen, meist von Mitgliedern wohlhabender jüdischer Familien." [5] Aus Gustav Klimt, dem Künstler mit dem öffentlichen Anspruch, war nach 1900 der Maler der feinen Wiener Gesellschaft geworden.

Werner Hofmann ordnet die Malerei Gustav Klimts in seinem Buch „Gustav Klimt und die Wiener Jahrhundertwende" wie folgt ein: „Gustav Klimt wird als hervorragender Exponent eines Kunst- und Kulturbegriffes gesehen, mit dessen Hilfe das Bürgertum einen letzten Versuch unternahm, die Lebensformen der demokratischen Gesellschaft elitär zu stilisieren." [6] „Bildnisse von Damen unserer Kreise" nannte der Kritiker und Schriftsteller Ludwig Hevesi die Klimt-Porträts.

Als vollendeter Eliten-Maler erweist sich Gustav Klimt vor allem mit einem Bildnis Margaret Stonborough-Wittgenstein aus dem Jahr 1905. Es ist das Porträt der Tochter des Stahlindustriellen und Börsenspekulanten Karl Wittgenstein, eines Kunstfreundes und Gönners der Secession. Und über das Proträt von Adele Bloch-Bauer schreibt Schorske: „Klimts gesellschaftsferne Bildniskunst erreicht ihre höchste Dichte im Bild der Adele Bloch-Bauer. Sie wird nicht nur als völlig von der Natur abgeschnitten, sondern als in der steifen byzantinischen Pracht ihrer Umgebung gefangen gezeigt. Das Haus umkleidet die Dame, während sie das Haus schmückt. Gewand und Wohnung sind zu einem einzigen ornamenta-

len Kontinuum verschmolzen, und beide verflächigen ihre
Körper. Nur das sinnliche Gesicht und die blaugeäderten
Hände der Dargestellten verraten ihre gespannt empfindliche Seele, die in das Goldgewand gehüllt ist. Damit
endete Klimts radikale kulturelle Sendung, sowie sein
narzißtischer Zorn nachließ. Der Gestalter psychischer
Enttäuschung und metaphysischen Elends wurde zum
Maler des schönen Lebens und einer Oberschicht, die in
einem Haus von geometrischer Schönheit vom gemeinsamen Geschick entfernt und abgesondert ist."[7] Und in
einer Anspielung auf das üppige Goldmosaik dieses Adele
Bloch-Bauer-Porträts soll der Klimt-Kritiker Pötzl das
Bonmot „Mehr Blech als Bloch"[8] geprägt haben. Die auf
diesen Porträts Dargestellten repräsentieren sehr deutlich
die Kreise, die damals die Klimt-Gruppe und die damit
verbundene Secessionsbewegung trugen. Es waren das
Großbürgertum (die Bankherren, Großindustriellen u.a.)
und Teile des mit ihm liierten Adels sowie der liberale
Flügel des gehobenen Bildungsbürgertums. Einen Teil des
Großbürgertums bildete aber auch das Lager der Konservativen. Das Wien um die Jahrhundertwende zeichnete
sich durch einen Sprachen-, Kultur- und Volkspluralismus
aus. Eine Gleichzeitigkeit von Reaktion und Fortschritt,
Restauration und Aufbruch, Dorf und Weltstadt führten
zu einem virtuosen Umgang mit einer realen Vielschichtigkeit und erwies sich als kreativer Boden für zahlreiche
Neuerungsbewegungen. Der überwiegende Teil der Wiener
Bevölkerung blieb aus ökonomischen bzw. soziokulturel-
len Gründen von dieser Kultur, die wie in der Eröffnungsrede zur „Kunstschau 1908" von Klimt betont wurde,
den Anspruch erhob, „eine Kräfterevue österreichischen
Kunststrebens, ein getreuer Bericht über den heutigen
Stand der Kultur in unserem Reiche" zu sein, einfach
ausgeklammert, nämlich das Kleinbürgertum und das
Proletariat bzw. Subproletariat. Um 1910 gehörten etwa
zwei Drittel der berufstätigen Bevölkerung Wiens der
Arbeiterklasse an. Das waren bei einer Gesamtzahl von
1,2 Mio Berufstätigen rund 800.000 Arbeiterinnen und
Arbeiter.

Ihre kulturellen Bedürfnisse, versteht man unter Kultur
die gestalterische Überhöhung des Alltags zum Zwecke

seiner Bewältigung und Einbindung, wurden – soweit
dies anbetracht des Elends des Alltags überhaupt geschah –, in den Wirtshäusern, in billigen Vergnügungs-
und Tanzetablissements, auf den Straßen, in den Parks
oder im Volksprater befriedigt. Eine Elite der Arbeiterschaft, die sich ab 1889 unter der Führung von Victor
Adler zunehmends in der Sozialdemokratischen Partei
organisierte (1905 hatte allein die Wiener Partei etwa
40.000 Mitglieder), machte Gebrauch von dem Bildungs-
und Kulturangebot der organisierten Arbeiterbewegung
(z.B. im Volksbildungs-, Sport- und Musikbereich). Und
selbst an der Jugendstilkunst hatte die Sozialdemokratie
in einem ganz wesentlichen Punkt bereits Anteil: 1902
wurde von Hubert Gessner, einem der bedeutendsten
Otto-Wagner-Schüler, und seinem Bruder Franz das
Arbeiterheim Favoriten, die erste große bauliche Manifestation der jetzt machtvoll aufsteigenden österreichischen Arbeiterschaft, vollendet. Dieses Arbeiterheim
Favoriten, heute völlig devastiert, wird von dem Archi-
tekturhistoriker Friedrich Achleitner als eines der „ge-
lungendsten Beispiele des lokalen Jugendstils" bezeichnet.
Es wäre sinnvoll gewesen, hätte man im Rahmen der Ausstellung „Traum und Wirklichkeit – Wien 1870 – 1930"
ein Modell dieser heute heruntergekommenen und vom
Abbruch bedrohten Gessner-Architektur gebaut, doch
man berücksichtigt wiederum nur – sieht man von der
löblichen Friedrich-Kiesler-Ausnahme ab – die Standards
Wagner, Hoffmann und Loos, während Hubert Gessner,
sicher der bedeutendste Architekt der österreichischen
Sozialdemokratie der Zwischenkriegszeit, im heutigen
Wien kaum noch Beachtung findet.
An der 1898 eröffneten Secession hatte die Arbeiterschaft keinen Anteil, die Secession war ganz eingebunden
in das Großbürgertum und den liberalen Teil des Bildungsbürgertums. Die Ziele der Secession waren von äus-
serst idealistischen, sich an alle Gesellschaftsschichten
wendenden Ansprüche geprägt – wie diese bereits im
Heft 1 des „Ver Sacrum", der bibliophilen Zeitschrift der
Secessionskünstler, formuliert sind. Hier wird betont,
daß die Künstler der Secession angetreten sind „nicht nur

Künstler, Gelehrte und Sammler allein, um die große
Masse kunstempfänglicher Menschen zu bilden, damit der
schlummernde Trieb geweckt werde, der in jede Men-
schenbrust gelegt ist, nach Schönheit und Freiheit des
Denkens und Fühlens." Und dieser Idealismus steigert
sich weiter zu: „Und da wenden wir uns an Euch alle,
ohne Unterschied des Standes und des Vermögens. Wir
kennen keine Unterscheidung zwischen ‚hoher Kunst'
und ‚Kleinkunst', zwischen Kunst für die Reichen und
Kunst für die Armen. Kunst ist Allgemeingut." Den
secessionistischen Stilkünstlern hielt Adolf Loos bereits
1903 entgegen: „Schildert einmal, wie sich Geburt und
Tod, wie sich die Schmerzensschreie eines verunglückten
Sohnes, das Todesröcheln einer sterbenden Mutter, die
letzten Gedanken einer Tochter, die in den Tod gehen
will, in einem Olbrichschen Schlafzimmer abspielen und
ausnehmen." (Adolf Loos, Das Andere − Zeitschrift zur
Einführung abendländischer Kultur in Österreich, Wien
1903). Ist es noch als eine von einem Idealismus geprägte Naivität anzusehen, wenn in dieser Grundsatzerklärung
der Secessionisten weiter erklärt wird: „Euch alle, die ihr
in der reichen Kampfesmacht dieses Lebens zu dem unzähligen Heer der Mühseligen und Beladenen gehört −
unter den Reichen und Beneideten dieser Welt ebenso
viele wie unter den Armen − euch allen dürstet's ja nach
dem Labetrunk aus dem Jungbrunnen der ewigen Schönheit und Wahrheit. Ihr alle seid unsere natürlichen Bundesgenossen in dem großen Kampf, den wir wagen. An
uns soll es sein, euch voranzuschreiten."[9] Ist dieser
„Heer der Mühseligen und Beladenen"-Idealismus anbetracht der Lebensrealität des überwiegenden Teils der
Wiener Bevölkerung nicht schon fast zynische Anmaßung
einer Elite? Das Leben großer Wiener Bevölkerungsteile,
des Proletariats und vor allem des sog. Lumpenproleta-
riats (der Hilfsarbeiter und Taglöhner) war in der zweiten
Hälfte des vergangenen Jahrhunderts („Gründerzeit")
und um die Jahrhundertwende von einer heute nicht
mehr vorstellbaren Armut bestimmt.[10] Es hätte zur Redlichkeit einer Ausstellung, die nicht nur einen *Traum* darstellen will, sondern schon im Titel *Wirklichkeit* bean-
sprucht, gehört, auch diese Wiener Wirklichkeit in ange-

messener Weise zu veranschaulichen. Beispielsweise das
ungeheure Wohnungselend in den Zinskasernen der Wiener Vorstädte, das die Lebensrealität der Arbeiterschaft
bis zu den großen Bauleistungen des „Roten Wiens" in
den 20er-Jahren war, wurde in dieser *Traum*-Ausstellung
völlig verschwiegen. In Zimmer-Küche-Bassena wohnten
oft fünf- bis zehnköpfige Familien. Und in vielen Fällen
mußten zur Finanzierung des Zinses dieser Wohnungen
noch Untermieter und Bettgeher aufgenommen werden.
„Alles in allem schlafen in dem Raum 2 Frauen, 5 Männer und 3 Kinder, die Erwachsenen durchwegs Lumpenproletarier, die Kinder furchtbar verwahrlost ... . Der
Raum hat eine Bodenfläche von 15,71 m^2 und 33 m^3.
Und für diesen Raum nimmt die edle Hüttenbesitzerin
Patzrik 270 K im Jahr." So beschreibt der Sozialist Max
Winter in seinem Buch „Strottgänge" (Wien 1905) eine
Lumpenproletarier-Wohnung. Konnten zum Beispiel die
über 150.000 Bettgeher und Untermieter aus den Wiener
Zinskasernen, die gerade Anspruch auf eine zeitweilige
Benutzung eines Bettes oder im günstigsten Fall auf ein
paar Quadratmeter Raum in einem überbelegten Zimmer
hatten, in irgendeiner Weise Bundesgenossen der Secessioninsten sein? Wem konnten Klimt, Wagner, Hoffmann
oder Olbricht wirklich voranschreiten? Ihr in der Realität
äußerst elitärer Anspruch zeigte sich dann auch bei der
bereits genannten großen „Kunstschau 1908": vor allem
in ihrer „Überzeugung, daß einzig in der immer weiter
fortschreitenden Durchdringung des ganzen Lebens mit
künstlerischen Absichten der Fortschritt der Kultur gegründet ist." [11] Die grundlegende Tatsache, daß jeder
kultureller Fortschritt zunächst stark an einem gesellschaftlichen Fortschritt im Sinne eines Abbaues bestehender Ungleichheiten und einer gerechten Güterteilung
gebunden ist, konnten und wollten diese Künstler mit
ihrer realen Bindung an das Bürgertum nicht sehen.
Werner Hofmann analysiert die gesellschaftspolitisch
konservative Grundhaltung der formal sich so fortschrittlich gebenden Künstler um Gustav Klimt: „Die Künstler
haben keinen Grund, die gegebenen Machtverhältnisse –
von denen sie leben, indem sie ihnen unermüdlich eine
zukunftsorientierte Modellwelt entwerfen – anzutasten

oder in Frage zu stellen. Im Gegenteil: da sie ihr kulturpolitisches Fernziel, die ‚Durchdringung des ganzen Lebens mit künstlerischen Absichten' auf dem Wege der ästhetischen Veredelung und Umhüllung anstreben, setzen sie das Umhüllende als unantastbare Substanz voraus, müssen also die Integration in die gegebene Gesellschaftsordnung versuchen. Wenn diese ‚Kräfterevue österreichischen Kunststrebens' ihre ideellen und ökonomischen Partner im Kreis der etablierten Mächte sucht, handelt sie nicht opportunistisch, sondern konsequent."[12]

Schon 1908 rief diese totalitäre Secessionsideologie einer „Durchdringung des ganzen Lebens mit künstlerischen Absichten" heftige Kritik hervor. Vor allem Adolf Loos zielte „auf Demaskierung der Kulturlüge" (Werner Hofmann) ab, als er 1908 seinen später berühmt gewordenen Aufsatz „Ornament und Verbrechen" veröffentlichte.

Unter Berufung auf die Loos-Kritik schreibt Werner Hofmann 1970 in seiner auf Gustav Klimt bezogenen Wiener Jahrhundertwende-Analyse: „Was sich als Fortschritt rühmt, die von Klimt und seinem Kreis betriebene ornamentale Stilisierung, betrachtet er als Rückschritt, und die staatliche Förderung dieser ‚ornamentseuche' rechnet er zu den ‚verbrechen an der volkswirtschaft', begangen von einem Staat, der sich mit Kulturfassaden schmückt, aber seine Rekruten zwingt, ‚drei jahre lang an stelle der gewirkten fußbekleidung fußlappen zu tragen'. Da die Ornamentinflation archaische Fertigungsmethoden beibehält, vergeudet und verstümmelt sie die Produktivität. Folglich wirkt sie als Tünche über dem, was ist und sich nicht ändern will, steht notwendig im Bündnis mit der reaktionären Staatsräson und bestärkt sie in der ihr von Loos unterstellten Überzeugung, ‚daß ein niedrig stehendes volk leichter zu regieren ist.' Das Ornament decouvriert sich als Instrument der ästhetischen Bevormundung und der politischen Entmündigung. Loos bezichtigt die secessionistischen Architekten und Entwerfer, denen jede Lebensfunktion des Besitzbürgers als Vorwand für dekorative Anbiederung dient, des Betruges an der Wirklichkeit. Sie sind für ihn die ‚prostituierer der kunst' ".[13]

Eine radikale Kritik an der ästhetisierenden Elite-Kultur um 1900 ist in dem Buch „Durch die Wiener Quartie-

re des Elends und Verbrechens" von Emil Kläger aus dem
Jahr 1908 enthalten. Der Autor dieser eindringlichen
Sozial-Analyse wollte – ähnlich wie Max Winter mit
seinen „Strottgängen" 1905 – „in den Bodensatz unseres
Lebens" greifen, „der heimlich und ängstlich verhüllt
dahinzieht unter den Wunderwerken und Prächten unserer Kultur". Er wollte die „fortschrittstrunkene, prahle-
rische Hochkultur der Großstadt" demaskieren. Das Wiener Kanalisationsnetz, ein Stolz der damaligen christlichsozialen Stadtverwaltung, war für den Autor der So-
zial-Reportage „Durch die Wiener Quartiere des Elends
und Verbrechens" nur ein Bestandteil einer Topographie
der Obdachlosen. Und die nach Mitgliedern des Aller-
höchsten Kaiserhauses benannten Brücken waren aus
Klägers Sicht keine eindrucksvollen Verkehrsbauten, sondern Nachtquartiere der Obdachlosen.

Radikal ist auch die Kritik Karl Kraus', der jede Institution, so auch die Kunst, mit der die herrschende Gesellschaft ihre Fassade ästhetisch schmückt oder legislativ
absichert, konsequent ablehnt. In „Die Malerischen"
schreibt Karl Kraus 1908 gegen den bürgerlichen Philister: „Jener muß sich aus den Hindernissen des äußeren
Lebens nichts machen, denn er hat kein inneres Leben,
das von ihnen bedroht wäre. Und wenn seine dicke Haut
sie dennoch spürt, so bleibt ihm ja ein Trost: die Kunst.
Sie ist dem Philister der Aufputz für des Tages Müh und
Plage, und er schnappt nach Ornamenten, wie der Hund
nach der Wurst. Selbst die Hindernisse des Lebens locken
ihn durch ihren malerischen Anstrich."[14]

In einem Jahr, das mit Ausstellungen wie „1945 – da-
vor/danach" oder „Drei Tage im Mai" der zeitgeschichtlichen Aufklärung dienen soll, wird im Künstlerhaus von
„Philistern" unserer Zeit mit einem Millionen-Aufwand,
der die Budgets aller anderen zeitgeschichtlichen Ausstellungen insgesamt weit übertrifft, mit viel *Traum* und
wenig *Wirklichkeit* eine „schöne Lüge" fortgeschrieben.

Anmerkungen

1   93. Sonderausstellung des Historischen Museums der Stadt Wien, „Traum und Wirklichkeit – Wien 1870 – 1930" vom 28. 3. bis 6. 10. 1985 im Künstlerhaus.

2   Siehe hierzu: Christian M. Nebehay (Hg.), Gustav Klimt – Dokumentation, Wien 1969; Carl E. Schorske, Wien – Geist und Gesellschaft im Fin de Siècle, Frankfurt 1982, S. 195 ff.

3   Nebehay (wie Anm. 2), S. 394.

4   Nebehay (wie Anm. 2), S. 395 f.

5   Schorske (wie Anm. 2), S. 250 und 251.

6   Werner Hofmann, Gustav Klimt und die Wiener Jahrhundertwende, Salzburg 1970, S. 8.

7   Schorske (wie Anm. 2), S. 258.

8   Zit. nach Christian M. Nebehay (wie Anm. 2), S. 425.

9   Ver Sacrum, Jg. 1, Nr. 1, Wien 1908, S. 6 f.

10   Siehe hierzu: Michael John, Hausherrenmacht und Mieterelend 1890– 1923, Wien 1983.

11   Nebehay (wie Anm. 2), S. 394.

12   Hofmann (wie Anm. 6), S. 14.

13   Hofmann (wie Anm. 6), S. 7.

14   Karl Kraus, Die Malerischen. In: Die chinesische Mauer, München 1974, S. 176.

SILVIA EHALT

WIENER THEATER UM 1900

Mit dem Wiener Theater der Jahrhundertwende assoziiert man traditionell die prachtvollen Theaterbauten am
Ring, Mahler als Hofopemdirektor, die Wolters und Kainz
am Burgtheater, an den Vorstadtbühnen glanzvolle Aufführungen der berühmtesten Vertreter der goldenen und
silbernen Operettenära, großartige Volksschauspieler wie
Girardi und die Geistinger und die von der Psychoanalyse
Freuds beeinflußte Nervenkunst der künstlerischen Avantgarde und intellektuellen Elite. Besucht wurden die Vorstellungen von Adel und wohlhabendem Bürgertum, wer
es sich leisten kann, hat „seine" Loge im Theater. In den
Vorstadttheatern werden die billigen Plätze von Klein-
bürgern und Handwerkern belegt, das im Zuge der Industrialisierung auf der Suche nach Arbeit zugewanderte
Proletariat kann sich auch die billigen Plätze nicht leisten.
Auch Schwellenangst und eine zunehmende Polarisierung
des sozialdemokratisch-proletarischen Lagers auf der einen
und des christlichsozial-kleinbürgerlichen Lagers auf der
anderen Seite hinderte die Arbeiterschaft am Betreten
bürgerlicher Theater. Es standen sich hier nicht nur poli-
tisch-ideologische Strömungen, sondern auch unterschiedliche Lebenswelten gegenüber.[1] Ein durchgehendes in-
haltliches und methodisches Problem (das auch in den
anderen Beiträgen dieses Buches sichtbar wird) ist es, daß,
obwohl die Unterschiede zwischen den sozialen Situationen und Mentalitäten der verschiedenen Klassen und
Milieus um 1900 noch viel deutlicher ausgeprägt waren,
von der Forschung bisher noch zu wenig herausgearbeitet
wurde, welche Lebenswelten hinter dem Begriff „Bürgertum" stehen — wodurch unterschieden sich „Großbür-
ger", „Intellektuelle", „Beamte", „Handwerker" von
einander?
In den neu entstehenden Arbeiter- und Volksbildungs-
vereinen und in den nationalen Kulturvereinen, wie sie

die Wiener Tschechen etwa in wachsendem Maß gründeten, fanden sich Gruppen zusammen, die einerseits die
volkstümliche Musik und Dichtung ihrer Heimat pflegten,
andererseits war es das Ziel emanzipatorischer Bildungs-
und Kulturarbeit, die Werke der Hochkultur breiteren Bevölkerungsgruppen zugänglich zu machen. Als das Volks-
heim Ottakring im Jahr 1905 ein eigenes Haus auf dem
Ludo Hartmann Platz eröffnete, stand auch ein Theatersaal zur Verfügung; der bürgerliche Volksbildungsverein
Wiener Urania betrieb ein Theater im Prater, das seine
Hauptaufgabe in der szenischen Vermittlung von Bil-
dungsinhalten sah. So standen im Herbst 1899 die Lehr-
stücke „Kohle" und „Rund um die Erde" auf dem Programm, das von der Reichspost in der Spalte „Theater-
Repertoire" angekündigt wurde.

Ein Großteil der Arbeiterschaft unterhielt sich aber
bei Posse, Schwank und Spektakel in den Gasthaussälen
der Außenbezirke, wo auch Liedersänger, Akrobaten,
Clowns, Radfahrkünstler und Kunstpfeifer die Bühne
bevölkerten. Im Sommer erhaschten sie etwas von den
Freilichtaufführungen im Prater, wo sich nach Aussage
von Zeitgenossen das Volk an den Zäunen drängte.

Bunt ist in dieser Metropole des ausgehenden 19. Jahrhunderts auch die Palette des theatralischen Angebotes,
das sich im Vergnügungsanzeiger der Tageszeitungen
neben den Theaterprogrammen findet: Variete-Programme
im Etablissement Ronacher, im Wiener Colosseum oder
in Danzer's Orpheum, Singspielhallen und Panoptiken.
Zwischen Singspielen, Possen und lebenden Bildern
mußten immer neue Attraktionen geboten werden, um
das Publikum zufrieden zu stellen: Tauchkünstler in
Aquarien, biologische „Abnormitäten" wie Haar- und
Bartmenschen (die sich oft auch als Schwindel entpupp-
ten), „exotische" Artistentruppen, Völkerschauen (Asia-
ten, Neger und Indianer erweckten besonderes Interesse)
und in zunehmendem Maß der Kinematograph. Unter
dem Konkurrenzdruck wurden immer neue Sensationen
nach Wien geholt; internationale Künstlergesellschaften,
die in allen Metropolen des Kontinents auftraten, wurden
auf dem Kunstmarkt gehandelt. Die Lage, die Ausstattung des Interieurs und die Höhe der Eintrittspreise be-

stimmten die Zusammensetzung des Publikums in diesen
Etablissements. Obwohl in den Varietes und Singspielhallen auch Operetten, Singspiele, Burlesken und Possen
aufgeführt wurden und in den Vorstadt*theater* Gastspiele
von Akrobaten, Jongleuren und Clowns stattfanden,
legte die Behörde genau fest, welche Institution sich
Theater nennen durfte und welche eine andere Bezeichnung zu führen hatte. So galt z.b. der Ehrgeiz von Direktor Fürst, der eine Singspielhalle im Prater betrieb, wo
„niedere Possen und Ausstattungstücke" gespielt wurden,
in der Hierarchie der Vergnügungsstätten aufzusteigen;
durch die Veränderung des Spielplans gelang es ihm, eine
„wahre Kunststätte für das Volk"[2] zu schaffen, und diese
durfte sich dann auch — was einen enormen Prestigege-
winn bedeutete — „Fürst-Theater" nennen.

Publikum und Spielplan

„Wien *war* eine Theaterstadt" schrieb Adam Müller-
Guttenbrunn 1885 als Titel über eine damals großes Aufsehen erregende Flugschrift. Die pessimistische Feststellung galt jenem nun anscheinend verlorenen bodenstän-
digen Wiener Volkstheater, das aus den Traditionen der
Barock-Theatralik und der Volkskomik erwachsen war
und das aus der Einheit von Dichter, Schauspieler, Inszenierung und Publikum seine Vitalität, sein besonderes
Fluidum schöpfte.
Als sich Wien im Laufe des 19. Jahrhunderts zur
Großstadt entwickelte, bewirkte das auch eine tiefgreifen-
de Veränderung der Publikumsstruktur. Die politische
Funktion Wiens als Reichshaupt- und Residenzstadt des
territorial großen Reiches, der Ausbau Wiens zum Finanz-
und Organisationszentrum und das an Bedeutung gewin-
nende Banken- und Versicherungswesen spielten für das
beschleunigte Stadtwachstum eine wichtige Rolle. Die
Erzeugung von Konsum- und Luxusgütern in Klein- und
Mittelbetrieben prägten das industrielle Bild der Stadt.
Erst zu Ende des Jahrhunderts konnte sich auch die Großindustrie in einigen Branchen — etwa der Maschinen- und
Instrumentenbau, die Elektrotechnik, Ziegelindustrie

und Transportwesen – durchsetzen; an der Peripherie (in
Favoriten, Simmering, Ottakring, Floridsdorf) entstanden
Großbetriebe und bevölkerungsstarke Arbeiterbezirke.
Obwohl der Geburtenüberschuß im Laufe des 19.
Jahrhunderts in Wien ständig zunahm, erreichte er für die
Bevölkerungszunahme nie die Bedeutung und das quanti-
tative Ausmaß der Zuwanderungen.[3] Auf der Suche nach
Arbeit kamen Menschen aus allen Teilen der Monarchie in
die Hauptstadt; die Erschließung des österreichischen
Staatsgebietes durch Bahnbauten ermöglichte nun auch
einen Zuzug aus den weit entfernten Landesteilen. Seit
der Mitte des Jahrhunderts stellten die Tschechen den
größten Teil an Zuwanderern. Die aus Böhmen stammenden Deutschen waren vor allem als Beamte, Offiziere, in
Intellektuellen Berufen oder als gewerblich-industrielle
Unternehmer tätig; aus den übervölkerten Agrargebieten
Südböhmens und Südmährens kam vor allem die Masse
der Dienstboten, Arbeiter, Kleingewerbetreibenden und
subalternen Beamten. Der Anteil an jüdischen Zuwanderungen aus den Sudetenländern, Ungarn und Ostgalizien
betrug im Jahr 1890 in manchen Stadtteilen bis zu 10 %.
Von den anderen ethnischen Gruppen erreichten die
Polen quantitativ eine gewisse Bedeutung. Da die unga-
rische Reichshälfte immer mehr wirtschaftliche und politische Eigenständigkeit gewann, nahm die Zuwanderung
der Ungarn ab. Die Zuwanderung aus den Alpenländern
hatte bis zum Ersten Weltkrieg keine Bedeutung.[4]

Die wirtschaftlichen und strukturellen Veränderungen
im Zuge der Industrialisierung bewirkten, daß seit der
Mitte des 19. Jahrhunderts der prozentuelle Anteil der
Oberschicht und des Mittelstandes an der Bevölkerung
immer kleiner wurde; der Anteil der Lohnarbeiterschaft
und sonstiger Berufsgruppen der einkommenschwachen
Unterschicht nahm gewaltig zu.[5] Wie wirkten sich nun
diese Veränderungen auf das Theater aus?

Die Entwicklung in der Oberschicht war durch das
Bündnis der aufstrebenden Bourgeoisie mit der alteingesessenen Aristokratie gekennzeichnet. Die Erweiterung
des Zuschauerraumes beim Neubau der beiden Hoftheater
am Ring zeigt deutlich, daß hier nun auch neue bürgerliche
Schichten, die am Prestige des Hofes partizipieren wollten,

das Publikum bildeten.[6]

Die skizzierten Veränderungen zeigen sich vor allem in der Struktur des Publikums und in der Spielplangestaltung, der Vorstadttheater. Bildeten bis in die Tage Nestroys Gewerbetreibende, Handwerker, Taglöhner und Dienstboten „vom Grund" das Stammpublikum dieser Häuser, das auf versteckte Anspielungen, leise Akzente aufgrund seiner Eingebundenheit in ein einheitliches sozio-kulturelles Unterschicht-Milieu reagierte, so war mit der Erweiterung der Stadt, dem Ende des hauswirtschaftlichen Familienbetriebes, mobilerem Verhalten der Bewohner durch ein ausgebautes öffentliches Verkehrsnetz und stärker wechselndem Publikum jene Intensität verloren gegangen, die das Altwiener Volkstheater prägte.

Die Menschen, die aus den Kronländern in die Metropole zogen, sprachen oft nur schlecht deutsch (noch zu Beginn des 19. Jahrhunderts kam der größte Teil der Zuwanderer aus dem süd- und mitteldeutschen Raum), verstanden den Wiener Dialekt, der ein wichtiger Bestandteil der Altwiener Komödie war, kaum, Nuancen wurden nicht aufgenommen. Plakativere Formen, die nicht mehr so stark aus dem Text, dem gesprochenen Wort lebten, sondern vor allem durch Darstellung, Musik und Tanz das Geschehen verdeutlichten bzw. im Fortgang der Handlung viele Ruhepunkte setzten, zogen nun das Publikum an.

Auch die Veränderungen in der Arbeitswelt selbst wirkten sich auf Mentalitäten und Freizeitverhalten der Arbeiter aus. Josef Ehmer stellt dazu fest, daß „obwohl im Wien der Jahrhundertwende die Dominanz des Kleingewerbes erhalten geblieben war, die sozialen Verhältnisse, insbesondere die Arbeitsbeziehungen, wesentlich stärker vom industriellen Großbetrieb geprägt wurden, als es seinem zahlenmäßigen Anteil an der städtischen Wirtschaft entsprach".[7] Das bedeutet, daß auch ein im Kleingewerbe beschäftigter erwachsener Arbeiter nicht mehr bei seinem Arbeitgeber wohnte, die Arbeitszeit zwar lang, aber nicht mehr unbegrenzt war. Auf die Lohnabhängigen kamen neue Formen der Reproduktion zu, die einen großen Teil der Freizeit ausfüllten: Sie mußten eine eigene Wohnung mieten (um die hohen Mieten bezahlen zu können, war eine frühe Eheschließung mit einer ebenfalls erwerbs-

tätigen Frau notwendig; Kinderarbeit als Beitrag zum
Lebensunterhalt spielte ebenfalls eine nicht unerhebliche
Rolle), der Weg zum Arbeitsplatz verlängerte sich, der
Haushalt mußte versorgt werden. Zudem „förderte die
Verantwortung für eine Familie die Bereitschaft, der In-
tensivierung der Arbeit in der industriellen Fabrik keinen
Widerstand entgegenzusetzen".[8]

Die Menschen, die in dieser Stadt lebten und arbeiteten, wurden aber nicht nur von ihrem Arbeitsplatz und
den in den meisten Fällen tristen Wohnverhältnissen geprägt. Sie partizipierten – zumindest in ihren Wunschvorstellungen – auch an dem Prestige, das von der Metropole
eines großen Reichs ausging: Hier befand sich die Residenz des Kaisers; es waren da die prunkvollen Paläste von
Adel und Bürgertum, Kirchen, Museen und Amtsgebäude,
die großräumig angelegten Plätze und Straßen; es gab den
wachsenden Standard und Lebensstil der Bürgerfamilien
und in abgeänderter, bescheidenerer Form den der Klein-
bürger; und nicht zuletzt auch die Klischees von Prater,
Wienerwald, blauer Donau, Wiener Herz, Gemüt und Blut,
von Weinseligkeit und Wiener Mädln.

Im Theater bei Operette, Posse, Singspiel und Revue,
die in einem prunkvollen und technisch perfekt ausgestatteten Rahmen abliefen, gab sich das Publikum, das sich in
den Personen der Handlung wiederfinden konnte, der
Illusion hin, durch glückliche Geschäfte, Erbschaft oder
Heirat einen solchen Aufstieg zu erreichen.

Ich möchte exemplarisch drei Stücke vorstellen, die
aus den spezifischen Arbeits- und Lebensverhältnissen des
Publikums der Vorstadtbühnen zu begreifen sind.

Direktor Steiner, der Danzers' Orpheum und im Sommer „Venedig in Wien" mit großem Erfolg betrieb, verstand es ausgezeichnet, sein Programm diesen Erwartungen und Wünschen anzupassen.

„An der schönen blauen Donau", das sich im Untertitel „Lustige
Bilder aus der Wienerstadt mit Gesang und Tanz" nennt, erzählt die
ganz alltägliche Geschichte von einem Liebespaar, das von den
Eltern des Mädchens, die eine Stadtbahnmanipulantin ist, nicht die
Erlaubnis zur Heirat bekommt, weil der junge Mann nur ein Kellner
ist. Märchenhaften Charakter nimmt das Stück dann im mitter-
nächtlichen Stadtpark an, wenn sich alle von ihren Podesten gestie-

genen Statuen Wiens hier treffen, um sich von ihren Tageserleb-
nissen, die auch Hinweise auf tagespolitische Ereignisse in der Stadt
liefern, zu erzählen: Radetzky beschwert sich über den starken Geruch von Zwiebel und Knoblauch, die bei seinem Denkmal Am Hof
verkauft würden; Goethe und Schiller ließen sich entschuldigen,
weil sie Angst haben, Sudermann könnte ihren Platz einnehmen, sobald sie ihr Postament verließen. Das Donauweibchen schließlich
erzählt von den Sorgen des jungen Liebespaares, das sich unter
ihrem Denkmal im Stadtpark traf, und alle beschließen, den beiden
zu helfen: Der junge Mann wird bei der Eröffnung eines Restaurants
beraten, und die Tips und die Mitarbeit der Monumente (Schubert
als Klavierspieler, Raimund als Rezitator) verhelfen ihm dazu, ein
Haus zu führen, in dem sich die beste Gesellschaft Wiens trifft. Das
glückliche Ende, nämlich die Einwilligung zur Hochzeit, kann bei
so viel Erfolg nur mehr eine Selbstverständlichkeit sein.

Im ,,Veilchenmädel", einer Operette von Josef Hellmesberger, stellt
sich heraus, daß Johanna, die liebe, hübsche aber arme Blumenver-
käuferin, die verwaiste Tochter eines reichen Herrn ist, deren Vermögen von einem Wucherer verwaltet wird. Ein braver Handwerker,
der das arme Mädel schon seit dem ersten Akt liebt und heiraten
will, findet sein Lebensglück, da der Vormund nun die Mitgift von
Johanna ausbezahlen muß.

Dem Zuschauer wird für eine kurze Zeit die Illusion
gegeben, daß es gar nicht so schwer sein kann, Glück
durch Reichtum zu finden, wenn man nur genug wagt,
tüchtig ist und auch die Augen offen hält. Dem Traum
vom sozialen Aufstieg gewähren aber nicht nur die Thea-
terprogramme Zuflucht, eine Welle von Trivialliteratur
lenkt die des Lesens kundige Arbeiterschaft von ihren
tristen Alltagsverhältnissen ab und führt sie in eine Traum-
welt, die einer Organisation der unteren Klassen entgegen-
wirken soll.[9]

Das Wiener Publikum genoß aber auch Kriege und
Seeschlachten, wenn sie nur prächtig genug ausgestattet
waren. Der Krieg zwischen China und Rußland ist im Jahr
1904 ein hochaktuelles Thema. Wenn dann die Seeschlacht um Port Arthur noch so großartig und faszinierend dargestellt wird, wie dies Gabor Steiner in der neu
eröffneten Olympia-Arena im Prater gelingt, ist ihm der
Erfolg beim Publikum sicher. 4000 Besucher faßte die
Zuschauertribüne, auf der Bühne waren 800 Personen
beschäftigt.

Der erste Akt der musikalischen Revue „Port Arthur" bietet eine
Völkerschau: Auf dem Marktplatz von Port Arthur schleppen Kulis
auf Stangen Waren heran, Landbewohner bringen Vieh und Gemüse.
Chinesische Jongleure bieten ihre Kunststücke auf dem Marktplatz
an, und da die Stadt von den Russen besetzt ist, mischen sich in
das Bild noch die Uniformen russischer Offiziere, Russinnen und
Russen aller Gesellschaftsschichten bevölkern den Platz und amü-
sieren sich an den Darbietungen von russischen Akrobatengruppen
und Bärenreitern. Im zweiten Akt hält der Admiral seinen Einzug
an der Spitze eines ganzen Heeres in allen Uniformen des Zaren-
reiches. Die Huldigung des Volkes gipfelt in einem mit prächtigen
Kostümen ausgestatteten Ballett. Den Höhepunkt bietet aber der
dritte Akt mit der Darstellung der Seeschlacht: die Bevölkerung
flieht, die Truppen sammelten sich und im Hintergrund „speien
die Feuerschlünde der Kriegsschiffe Tod und Verderben, bis eines
davon unter Krachen und Blitzen in die Luft fliegt." [10]

Die Achse Österreich-Rußland ist zu diesem Zeitpunkt schon geschlossen, ein Kriegserfolg des Verbünde-
ten, dessen Macht hier eindrucksvoll demonstriert wurde,
vermittelte dem Publikum Sicherheit inmitten eines von
Zerfallserscheinungen bedrohten Reiches.

Aber selbst als der Weltkrieg schon nahezu verloren
ist, greift im Jänner 1918 die Künstlerbühne Ronacher
zur Form der Revue, um einen Luftangriff auf Batavia
und eine U-Boot-Schlacht, die von den Österreichern gewonnen wurde, eindrucksvoll in Szene zu setzen. Und das
neue Wiener Tagblatt lobt in einer Zeit voll des Hungers
und der Not, in welch „prächtiger Weise die großen Aufgaben, die den technischen Einrichtungen gestellt wurden",
gelöst wurden und vergibt auch „uneingeschränktes Lob"
für die „verschwenderische Ausstattung der Revue". [11]

Theaterpolitik

Um sich diese Art von Vergnügungen, wie sie eben
dargestellt wurden, leisten zu können, mußte man aber
schon über ein höheres Einkommen verfügen. Auf der
Arbeiterinnen-Enquete im Jahr 1896 antwortete eine De-
ligierte auf die Frage, wie Arbeiterinnen ihre Freizeit verbringen, daß diese am Sonntag ihre Wohnung aufräumen
und ihre Kleider flicken; dazu setzen sie sich, wenn es

schön ist, in den Hof. Ausflüge ins Freie machen sie fast
nie. Manchmal gehen sie für 30 Kreuzer ins Theater. [12]
    Teils aus kulturpolitischen und wahlstrategischen, teils
aus kommerziellen Erwägungen, gab es einige Ansätze,
durch verbilligte Eintrittskarten auch den einkommensschwachen Schichten die Möglichkeit zum Theaterbesuch
zu geben. In „Venedig in Wien" kündigte Direktor Steiner
jeden Mittwoch einen „30 Kreuzer Tag" an. Der christ-
lichsoziale Arbeiter-Reformverein für Niederösterreich
lud anläßlich des 55. Geburtstages von Bürgermeister
Lueger für den 21. Oktober 1899 zu einer Festveranstal-
tung in Stalehner's Sälen in der Jögerstraße in Hernals
ein. Für Karten um 30 Kreuzer, die in Gasthäusern in
allen Bezirken Wiens aufliegen, wird neben Festreden und
Darbietungen des Männergesangsvereins auch die Oper
„Der kleine Mozart" aufgeführt. Und im Burgtheater
führte Direktor Burckhard im Jänner 1891 — nachdem
der jährliche staatliche Zuschuß von 84.000 auf 200.000
Gulden erhöht wurde — verbilligte Sonntagnachmittag-
Vorstellungen (ein Galeriestehplatz kostete 10 Kreuzer)
ein, bei denen das Publikum die Aufführungen des
ordentlichen Spielplans in Originalbesetzung zu sehen
bekam.
    Bei den Privattheatern stand aber gezwungenermaßen
die gewinnorientierte Führung im Vordergrund. Das
Programm mußte so gestaltet werden, daß eine größtmög-
liche Auslastung gesichert war. An der Theaterpolitik der
Haupt- und Residenzstadt setzt auch die Kritik des
Österreichischen Bühnen-Vereins an: „Wohl in keinem
Land des Continents wird von Staat und Städten so wenig
für die darstellende Kunst in materieller Beziehung geleistet, als in Österreich. Während andere Länder bereits
längst zu der Erkenntnis gelangt sind, daß das Theater
eine Notwendigkeit für die allgemeine Bildung des Volkes
ist, scheint man bei uns zu Hause noch immer den Glauben zu hegen, daß es vollauf genüge, überhaupt Theater
existieren zu lassen. Während selbst kleine Staaten wie
Ungarn, Serbien etc. durch enorme Subventionen der
darstellenden Kunst eine sichere Existenzgewähr bieten,
bemühen sich Staat und Städte in Österreich, aus dem
Theater noch einen Vorteil zu ziehen." Die Privattheater

unterstanden dem Konzessionswesen, und die Steuern
und Abgaben belasteten die Theaterdirektoren schwer.
Bezüglich der Pflege der darstellenden Kunst wird Österreich als das „reaktionärste Reich des Continents" bezeichnet. Es wird als kulturpolitische Notwendigkeit er-
achtet, daß Staat und Gemeinden nicht nur Theater für
die privilegierten Schichten erhalten; es wäre vielmehr
auch ihre Pflicht, die Theater, die den Titel „Volkstheater" führen, für das Volk zu öffnen, indem die Eintrittspreise den realen wirtschaftlichen Verhältnissen der breiten Bevölkerungsschicht angepaßt würden, wofür eine
Subventionierung dieser Bühnen Voraussetzung wäre.[13]
   Kulturpolitische Akzente wurden zu Ende des 19.
Jahrhunderts unter dem Einfluß einer christlich-sozialen
Stadtverwaltung vor allem durch die Erbauung neuer Theater gesetzt. Bildungspolitische Ziele (im Sinne kleinbürgerlicher Moralvorstellungen wie Sexualunterdrückung,
autoritäre Familienstruktur, Patriarchat etc.), die sich
bürgerliche Theatervereine setzten, scheiterten oft an
finanziellen Problemen: bei der Gestaltung des Spielplans
spricht nicht nur die Zensur mit, maßgebend ist vor allem
der Publikumserfolg, der die finanzielle Existenzgrundlage
für die Existenz der Privattheater bildete.
   Die wohlhabenden Bürger, die nach der wirtschaftlichen und politischen auch die kulturelle Emanzipation
angestrebt hatten, stellten durch Mäzenatentum ihren
Kunstsinn unter Beweis. Förderung von Künstlern bringt
jedoch nur im Augenblick Ansehen; nun sollten blei-
bende, sichtbare Zeichen bürgerlichen Kunstverständnis-
ses entstehen: Als Pendent zu den Neubauten des Hof-
opern- und Hofburgtheaters wurden von der Bürgerschaft
finanzierte Theaterbauten, die auch dem Anspruch auf
gesellschaftliche Repräsentation durch den Erwerb eines
repräsentativen Platzes (in den kaiserlichen Theatern und
zum Teil auch in den drei traditionsreichen Vorstadttheatern, dem Carltheater, dem Theater an der Wien und
dem Theater in der Josefstadt, war das Bürgertum in das
Parterre und auf die Ränge gedrängt, die Logen waren
im Besitz des Adels) und weitläufige Foyers Genüge leisten, errichtet. Das Ringtheater und das Stadttheater
waren nach verhältnismäßig kurzer Lebensdauer in Flam-

men aufgegangen; für die Renovierung des Stadttheaters in der dichtverbauten Innenstadt gab die Behörde keine Genehmigung.

Im Zuge der Stadterweiterung hat sich auch die Bevölkerungsstruktur in den einzelnen Bezirken verändert. Die Oberschicht verlegte ihren Wohnort aus der dichtverbauten Inneren Stadt auf die Ringstraßenzone und in die vornehmen Villengegenden im 13., 18. und 19. Bezirk. Die Niederlassung von Großbetrieben an der Peripherie läßt hier einen Gürtel von Arbeiterbezirken um die alten Vorstädte wachsen. Da die traditionellen hausrechtlichen Arbeitsverhältnisse um die Jahrhundertwende nicht mehr bestehen, d.h. die Arbeiter nicht mehr bei ihrer Arbeitgeberfamilie wohnen, wird auch diese Gruppe von in Klein- und Mittelbetrieben tätigen Lohnarbeitern auf der Suche nach billigen Wohnungen in die Außenbezirke gedrängt. In den Bezirken innerhalb des Gürtels nimmt der Mittelstand zahlenmäßig zu. Es entsprach daher den kulturpolitischen Erwägungen der christlichsozialen Stadtverwaltung, die Mittelstand und Kleinbürgertum verstärkt förderte, Theaterneubauten in den von dieser Bevölkerungsgruppe bewohnten Bezirken errichten zu lassen, um auch neue Publikumskreise zu erreichen.

Beeinflussung und Manipulation durch das Medium Theater konnte dazu beitragen, von sozialen Problemen abzulenken und die Polarisierung zwischen Kleinbürgertum und Proletariat zu verstärken.

Doch ein Repräsentativbau bürgerlichen Theaters sollte auch zentral, möglichst im Bereich von Wiens neuer Prachtstraße liegen, um die kulturpolitische Präsenz zu dokumentieren. Der Deutsche Volkstheaterverein erwarb jenes Grundstück am Weghuberpark, das eine großzügige Gestaltung und freistehende Bauweise ermöglichte, durch seine Lage aber auch die Einbindung in die bürgerlichen Bezirke Mariahilf, Neubau und Josefstadt symbolisierte. Die Mittel wurden ausschließlich vom Bürgertum durch den Kauf von Anteilscheinen aufgebracht. Das neue Theater dessen Ziel „die Pflege der deutschen Kunst" war, wie es auch eine Marmortafel im Foyer verkündet, wurde mit Anzengrubers „Meineidbauer" im Jahr 1889 eröffnet.

Ludwig Anzengruber, dessen theatralische Wurzeln im
Wiener Volksstück liegen, der aber die meisten seiner
Stücke im bäuerlichen Milieu ansiedelte, stellte die erzie-
herische Aufgabe des Theaters in den Vordergrund. Die
„Aufklärung des Volkes" war für ihn eine Lebensaufgabe
und er wurde damit zur Gallionsfigur für das neue Volkstheater.

Das Stammpublikum des Hauses bildete jenes zu
neuem Wohlstand gelangte und feinere Lebensformen an-
strebende Bürgertum, das auch die Anteilscheine gekauft
hatte und hohe Ansprüche an Schauspieler und Spielplangestaltung — nicht zuletzt aus einem gewissen Konkur-
renzverhalten gegenüber dem adelig-großbürgerlichen
Burgtheater — stellte. Im Sinne eines humanistischen Bil-
dungsideals wurde die Klassik gepflegt, die Werke der
zeitgenössischen Naturalisten, v.a. Hauptmann, Ibsen,
Strindberg und Sudermann, aufgeführt. Die Werke
zeitgenössischer Avantgarde-Künstler wie Wedekind,
Maeterlinck sowie Schnitzler und Hofmannsthal (die
dem Literaturzirkel Junges Wien angehörten, in dem jene
von der Psychoanalyse Freuds beeinflußte Kunstform
entstand, die Hermann Bahr als „Kunst der Nerven" pro-
pagierte), die als Ausdruck des Protests gegen die spät-
bürgerliche Gesellschaft, als Kritik am zerfallenden Liberalismus anzusehen sind, fanden hier früher ein verständ-
nisvolles Publikum als im Burgtheater.

Am Währinger Gürtel wurde 1898 das Kaiserjubiläums-
Stadttheater eröffnet, das vom Volksopern-Verein betrieben wurde und ein bürgerliches Gegengewicht zur
Hofoper sein sollte. Neben der Pflege der deutschen Oper
war es auch ein Ziel dieses Vereins, durch entsprechende
Preisgestaltung dem bürgerlichen Mittelstand den Besuch
von Opernaufführungen zu ermöglichen.

Ähnliche volksbildnerische Ziele verfolgte auch Adam
Müller-Guttenbrunn, der das Projekt für einen weiteren
Theaterneubau in Gumpendorf betrieb. Hier, auf dem
Grund einer ehemaligen Lehmgrube und Ziegelei, wo man
meinte, auch kleinbürgerliches Publikum aus den benach-
barten Bezirken Fünfhaus und Meidling ansprechen zu
können, wurde im Jahr 1893 in der Wallgasse das Rai-
mundtheater eröffnet. An der Umsetzung des Ziels des

Die Kraftmaschine
Fotos aus dem Wurstelprater von Emil Mayer

Kellner

Der Strizzi

Zaungäste bei den Gauklern

Theatervereins, durch die Aufführung von Werken der
deutschen und österreichischen Klassik und der Pflege des
Volksstücks das Bildungsniveau des Publikums im Sinne
kleinbürgerlicher Moralvorstellungen zu heben, scheiterte
Müller-Guttenbrunn. Auch hatten sich die Erwartungen,
neue Publikumsschichten aus den angrenzenden Bezirken
Meidling und Fünfhaus ansprechen zu können, nicht erfüllt. Um das Haus vor dem finanziellen Ruin zu retten,
wurde die Leitung einem routinierten, geschäftskundigen
Prinzipal, dem aus Berlin stammenden Ernst Gettke, übertragen. Unter seiner Leitung dominierten Volksstück,
Posse und Schwank den Spielplan. Zur Sanierung der
leeren Theaterkasse trug aber vor allem das Engagement
von Gästen mit illustren Namen bei. Adele Sandrock,
Rudolf Tyrolt oder Alexander Girardi etwa brachten dann
auch die großen Publikumserfolge, wobei hier aber wieder
jenes Theaterpublikum, das ohnehin in allen Wiener Theatern anzutreffen war, kam. So als z.B. Alexander Girardi
am 13. Mai 1897 gemeinsam mit Katharina Schratt zugunsten des „Österreichischen Bühnenvereins" in Raimunds
„Verschwender" auftrat, als sogar der Thronfolger Erz-
herzog Franz Ferdinand in die Vorstellung kam. Darüber
berichtet Theodor Antropp, daß „für Logen 200 bis 300
Gulden" bezahlt und „Fünfzig-Kreuzer-Sitze um das zehn-
fache überzahlt" wurden.[14]
Der Prater erfreute sich in der warmen Jahreszeit bei
den Wienern großer Beliebtheit; die Errichtung des Welt-
ausstellungsgeländes im Jahr 1873, der seit 1886 alljährlich
am 1. Mai stattfindende Praterkorso, an dem auch die
höchsten Kreise des Adels und die vornehmen Wiener
Bürgerfamilien teilnahmen – und als Gegenveranstaltung
am 1. Mai 1890 eine Arbeiterdemonstration der neuge-
gründeten sozialdemokratischen Partei –, machten den
Prater zu einem Vergnügungszentrum in dem *man* sich
traf, das aber auch von den unteren Bevölkerungsschichten
gerne besucht wurde. Neben Vergnügungsstätten unter-
schiedlichster Art entstanden hier auch einige Theater:
1873 der Theatersaal in der Rotunde, der auch in den
Jahren nach der Weltausstellung intensiv für die Darbietungen von Operetten, Revuen, Zirkusvorstellungen etc. genützt wurde; für die von Mai bis Oktober 1892 dauernde

Internationale Ausstellung für Musik und Theaterwesen
wurde ein eigenes Ausstellungstheater erbaut.

1895 wurde „Venedig in Wien" als Sommertheater gegründet, durch die kommerziell umsichtige Führung und
die auf Publikumserfolg ausgerichtete Programmgestaltung
Direktor Steiners konnte in der Jubiläumsspielzeit 1904 im
Park von „Venedig", wie er bei den Wienern hieß (nur in
amtlichen Eintragungen findet sich die offizielle Bezeichnung „Englischer Garten"), das Theaterangebot mit der
Eröffnung der „Olympia-Arena", deren Tribünen 4000
Zuschauern Platz boten, noch erweitert werden; es war
damals das größte Freilichttheater des Kontinents. Um
aber Venedig in Wien von den Wettertücken möglichst unabhängig zu machen, sorgte man für wettersichere Unter-
künfte in den Theatern und zusätzlich boten eine Reihe
von Restaurants, in denen Militär- und Salonkapellen,
Schrammelmusik und Volksliedsänger gastierten, Zuflucht
bei Regengüssen.

*Zur sozialen Situation von Schauspielern und
Bühnenpersonal*

Im Jahr 1895 konstituierte sich der Österreichische
Bühnen-Verein mit der Zielsetzung, den Bühnenkünstlern
mehr Rechte und soziale Sicherheit zu erwirken. Hinter
der großartigen Kulisse von Theateraufführungen welt-
städtischen Formats gerät das Elend des künstlerischen
und technischen Personals des Theaterbetriebes jener Tage
leicht in Vergessenheit. Finanzielle Schwierigkeiten der
Privattheater wurden nicht nur durch entsprechende Spielplangestaltung geregelt, die Direktoren wälzten diese auch
voll auf ihre Mitarbeiter um: In der Haupt- und Residenzstadt war es keinem Theater möglich, ohne Unterbrechung
zu spielen, d.h. die Schauspieler waren dann ohne Engagement und ohne Gage. Sieht man von den Hofschauspielern
und -sängern und den Stars der Operettenbühnen – die
auch gesellschaftlich höchste Anerkennung fanden – ab,
so gehörten die an Privattheatern tätigen Schauspieler, vor
allem aber Nachwuchsschauspieler, Darsteller von Neben-
rollen, Chor, Ballett und Bühnenpersonal zu den ärmsten
Schichten der Bevölkerung.

„Und sollte man es glauben, daß die vom Publikum
bewunderten und bejubelten, mit Beifall und Blumen
überschütteten Helden, Liebhaberinnen, Charakterdar-
steller, Komiker etc. in den überwiegend meisten Fällen
schwer mit des Lebens Ungemach, mit drückenden
Sorgen, mit Mangel und Entbehrung zu kämpfen haben
und nicht selten nach erschöpfender Action auf der
Bühne, im crassen Gegensatze zu der das Publicum
täuschenden Illusion, nichts zu essen zu haben?"[15] Meist
geringe Gagen – und diese nur während des Engagements –
standen hohen Anforderungen an Leistung und äußerer
Repräsentation gegenüber. So mußten die Schauspieler
ihre Garderobe selbst beistellen, persönliche Bedürfnisse
mußten oft auf ein Minimum reduziert werden, um
teure Kleider anschaffen zu können. Schon die Chance,
überhaupt ein Engagement zu bekommen, war für viele
junge Schauspieler, die aus armen Verhältnissen stammten, oft sehr gering, wenn die erste Frage des Theateragenten war: „Haben Sie elegante Toiletten?" Besonders
betroffen waren davon die Schauspielerinnen, weil ihre
Garderobe besonders umfangreich und schön sein mußte.
Die Konkurrenz unter den Schauspielerinnen war sehr
groß; viele junge Mädchen aus den unteren Schichten
strebten zum Theater, weil sie sich durch eine Bühnen-
karriere einen sozialen Aufstieg erhofften, den es nur für
ganz wenige gab. Da der Weg nach oben aber schwierig
und mit vielen finanziellen Aufwendungen verbunden
war, kamen sie oft in Abhängigkeiten: Durch eine zahlreiche Verehrerschar hofften sie, ihre geringen Gagen
aufbessern und angemessen repräsentieren zu können,
was wiederum die Voraussetzung dafür war, ein besseres
Engagement zu bekommen. Zwischen Theaterengage-
ment und Prostitution führte oft nur ein schmaler Pfad.
Die Sommermonate, in denen Adel und wohlhaben-
des Bürgertum in ihre Sommervillen zog oder zu Bade-
und Kuraufenthalten verreiste, wirkten sich auf das
Theaterleben in Wien sehr einschränkend aus, es wurden kaum mehr als drei Bühnen bespielt. Die in der
Stadt zurückbleibenden finanzarmen unteren Bevölkerungsschichten, für die die Eintrittspreise in den meisten
Fällen ohnehin zu hoch waren, hätten wahrscheinlich
kaum ein entsprechendes Publikumsreservoire für mehrere

Theater abgegeben. Die meisten Künstler reisten „ihrem"
Publikum in die Sommerresidenzen nach, wo Theater —
meist Operettenbühnen — entstanden.

Ein Engagement bei Steiner, dem Direktor des Theaters „Venedig in Wien", war deshalb sehr begehrt. Er
konnte ein Ensemble vereinigen, „wie ein zweites wohl
kaum zu finden sein dürfte. Solisten, Chor und Ausstattung übertreffen die höchsten Anforderungen und zeigen
die Leistungsfähigkeit der Wiener Künstlerschaft von der
besten Seite". [16]

Steiner bedankte solche Leistungen, die für einen entsprechenden Publikumszustrom sorgten, mit Gagener-
höhungen nicht nur der Solisten, sondern auch der Chor-
mitglieder. So erhielten im Jahr 1899, anläßlich einer
glanzvollen Aufführungsserie von Suppès „Boccaccio"
die Chorherren eine monatliche Gagenerhöhung von
5 Gulden. Auch wird vom Organ des Österreichischen
Bühnen-Vereins lobend hervorgehoben, daß „Venedig in
Wien bisher das einzige Theater ist, bei welchem dem gesamten Chorpersonal die Vorproben honoriert werden". [17]
Neben einem Operettenensemble wurden auch Varieté-
künstler beschäftigt, Interpreten des Wienerliedes traten
auf, die Orchester Ziehrer und Drescher erhielten eine
Heimstätte für die Sommermonate und auch Grinzinger
und Dornbacher Volksliederchöre fanden hier ein interes-
siertes Publikum und damit Verdienstmöglichkeiten. So
spricht der Österreichische Bühnen-Verein Direktor Steiner
auch „warmen, wahr empfundenen Dank" für die „zur
glänzenden Tat umgewandelte gute Idee", durch die
Schaffung einer „großartigen Sommerbühne 300 Personen nicht nur Erwerb, sondern auch Gelegenheit zur
Betätigung ihrer Kunst" [18] gegeben zu haben, aus. Jedes
Auftreten bot natürlich auch die Gelegenheit, von einem
Theateragenten gesehen zu werden und ein neues Engagement zu bekommen.

Resümee

Zusammenfassend möchte ich festhalten, daß das
institutionalisierte Theater im Wien der Jahrhundertwende
eine bürgerliche Einrichtung war. Kulturpolitische Maßnahmen wie

o die thematische Ausrichtung
o die Errichtung neuer Theater
o ermäßigte Eintrittspreise
o und volksbildnerische Zielsetzungen bei der Spielplangestaltung

gingen von bürgerlichen Gruppierungen aus und wurden nur für mittelständische und kleinbürgerliche Schichten gesetzt bzw. nur von diesen angenommen. Das Spektrum theatralischer Formen war viel breiter, als ich es hier darstellen konnte. Die vielfältigen Formen außerinstitutionellen Theaters werden erst mit den Methoden einer neuen Alltagsgeschichte erforscht und durchschaubarer werden.

Die Wunschvorstellungen vom sozialen Aufstieg, die in den klischeehaften Inhalten von Singspielen und Possen ebenso vorkommen, wie in denen von Operetten und Revuen — die im Repertoire von Singspielhallen ebenso zu finden waren wie in dem der Vorstadttheater — unterscheiden sich kaum voneinander. Wohl aber unterschied sich der Rahmen, in dem dieses illusionistische Freizeitvergnügen konsumiert werden konnte.

Die Tatsache, daß Bühnenwerke der Hochkultur von den unteren Bevölkerungsgruppen nicht in dem Maß, wie das Theatervereine mit volksbildnerischen Ambitionen hofften, angenommen wurden, zeigt, daß dies nicht primär im Zusammenhang mit den Einkommensverhältnissen, sondern auch im Zusammenhang mit den umgebenden Lebens- und Arbeitsbedingungen und dem Bildungsniveau zu sehen ist.

Ermäßigte Eintrittskarten bewirkten sicher keine Veränderungen, wohl aber die kompensatorische und emanzipatorische Bildungsarbeit der um die Jahrhundertwende entstehenden Volksbildungs- und Arbeiterbildungsvereine und der politische Kampf um mehr soziale Gerechtigkeit.

Anmerkungen

1 Vgl. Josef Ehmer, Familienstruktur und Arbeitsorganisation im frühindustriellen Wien, Wien 1980, S. 225.
2 Österreichischer Bühnenverein, IV. Jg., 17, 1898, S. 1.
3 Vgl. Peter Feldbauer, Stadtwachstum und Wohnungsnot. Determinan-

ten unzureichender Wohnungsversorgung in Wien 1848 bis 1914, Wien 1977, S. 40.

4   Ebenda, S. 42.
5   Ebenda, S. 46.
6   Vgl. auch Hannes Stekl, Aristokratie im Vormärz. Herrschaftsstil und Lebensformen der Fürstenhäuser Liechtenstein und Schwarzenberg, Wien 1973.
7   Ehmer (wie Anm. 1), S. 168.
8   Ebenda, S. 182.
9   Vgl. auch Marina Tichy, Alltag und Traum. Leben und Lektüre der Dienstmädchen im Wien der Jahrhundertwende, Wien 1984.
10 Theater & Brettl, III/8, 1904, S. 2 f.
11 Neues Wiener Tagblatt, 6. Jänner 1918.
12 Michael John, Hausherrenmacht und Mieterelend 1890 − 1923, Wien 1982.
13 Österreichischer Bühnenverein, IV. Jg., 19, 1898, S. 2.
14 Zit. nach Rudolf Holzer, Die Wiener Vorstadtbühnen, Alexander Girardi und das Theater an der Wien, Wien, S. 533.
15 Österreichischer Bühnenverein, V. Jg., 16, 1899, S. 1.
16 Österreichischer Bühnenverein, V. Jg., 14, 1899, S. 2.
17 Ebenda.
18 Österreichischer Bühnenverein, V. Jg., 10, 1899, S. 2.

Bildnachweis: Felix Salten (Pseudonym für Siegmund Salzmann), Wurstelprater. Mit Bildern von Dr. Emil Mayer, Wien-München-Zürich-Innsbruck 1973.

KONRAD PAUL LIESSMANN

AN SCHÖNHEIT STERBEN
ZUR VERFAHRENSWEISE DES POETISCHEN
GEISTES IM WIENER FIN DE SIÈCLE
Mit Anmerkungen zu Hugo von Hofmannsthal und
Jacob Julius David

Das Elend des Ästhetizismus

Über dem Ästhetizismus der literarischen Jahrhundertwende liegt ein Fluch. Jenes selbstverliebte Spiel der Formen, abgewandt dem Leben und hingezogen dem Kranken, Toten, schwül und duftig, gebrechlich, dekadent, ein Traum von Sinnenlust, artifiziell und dabei elitär und dünkelhaft, der hehre Kreis, der Snob, der Bohemien, die Kunst als Leben, das Leben als Kunst: wem, dem es um Gesellschaft geht, um Politik, sozialen Fortschritt und um Emanzipation muß hier nicht ein Grauen packen. Je mehr sich das gegenwärtige Bewußtsein um eine kritische Rezeption von Literatur bemüht, die den sozialen Zusammenhang primär thematisieren und den Alltagsleser nicht außer Acht lassen will, desto mehr muß es sich von einer Kunst irritiert fühlen, die nichts sein will als Kunst, abgehoben von dem, was krud genug die Realität genannt zu werden pflegt. Ästhetizismus gepaart mit Dekadenz ist wohl die Inkarnation jenes elfenbeinernen Turms, von dem heute wohl niemand mehr schlichtweg behaupten mag, daß er Schießscharten habe.[1] In solchem Ressentiment wurzelt dann auch das Verdikt der klassischen Kunstsoziologie über den Ästhetizismus: Als Inbegriff desselben erscheine die Idee, daß das Kunstwerk nicht nur ein „selbstgenügsames Spiel" sei, sondern als solches zum „Modell des Lebens" werden will, eines Lebens, das „etwas Kostspieliges und Nutzloses, etwas frei und verschwenderisch Dahinströmendes, etwas der Schönheit, der reinen Form, der Harmonie der Farben

und Linien Dahingeopfertes" sein soll.[2] Bündig kann
dann auch, unter dem Strich gleichsam, die Summe gezogen und behauptet werden: „Die ästhetische Kultur
bedeutet den Lebensstil der Funktionslosigkeit, der
Überflüssigkeit, das heißt den Inbegriff der romantischen Resignation und Passivität."[3] Behaftet so mit
dem ruchlosen Odium pseudoaristokratischen Parasi-
tentums, war und blieb der Ästhetizismus dem regsamen
bürgerlichen Bewußtsein so suspekt wie einem, das sich
geschäftig einem sozialemanzipatorischen Impetus verpflichtet fühlt. Moderne literatursoziologische Ansätze
reformulieren diese Position und akzentuieren dabei
gerne eine unterstellte Antithetik von Naturalismus und
Ästhetizismus: „Der Naturalismus knüpft an den bürger-
lich-aufklärerischen Literaturbegriff an, der Literatur
als Medium des moralisch-politischen Selbstverständnis-
ses der Bürger faßt . . . Der Ästhetizismus dagegen radi-
kalisiert den autonomen Literaturbegriff, demzufolge
das Kunstwerk als Selbstzweck gefaßt wird."[4] Gegenüber dem traditionellen Vorwurf der Überflüssigkeit
kommt jetzt allerdings noch eine Gefahr dazu, die im
Ästhetizismus lauern soll: der „blinde Irrationalismus"
— der eigenartigerweise damit argumentiert wird, daß
der Ästhetizismus zwar der bürgerlichen Gesellschaft
radikal entgegensteht, aber deren „menschliche Bedürfnisse zumindest ideell" befriedigen soll. Aber nicht nur
das: „Die Ablehnung der egalitären Prinzipien der parla-
mentarischen Demokratie (durch die Ästhetizisten, K.
L.) führt konsequent zur Entwicklung einer solipsistisch
verengten, elitären Subjektauffassung."[5] Unter dem
Titel einer Institutionentheorie der Kunst liest sich
eine solche soziologische Analyse des Ästhetizismus
dann wie folgt: „Ästhetizismus bezeichnet diejenige
Grundvariante der Institution Kunst in der bürgerlichen
Gesellschaft, die sich durch die Entflechtung von literarischer und politischer Öffentlichkeit auszeichnet.
Das impliziert aber eine scharfe Trennung zwischen
Privatsphäre und Öffentlichkeit."[6]
    Wie immer es um die Triftigkeit und immanente
Logizität solch soziologischer Zuordnungsrigidität
bestellt sein mag — alles Widersprüchliche, am Gegen-

stand nicht Erhärtbare zu demonstrieren, ist nur am Rande
unsere Aufgabe — eines verfehlt diese mit Sicherheit: das
Kunstwerk. Die unbedachte Vermischung und Verwechslung von Künstlerprogrammatiken und Werken, Biographien und Eigeninterpretationen, aus dem Zusammenhang gezerrten Zitaten und politischen Standortbestim-
mungsversuchen führt dann zu jenen globalen Charakteri-
sierungen von Epochen, in denen alles vorkommen mag —
und vieles durchaus zu Recht — nur nicht die Literatur.
Die Differenz etwa zwischen dem elitären Subjektivismus,
der manchem Protagonisten der literarischen Szene der
Jahrhundertwende zu eigen gewesen sein mag, und dem,
was in deren Werken tatsächlich sich zutragen kann, wird
dabei unterschlagen. An solchen Defiziten kranken allemal
die soziologischen, aber auch die immanent literaturhisto-
risch verfahrenden, summierenden Darstellungen der Epoche.[7] Sie bestätigen den von Peter Szondi gerade in bezug
auf die Literatur des Fin de siècle geäußerten Verdacht,
„daß die Kultur- und Sozialgeschichte einen Blick begünstigt, der nicht am Kunstwerk verweilt, geschweige
denn, daß er darin einzudringen suchte, sondern der immer schon darüber hinaus ist um eines Umfassenderen
willen, dem das Kunstwerk nur als ein Beispiel unter unzähligen anderen zu dienen hat."[8] Die Ausklammerung
des Werks im Kontext einer Sozialgeschichtsschreibung,
die Kunst nur als spezifisch codierte Kommunikations-
und Reflexionsform einer bestimmten Gesellschaftsschicht
zur Kenntnis zu nehmen vermag, hinterläßt einen ebenso
bitteren Beigeschmack wie das Bemühen konventioneller
Literaturgeschichte um Kategorien, die eine Epoche konstituieren sollen, und denen dann hurtig zugeordnet werden muß. Die mehr oder weniger generöse Applikation
eines Werkes an Ästhetizismus, Naturalismus oder Realismus, ihrer Schöpfer an Bürgertum, Aristokratie oder Arbeiterschaft besagt letztlich wenig. Über die Gültigkeit
eines Werkes, gerade über das, was an allgemeinem gesellschaftlichen Interesse an ihm ästhetisch konkretisiert
sein mag, gibt vorerst weder die soziale Herkunft des
Autors noch der sozialpolitische Ort seiner Rezipienten
und schon gar nicht die Klassifikationssystematik eines
Germanisten oder Kulturhistorikers Auskunft. Besten-

falls führen solche Verfahrensweisen zu politischen und
literarischen Reklamationsansprüchen. Die unbefragt
vorausgesetzte Einheit von Leben und Werk eines Menschen gibt dann, je nach Standort des Forschers, die Möglichkeit, ja Notwendigkeit, ihre Autoren im Roulette der
Begriffe nach Gutdünken hin- und herzuschieben. Die
Aversion gegen das, was man sich unter dem Titel „Ästhetizismus" zurechtgezimmert hat, führt dann dazu, Mißlie-
biges diesem beizuordnen und Geliebtes davor in Schutz
zu nehmen. Solches ließe sich exemplarisch an Hugo von
Hofmannsthal demonstrieren. Alles darf der Festspielmit-
begründer gewesen sein, nur nicht dekadenter Ästhetizist.
So heißt es in dem eigentlich schon unlesbar gewordenen
Hofmannsthal-Essay von Richard Alewyn aus dem Jahre
1957: „In seinen jugendlichen Studien über die Dichter
und Künstler der Zeit hat er den Schönheitskult, die Nervenkunst und die Selbstzerfaserung der europäischen Dekadenz nicht nur sich zu eigen gemacht, sondern auch
von Anfang an der Kritik ausgesetzt, einer nicht ästhetischen, sondern sittlichen (sic!) Kritik."[9] Ähnlich beteuern Claudio Magris und Anton Reininger: „Hofmannsthal
hat von Anfang an ein gebrochenes Verhältnis zur ästhetischen Existenz",[10] und Carl E. Schorske weiß genau, was
den jungen Dichter einstens quälte − nämlich die Frage:
„Wo kann man aus dem Tempel der Kunst entrinnen?"[11]
Andernorts wiederum ist man sich sicher, daß Hofmannsthal sich nicht von der „Schönheit an sich", nicht vom
„Rückzug in ein Gehäuse der absoluten Formen" hat lei-
ten lassen, sondern durchaus von „zeitbezogenem Hoffen
und Wollen".[12] Als hätte er solches geahnt, hatte Theodor W. Adorno schon 1939/40 notiert: „Hofmannsthal
ist nich vor der Verleumdung in Schutz zu nehmen, er sei
ein Ästhet: zu retten ist der Ästhetizismus selber."[13] −
Wenn überhaupt, dann kann es nur darum gehen − gerade
dann, wenn der Zusammenhang von Kunst und Gesellschaft ernstlich gewahrt werden will. An dessen Eigentümlichkeit erinnert wohl auch Paul Szondi, wenn er in seinen
Vorlesungen zum lyrischen Drama des Fin de siècle aus
einer frühen Arbeit von Georg Lukàcs zitiert, nicht ohne
mit süffisantem Bedauern hinzuzufügen, daß Lukàcs damals, 1909, eine Einsicht formuliert habe, der er bald da-

rauf „für ein Leben lang untreu werden sollte". Jene
frühe Einsicht des ungarischen Marxisten kulminierte
in dem Satz: „Das wirklich Soziale aber in der Literatur ist: die Form."[14] Als methodische Maxime immerhin mag dieser Satz auch dann noch zu beherzigen sein,
wenn so einfach sich tatsächlich nichts mehr sagen läßt.

Kunst und Leben

In dem Band „Philosophische Kultur" von Georg
Simmel, erstmals im Jahre 1911 veröffentlicht, findet
sich ein Essay, dem in frappanter Weise jener Bereich
zum Gegenstand — im wörtlichen Sinne — der philosophi-
schen Reflexion geworden ist, der konstitutiv für den
Ästhetizismus genannt werden könnte: der Schnittpunkt
von Kunst und Lebenswelt. Simmels Essay trug den Titel
Der Henkel. Darin heißt es: „Indem der reale Gegenstand
in Wechselwirkungen mit allem steht, was um ihn herum
flutet oder beharrt, der Inhalt des Kunstwerkes aber diese
Fäden abgeschnitten hat und nur seine eigenen Elemente
zu selbstgenügsamer Einheit verschmilzt, — lebt das Kunstwerk ein Dasein jenseits der Realität."[15] Ein vergleichsweise simpler Gegenstand, der Henkel einer Vase etwa,
habe nun die Aufgabe, so Simmel, das Unvereinbare zu
vereinen, die Differenz zu überwinden, die Trennung von
Kunst und Wirklichkeit aufzuheben. Auf der einen Seite
gehorcht der Henkel noch den autonomen Gesetzmäßig-
keiten der Vasen*form,* hat sich ihnen zu fügen, auf der
anderen Seite ragt er förmlich hinein in die Praxis von
Lebenswelt, muß sich deren Erfordernissen anpassen, das
heißt handhabbar sein. Zweifellos: Simmels Entdeckung
des Doppelcharakters eines Vasenhenkels bleibt letztlich
trivial, seine Reflexionen über diese Formen der Ge-
brauchskunst sind nicht frei von geschmäcklerischer Bie-
derkeit, und die starre Trennung von Kunst und Wirklichkeit ist behaftet mit dem Geruch eines spröden Akade-
mismus.[16] Allein: die bloßen Beteuerungen, daß der ide-
elle Raum der Kunstwerke nur „in einer Dialektik zum
Realen besteht",[17] helfen vorerst nicht weiter. Simmels
Raisonnement über den Henkel ventiliert gleichsam nach
der Jahrhundertwende noch einmal eine Position, die

dem ästhetischen Diskurs des Fin de siècle ein prekärer,
aber nichtsdestotrotz zentraler Bezugspunkt gewesen war.
So heißt es etwa in der 1896 erstmals gedruckten Rede
Hugo von Hofmannsthals über *Poesie und Leben:* „Es
führt von der Poesie kein direkter Weg ins Leben, aus dem
Leben keiner in die Poesie. Das Wort als Träger eines Le-
bensinhalts und das traumhafte Bruderwort, welches in
einem Gedicht stehen kann, streben auseinander und
schweben fremd aneinander vorüber, wie die beiden Eimer
eines Brunnens."[18] Und wenn Simmel in seinem Essay
diese Distanz zwischen Kunst und Leben dann doch zu
überbrücken suchte, nicht nur im Bild des Henkels, sondern,
sie mit diesem vergleichend, in der „Lebenskunst",[19] die
als harmonische Vermittlung heterogener Sphären die
Kluft zwischen den Reichen der Formen und denen der
Wirklichkeit dann doch noch schließen sollte, so ist das
nicht nur die Ersetzung geforderter philosophischer Ver-
mittlungsarbeit durch die Borniertheit eines gepflegten
Lebensstils, wie Adorno böse monierte,[20] sondern auch
der vom bürgerlichen Bewußtsein zensurierte Traum von
der Erfüllung einer unstillbaren Sehnsucht: daß alles
Wirkliche in Kunst sich auflösen lasse. Seit Nietzsches
frühem und mißverständlichem Dictum, nach dem „das
Dasein und die Welt" nur als „ästhetisches Phänomen
ewig gerechtfertigt ist",[21] gilt die Ästhetisierung des
Lebens als Programm des Ästhetizismus. Mit Recht ist
allerdings darauf aufmerksam gemacht worden, daß gerade
der Ästhetizismus, bzw. die Literaten, die ihm den Boden
bereiteten, ein strenges Bewußtsein davon hatten, daß un-
gestraft die Differenz von Kunst und Leben nicht einzu-
ebnen sei: „Steht man im Leben, so sieht man es schlecht,
man leidet an ihm und genießt es zu sehr. Meiner Ansicht
nach ist der Künstler eine Monstruosität, etwas Widerna-
türliches; alles Unglück, das die Vorsehung auf ihn häuft,
rührt von dem Eigensinn her, mit dem er dies Axiom
leugnet", schreibt Gustave Flaubert aus Konstantinopel
an seine Mutter[22] und kreditiert damit die Abkehr vom
Leben zur Voraussetzung für die Kunst. Und wie das
Leben an dem zynischen und doch grandiosen Versuch,
es durch eine Kunstwirklichkeit zu ersetzen, sich rächt,
wie nur das Leben sich rächen kann — durch den Tod,
das läßt sich vielleicht wirklich schon an Roquairol stu-

dieren, jener eigentümlichen Hauptfigur aus Jean Pauls
Titan. [23]
Ästhetizismus — als poetische Verfahrensweise — ist
schwer auf programmatische Erklärungen reduzierbar, gerade dann, wenn die Programme eine Kunst ankündigen,
die dann nie zur Entfaltung kommt. Fragwürdig wäre, die
Programmatik für die Kunst zu nehmen. Das, was dann
jenseits von Absichtserklärungen an Poesie im Fin de
siècle sich zutrug, mag selbst, zugespitzt, als These inter-
pretiert werden, die besagt: Dort, wo die Kunst zum
Leben gerinnt oder das Leben zum Kunstwerk wird, dort
waltet der Tod.

Hofmannsthal oder die ästhetische Realität

Hugo von Hofmannsthals dramatisches Fragment *Der
Tod des Tizian,* 1892 von Stefan Georges esoterischen
Blättern für die Kunst veröffentlicht, gilt als frühreifes
Hauptwerk des Wiener Ästhetizismus, geradezu als dessen
„Verklärung". [24] Ob allerdings die Kunst hier der Tempel
ist, in dem „das Leben sich feiert und erhöht", [25] bleibt
fragwürdig. Von dem Stück selbst sagt der Prolog: „Von
jungen Ahnen hat es seine Farben/Und hat den Schmelz
der ungelebten Dinge." [26] Der Prolog, personifiziert und
Kunstfigur in extenso — „er trägt rosa Seidenstrümpfe
und mattgelbe Schuhe" — zerbricht schon zu Beginn die
Fiktion, das, was auf der Bühne sich abspielt, wäre das
Leben. In der Formel vom Schmelz der ungelebten Dinge
vibriert schon die Faszination des Todes, die gar nicht
erst auf das Spezifische des Stücks abzielt, sondern den
leblosen Charakter der Kunstdinge überhaupt andeutet.
„Er ist sehr jung und blaß und früh verstorben . . . ", sagt
der Prolog von einem Infanten, in dessen Bildnis er sich
zu erkennen glaubt [27] — Worte, die eine einfältige Literaturgeschichtsschreibung auf die Künstler, die Epoche
selbst, glaubte übertragen zu müssen, so genau das über-
sehend, was hier vielleicht primär thematisiert ist: die raffinierte Spiegelung des Lebens in der Kunst, nochmals eingebettet in die Kunst: Der Prolog, Kunstfigur, stellt sich
zwischen Zuschauer und Stück, sich selbst charakterisie-

rend über ein künstliches Abbild, so als müßte eine unmittelbare Parallelisierung von Kunst und Realität durch die zweifache Brechung mit Gewalt nicht hergestellt, sondern verhindert werden.[28] Wenig später im Stück wird dieses Motiv wieder aufgenommen: Auf der Terrasse vor Tizians Villa, nahe bei Venedig, erwarten Sohn und Schüler den Tod des Meisters. Desiderios ohnmächtiger Aufschrei gegen das faktum brutum reflektiert spiegelverkehrt den Prolog: „Der Tizian sterben, der das Leben schafft!/Wer hätte dann zum Leben Recht und Kraft?"[29] – So, als ob das Leben seine Legitimation und Daseinsbedingung erst durch die Kunst erführe. Aber die Brüchigkeit dieser These erweist sich nicht nur in der unerträglichen Banalität dieses Reimes: das Drama selbst stellt ihre sukzessive Demontage dar. Tizian, der Sterbende, hat zwar die Staffelei begehrt, läßt sich seine alten Bilder bringen und schreit: Es lebe der große Pan – so, als bäumte sich im Tod des Künstlers das Leben selbst als letzte Einsicht auf – aber Gianino, er ist sechzehn Jahre alt und sehr schön", der dies berichtet, kommentiert zugleich: „Mir wars, als ob er strebte,/Das schwindende Vermögen zu gestalten,/Mit überstarken Formeln festzuhalten,/Sich selber zu beweisen, daß er lebte,/Mit starkem Wort, indes die Stimme bebte."[30] – Allein, das war es: Formeln. Furchtlose Beschwörungen des Lebens durch die Kunstanstrengung, nicht dieses selbst. Der große Pan, den der Sterbende dann noch malen wird, bleibt so nicht umsonst unkenntlich: eine verhüllte Puppe. Nicht Symbol der Vitalität, wie wohlmeinende Interpreten deuten, sondern Symbol dessen, was aus dem Leben im Kunstwerk wird: Hölzernes, Starres, Vermummtes, Totes. Gianino ahnt etwas davon. Im „halben Traum" war ihm die *Stadt,* vom Pesthauch überzogen, trotzdem oder deshalb zum *Ort des Lebens* geworden: „Wohl schlief die Stadt: es wacht der Rausch, die Qual,/Der Haß, der Geist, das Blut: das Leben wacht./Das Leben, das lebendige, allmächtige –/ Man kann es haben und doch sein vergessen! . . . "[31] Nicht scheint im Bereich des Ästhetizismus, der geistig und geometrisch disloziert gedacht wird, das Leben durch die Weihe der Kunst zu sich selbst zu finden, wie es Desiderios Apotheose des Künstlers unterstellt, vielmehr er-

weist sich dieser Bereich als der Ort, an dem das Leben
vergessen wird, von der Ferne aber lockt und droht. In
seinem zweiten Essay über Gabriele d'Annunzio von 1894
hat Hofmannsthal diesen Gedanken nocheinmal aufgegriffen: „Aber das Leben ist doch da. Es ist durch sein bloßes
oppressives unentrinnbares Dasein unendlich kräftiger,
und zwingt. Es ist eine fürchterliche betäubende Fülle
und eine fürchterliche demoralisierende Öde. Mit diesen
zwei Keulen schlägt es abwechselnd auf die Köpfe derer,
die ihm nicht dienen. Die aber von Künstlichem zuerst
herkommen, dienen ihm eben nicht. Über denen hängt
das Leben drohend wie eine Sturmwolke, und wie geäng-
stigte Schafe laufen sie hin und her." [32]
    Im *Tod des Tizian* versucht Desiderio Gianino die
Augen über das Leben zu öffnen, so nocheinmal die
Sphäre der Kunst verteidigend. Er weist auf die Stadt:
„Allein in diesem Duft, dem ahnungsvollen,/Da wohnt
die Häßlichkeit und die Gemeinheit,/Und bei den Tieren
wohnen dort die Tollen;/Und was die Ferne weise dir verhüllt,/Ist ekelhaft und trüb und schal erfüllt/Von Wesen,
die die Schönheit nicht erkennen/Und ihre Welt mit uns-
ren Worten nennen . . . /Denn unsre Wonne oder unsre
Pein/Hat mit der ihren nur das Wort gemein . . . "[33] Hofmannsthal legt Desiderio fast dieselben Worte in den
Mund, mit denen er in der Rede über Poesie und Leben
diese Sphären getrennt hatte. Schien sich je der ästhetizi-
stische Gestus, gepaart mit elitärer Gesinnung und Men-
schenverachtung, demaskierend ausgesprochen zu haben,
dann in diesen Versen Desiderios. Billig aber wäre es —
wovor eine einer biederen Ideologiekritik sich verpflichtet
fühlende Germanistik allerdings noch nie zurückgeschreckt
ist — Desiderios Antwort an Gianino herauszureißen und
stellvertretend für den Ästhetizismus zu analysieren: wie
immer in Kunstdingen steht auch hier nicht der Teil fürs
Ganze. Fragwürdig bleibt aber auch jene intelligente
Lesart, die den „asozialen Dünkel" Desiderios nicht als
politische Überzeugung, sondern als „Folge der Verwechslung von Kunst und Leben" sieht, eine Verwechslung, die
im Stück und durch es aufgeklärt und kritisiert sein soll:
„Was Tizian von seinen Bildern gesagt hat, scheinen die
Schüler auf die Wirklichkeit übertragen zu haben. Ihnen

ist das Leben ein Kunstwerk, weil sie kein Werk der Kunst
schaffen können."[34] Ob die durch die Struktur des Dra-
mas artistisch ineinandergeschachtelten Ebenen sich nach
der inhaltlichen Seite so sauber auseinanderdividieren lassen, muß bezweifelt werden. Eher ist daran zu denken,
daß es sich nicht um Verwechslungen, sondern um notwendige Bedingungsgefüge handelt. Vollends prekär aber
wird es, wenn die Sphäre der künstlerischen Produktivität
ausgespielt wird gegen jene der reinen Rezeptivität, als ob
diese gegen jene aufgerechnet werden könnte. Daß Desiderio am Ende seine Unproduktivität beklagt, ist noch nicht
als die Summe des Stücks zu sehen, sondern vorerst als
Summe von Desiderios Reflexionen angesichts des sterbenden Künstlers. Tizian selbst bleibt ohnehin, was vielfach übersehen wurde, soetwas wie eine Projektionsfläche
für die Gedanken, Sehnsüchte und Vorstellungen seiner
Schüler. Erst unter diesem Aspekt kann Desiderio die ver-
lorene Einheit von Schönheit und Leben nocheinmal ein-
klagen: „Er aber hat die Schönheit stets gesehen,/Und
jeder Augenblick war ihm Erfüllung,/Indessen wir zu
schaffen nicht verstehen/Und hilflos harren müssen der
Enthüllung . . . /Und unsre Gegenwart ist trüb und leer,/
Kommt uns die Weihe nicht von außen her."[35] Tatsächlich:
die schlechten Verse tun so, als könnten sie den Fluch,
den Faust über den erfüllten Augenblick verhängte, zu-
rücknehmen. Hilflos, wie sie wirklich sind, können sie gerade noch die Phantasmagorie des Ästheten evozieren,
welche Wunschbild und Alptraum in einem sein mag: daß
er, der, abgehoben von allem, sich mit Schönem nur umgibt, diesem Schönen nicht genügen kann. Daß es, trotz
aller Stilisierung, die Banalitäten des Alltäglichen sind, die
seinem Leben Sinn verleihen — Liebessorgen etwa — treibt
Desiderio das Entsetzen in die Glieder. Und bittere Resignation schwingt in den Versen Desiderios, mit denen das
Fragment abbricht: „Die aber wie die Meister sind, die
gehen,/Und Schönheit wird und Sinn, wohin sie gehen."[36]
    Wohl nicht umsonst wußte Hofmannsthal hier nicht
weiter. Eines ist offensichtlich. Desiderios Emphase, angesichts des Sterbenden, daß es dieser sei, der mit seiner
Kunst das Leben schaffe, hat sich gründlich modifiziert:
am Ende werden dem Maler nur mehr die Evokation von

Schönheit und die Sinngebung attribuiert — was immerhin noch genug ist. Die Dimensionen haben sich eigenartig verschoben: Von der Kunst zur unmittelbaren Schönheit, vom Leben zum Sinn, vom Sehen zum Schaffen.
Man machte es sich wohl zu leicht, wollte man, um die
Einheit des Textes zu retten, diese Unterschiede samt und
sonders in eins setzen. Vieles bleibt unvermittelt, hetero-
gen — und muß es wohl bleiben: Die Schüler lernten
durch den Meister sehen — so sehr mitunter, daß Er und
Schönheit zusammenfallen können: „Und wo wir Schönheit sehen, wird Er sein", ruft Paris,[37] aber sie lernten
nicht zu schaffen. Umgekehrt wird das Schaffen des Meisters als ein Sehen beschrieben, als ein sinnverleihendes
allerdings. Immerhin verstand es Hofmannsthal, solche
Zwiespältigkeit noch einmal dramatisch zu konkretisie-
ren: durch die drei Mädchen, die Tizian noch in seiner
Sterbestunde Modell standen und so die Verbindung her-
stellen zwischen dem Meister und seinen Schülern. Sie
sind die ins Leben zurückgeholten Abbilder des letzten
Bildes, das Tizian malte und zugleich dessen Vorbild — als
dieses aber sind sie dem Maler gleichzeitig wieder Abbilder des Lebens.

Die Hoffnung, daß durch den Künstler „das Seiende
im Kunstwerk zum Leben erweckt wird",[38] ist wohl trü-
gerisch. Zumindest ist der *Tod des Tizian* nicht darauf reduzierbar. Unberührt bleibt bei solcher Deutung auch
jenes Problem, daß das Drama in seiner Gesamtheit mit-
bestimmt, ohne daß es explizit werden würde: inwiefern
nämlich Desiderios und wohl auch Tizianellos stilisierte
Asozialität[39] nicht nur Moment einer Lebensform ist, die
sich in der Rezeption des Ästhetischen zu erschöpfen
droht, sondern auch Bedingung für jenes schaffende
Sehen und sehende Schaffen sein mag, das Sinn dort ver-
leiht, wo vielleicht gar kein Sinn sein kann. Desiderios
letzte Verse korrespondieren nämlich eigenartig mit dem
Schluß von *Der Tor und der Tod,* der ja- wohl mit eini-
gem Recht- immer wieder als die entscheidende Fortsetzung vom *Tod des Tizian* gedeutet worden ist.[40] Clau-
dios letztes Aufbegehren gegen den Tod, indem er diesen
einfach zum Leben erklärt, kommentiert der Tod mit den
Versen: „Wie wundervoll sind diese Wesen,/Die, was nicht

deutbar, dennoch deuten,/Was nie geschrieben wurde, lesen,/Verworrenes beherrschend binden,/Und Wege noch im Ewig-Dunkeln finden."[41] Möglich, daß die Kunst, wie sie dem *Tod des Tizian* thematisch ist, in solchen Kontext gehört: Bild des Nichtabbildbaren, Leben des Unlebbaren, Sinn des Sinnlosen.

David oder die Realität des Ästhetischen

In seinem ersten Essay über Gabriele d'Annunzio, in dem der berühmte Satz: ,,Heute scheinen zwei Dinge modern zu sein: die Analyse des Lebens und die Flucht aus dem Leben" steht, schreibt Hugo von Hofmannsthal von einer Frauengestalt aus *L'Innocente,* er könne sich vorstellen, daß diese ,,einen Traumtod" sterben könnte, ,,daß sie zum Beispiel im Wald die Schläge einer Axt auf irgendeinen unsichtbaren Baum wie Schläge des Lebens gegen ihre überfeine Seele empfinden und an dieser Emotion, also gewissermaßen an einem poetischen Bild, sterben kann".[42] Hofmannsthal evoziert damit das Bild der überempfindsamen Frau, das zu den Topoi der Fin-de-siecle-Kultur gehören mag. Im Tod vor dem poetischen Bild findet das Motiv der Keulenschläge aus dem zweiten Essay seine Umkehrung: nicht die Kunst bricht vor der Gewalt des Lebens zusammen, sondern das Leben vor der Gewalt der poetischen Imagination. Umso erstaunlicher, wenn sich dieses Motiv, wenn auch eigenartig variiert, bei einem Autor wiederfindet, der, ist von ihm überhaupt noch die Rede, als einer erinnert wird, der ,,zur Wiener Literatur der Jahrhundertwende merkwürdig quer stand":[43] Jakob Julius David. Tatsächlich galt der 1859 in Mährisch-Weißkirchen geborene, 1906 in Wien verstorbene Journalist und Dichter den Zeitgenossen und der älteren Literaturgeschichtsschreibung als seiner Zeit gegenüber atypischer sozialkritischer Realist,[44] neuere Zuschreibungsversuche sehen in ihm den einzigen relevanten Vertreter eines österreichischen Naturalismus.[45] Immerhin: Karl Kraus nannte ihn ,,einen der wenigen anständigen Menschen der hießigen Literatur".[46] Im Jahre 1904 publizierte David

eine Novelle unter dem Titel *Die Hanna,* die Geschichte
eines mährischen Landschaftsmalers, eingebunden in
eine konventionelle Rahmenhandlung, in deren Zentrum
noch einmal das Verhältnis von Bild und Wirklichkeit,
Kunst und Leben thematisiert erscheint, vielleicht das
Beste, was Jakob Julius David schrieb.

„Ich seh's um mich und werde gar nicht müde davon.
Und es ist immer in demselben etwas Neues. Und ich
seh's dann wieder in mir. Das ist so, wie wenn man sich
vor eine Landschaft erst hinstellt, und alsdann fängt man
sie sich im Spiegel, und sie sieht anders aus, und man vergleicht." [47] Florian Petersilka, der Maler in der *Hanna,*
den Zeitgenossen noch mit dem mährischen Sezessionisten
Joza Uprka in Verbindung gebracht haben wollten, [48]
scheint vorab von der Landschaft allein fasziniert zu sein.
Die bildende Nachahmung figuriert am Beginn der Erzählung als eine Schule des Sehens. Der Künstler selbst wird
zum Spiegel, der mehr und anderes wiedergibt, als die
Objekte der Natur dem ersten Blick preisgeben. Solche
Thematisierung von Kunst signalisiert das klassische
Motiv von Mimesis so gut wie das von ästhetischer Autonomie: für beides steht das Landschaftsbild ein. Als histo-
risch späte Entwicklung deutet es eine Darstellungsweise
an, die einerseits durchaus sich selbst genügt, keinerlei
Staffage bedarf – wie Petersilka betont –, aber andererseits mehr ist als bloße Nachahmung, reines Abbild: ein
Spiegel, der Unsichtbares sichtbar macht; ein Medium,
durch das dem Blick in den Objekten der Natur die Natur
der Objekte erkennbar wird. Dem Ich-Erzähler allerdings,
der die Position des Betrachters einnimmt, der für den
Leser die Bilder sieht, entschlüsselt sich die durch das Gemälde neu gesehene Natur als eine von lokalem Patriotis-
mus beseelte. Von den Bildern des Petersilka heißt es, sie
wären „voll einer unergründlichen, grenzenlosen Liebe
zur Heimat, zu ihren armen Reizen, so bestrebt, der Welt
zu offenbaren, was sich alles aus ihrem träumerischen und
von grauen und gekropften Weiden überschatteten Born
schöpfen lasse". [49] So trägt denn auch die Novelle den
Namen jener mährischen Gegend, die sich in Petersilkas
Bildern widerspiegelt. Allerdings: die Deutung des Bildes
als beseelte Natur erfährt im Fortgang der Erzählung

nicht nur ihre Erklärung, sondern gleichermaßen auch
ihre Demontage. Auf die Frage, warum er sich mit der Armut der nackten Landschaft begnüge, erzählt Petersilka
seine Geschichte.

„Und in der Kunst ist doch das Höchste der Mensch.
Denn auf ihn zielt alles. Und wer ihn nackt sicher kann,
der kann ihn auch in den Kleidern bilden, daß man an ihn
glaubt und er dasteht, wie er soll."[50] — Die Novelle kul-
miniert und erhält ihre entscheidende Konfiguration in
jener Begebenheit, in der der Maler sein Weib, ein junges,
naives Bauernmädchen, überredet, ihm gegen ihren be-
wußt-unbewußten Willen, für einen Akt zu sitzen. Nicht
Neugierde treibt ihn dazu, sondern „etwas Höheres", das
Bewußtsein, daß es um ihn selber geht und um seine
„ganze Kunst".[51] Schließlich, nach langen Vorbehalten —
„Florian, tu's lieber nicht! Es wär ein Unglück" — willigt
Hanka, das Mädchen, ein: „Und daß dieses Modell ein
Weib ist, mein eigenes Weib, welches ich sonst von Herzen
lieb habe und welches darunter leidet, das vergesse ich
ganz. Ist dies Grausamkeit? Und ich merke, wie ich wach-
se; und jede Linie glückt und sitzt, und das Ganze hebt
sich immer schöner und immer lebendiger, und ich kann,
was ich will, worauf ich gehofft mit allem Zweifel habe
und ein doppelter Triumph ist in mir."[52] Nur daß das
breite, ausdruckslose Gesicht seiner Frau nicht zur Voll-
kommenheit des Körpers paßt, scheint das Bild zu trüben.
Den Gedanken, einen anderen Kopf zu malen, läßt Petersilka aber wieder fallen.

Der doppelte Triumph des Malers erweist sich als ein
Triumph der Kunst über das Leben. Die Arbeit, die ihm
wie ein „Gottesdienst" erschienen war, beendet, wendet
er sich zu Hanka, küßt sie in den Nacken und spricht das
doppeldeutige „Ich brauch dich nicht mehr".[53] Hanka
spürt etwas von der furchtbaren Wahrheit des Satzes: Angesichts des Bildes ist sie überflüssig. Vollends mit Schrek-
ken reagiert sie dann, als Petersilka das Bild, sein Meisterwerk, zu einer Ausstellung in die Hauptstadt schicken
will: „Mich willst Du ausstellen", fragt entsetzt die Frau,
und der Maler erinnert sich Jahre später dem Freund
gegenüber: „Das gibt nun eine wunderliche Konfusion,
denk ich mir. Sie kann sich nicht unterscheiden von dem,

was ich von ihr gemalt hab!" [54] Hankas Entsetzen ist jedoch mehr als ein zurückgebliebenes, provinzielles, gleichsam noch magisches Bewußtsein, wenngleich es auch ein solches ist. Der Gedanke, das Bild könne einem fremden Manne verkauft werden, der *sie* dann ansehen kann, „wie und wann es ihm beliebt", treibt ihr die Schamesröte ins Gesicht: es ist ihr, als müßte sie dieses immer „spüren". [55] Hanka kann die durch das Bild provozierte Verdoppelung ihrer selbst nicht ertragen. Petersilka aber setzt sich rüde über ihre Angst hinweg: „Es ist etwas Grausames in jedem Menschen und ganz und gar in jedem Künstler. Und das rührt sich in mir und verstockt mich, obwohl ich weiß, wie sie leidet." [56] Die Frau weiß sich dem gegenüber nicht mehr zu helfen. Hanka ertränkt sich in jenem Gewässer, an dem ihre Liebe begonnen hatte. Ihr Bild bleibt in der Kiste verschlossen, von niemandem gesehen, Petersilka aber malt weiter, aber immer nur Landschaften, nichts als nackte Landschaften. Vor sich motiviert er dies mit dem alten slawischen Mythos: „Soll ein großer Bau gelingen, so muß in den Grundstein etwas Lebendiges mitvermauert werden." [57] Um seine Kunst sei so ein „großes und kostbares Bauopfer" gebracht worden, aus dem sie sich letztlich erst gewinnt: „Denn ich weiß: die Seele der Hanka ist in mir und schafft aus mir, und ich mag darum nichts Lebendiges mehr malen."[58] Die Konzentration auf die Landschaft erweist sich so als sublimiertes Bilderverbot, aber auch als dessen Umgehung: „Und ich bin kein Landschafter, wie sie meinen. Und wenn sie trotzdem finden, ich bin eintönig, so muß ich lachen. Denn ich mal' sie und immer nur sie, und ich kann sie gar nicht ausschöpfen." [59] Eine seltsame Identität stellt sich her zwischen Hanka, der Frau, und Hanna, der Landschaft. Das Abbild der letzteren wird zum Symbol des Lebendigen, das ihr geopfert ward. Der Anspruch der Kunst negiert das Leben so gut, wie er die Ahnung von diesem aufbewahrt. Petersilkas immer wieder gemalte leblose Bilder ahmen verborgen jenes Leben nach, das vor der Kunst vergehen mußte: Mimesis, die ihren Vorwurf zerstören mußte, um ihn darstellen zu können.

Zweifellos: Hanka hat wenig gemein mit der femme fragile des Fin de siècle. [60] Petersilka lobt ihren kräftigen

Leib, zur Feldarbeit wie geschaffen. Als er dem Mädchen
zum erstenmal ins Gesicht blickt, bemerkt er: Das Gesicht ist gewöhnlich. Stumpe Nase; der Mund recht breit;
wenig Ausdruck."[61] Der Eindruck ändert sich allerdings
etwas, als der Maler sie zwingt, ihn voll anzublicken:
„Und nun schlägt sie die Augen langsam auf, und ich er-
staune. Groß sind sie und blau und voll von einem warmen Licht, ganz von innen heraus. Und das ganze Gesicht
ist anders; und es steht eine Seele darin, die nur noch
nichts von sich selber weiß."[62] In diesem seelenvollen
Blick mag inmitten ihrer stumpfen Natürlichkeit jene Sen-
sibilität liegen, die Hanka vor ihrem Bilde sich zu Tode
schämen läßt: sie ist allerdings alles andere als raffiniert
oder überreizt. Doch ist es gerade die unverbrauchte
Naivität, die es ihr möglich und notwendig macht, die Gewalt der Kunst so unmittelbar am eigenen Leib zu erfahren. Sie bedarf keines stilisierten Ambientes, um das
Leben im Bilde zu spüren — aber das Fehlen desselben
liefert sie auch schutzlos diesem aus. Hanka mag so die
Sehnsucht nach einem unmittelbaren Zugang zur Schönheit darstellen, der nur gewinnbar ist um den Preis tragi-
scher Einfalt. Letztlich möchte wohl alle Kunst dahin,
das Leben selbst repräsentieren zu können, diesem so
seine Überflüssigkeit demonstrierend. Daß die eingefor-
derte Identität von Kunst und Leben nicht nur den Tod
bringt, sondern das Kunstwerk selbst, das erste Abbild,
sich vor den Augen der Welt verschließen muß, fasziniert
an Davids Novelle: Daß Kunst dort, wo sie wahr sein will,
dies nur mittelbar sein kann und auch dann nur um den
Preis hingeopferten Lebens.

Selbstreflexion des poetischen Geistes

    Tizian bei Hofmannsthals, Petersilka bei David: das
sind keine Künstler, die zum Thema eines poetischen Ent-
wurfs werden. So wenig *Der Tod des Tizian* ein Künstler-
drama genannt werden könnte, stellt *Die Hanna* eine
Künstlernovelle dar, wie es ein biederes Klassifikations-
schema vielleicht nahelegt. Gegenstand beider Werke, wie
unterschiedlich sie in vielem auch akzentuiert sein mögen,

ist letztlich das Ästhetische selbst. Es drückt sich in dem, was die Denotationen preisgeben, ebenso aus wie im konstruktiven Arrangement ihrer Elemente zueinander. Die Rede der Tizianschüler erhält ihren letzten Sinn erst durch dieses: daß sie vor dem Haus des Sterbenden sich ereignet, aber an einem Ort, der den Blick auf die Stadt freigibt: die Geometrie des theatralischen Raumes erscheint wie eine Manifestation des unbewußten Wissens der Schüler um ihre hilflose Existenz zwischen der asketischen Wahrheit der Kunst und der sinnlichen Lüge des Lebens. Die Relativierung dieses Raumes durch den Prolog weist dem Zuschauer den Platz zu, den die Schüler im Drama einnehmen. Dabei geht es allerdings nicht darum, den Illusionscharakter der Bühne aufzubrechen, sondern jenen Widerspruch *festzuhalten,* dem sich die Idee des Ästhetischen an sich ausgesetzt sieht: alles aus dieser Welt zu beziehen und doch nicht von dieser Welt zu sein. Er ist bei Hofmannsthal in einer Statuarik entworfen, der tatsächlich nur eine lyrische Sprache genügen konnte, die die subjektive Intimität des Augenblicks mit der Geste des Ereignishaften zu vereinen gehabt hätte. Daß sie über weite Strecken mißlungen ist, – das Tabu, das über der Trivialität von Hofmannsthals Reimen lastet, wäre ein würdiger Gegenstand poetologischer Mikroanalysen – stellt ex negativo jene Dynamik dar, der die kunstvoll ausbalancierte Konfiguration zum Opfer fällt: am Übermaß artistischen Wollens, das allein den Schein von dem rettet, was es will: Schönheit.

Daß gegenüber dem überfeinerten Sprachduktus des jungen Hofmannsthal die karge Sprache Jakob Julius Davids eine andere poetische Position markierte, wäre wohl vorschnell behauptet. Die Naivität der Worte ist so artifiziell wie der raffinierte Vers, was nicht darüber hinwegtäuschen darf, daß in der gewollten Einfachheit das Unwahre derselben als Moment enthalten ist. Deutlich wird dies an Davids Vertrauen in die Tragfähigkeit überkommener novellistischer Konzeptionen. Während das lyrische Drama seiner Intention nach die Gattung mitreflektiert, figuriert die Novellenform noch als Medium, dem eine Geschichte anvertraut werden kann. Die – denkt man an Davids Dorfgeschichten und seine beiden großen Wiener

Romane — wahrscheinlich doch zufällige Kongruenz von
konzeptueller Naivität und jener thematischen Naivität,
die Hanka das Abbild als unerträgliche Doppelung ihrer
selbst erfahren läßt, suggeriert aber eine Dichte der Struktur, die den Schein der Wahrheit möglich macht, der über
der ästhetischen Naivität, wie sie in Davids Novelle zitiert
ist, liegen mag. Diese als komplementäre Erscheinung zur
Überreiztheit der Nervenkunst zu sehen, ist denkbar. Die
Reduktion der Kategorie „Ästhetizismus" auf letztere
wäre damit allerdings in Frage gestellt.

Ästhetizismus als poetische Verfahrensweise ist nicht
abzustellen auf die Proklamierung der Idee einer ästhetischen Existenz. Es geht tatsächlich nicht darum, daß ein
Dichter durch diese Phase hindurch muß, um zu einer
sittlichen Kritik zu gelangen. Viel eher wäre, was an Hofmannsthal und David zu demonstrieren war, der Ästhetizismus zu beschreiben als poetische Selbstreflexion der
Kunstidee überhaupt unter dem Aspekt von Autonomie.
Gesellschaftlicher Funktionalität enthoben ist der ästhetische Rekurs auf die Bedingungen der Möglichkeit des
Ästhetischen ein notwendiges Verfahren. Hier werden
keine Modelle fürs Leben entworfen, wie eine plane
Ästhetizismuskritik suggeriert, — wobei überhaupt noch
zu diskutieren wäre, was so verwerflich daran ist, wenn
das Leben endlich als überflüssiges in Schönheit genieß-
bar sein sollte — sondern Möglichkeiten von Kunstwirk-
lichkeiten entwickelt. Seit Kunst ihrer selbst als Kunst bewußt geworden ist, mag Ästhetizismus spürbar gewesen
sein. Die Thematisierung des Verhältnisses von Kunst und
Leben mußte ihm so zentral werden. Sie ist in der Literatur des Fin de siècle nicht nur dort noch wahrnehmbar,
wo eher beliebig von einem Künstler die Rede ist, ohne
daß dieser als Personifikation der Kunst primär eingeführt
wäre, [63] sondern — wenn auch in skurril herabgekomme-
ner Weise — sogar dort, wo man sie kaum mehr vermuten
würde: im pornographischen Roman der Epoche.[64] Aber
entscheidend ist nicht, daß Kunst und Leben in ihrer
Spannung zum Thema werden können, sondern in welcher Form dies geschieht. Von Ästhetizismus im radika-
len, das heißt gelungenen Sinn wird man überhaupt nur
dort reden können, wo die Form in der Form sich zum

Gegenstand wird. Möglich, daß es gesellschaftliche und historische Situationen gibt, in denen solche Weisen unbegrifflichen Reflektierens stärker in den Vordergrund treten und daß das Fin de siècle zu diesen gehört. Unterstrichen wäre damit, daß der ästhetische Selbstreflexionsprozeß sich in der Zeit ereignet. Was diese für den konkreten Vollzug desselben und jener für die Zeit bedeutet, mag sich einer reflektierten Hermeneutik als Aufgabe stellen. Immer aber — und darauf zielte wohl unsere Arbeit — legt solch ästhetizistisches Verfahren Einsichten frei, die ein Licht werfen können auf eine Idee von Kunst, die, wenn auch nicht der conditio humana, so doch dem bürgerlichen Bewußtsein konstitutiv sein könnte.

Anmerkungen

1 Das waren noch Zeiten, als Heinz-Klaus Metzger Georg Lukàcs vorwerfen konnte, ihm sei entgangen, daß „der elfenbeinerne Turm Schießscharten hat" (In: Heinz-Klaus Metzger, Musik wozu. Literatur zu Noten, Frankfurt a.m. 1980, S. 154).
2 Arnold Hauser, Sozialgeschichte der Kunst und Literatur, München 1978, S. 943.
3 Hauser (wie Anm. 2), S. 943.
4 Peter Bürger, Naturalismus — Ästhetizismus und das Problem der Subjektivität. In: Ch. Bürger, P. Bürger, J. Schulte-Sasse (Hg.), Naturalismus/Ästhetizismus, Frankfurt a. M. 1979, S. 53.
5 Bürger (wie Anm. 4), S. 54.
6 Hans Sanders, Naturalismus und Ästhetizismus. Zum Problem der literarischen Evolution. In: Bürger, Bürger, Sasse (wie Anm. 4), S. 57.
7 Eine rühmliche Ausnahme dazu ist: Jens Malte Fischer, Fin de siècle. Kommentar zu einer Epoche, München 1978.
8 Peter Szondi, Das lyrische Drama des Fin de siècle. Studienausgabe der Vorlesungen Bd. 4, Frankfurt a. M. 1975, S. 23.
9 Richard Alewyn, Probleme und Gestalten. Essays, Frankfurt a.M. 1984, S. 105.
10 Claudio Magris/Anton Reininger, Jung Wien. In: H. A. Glaser (Hg.), Deutsche Literatur. Eine Sozialgeschichte, Bd. 8, Reinbek 1982, S. 235.
11 Carl E. Schorske, Wien. Geist und Gesellschaft im Fin de siècle. Frankfurt a.M. 1982, S. 17.
12 Roman Rocek, Neue Akzente. Essays für Liebhaber der Literatur, Wien-München 1984, S. 77.
13 Theodor W. Adorno, George und Hofmannsthal. Zum Briefwechsel. In: Th. W. A., Prismen. Kulturkritik und Gesellschaft, Frankfurt a.M. 1976, S. 150.

14   Zit. nach Szondi (wie Anm. 8), S. 26 f.
15   Georg Simmel, Philosophische Kultur, Berlin 1983, S. 99.
16   Zu dieser Kritik an Simmel vgl. Theodor W. Adorno, Henkel, Krug und
     frühere Erfahrung. In: Th. W.A., Noten zur Literatur IV, Frankfurt a.M.
     1974, S. 94 ff.
17   Adorno (wie Anm. 16), S. 95.
18   Hugo von Hofmannsthal, Reden und Aufsätze I, Frankfurt a.M. 1979,
     S. 16.
19   Simmel (wie Anm. 15), S. 105.
20   Adorno (wie Anm. 16), S. 95 f.
21   Friedrich Nietzsche, Die Geburt der Tragödie. In: F. N., Werke in 6
     Bänden, hg. v. K. Schlechta, Bd. I, München-Wien 1980, S. 40.
22   Zit. nach Ralph Rainer Wuthenow, Muse, Maske, Meduse. Europäischer
     Ästhetizismus, Frankfurt a. M. 1978, S, 71.
23   Vgl. dazu Wuthenow (wie Anm. 22), S. 21 f.
24   Vgl. dazu Wuthenow (wie Anm. 22), S. 243, Schorske (wie Anm. 11),
     S. 15 ff., Szondi (wie Anm. 8), S. 216 ff.
25   Wuthenow (wie Anm. 22), S. 243.
26   Hugo von Hofmannsthal, Gedichte – Dramen I, Frankfurt a. M. 1979,
     S. 48.
27   Hofmannsthal (wie Anm. 26), S. 47.
28   Wie wichtig Hofmannsthal das Motiv des Spiegels für seine frühen
     Dramen war, erhellen einige Notizen in Ad me ipsum (Hugo von Hof-
     mannsthal, Reden und Aufsätze III, Frankfurt a.M. 1980, S. 608).
29   Hofmannsthal (wie Anm. 26), S. 249.
30   Ebenda, S. 250.
31   Ebenda, S. 253.
32   Hofmannsthal (wie Anm. 18), S. 200.
33   Hofmannsthal (wie Anm. 26), S. 253.
34   Szondi (wie Anm. 8), S. 239.
35   Hofmannsthal (wie Anm. 26), S. 259.
36   Ebenda.
37   Ebenda, S. 257.
38   Szondi (wie Anm. 8), S. 227.
39   Tizianello, der Sohn Tizians einmal: „Er lehrte uns die Dinge sehen . . .
     (bitter) Das wird man da drunten nie verstehen." In: Hofmannsthal
     (wie Anm. 26), S. 257.
40   Wuthenow (wie Anm. 22), S. 243.
41   Hofmannsthal (wie Anm. 26), S. 297 f.
42   Hofmannsthal (wie Anm. 18), S. 179.
43   Michael Worbs, Nervenkunst. Literatur und Psychoanalyse im Wien der
     Jahrhundertwende, Frankfurt a.M. 1983, S. 134.
44   Vgl. dazu Nagl-Zeidler-Castle, Deutsch-Österreichische Literaturge-
     schichte, 3. Band, Wien, o.J., S. 1092 ff.
45   Vgl. dazu Joachim Schondorff, Auf der Rutschen. J. J. David oder
     Wiener Naturalismus. In: J. S., Ein Bündel Modellfälle, Wien etc. 1981,
     S. 129 ff., Wendelin Schmidt-Dengler, Literatur und Theater. In: R.
     Waissenberger (Hg.), Wien 1890 – 1920, Wien-Heidelberg 1984, S. 257
     und Rocek (wie Anm. 12), S. 59 ff.

46 Karl Kraus, Die Fackel 561 – 567/1921, S. 47.
47 Jakob Julius David, Die Hanna. In: j. J. d., Gesammelte Werke in sieben
    Bänden, München 1907/08, Bd. 6, S. 135.
48 Nagl-Zeidler-Castle (wie Anm. 44), S. 1107.
49 David (wie Anm. 47), S. 126.
50 Ebenda, S. 151.
51 Ebenda, S. 182.
52 Ebenda, S. 175 f.
53 Ebenda, S. 180.
54 Ebenda, S. 181 f.
55 Ebenda, S. 183.
56 Ebenda, S. 184.
57 Ebenda, S. 186.
58 Ebenda.
59 Ebenda.
60 Vgl. dazu Ariane Thomalla, Die „femme fragile". Ein literarischer
    Frauentypus der Jahrhundertwende, Düsseldorf 1972.
61 David (wie Anm. 47), S. 158.
62 Ebenda.
63 Anklingen, wenngleich auch nur peripher, mag die Kapitulation des
    Lebens vor der Kunstwelt auch in Arthur Schnitzlers „Burleske" Der
    Empfindsame. (In: Schnitzler, Das erzählerische Werk, Bd. 1, Frank-
    furt a.M. 1977, S. 255 – 261.) Die Geschichte eines Mannes, der sich
    erschießt, als er erfährt, daß seine Geliebte, eine Opernsängerin, die ihn
    soeben wegen eines ausländischen Engagements verlassen hat, ihm nicht
    aus Zuneigung angehört hatte, sondern ihn, gleichsam den Erstbesten,
    genommen hatte, weil ihr ein Liebhaber als Medizin für ihre verlorene
    Stimme vom Arzt verschrieben worden war. Mag tatsächlich – wie der
    Titel es andeutet – der gekränkte, lächerliche Stolz des Übersensiblen
    im Zentrum der Erzählung stehen, so stellt doch der Schluß den Kon-
    nex zur Kunstwelt her: Nachdem von den hinterbliebenen Freunden,
    die den Abschiedsbrief der Sängerin gefunden hatten, dieser eine große
    Karriere prophezeit wird, heißt es am Ende: „Und sein Name – so un-
    gerecht ist der Ruhm – wird in keiner Musikgeschichte zu finden sein."
    (S. 261). Wenn auch – in ethischen Kategorien gesprochen – es den
    Empfindsamen darüber getroffen hat, als Mittel und nicht als Zweck an-
    gesehen worden zu sein – gleichsam Opfer eines hypothetischen Impe-
    rativs – so doch immerhin als ein Mittel zur Kunst. Nur in dem die
    Kälte der Sängerin nobilitiert wird, erfährt der Zusammenbruch des Lieb-
    habers seine Legitimation – und vice versa: daß er der Kunst geopfert
    werden mußte. Indem er sich erschießt, akzeptiert der Empfindsame
    dieses Opfer. Indem Schnitzler die Geschichte als Burleske nicht nur
    überschreibt, sondern gestaltet, nimmt er dieses Opfer zurück. Dem An-
    spruch der Kunst zu genügen, den Hauch des Todes zu spüren, der ein
    Preis für Schönheit sein will, gilt nur noch als psychisches, nicht ästhe-
    tisches Phänomen. Das Lachen über die Überspanntheit des Liebhabers,
    das die ruhige Einfalt von Davids Hanka nicht zuließ, bekommt durch
    die Burleske freien Lauf: Es ist auch das Lachen über den Gedanken, für
    den sich Kunst nicht in Dekoration erschöpft, sondern der in ihr noch

eine Zumutung sehen will. Im Wegwischen dieser Zumutung, so zufällig
– vielleicht gerade weil sie zufällig erscheint – liegt wohl Schnitzlers
historische Wahrheit.

64   Auf den ironisch-lüsternen Punkt gebracht ist das Verhältnis von Kunst
und Leben in jener Episode der Josefine Mutzenbacher, in der sie im
Dienste des verrückten Photographen Capuzzi mit dessen Frau und
einem Dritten Stellungen „zu markieren" hat, bei der alle drei vor uner-
füllter Lust vergehen, während das Auge des Photographen den Schein,
das Abbild von Wirklichkeit herstellt und gleichzeitig eifersüchtig darüber wacht, daß wirklich nichts passiert. In: Josefine Mutzenbacher,
Die Lebensgeschichte einer wienerischen Dirne, von ihr selbst erzählt,
Reinbek 1978, S. 142.

WIEN UM 1900 – DIE ENTSTEHUNG DER PSYCHO-ANALYSE

Ort ist eine in der Regel *fixe* (wenigstens für eine gewisse Dauer) *Zeit,* eine *fließende* Bedingung unserer Existenz. Gegenwart ist jener Moment, wo Vergangenheit in eine ungewisse Zukunft übergeht. Nun gibt es Zeitpunkte, wo – zumindest bei rückschauender Betrachtung – an bestimmten Orten sich wenig verändert hat und solche, wo bedeutungsvolle Veränderungen vor sich gegangen sind, die die Zukunft entscheidend gestaltet haben. Meist sind es Kriege, ökonomische oder sonstige Krisen, die solche Veränderungen auslösen, aber auch Innovationen, wie die Industrialisierung oder gesellschaftliche Veränderungen (revolutionär oder evolutionär), die solche Veränderungen mit sich bringen.

Wien um 1900 scheint nichts davon aufzuweisen. Die k.u.k. österreichisch-ungarische Monarchie war lange nicht durch einen Krieg bedroht worden, Kriegsgefahr wurde nur von sehr feinfühligen Beobachtern der Szene geortet, eine Prosperität erfaßte fast alle Bereiche des wirtschaftlichen Lebens. Das schnell wachsende Proletariat wurde zu einer politischen Macht, die wirkungsvoll um soziale Gerechtigkeit kämpfte. Die Wertwelt war relativ konstant – kurz eine blühende und wachsende Gesellschaft.

Und trotzdem war ein leises Grollen unter dieser glänzenden Oberfläche zu spüren; fast gleichzeitig bahnten sich nämlich verschiedene geistig-kulturelle Veränderungen an, die später zu machtvollen Entwicklungen führten, deren endgültige Auswirkungen selbst heute, 85 Jahre später, noch nicht ganz abzusehen sind.

Was dabei unwichtig und mehr eine Randerscheinung ist, und was zentrale Bedeutung hat, hängt von der Perspektive des Beobachters ab; wer wen beeinflußt hat, ist schwer bestimmbar, da es sich fast immer um Kreisprozesse handelt. Es dürfte aber unbestritten sein, daß das Gemeinsame dieser Entwicklung ein *Durchbruch des Unbewußten* in unsere bewußte Sphäre ist und damit gewinnt die Psychoanalyse die zentrale Rolle in dieser weitgehend ort- und zeitgebundenen Bewegung fast eruptiven Charakters.

Der junge Dozent der Neuropathologie, Sigmund Freud, getrieben von großem wissenschaftlichen Ehrgeiz, zum Teil angeregt von einem Studienaufenthalt bei dem damals besten Neurosenkenner, Jean-Martin Charcot, in Paris und unterstützt von einem erfahrenen und anerkannten Arzt in Wien, Josef Breuer, hatte bei seinen Neurosepatienten entdeckt, daß die Symptomatik einerseits aus vergessenen (verdrängten) früheren Erlebnissen zu verstehen war, wobei auch eine frühkindliche Sexualität eine bisher völlig unbekannte entscheidende Rolle spielte. Es hatte sich auch gezeigt, daß die freie Assoziation des Patienten der Hypnose als Technik, um die unbewußten Inhalte ins Bewußtsein zu heben, überlegen war. Einige Gesetze über das Unbewußte waren schon 1900, als die Traumdeutung veröffentlicht wurde, bekannt. Dieses Buch, das fürs erste wenig Erfolg hatte, brachte die mutige und schonungslose Untersuchung auch der eigenen Träume, in denen das Unbewußte besonders deutlich zum Vorschein kam.

Henri Bergson, ein sicher unverdächtiger Zeuge, hat 1901 folgendes geschrieben: ,,Das Unbewußte zu erforschen, mit besonders angemessenen Methoden im Untergrund der Psyche zu arbeiten, das wird im kommenden Jahrhundert die Hauptaufgabe der Psychologie sein. Ich zweifle nicht daran, daß großartige Entdeckungen dabei herauskommen werden, vielleicht ebenso bedeutend, wie in den vorangehenden Jahrhunderten die Entdeckungen der Physik und der Naturwissenschaften gewesen sind.``[1]

Zu gleicher Zeit ging diese Entdeckung des Unbewußten aber auch in der Literatur vor sich, wobei wir vorwiegend die Wiener Szene im Auge haben. Arthur Schnitzler schrieb seine großen Novellen mit der Technik des ,,inneren Monologs``, die zu Klassikern einer neuen Weise, den Gedankenfluß wiederzugeben, wurden und die unverkennbar mit der freien Assoziation psychoanalytischer Technik identisch ist. Wenn dieses Konzept auch bis in unsere Zeit weiterentwickelt wurde, siehe den Ulysses von James Joyce, den *nouveau roman* der Franzosen (siehe Natalie Sarraut), den „Ekel" von Sartre bis zu Martin Walser, so ist der Beginn doch in einer merkwürdigen Weise mit der Psychoanalyse verbunden, die Freud von Schnitzler als eine Art Zwilling sprechen ließ.

Das Sprengen von traditionellen Formen fand sich auch vor allem in der *Musik* wieder. Von Gustav Mahler, 1860 – 1911, über Alban Berg, 1885 – 1935, Arnold Schönberg, 1874 – 1951, bis Matthias Hauer, 1883 – 1959, und Anton von Webern, 1883 – 1945, wurde die hergebrachte Tonalität von neuen Konzepten verdrängt. Der Widerstand, den wir noch heute dagegen spüren, ähnelt demselben, den wir auch gegen die Psychoanalyse kennen. Auch hier ein Neuaufbruch, wobei die Parallelität natürlich nicht so eindeutig und klar ist wie bei der Literatur.

Deutlicher wird die Identität des geistesgeschichtlichen Parallelismus zu der Entwicklung neuer Formen der *Malerei*; gegenstandsfreies Malen, Kubismus und vor allem Surrealismus, sind unverkennbare Darstellungen geahnter unbewußter Inhalte im Freud'schen Sinne, ohne allerdings in den meisten Fällen direkt und bewußt davon beeinflußt zu sein. Wenn auch hier die Entwicklung vor allem in Paris stattgefunden hat, Georges Braque, 1882 – 1963, Picasso, 1881 – 1973 und die Traumbilder Chagalls, dann der Exzentriker Salvadore Dali, der Schweizer Paul Klee, der Russe Kandinski, der Deutsche Max Ernst und dann viel später die phantastischen Realisten in Wien, so finden wir doch bereits bei Gustav Klimt, 1867 – 1918 und Egon Schiele, 1890 – 1918, Anklänge an Darstellung des Unbewußten, etwa im Beethovenfries Klimts einerseits und in den dramatischen Akten Schieles andererseits. Beide Künstler bieten in ihrer erotischen Ausstrahlung fast Illustrationen zur Sexuallehre Freuds.

Auch zum *Jugendstil* bestehen Beziehungen. Hans H. Hofstätter hat dessen geistesgeschichtliche Situation als „das Bewußtwerden der Seele in einem Augenblick allgemeiner Rationalisierung und Vermassung und schließlich das Wollen, dieses Bewußtwerden der Seele auch gerade dort bewußt zu machen, wo es im Sog der Entwicklung unbemerkt zu bleiben drohte", beschrieben.

Daß Freud selbst allen diesen neuen Bewegungen, die von der Analyse ausgelöst wurden oder sie gleichsinnig begleiteten, als recht konservatives Kind seiner Zeit äußerst skeptisch und oft ablehnend gegenüberstand, hat nichts mit der gemeinsamen Dynamik zu tun.

Man kann also wohl mit großer Evidenz zusammenfassen, daß um 1900 und vor allem in Wien, das Unbewußte in Psychologie, Literatur, Musik und Kunst in mächtiger Weise zu einem Durchbruch an die Oberfläche der Wahrnehmung kam und seither unsere Denk- und Handlungsweise ganz entscheidend bestimmt. Entsprechend der Polarität unserer Existenz zwischen Eros und Thanatos, zwischen Autonomie und Abhängigkeit, zwischen „Es" und „Ich", manifestiert sich dieser Prozeß einerseits als Aufklärung („Wo Es war, soll Ich werden"), andererseits als Konfrontation mit dem Bösen, Dämonischen und Destruktiven in uns.

Durch die heutigen Medien verstärkt, finden wir uns jetzt mit den peinlichen Ausläufern dieser Tendenz, mit Horrorfilmen und harter Pornographie konfrontiert.

Warum eine explosive Entwicklung gerade zu dieser Zeit und an diesem Ort passiert ist, läßt sich natürlich nur spekulativ beantworten. Es müssen offenbar zahlreiche Komponenten zusammengewirkt haben, daß dieser „Urknall" zustandegekommen ist. Zumindest *ein* Faktor ist besonders auffallend und sollte diskutiert werden: die hohe Zahl von Juden, die besonders auch in der Gefolgschaft Freuds diese Entwicklung getragen hat. Es dürfte doch wohl die Atmosphäre des damaligen liberalen Wien gewesen sein, die die durch die schweren Verfolgungen über lange Zeit unterdrückten Potenzen dieser Schicksalsgemeinschaft entbunden hat.

Die psychoanalytische Technik mit ihrem wachen Mißtrauen gegen die Oberfläche der Erscheinungen und ihrem Zurückwerfen jeder Frage und dem Testen der Motivationen entspricht und entstammt wohl auch talmudistischem Denken.

Obwohl es für viele Leser vielleicht merkwürdig und weit hergeholt scheinen mag, glaube ich, daß auch der zweite große Anreger des 19. Jahrhunderts, Karl Marx, hier eine noch nicht voll erkannte Rolle spielt. Hat Freud die Rolle der Sexualität weitgehend enttabuisiert, so verdanken wir Marx das gleiche in bezug auf polit-ökonomische Vorgänge. Die Erkenntnis der Bedeutung des Besitzes an Produktionsmitteln für das Bewußtsein spielt sicher eine mindest gleichwertige, wenn nicht stärkere Rolle in einer aufklärerischen Bewegung. Wenn auch hier Wien keine große Rolle spielt, so ist doch der Austromarxismus eine überproportional zur Größe des Landes wirksame Kraft gewesen. Alfred Adler stellt hier eine Verbindung zwischen Tiefenpsychologie und Sozialismus dar, die dem Individualisten und Bürgerlichen Freud nicht offen stand.

Für die Entwicklungen in der Philosophie müssen wir Wien verlassen, um ähnliche Tendenzen wie in der Psychoanalyse aufzuweisen. Es sollen daher nur zwei große Innovatoren erwähnt werden, Schopenhauer und Nietzsche, die intuitiv wesentliche Einsichten in die Dynamik und Dämonie des Unbewußten hatten. Die Wiener Entwicklung etwa im Wiener Kreis von Positivisten und Neopositivisten war zur Psychoanalyse zumindest ambivalent. Auch Wittgenstein war eher ablehnend, obwohl die Psychoanalyse gut als Sprachspiel in seinem Sinne zu betrachten wäre.

Die rasante technologische Entwicklung um die Jahrhundertwende hat erwartungsgemäß zumindest keine für mich erkennbare Beziehung zu der geistes- und kulturgeschichtlichen Bewegung, mit der ich mich hier befasse. Anders ist es jedoch bei den Schulwissenschaften Medizin und experimentelle Psychologie, sie haben überwiegend eine ablehnende und kritische Haltung eingenommen. Es sollen Entgleisungen, wie der „Lustlümmel aus der Berggasse", nicht besprochen werden. Viel ernster sind die Kritiken an der „Unwissenschaftlichkeit" der Psychoanalyse. Natürlich ist sie zum Teil selbst an diesem Konflikt schuldig.

Freud hat sich einerseits bemüht, die Psychoanalyse als Naturwissenschaft zu etablieren; charakteristisch dafür ist der „Entwurf einer Psychologie für Neurologen", der 1895 entstanden, von Freud nicht publiziert wurde und daher erst spät bekanntgeworden ist. Erst kürzlich haben Karl Pribram und Morton Gill (1976) diesen Entwurf eingehend gewürdigt und auf die Modernität dieses „Projektes" auch vom informationstheoretischen Standpunkt hingewiesen.

Andererseits hat er es mit einer aggressiven, dem Mythos entlehnten, Terminologie den traditionellen Akademikern schwer gemacht zu verstehen, daß es sich hier um ein aus der klinischen Praxis gewachsenes Hypothesenkonglomerat handelt, das einerseits als Verhaltenswissenschaft, andererseits tiefenhermeneutisch zu verstehen ist und sich daher der „Wissenschaftlichkeit" im Sinne der Naturwissenschaften z.T. entzieht. Manche Sätze der Psychoanalyse sind falsifizierbar, viele sind es nicht und können nur innerhalb des eigenen Theoriezusammenhanges diskutiert werden.

Die Psychoanalytiker waren eine kleine, isolierte Gruppe, die verständlicherweise in sich abgeschlossen zuerst ihre Konzeption entwickeln mußte, bevor sie sich allzu sehr einer Auseinandersetzung mit der feindlichen Umwelt stellten.

Es ist fast unglaublich, daß in dieser doch relativ kleinen Stadt sich das Ehepaar Charlotte und Karl Bühler, die maßgebenden akademischen Psychologen, und Freud nicht einmal gekannt, gesehen und gesprochen haben. Sonst finden wir ein merkwürdiges Netzwerk, wie Janik und Toulmin es in ihrem ausgezeichneten Buch „Wittgensteins Wien" (1984) beschrieben haben:[2]

So mag es überraschen zu erfahren, daß Anton Bruckner dem Physiker Ludwig Boltzmann Klavierstunden gab, daß Gustav Mahler wegen psychischer Probleme Sigmund Freud konsultierte, daß Josef Breuer der Arzt des Philosophen Franz Brentano war, daß Viktor Adler dieselbe Schule besuchte wie der letzte Habsburger Karl I. (wenn auch nicht zur gleichen Zeit), und daß Adler, wie Schnitzler und Freud, Assistent in der Meynert-Klinik war. Brahms, Billroth und Hanslick waren enge Freunde. Karl Kraus und Hugo von Hofmannsthal trafen sich im Frühjahr 1892 zur gemeinsamen Abiturfeier. Der erstere fiel im Januar 1893 als Schauspieler in einer Vorstadtschmiere durch, wo er mit Max Reinhardt gemeinsam auftrat; im Zuschauerraum saß Arthur Schnitzler; Georg Trakl war im Frühjahr 1914 fast täglich mit Oskar Kokoschka in dessen Wiener Wohnung zusammen und verfolgte die Entstehung des Bildes *Die Windsbraut* (der Name stammt sogar von Trakl), während er selbst sein Gedicht *Die Nacht* schrieb.

Wir werden in diesen Jahren wieder mit einer neuen Welle von Entdeckungen, Kritiken und Anfeindungen gegenüber Freud und seiner Psychoanalyse konfrontiert. So wird behauptet, daß er seine ursprüngliche aus überraschenden klinischen Erfahrungen stammende Theorie der frühen sexuellen Kindheitstraumen aus Opportunismus revidiert habe (Miller, Masson u.a.), seine Entdeckungen als Cocainist gemacht habe, eine sexuelle Beziehung zu seiner Schwägerin gehabt habe, etc. Ernst zu nehmen ist dabei nur, daß jeder, der unvoreingenommen psychoanalytisch arbeitet, bestätigen kann, daß sowohl reale Traumen als auch Fantasien eine Rolle spielen und vorkommen. Es ist nicht immer zu klären, was die sogenannte „Wahrheit" ist und es ist gerade das Verdienst der Psychoanalyse, daß die Fantasien es ebenso verdienen ernst genommen zu werden, wie reale Erlebnisse. Vielleicht am meisten verdient Sulloways Buch, Freud, The Biologist of Mind (1979) besprochen zu werden. Er versucht eine Reihe von Mythen über Freud und seine Theorie zu entmystifizieren, was ihm zweifellos gelungen ist. Natürlich ist die Psychoanalyse nicht ohne Vorläufer, natürlich ist es auch oft peinlich, wie Freud idealisiert wird und wie ein Zitat von ihm, wie ein Beweis für eine Behauptung verwendet wird. Ein gewisser Ärger über frühe Biographien, die wie Hagiographien wirken, ist auch verständlich.

Es ist nur immer wieder faszinierend, daß viele Kritiker, wenn sie die Psychoanalyse verurteilen, sich nur auf die Freud-Schriften beziehen und sie ebenso wie leider auch manche Psychoanalytiker wie Offenbarungen behandeln, die ewige Wahrheiten proklamieren.

Natürlich sind auch sie Produkt ihrer Zeit und wenn man die Psychoanalyse heute beurteilen will, muß man ihren gegenwärtigen Entwicklungsstand beurteilen, der erfreulicherweise sich seit 1939 doch erheblich verändert hat — wie gleich besprochen werden wird.

Der viel zitierte Sulloway[3] sagt aber am Ende seines Buches: „Perhaps only Aristotle and Darwin have equaled

Freud's marriage of theory and observation in the broad
realm of the life sciences."

Das Thema lautet zwar Wien 1900 – um aber beurteilen zu können, was damals mit dem Aufkommen der
Wissenschaft vom Unbewußten letztlich für die Menschheit entstanden ist, kann es nicht unterlassen werden,
einen Blick darauf zu werfen, was letztlich aus diesen
ersten Entdeckungen entstanden ist. Natürlich kann eine
solche Übersicht nur sehr verkürzt wiedergegeben werden:

1. Es wurde schon erwähnt, daß menschliches Verhalten
   seit 1900, wenn man der „Wahrheit" nahe kommen
   will, nur mit Berücksichtigung der unbewußten Motivationen verstanden und erklärt werden kann. Dadurch ist die Psychologie und das Alltagszusammen-
   leben um eine wichtige Dimension bereichert worden.
2. Neben der klassischen Psychoanalyse als Behandlungs-
   methode sind zahlreiche abgeleitete Therapien für psychische und psychosomatische Störungen entstanden,
   die schneller und billiger wesentliche Resultate erreichen (Fokaltherapie, Gruppen-, Familientherapie, etc.).
3. Psychosomatische Medizin und dynamische Psychiatrie haben das Bild der Medizin wesentlich humaner
   gemacht. Die Balintgruppen haben sich als ausge-
   zeichnete Aus-, Fort- und Weiterbildung vor allem
   von praktischen Ärzten in patientenzentrierter Medizin erwiesen.
4. In der Erziehung, Sozialarbeit und im Rechtswesen
   sind grundlegende Reformen und neue Methoden
   theoretisch fundiert und realisierbar geworden, die
   wesentlich zur Prophylaxe psychosozialer Fehlent-
   wicklung beitragen (etwa casework und Bewährungs-
   hilfe, repressionsarme Erziehung, Strafrechts- und
   Strafvollzugsreform).

Alle diese Entwicklungen sind relativ bald nach 1900
meist von Wien aus initiiert worden und wenn erneut das
Bild dieser Welt nicht ganz so dunkel ist, wie es scheint,
dann sind manche Wurzeln solcher positiven Entwicklung
damals und dort entstanden und sind noch immer nicht
abgestorben, obwohl es eine lange Zeit so geschienen war.
Wir danken dies August Aichhorn und Alfred Winterstein,
die die Tradition der Psychoanalyse auch während der

Zeit von 1938 bis 1945 am Leben gehalten haben. Wenn wir von 1900 sprechen, dann sollen diese Pioniere auch nicht vergessen werden. Leider konnte die Frage *warum* 1900 in Wien dieser Durchbruch zur Erkenntnis des Unbewußten auf allen Bereichen des geistigen Lebens sich ereignete, nicht schlüssig beantwortet werden, aber daß dies geschah, ist wohl kein Zweifel. Wenn man an der Wahrheit interessiert ist, dann hat es sich dabei wohl um einen der größten Fortschritte der Menschheit gehandelt.

Anmerkungen

1 H. F. Ellenberger, Die Entdeckung des Unbewußten, Bern 1973, S. 448.
2 A. Janik und St. Toulmin, Wittgensteins Wien, München 1984, S. 119.
3 F. J. Sulloway, Freud, Biologist of the Mind, London 1979, S. 500.

Literatur

H. S. Decker, Freud in Germany. In: Psychological Issues, Vol. XI, 1, 41, New York 1977.

J. Ehrenwald (Hg.), The History of Psychotherapy, New York 1976.

H. F. Ellenberger, Die Entdeckung des Unbewußten, Bern 1973.

E. Engelman, Berggasse 19, Stuttgart 1977 (deutsche Fassung).

C. T. Eschenröder, Hier irrte Freud, München 1984.

L. Freeman, Die Geschichte der Anna O., München 1973 (deutsche Fassung).

E. Freud, L. Freud, I. Grubrich-Simitis (Hg.), Sigmund Freud, Frankfurt a.M. 1976.

S. Freud, Selbstdarstellung, Frankfurt a.M. 1971.

H. Glaser, Sigmund Freuds Zwanzigstes Jahrhundert, München-Wien 1976.

H. Hofstatter, Jugendstil. Druckgraphik, Baden-Baden o.J.

W. Huber, Psychoanalyse in Österreich seit 1933 (Veröffentlichung des Ludwig-Boltzmann-Instituts für Geschichte der Gesellschaftswissenschaften, 2, hg. von E. Weinzierl und W. Huber), Wien-Salzburg 1977.

A. Janik, St. Toulmin, Wittgensteins Wien, München 1984 (am. 1973).

W. M. Johnston, The Austrian Mind, Berkely and Los Angeles 1972.

M. D. Kanzer, J. Glenn (Hg.), Freud and His Self-Analysis. Vol. I., New York 1979.

M. Kruell, Die Väter der Großen im Spiegel des Werkes ihrer Söhne: Karl Marx und Sigmund Freud im Vergleich. In: H. Stierlin, J. Duss-von-Werdt: Familiendynamik, Band 7, Stuttgart 1982.

M. Kruell, Freud und sein Vater, München 1979.

J. M. Masson, The Assault on Truth, New York 1984.

K. H. Pribram, M.M. Gill, Freud's Project Reassessed, London 1976.

P. Roazen, Sigmund Freud und sein Kreis, Bergisch Gladbach 1976 (deutsche
    Fassung).
F. J. Sulloway, Freud, Biologist of the Mind, London 1979.
E. M. Thornton, Freud und Cocain, London 1983.

HERBERT HRACHOVEC

ORNAMENT UND VERSPRECHEN

Die Zukunft einer Regression

Wien um die Jahrhundertwende — ein gewagtes Thema. Denn anstelle einer adäquaten Auseinandersetzung mit Geschichte drängen sich eine Reihe weniger beschwerlicher Einstellungen auf. Es gibt z.b. noch genügend Material, das erst einmal zu inventarisieren ist. Diese Archivarbeit hat einen besonderen Reiz: was sie zu objektiven Daten des historischen Wissensbestandes macht, ist für den Sammler noch ein Rest lebendiger Geschichte. Dabeizusein, wenn eine Epoche endgültig in die Vergangenheit übergeht, ist aber keine günstige Ausgangsposition für die Frage, was sie für die verwandelte Gegenwart bedeutet. Vielleicht liegt dieser Übergang schon hinter uns, dann folgt ihm eine andere Behinderung. Das Inventarisierte kann sich sehen lassen, der Historiker wird zum Handlanger der Tourismusindustrie. Wien um 1900 ist noch nahe genug, um primäre Quellensicherung zu erfordern, und doch schon weit genug entfernt, um Nostalgiebedürfnisse befriedigen zu können. In beiden Fällen ist keine sinnvolle Auseinandersetzung erforderlich. In diesem Klima entstehen Zweifel, inwiefern sie überhaupt möglich ist. Der historischen Rückblicken inhärente Nihilismus wird akut. Die Beobachtung, daß sich das Milieu der Jahrhundertwende zu einem Schauobjekt des internationalen Fremdenverkehrs (aller Qualitäts- und Preisklassen) verwandelt, hat das Geschichtsbewußtsein vieler Betroffener gespalten. Identifikation mit dem Verschwindenden verbindet sich mit dem Hohn auf die neugeschaffenen Surrogate zu einer bitter-bösen Mischung. Ein produktiver Zugang zum Thema „Wien um 1900" ist gegen die Tendenzen der bloßen Archivierung, der Fremdenverkehrsgeschichtsschreibung und der Auflösung des historischen Bewußtseins zu erarbeiten. Die Voraussetzungen, unter denen jede historische Untersuchung

steht, sind in diesem Fall nicht selbstverständlich. Es ist
notwendig, sich ihrer eigens zu erinnern.

Nach einer Grundregel der Hermeneutik kann die Beschäftigung mit der Vergangenheit nur innerhalb einer
Spannung zwischen vorausgesetztem Interesse und Lern-
bereitschaft fruchtbar werden. Jedes historische For-
schungsprogramm ist sowohl von Entdeckungsfreude, als
auch von der Blindheit einer bestimmten Position bestimmt. Was heißt das im konkreten Fall? Ein unumgäng-
liches Interesse am Wien der Jahrhundertwende ist die
Untersuchung der Entstehungsbedingungen seiner kulturellen Avantgarde mit ihren bekannten Auswirkungen
im Lauf der folgenden Jahrzehnte. Untersuchungen unter
diesem Vorzeichen haben jedoch, was ihre Verankerung
in der Gegenwart betrifft, ein besonderes Problem: der
Umbruch, dem das Interesse gilt, scheint eben jetzt in
eine kritische Phase seiner eigenen Geschichte eingetreten zu sein. Der avantgardistische Impuls hat nach
mehreren Radikalisierungen und Popularisierungen die
Verbindlichkeit verloren, die bisher den Rückgriff hinter
ihn (auf die Denk- und Formenwelt des 19. Jahrhunderts)
blockierte. Die Selbstverständlichkeit, mit der der Umbruch zu Beginn des Jahrhunderts als Fortschritt angenommen worden ist, beginnt zu verschwinden. Die sogenannte ,,Postmoderne" besteht stellenweise in einer
Neuauflage des Historismus, der nach der Diagnose der
Moderne selbst schon eine Summe fragwürdiger Neuauf-
lagen war. Das Interesse an der Jahrhundertwende wechselt plötzlich das Vorzeichen: es gilt nicht mehr der Entstehung des Neuen, sondern der Wiederentdeckung des
Zurückgelassenen. Als Konsequenz verschwimmen die
Konturen der hermeneutischen Situation: Im Umgang
mit dem Beginn eines Prozesses, dessen Wirksamkeit gerade verblaßt, bietet kein fixes Interesse einen Halt. Das
verschärft die nihilistische Tendenz. Die Nachzeichnung
des Siegeszugs der Avantgarde und − nach ihrem Scheitern − das Rückwärtstasten auf den Spuren, die sie gezogen hat, kommen einander überkreuz. Unter diesen
Voraussetzungen greift es zu kurz, das Wien der Jahrhundertwende selbstgefällig als Milieu zu betrachten, aus dem
wesentliche Anstöße für das 20. Jahrhundert kamen. Die

Diskreditierung der Moderne erfordert eine Revision des Blickpunktes. „Wien" ist in dieser komplexen Konstellation eher eines der Kennworte für die Koexistenz der Widersprüche in der alten Ordnung mit dem Widerspruchsgeist der neuen. Das Thema ist gewagt, sofern die so entstehende Verwirrung nicht ausgeklammert wird.

Muß das so kompliziert sein? Zur Nacherzählung von Begebenheiten und zur Schilderung vergangener Zustände sind die Skrupel entbehrlich. Doch etwas geht dabei verloren: die Möglichkeit, der Vergangenheit ein echtes Mitspracherecht an den gegenwärtigen Problemen einzuräumen. Nur im Rahmen doppelseitig ungesicherter hermeneutischer Anstrengung läßt sich etwas von der Geschichte lernen. Eine solche Chance ist nicht nur vom Positivismus, sondern selbst von Exponenten des historischen Denkens bestritten worden.[1] Wenn sie recht haben, reduziert sich Geschichte zum Zeitvertreib. Vielleicht steht das bevor, einstweilen ist die anspruchsvollere Konzeption von Geschichte noch einen Versuch wert. Die Diskussion über die Berechtigung des Ornaments eignet sich gut zur Demonstration der verwickelten Zusammenhänge. Die Front bedeutender Wiener Künstler und Theoretiker gegen das Ornament ist wohlbekannt (A. Loos, K. Kraus, L. Wittgenstein). Ich werde sie nicht ein weiteres Mal nachzeichnen, sondern fragen, was aus den jüngsten Entwicklungen in populärer Kunst, Architektur und Kulturphilosophie einerseits für diese Einstellung, andererseits für die historische Behandlung dieser Einstellung folgt. Als Ergebnis ist kein Stück historischer Forschung zu erwarten. Die Überlegungen sollen das Terrain erforschen, auf dem man gegenwärtig fruchtbar nach dem Beitrag Wiens zum 20. Jahrhundert fragen kann.

Die eingespielte Auffassung über das Ornament im Historismus besagt, daß es Symptom einer Regression ist. Zuletzt siegt die unverhohlene Macht des nicht hinter schönem Schein versteckten kapitalistischen Zweckdenkens. „Der Historismus ist letzten Endes der Versuch, die vom Kapitalismus hervorgerufene Spaltung von Nutzen und Schönheit durch eine Regression zu versöhnen oder zumindest zu verschleiern. Es soll künstlich ein vorkapitalistischer Zustand suggeriert werden, in dem

die Auflösung der Architektur noch nicht stattgefunden
hat."[2] Die Entstehung der Moderne läßt sich als schritt-
weise Entlarvung dieses Widerspruchs begreifen: „Der
Widerspruch, jahrzehntelang mit dem Kitt der regressiv
angeeigneten Vergangenheit überklebt, trat immer stärker
zutage, sei es als hohle Maske oder als radikale Demaskierung."[3] Die Berechtigung solcher Analysen steht außer
Zweifel. Der nächste Abschnitt verfolgt sie bis zur Legitimation des Funktionalismus. Doch der ist selber eine
historische Größe. Die Widersprüche, die man in der
guten Hoffnung, ein Mittel gegen sie gefunden zu haben,
am Historismus rekognoszierte, könnten sich als vergleichsweise adäquate Reaktionen auf die herrschenden
Verhältnisse erweisen. Ihre Beseitigung ist vielleicht
weder möglich noch wünschenswert. Die Front gegen das
Ornament gerät ins Wanken. Entsprechend ändert sich die
historische Einbettung der Gegenwart: der Historismus
wird vom Feindbild zum Vorbild (3. Abschnitt). Solche
Umsprünge machen Geschichtsschreibung zu einem
äußerst instabilen Projekt. Positiver ausgedrückt: Geschichte bleibt lebendig, solange sie umgeschrieben werden kann. Im 4. Abschnitt wird das Ornament als Muster
einer solchen Umgestaltung vorgestellt. Das Resultat:
Historische Auseinandersetzung führt nur dann nicht zur
Wiederholung der alten Fehler, wenn sie die Phänomene
so zerlegt, daß sie über den Rahmen des von ihnen Bekannten hinausweisen. Zukunft ist nicht zuletzt die Möglichkeit, mit verfügbaren Informationen neue Fehler zu
machen.

Verbrechen

Den Attacken auf das Ornament und ihren späteren
Umkehrungen geht ein gewisses Verständnis allgemeiner
Eigenschaften des umstrittenen Themas voraus. Es muß
sich in neutralen Termini erfassen lassen. Eine verbreitete Möglichkeit, der ich mich der Einfachheit halber an-
schließe, bietet die Linguistik. Joseph Rykwert gibt alle
Bestimmungsstücke, die zur Definition des Ornaments
(in der Architektur) gebraucht werden: „Diese künstliche

Beschäftigung der Verwandlung roher Materie in eine gebaute Aussage muß sich nach den Regeln eines bestimmten Spiels richten. Offensichtlich ist sie in gewissem Sinn ein syntaktisches Verfahren, um Elemente bestimmten Regeln gemäß anzuordnen."[4] Das Kunstwerk entsteht aus der Gestaltung von gewähltem Material nach vorgegebenen Gesichtspunkten. An diesem (altvertrauten, extrem schematischen) Bild kann man den Sinn von „Ornament" erläutern, den A. Loos und K. Kraus voraussetzen. Ornamente sind Gebilde, die nach syntaktischen Gesichtspunkten entstehen *ohne* einen Beitrag zur „Aussage" des ganzen Werkes zu machen. Zierleisten, Koloraturen, Stickereien sind nach Gesetzen produziert, die auf die Symbol- und Gebrauchskontexte des Gegenstands, dem sie appliziert sind, nicht differenziert Bezug nehmen. Es kann bedeutsam sein, *daß* ein Werk geschmückt ist, sobald die Einzelheiten aber etwas bedeuten, ist der Schmuck nicht mehr bloßes Ornament, sondern integraler Teil eines umfassenderen Sinns. Der Modernismus hat die Vielschichtigkeit möglicher Mitteilungen polemisch auf eine Hauptaussage und unnötiges Beiwerk reduziert. Die von ihm isolierten Ornamente per se sind sinnlos wie uninterpretierte Zeichenketten (Daß Ornamente in dieser Isolation betrachtet und beurteilt werden können, ist eine Folge der überhandnehmenden Widersprüche des kritisierten Historismus). Während in der ästhetischen Analyse das Augenmerk gewöhnlich dem Zusammenspiel „syntaktischer" Regeln mit den behandelten Inhalten gilt, fehlt am so verstandenen Ornament gerade dieser Zusammenhang. Es kommt am Gegenstand vor, ohne ihn im Ganzen zu gestalten oder in seiner Verwendung eine nützliche Rolle zu spielen. Schon die klassische Kunstauffassung hat Schwierigkeiten, damit richtig umzugehen. Kant, Schiller, Hegel und Schelling bestimmen (mit verschiedenen Akzenten) das Schöne als Durchdringung von Zweck und Mittel, Begriff und Gegenstand, Geist und Natur. In linguistischer Terminologie: von einem gelungenen Kunstwerk wird verlangt, daß seine Formensprache dem verwendeten Material und dem angezielten Zweck entspricht. Der syntaktischen Autonomie des Ornaments muß diese Lehre notgedrungen mit Mißtrauen begegnen.

Das Ornament bezeichnet eine Diskrepanz. Diese
deskriptive Annäherung läßt das Urteil offen. Die interne
Abstimmung von Syntax, Semantik und Pragmatik, als
die ein Kunstwerk aufgefaßt werden kann, weist Bruch-
stellen auf. Eine davon markiert das Ornament, sofern es
die von unmittelbaren inhaltlichen Kontrollen des Materials und der Zweckrationalität unabhängige Demonstration eines Formenspiels ist. Das derart definierte Phänomen wird unterschiedlich eingeschätzt: als Luxus, Leer-
lauf und zwischendrin, beim Versuch, neutral zu bleiben,
als Merkzeichen der Tatsache, daß Form und Inhalt sich
oft nicht ohne Rest ergänzen. Von dieser Seite her gesehen ist die fugenlose Übereinstimmung der Ausdrucks-
form mit dem Mitzuteilenden jener Grenzfall der Mitteilung, in dem es gelingt, die Eigengesetzlichkeit beider
Komponenten des Werkes auf einen gemeinsamen Nenner
zu bringen. Solche Werke bieten von sich her keinen An-
haltspunkt zur Entwicklung von Widersprüchen. Ein
Ideal des vollkommenen Kunstwerks besagt, daß es in
sich selber ruht. Sein Sinn erfüllt sich in der adäquaten
Gestaltung des Inhalts. Im Verhältnis zur unvollkom-
menen Umwelt ist es gewissermaßen als Ganzes ein Ornament höherer Ordnung. Anders die Produkte, die sich des
Ornaments bedienen. Sie sind Gestalt gewordene gute
Vorsätze, zur Schönheit zu gelangen. Solange sie sich
nicht am Werkstoff bewähren, bleiben sie Absichtserklärungen mit ungewisser Legitimation. „Entwerfen schließt
immer die bewußte oder halb-bewußte Anfertigung einer
Form oder von Formen mit ein; das kann nicht ohne Einfluß von Kunstfertigkeit geschehen."[5] In vielen Epochen
ist die Demonstration dieser Kunstfertigkeit im Ornament
ein unschuldiges Vergnügen oder sogar eine unerläßliche,
sozial verankerte Verpflichtung des Künstlers gewesen.
Im Historismus des ausgehenden 19. Jahrhunderts wird
sie höchst problematisch. Die neutrale Grundfigur, die
eben zur Verdeutlichung des Ornaments am Kunstwerk
diente, unterliegt einer epochenspezifischen Prägung. Je
weniger die Widersprüche der Gesellschaft sich in einem
bruchlosen Kunstwerk vorübergehend versöhnen lassen,
desto aufdringlicher werden die unvermeidlichen Bruch-
stellen geschmückt. Gesteigerte Kunstfertigkeit wird als

Ersatz für die Integrität der ästhetischen Sphäre verkauft.
Hinter dieses Urteil der Proponenten der Moderne zurück-
zufallen, wäre eine lächerliche Wiederbelebung entkräfte-
ter Programme.

„Ein jedes kunstwerk hat so starke innere gesetze,
daß es nur in einer einzigen form erscheinen kann."[6] Das
Ornament markiert die Unfähigkeit, diese Maxime rigoros
durchzuhalten. „Ornamentlosigkeit ist ein zeichen geistiger
kraft."[7] Adolf Loos greift auf die Tradition zurück, in
der das Kunstwerk seine Bestimmung nur erreicht, wenn
es Form und Inhalt versöhnt. Sein Fortschrittsglaube ist
stark genug, um ihn darauf vertrauen zu lassen, daß eine
von ihm angekurbelte Kraftanstrengung ausreicht, um die
Kunst vor dem Verfall zu retten. „Seht, das macht ja die
Größe unserer zeit aus, daß sie nicht imstand ist, ein
neues ornament hervorzubringen. Wir haben das ornament
überwunden, wir haben uns zur ornamentlosigkeit durch-
gerungen."[8] Den Glanz bezieht dieser Aufruf zur Überwindung des Zwiespalts, in den die Kunstwerke des Historismus geraten waren, von einer Steigerung der Exklusivi-
tät. Der Glaube an die Dynamik der Geschichte und eine
pädagogische Funktion der Aristokratie erlauben, daß
Loos die Ornamente früherer Epochen gutheißt und für
die Gegenwart den mächtigen und weisen Lehrer markiert: „Ich predige den aristokraten, ich meine die menschen, die an der spitze der menschheit stehen und doch
das tiefste verständnis für das drängen und die not der
untenstehenden haben."[9] Die Lehre, die er verbreitet:
„Evolution der kultur ist gleichbedeutend mit dem ent-
fernen des ornamentes aus dem gebrauchsgegenstande."[10]
Das Bild, in das die Kritik am Ornament so effektiv paßt,
ist die lineare Entwicklung der bürgerlichen Gesellschaft
zu immer größerem Reichtum und Kultur: „Die nachzüg-
ler verlangsamen die kulturelle entwicklung der völker
und der menschheit, denn das ornament wird nicht nur
von verbrechern erzeugt, es begeht ein verbrechen dadurch, daß es den menschen schwer an der gesundheit,
am nationalvermögen und also in seiner kulturellen entwicklung schädigt."[11] Die Doktrin vom verbrecherischen
Ornament ist in den allgemeinen Fortschrittsglauben ein-
geschrieben. Und wie der Anspruch, aus der Geschichte

lernen zu können, mit dessen Abgesang in eine tiefgehen-
de Krise gerät, wird die orthodox-moderne Einstellung
zum Ornament von einem moralischen Imperativ zu einer
selbst umstrittenen Gegebenheit. Das vorhin ausgespro-
chene Verbot, zum Historismus zurückzukehren, gerät ins
Wanken.

Versprechen

Meistens wird übersehen, daß Adolf Loos' ,,Ornament
und Verbrechen" eine äußerst ironische Schrift ist. Im
Kontext der Propagandafeldzüge für den Internationalen
Stil ist aus dem Aufsatz ein Manifest des Funktionalismus
geworden. Doch der Titel alleine sollte aufmerksame
Leser bereits davon abhalten, den Essay ganz ernst zu
nehmen. Die Überzeichnung der drohenden Gefahr ist
eine versteckte Spitze gegen den eigenen moralischen
Eifer. Die ganze Wahrheit schließt mit ein, daß über der
Kritik am Historismus nicht vergessen wird, wie die
,,heilige" Empörung des Kritikers über ihr Ziel hinaus-
schießt. Viele Entwürfe von Loos zeigen dieselbe Ironie.
Robert Venturi und Denise Scott Brown weisen zu Recht
darauf hin: ,,Adolf Loos verurteilt das Ornament, dennoch verwendet er schöne Muster in seinen eigenen Ent-
würfen und er hätte das großartigste — freilich ironische —
Symbol in der Geschichte der Wolkenkratzer errichtet,
wenn er den Wettbewerb der Chicago Tribune gewonnen
hätte." [12] Eine griechische Säule als Form eines modernen Bürogebäudes verletzt offensichtlich die Forderung
nach genau auf die Funktion abgestimmter Gestaltung.
Sie kehrt sich gleichermaßen gegen die Schlagworte von
Funktionalismus und Historismus. Einerseits ist sie weit
vom Bauhausstil entfernt, andererseits wird die überlie-
ferte Gestalt, von der Sicherheit ausgehen sollte, im
neuen Kontext zum Ärgernis und Anlaß ernüchterter
Erinnerung. ,,Ornament und Verbrechen" ist nicht so
eindeutig, wie man es gerne gelesen hat. Das Verhältnis
zwischen traditionellem Kunstgenuß und Gebrauchs-
gegenständen, Aristokratie und Industrie ist keineswegs
linear (Richard Wagner gilt als zeitgemäß). Damit stoßen

wir auf einen neuralgischen Punkt hermeneutischer Methodologie. Mit wachsendem historischen Abstand vermehrt sich auch das Wissen um die Ausgangsposition. Zusammen mit dem Postulat, Geschichte sei von einem Interessenstandpunkt aus zu betreiben, ergibt das eine grundlegende Schwierigkeit. Ein Text ist nur wirksam, wenn er in eine bestimmte Richtung führt, doch Geschichte besteht geradezu darin, daß sie solche Wirksamkeiten auf die Dauer relativiert. Eine mögliche Reaktion: neue, unverbrauchte Interessen reklamieren und darauf vertrauen, daß man ihre Relativierung nicht erlebt. Eine andere, nicht so hemdsärmelige Reaktion versucht mit dem doppelten Wissen um die Einmaligkeit und Überholbarkeit zeitgebundener Entscheidungen umzugehen. Konkret: Die neuen Gesichtspunkte, unter denen wir A. Loos zu betrachten begonnen haben, sind die Vorurteile der Gegenwart. Der Umschwung enthält mehr, als eine eben jetzt naheliegende Kurskorrektur. Wenn Geschichte etwas lehrt, muß es auf beiden Seiten der Entwicklung liegen.

Um die Implikationen des Blickwechsels zu erfassen, ist zuerst ein Bild der gegenwärtigen Architekturdiskussion zu zeichnen. Was angeblich voraussetzungslos-sachlicher Umgang mit Werkstoffen und Funktionen war, wird heute als Vorherrschaft eines spezifischen Paradigmas, der frühmodernen Industriearchitektur, durchschaut. Die Bedürfnisse, für die gebaut wird, erwiesen sich als komplizierter, als dieses Muster verkraften konnte. Seit den 60er Jahren wurde immer deutlicher, daß der puristische Imperativ seine eigene, in der Auseinandersetzung mit dem Historismus erworbene, Blindheit mit sich führt. Das Gegenprogramm lautet: ,,Architekten können es sich nicht mehr leisten, von der puritanischen moralischen Sprache der orthodox-modernen Architektur eingeschüchtert zu werden. Ich habe zusammengesetzte Elemente lieber als ,reine', kompromißbereite lieber als ,saubere', verzerrte lieber als ,geradlinige', mehrdeutige lieber als ,wohlartikulierte' . . . Ich bin für verworrene Lebendigkeit im Vergleich zu vorhersehbarer Einheit. Ich beziehe Fehlschlüsse mit ein und verkünde Dualität."[13] Der durchgreifende Erfolg dieser Proklamation bedeutet, daß der Historismus wieder in Mode gekommen ist. Die Opposition gegen den Rigorismus läßt sich gut als Erlaubnis zur Charakterlosigkeit mißbrauchen. Die Schaltstellen sind leicht erkennbar: aus ehemaligen Avantgardisten wurden Gewährsmänner des breiten Konsensus kommerzieller Architektur. Der Protest gegen sie operiert nun mit der Umkehrung der Ideale der vorhergegangenen Generation. Die unmittelbare Gefahr besteht darin, daß die Opposition gegen den Modernismus seine berechtigten Erkenntnisse vergißt. Ein Blick in die Fachzeitschriften zeigt, wie bedenkenlos im „Post-Modernismus" auf Versatzstücke der Geschichte zurückgegriffen wird. Die Haltlosigkeit der mehrere Epochen überspannenden Hermeneutik wird in Gebäuden realisiert. Geschichtstheorie und Architekturpraxis stehen in der Reflexion über diesen Zustand vor derselben Frage: Gibt es einen Maßstab, an dem beide Seiten das Überholte und das Aktuelle messen können? Ohne einen solchen Standard fallen die Interessen und die historischen Legitimationen, mit denen sie sich umgeben, auseinander. Ist quer zu ihren Umwälzungen Kontinuität zu finden? Geschichte hängt an Interessenstandpunkten, die sich in ihrem Verlauf selbst verändern. Die Debatte um das Ornament ist ein guter Beleg für diese allgemeine These. Hat es einen Sinn, hinter die augenscheinliche Inkommensurabilität der Entwicklungsetappen zu fragen? Nur so ließe sich mehr von der Geschichte lernen, als daß nichts von ihr zu lernen ist.

Jeder Umbruch einer Interessenslage bedeutet die Gefährdung der Identität einer sozialen Gruppe. Die Frage ist, ob es über die Identifikation mit dem, was nicht mehr wirksam ist, und die Entscheidung für einen völlig neuen Anfang hinaus Möglichkeiten gibt, die Krise zu bewältigen. Ich habe das Ornament zu Versuchszwecken der Belastung dieser Suche unterworfen. Nur unter einer Perspektive, die die Problematik dieser Krise mit einschließt, sollte die Auseinandersetzung mit dem Wien der Jahrhundertwende stattfinden. Dann muß sich mindestens an unserem Beispiel zeigen lassen, daß die simultane Verlagerung des Interesses und der sachlichen Prioritäten am Ornament Kontinuität nicht einfach aufhebt. Die Versuchung, Loos und Venturi von zwei ganz verschiedenen

Dingen sprechen zu lassen, liegt nahe. Aber wenn man
von ihrem Streit etwas erwartet, wenn es überhaupt ein
Streit *ist*, bezieht er sich auf einen gemeinsamen Standpunkt. Die Aufgabe, gegen das Auseinanderdriften der
Diskurse eine historische Perspektive zu gewinnen, besteht dann darin, eine Konstruktion zu versuchen, in der
die Gegenpositionen in ihrem Verhältnis verständlich
werden. Geschichte in der Krise des Interessensum-
schwungs verlangt die Detailarbeit von Analysen, die
tiefer gehen, als die leicht verfügbare Feststellung, daß
verschiedene Sprachspiele einander nicht vertragen. Der
Preis dafür, es bei der Feststellung eines ,,Paradigmen-
wechsels'' zu belassen, ist der Verlust der Aussicht auf
Entwicklung. Dann zerlegt sich Geschichte in archiva-
rische, ideologische und unterhaltsame Aktivitäten. Um
in der durch das Geschichtsbewußtsein selbst herbeige-
führten Krise der Geschichte den Überblick nicht soweit zu verlieren, daß sich die ganze Fragestellung auflöst, sind Hilfskonstruktionen nötig, die am Gebäude
weiterbauen lassen. Im Fall des Ornaments ist das der
Rückbezug auf die neutralen Elemente seiner Definition.
Nicht das Mitschwimmen in einer geschichtlichen Strömung, sondern die sachgerechte Auseinandersetzung mit
den Inhalten, die in ihr transportiert werden, hält Geschichte aufrecht. Ohne diesen einen Schritt über die
Macht der Zustände hinaus bleiben die Zustände voneinander isoliert. Die Dissoziation von aussichtslosem
Widerspruch und geschichtsloser Analyse, die Krisensituationen charakterisiert, ist rückgängig zu machen,
wenn Geschichte mehr bieten soll, als Bestätigung, Be-
gütigung oder Bestürzung. Die folgenden Bemerkungen
über das Ornament versuchen, diese Andeutungen am
Beispiel zu präzisieren.
   Es gab Zeiten, in denen Ornamente keine Probleme
verursachten. Heute ist das Ornament ein Zeichen der
Gebrechlichkeit am Kunstwerk, ganz abgesehen davon,
was man von ihm hält. Die unterschiedlichen Einschätzungen kommen daher, daß man die Schwäche beseitigen oder eingestehen will. Die erste Lösung tendiert
zu Konstruktionen von perfekter innerer Stimmigkeit,
die zweite gestaltet Brüche (oder läßt sie zu). Eine Reihe

klassifikatorischer Unterscheidungen drängt sich zur
Charakteristik des Dilemmas auf: Klassik/Romantik,
Ernst/Ironie, System/Diskrepanz. Das Ornament hat Teil
an der weiterreichenden Auseinandersetzung um die Gestalt, die Gebrauchsgegenstände, Kunstwerke, Theorien
und Weltanschauungen unter dem Druck von Systemzwang und Konfusion annehmen sollen. Zur Verdeutlichung kann man an Intitialen in Meßbüchern denken.
In einem mittelalterlichen Missale ist der reiche Schmuck
der Anfangsbuchstaben nicht Ornament in unserem Sinne.
Die Unterscheidung zwischen bloßer Syntax und seman-
tischer Komponente greift nicht, das Meßbuch ist insgesamt ein ,,Lob des Herrn".[14] So können wir mit ähnlichen Erscheinungen nicht mehr umgehen. Sie verkör-
pern eine Entscheidung im dargestellten Konflikt und fordern eine Stellungnahme zu dieser Entscheidung heraus.
Die Wahl, die dabei getroffen wird, ist unweigerlich die
Besetzung einer historischen Position. Wir haben jedoch
gesehen, wie zeitgebunden diese Entscheidungen sein
können. Woher sollen die Richtlinien bei der Platzwahl
kommen? Hier tritt die Hilfskonstruktion in Kraft. Ornament ist eine Stellungnahme im Konflikt von Homogeni-
tät und Spaltung. Es ist in sich geschlossen, aber Hinweis
auf eine Unabschließbarkeit im Ganzen. Mit Bezug auf
diese Analyse kann sich das Interesse am Ornament artikulieren, ohne sofort der einen oder anderen Partei zugerechnet zu werden. Der wichtige Unterschied besteht
darin, wie mit dem Motiv etwas voreiliger ästhetischer
Befriedigung umgegangen wird. Venturi hat gesehen, daß
die Gebäude des Funktionalismus globale Ornamente
sind, die den Widerspruch zwischen ästhetischer Voll-
kommenheit und Kontext auf die Betrachter abwälzen.
Er nennt sie ,,Enten", nach dem Laden, der die Gestalt
einer Ente hat, weil in ihm Enten verkauft werden.[15] Die
Alternative ist für Venturi der ,,verzierte Schuppen", an
dem Symbolismus und Funktion auseinanderfallen. Aus
der Geschichte, mit Hilfe dieser Typologie, zu lernen,
heißt offensichtlich, sie produktiv auf gegenwärtige Probleme anzuwenden. Venturis theoretische Strategie ist
nicht ganz klar. Einerseits erkennt er an, daß maßgebliche
Vorbilder, z.B. Kathedralen mit kreuzförmigem Grund-

riß und hochsymbolischer Fassade, „Enten" *und* „verzierte Schuppen" sind. Andererseits ergreift er für eine Möglichkeit, den Schuppen, Partei.[16] Diese Zweigleisigkeit ist ein Signal der kritischen hermeneutischen Situation. Geschichte aktualisieren bedeutet, das ganze Spektrum der Möglichkeiten anzuerkennen und zusätzlich eine zu wählen. Ein Urteil darüber, ob das Venturi gelingt, ist Sache der Architekturkritik. Die Aufgabe ist aber natürlich nicht auf die Architektur beschränkt. Die Theorie des Ornaments muß in analoger Weise inklusiv und exklusiv gestaltet sein. Nach unseren Voraussetzungen bedeutet das, den Systemzwang und sein Dementi am (Kunst-)Werk voneinander nicht zu trennen. Das Endresultat der Überlegungen soll der gemeinsamen Wirksamkeit beider Faktoren gerecht werden.

Versprechen brechen

Die veränderten Umstände verbergen, daß die Manifeste des Modernismus und Postmodernismus eine ziemlich ähnliche Auffassung von bedürfnisorientierter Architektur aufweisen. Beide sind gegen unnötigen Aufwand, Venturi fügt bloß hinzu, daß auch ein Quantum Symbolismus nötig ist. „Die Argumentation Venturis läuft auf eigenartige Weise parallel zur Argumentation von Loos. Die Bedürfnisse verlangen den Schuppen; der Schuppen sollte nicht in einen skulpturähnlichen Baukörper verwandelt werden, der teurer und von der ummittelbaren Erfüllung der Bedürfnisse weiter entfernt ist."[17] Gewöhnlich wird die Position Loos' als radikale Verbannung symbolischen Beiwerks beschrieben, doch dieser Radikalismus ist ironisch, alles andere als funktional. Vom Standpunkt des Interesses an beiden Seiten zugleich ist eine vertiefende Lektüre seines Pamphlets möglich. Die Suche nach Anhaltspunkten für die Doppelperspektive ist nicht schwierig. Ausgehend von der Unterwanderung des Pathos der Avantgardeprophetie läßt sich Schritt für Schritt eine Charakteristik des Ornaments freilegen, die direkt in die Gegenwartsproblematik eingreift. Erster Schritt: Wir brauchen keine Ornamente, aber wir bewun-

dern jene der Vergangenheit. „Der moderne mensch, der
das ornament als zeichen der künstlerischen überschüssig-
keit vergangener epochen heilig hält, wird das gequälte,
mühselig abgerungene und krankhafte der modernen
ornamente sofort erkennen."[18] Zweiter Schritt (über
Loos hinaus): Der moderne Mensch ist seiner selbst
nicht mehr so sicher, der Fortschrittsoptimismus ist
dahin. Drittens (Rückanwendung dieser These): Wenn
sich die scharfe Trennung zwischen überholt und modern
auflöst, dann auch die Grenze zwischen künstlerischem
Überschuß und Mühsal. „Da das ornament nicht mehr
organisch mit unserer kultur zusammenhängt, ist es auch
nicht mehr der ausdruck unserer kultur."[19] Es hat „keine
eltern und keine nachkommen, keine vergangenheit und
keine zukunft."[20]   Da die Berufung auf eine organische
Kultur nicht mehr greift, dreht sich die Loos'sche Bewer-
tung um: gerade weil das Ornament „nicht entwicklungs-
fähig"[21]   ist, bezeichnet es den Zustand, in dem die Fortsetzung der Kultur der Dissonanz unakzeptabler Stimmigkeit und unschöner Verhinderung abgewonnen werden
muß. Die Zusammenschau der Kritik am Ornament und
der Konsequenzen, die aus der Veränderung einiger ihrer
Voraussetzungen folgen, führt nicht zum unkritischen
Historismus zurück. Die hermeneutische Operation an
Loos vermittelt das Bewußtsein einer Anspannung, die
sich nicht von selber löst. Anders als in der Denkfigur der
verborgenen Widersprüche, die auf eine Auflösung hinten-
dieren (einer Lieblingsidee des Fortschrittsglaubens),
haben wir es mit einem Zusammenhang zu tun, dessen
Widersprüche offen bleiben.

Es geht nicht darum, aus einem „tieferen" Verständnis von Loos Anregungen für die Gegenwart zu gewinnen.
Im Rahmen der Auswertung von Geschichte ist das natürlich legitim. Aber unsere Frage hatte eine andere Richtung: Geht Geschichte nicht an solchen Auswertungen
zugrund? Um diesem Skeptizismus zu entgehen muß man
zeigen, daß sie in nichts anderem als in mehr oder weniger
geglückten Transformationen der Vergangenheit besteht.
Man kann nicht automatisch aus ihr lernen, es kommt auf
die investierte Anstrengung an. Das Ornament als Merkmal nicht in einem Entwurf erfaßbarer Probleme ist ein

Prüfstein dieser Theorie. Ein schönes Beispiel für die Fruchtbarkeit der vorgeschlagenen Betrachtungsweise bietet A. Bammers Analyse der Verwendung altgriechischer Grabmotive zur Dekoration von Hausfassaden durch einen historistischen Architekten. „Hauser verwendet als Schmuck der Fensterbekrönungen wörtliche Zitate klassischer griechischer Gräber . . . Er muß dies in voller Absicht und nicht mangels eigener Vorbilder getan haben, denn er war 1862 und 1873 in Griechenland und hatte Gelegenheit, sich selbst einen Formvorrat anzulegen." [22] Bammers Kommentar: „Diese griechische Gräber zitierende Fassade ist ein hervorragendes Beispiel der Abwehr der Existenzbedrohung, wie sie selten offen zugegeben, in der bürgerlichen Gesellschaft Wiens latent brodelte." [23] Der Gedanke bedarf nur einer kleinen Drehung, um in die über Modernismus und Postmodernismus hinausreichende Konzeption vom Ornament zu passen. Die Bedrohung durch den Tod ist nicht auf das Wien der Jahrhundertwende beschränkt. Eine der Gestalten, unter denen das Eingeständnis, daß sie nirgends fugenlos verarbeitet werden kann, auftritt, ist das Ornament. Grabschmuck auf den Häusern ist nicht nur Dämonenbeschwörung, sondern auch stille Subversion. Das Beispiel weist in eine Richtung, in der das Ornament nicht mehr als Zankapfel gerade aktueller Strömungen fungiert, sondern als Kristallisationspunkt der erst zu entwickelnden Auseinandersetzung zwischen Tendenzen, alles ernst zu nehmen und dem zeitweiligen Ausweichen vor diesem inhaltlichen Diktat ins Formenspiel. Diese Aussicht entwickelt sich nicht von selbst aus einer der zitierten Positionen. Sie ist ein Ergebnis der Reflexion über die Krise, in die ihre Auseinandersetzung steuert. Geschichte zu haben erfordert, neue Interessen zur Geltung bringen zu können, sonst bleibt sie ein Sammelplatz außer Kurs geratener Gedanken und Verhaltensweisen. Insofern behält Heideggers Lehre von der unvermeidlichen Gewalttätigkeit geschichtlich wirksamer Entwürfe recht. [24] Die „Pflege des Geschichtsbilds" ist kaum weniger positivistisch als die Fiktion, ganz von vorne anfangen zu können. Darum beginnt dieser Artikel in der Mitte der Schwierigkeiten — wenn beide Pläne scheitern.

„Versprechen brechen" ist eine Kurzformel für die Nichtidentität von Geste und Erfüllung, aus der das Ornament entstehen kann. Das Interesse an dieser Unstimmigkeit, im Gegensatz zur Anstrengung, ihre Spuren zu beseitigen, ist eine Triebkraft künftiger Entwürfe unter dem Einfluß zweier Gestaltungsmomente. Beschränkung auf Garantie und Verläßlichkeit oder auf innere Vielfalt und Überraschung ist selber eine aufgezwungene Wahl. Ihrer Gesetzlichkeit hat sich schon Loos zu entziehen gesucht, indem er seinen Ernst ironisierte. Das Manifest, das jetzt zu schreiben wäre, handelt von der Notwendigkeit, Totalität, ihre Unzulänglichkeit, die unvermeidlichen Defensivmaßnahmen und ihre unverminderte Anziehungskraft simultan als Thema zuzulassen. Die faktisch notwendigen Mischungen von Direktheit und Distanz sind nicht durch ein Rezept zu geben. Aber in einer Situation, in der die Bedürfnisse nach Ganzheit sofort Klischee und die Erfahrung der Entfremdung sofort zur unumstößlichen Tatsache wird, ist nur mit einem solchen hochkomplexen Bündel von Motiven durchzukommen. „Versprechen brechen" ist aber nicht nur eine Abkürzung heute akzeptabler Gründe für Ornamente, sondern auch eine Kurzformel für Krisen der Geschichte, speziell: in Wien. Die Schwierigkeiten unseres Themas kommen hauptsächlich aus dem Abbruch des Geschichtsverlaufes, der dem Wien der Jahrhundertwende noch bevorstand. Ihn in die Betrachtungen mit einzublenden, ist der einzige Weg, um aus ihnen an der richtigen Stelle wieder herauszukommen. An der Kreuzung zwischen Zukunft und Regression.

Anmerkungen

1   Vgl. dazu Herbert Hrachovec, Learning not to learn from History. In: Raritan. A quarterly Review 1984 IV/1, S. 109 ff.
2   Anton Bammer, Architektur als Erinnerung, Wien 1977, S. 10.
3   Ebenda.
4   Joseph Rykwert, The Necessity of Artifice, London 1982, S. 59. Vgl. auch Juan Pablo Bonta, Architecture and its Interpretation, New York 1979, besonders das Kapitel „Meaning and Being in Architecture", S. 11 ff.

5   Ebenda, S. 59.
6   Adolf Loos, Trotzdem. Unveränderter Neudruck der Erstausgabe 1931, Wien 1982, S. 95.
7   Ebenda, S. 88.
8   Ebenda, S. 80.
9   Ebenda, S. 86.
10 Ebenda, S. 92.
11 Ebenda, S. 82.
12 Robert Venturi, Denise Scott Brown, Stephen Izenour, Learning from Las Vegas: The forgotten Symbolism of Architectural Form, Cambridge 1977 (revised edition), S. 137.
13 Robert Venturi, Complexity and Contradiction in Architecture, New York 1977, S. 16.
14 Vgl. zu diesem Problemkreis Rudolf Arnheim, The Dynamics of Architectural Form, Berkeley 1977.
15 Venturi (wie Anm. 12), S. 87 ff.
16 Ebenda, S. 105, 128 ff.
17 Rykwert (wie Anm. 4), S. 99.
18 Loos (wie Anm. 6), S. 86.
19 Ebenda, S. 84.
20 Ebenda.
21 Ebenda.
22 Bammer (wie Anm. 2), S. 30.
23 Ebenda, S. 31.
24 Für eine genauere Darstellung vgl. H. Hrachovec, Vorbei. Heidegger, Frege, Wittgenstein. Vier Versuche, Frankfurt 1981, S, 38 ff, 89 ff, 123 ff.

HERBERT LACHMAYER

ES IST ANGERICHTET –
zur Opulenz einer historisierenden Empathie. Eine Glosse

Die Zeiten um 1900 bieten für unterschiedlichste
Lagen von Geschichtsfühligkeit Anlaß zum Aufenthalt.
Die Freude über die ,wiedergefundene Zeit' geht nahtlos
über ins Lamento, daß es doch vorbei wäre mit all der
Genialität, der gärenden Widersprüchlichkeit einer schil-
lernden Gesellschaft und ihren brillant-prekären Existen-
zen. Man tröstet sich mit üppiger Aufbereitung, erregt
sich am Hinterfragen und reibt sich verhalten an konge-
nialen Analogien. Vielleicht meint dies weniger die Trauer-
arbeit an einer verlorenen Kultur als den touristisch-be-
schwörenden Zugriff, geschichtliche Größe von einst an
Land – und vor allem ins richtige Land – zu ziehen.
Dank ist der Heimat Lohn, nach soviel Mißverständnis
und Verkennung. Dafür versteht man jetzt alles, und
mehr noch: man gefällt sich in der Attitüde, damit spiele-
risch umgehen zu können, ganz multimedial eben. Dem
kommt das allgemeine Liebäugeln mit dem Traditionalis-
mus, das unverhohlene Kokettieren mit den Luftwurzeln
einer substantiellen Vergangenheit weitgehend entgegen,
denn wir sind nicht nur was, sondern auch wer. Im plura-
listischen lay-out dieser Gesinnungen verschwimmen zusehends die Konturen von konservativ und fortschrittlich,
selbst wenn gerade an diesem Antagonismus eine historische Legitimation als Argument aufzubauen versucht
wird: Der Ästhetizismus des Verewigens unterläuft und
paralysiert es.
Nachdem der postmoderne Atemstau vorbei ist, hält
man lieber gleich die Luft an. Im Nachgefühl jener anscheinend befreienden Zukunftslosigkeit wird dem inneren Kosmos schwebender Nostalgiebedürfnisse zu einer
satten Weide verholfen. Es wäre auch schön, sich im
Selbstgefühl einer Gegenwart suhlen zu können, die als
Zukunft von einst mit hohem konzeptionellen Anspruchs-

niveau vorgefaßt wurde, so, als wäre man tatsächlich das
notwendige Überbleibsel einer Wirkungsgeschichte jener
produktiveren Zeiten. Auch das, was unter der Etikettierung von ‚kritisch' heute in der Allerweltsrhetorik eines
grenznormalen Restbürgertums anzutreffen ist, sucht und
findet sich im Fin de siècle Wahlväter oder zumindest
eine weitschichtige Verwandtschaft. Gerade im puristischen Anspruch des Herausarbeitens einer Wiener Klassik
der Avantgarde, der sich empört gegen den verniedlichenden Kitsch einer doch ganz guten alten Zeit wendet, verbirgt sich die Inauguration eines Über-Kitsches – immerhin hat man den großen Durchblick –, der auch die Pedanterie einer Erbverwaltung, zu der man sich befugt
dünkt, nicht missen läßt. Diese Wiederaufbereitung von
Kultur suggeriert beim Publikum eine Ambivalenz von
ironischer Distanz und einer Authentizität, an der man
kleben bleibt. Historisierende Versenkung in den sogenannten Ursprung der Moderne nimmt die Angst vorm
Unzeitgemäßen und lindert das Leid einer maroden kulturellen Identität im Bad der Geschichte.

Das Angebot an Devotionalien aus dem Fin de siècle
füllt das Manko an Umgangsformen mit sich selbst. Vielleicht ist dies – noch mehr als die nostal-schicke Rührung
über den Epochenwechsel – ein trivialer Grund für die
Faszination dieser Zeit. Der Narzißmus heute, der auf den
raschen wie auch postmodernistisch-schalen Wechsel der
Moden zur Bebilderung oder zur ‚Selbstfindung' angewiesen ist, findet hier ein schier unerschöpfliches Reservoir an Subtilitäten, die im Übermaß des Gebrauchs leicht
zu Gemeinplätzen des – sich wieder als ‚gehoben' dünkenden – neuen Bildungsbürgertums gerinnen. An den Prototypen von heroischen und heroisierten Individualisten
von ‚um 1900' entwickelt sich eine vorgefertigte Halbkonfektion von Individualismusangeboten, die von der
Stange gekauft werden, todernst und diesmal ohne Ironie.
Irgendwie ist man Tourist in der Kultur, von der man annimmt, daß sie einem einfach so zu eigen wäre, daß wir
ihr anteilig seien. Doch es lassen sich das Lebensgefühl des
Dekadenten und der kreative Impuls der Jahrhundertwende nicht exhumieren, selbst wenn das archäologische
Bemühen mit sakraler Bedeutungshaftigkeit vorgetragen

wird. Der Schmelz der Obsession des Fin de siècles verliert sich in der platten Stilisierung eines Interesses, das
man haben muß, um ‚dazu-zu-gehören‘ und sich abzu-
grenzen. Mit solcher Aura zu funkeln bleibt spiritistisch
oder kulturelles Talmi und geht am spirituellen Aspekt
der Sache vorbei. ,,Unser Freud, unser Wittgenstein,
unsere Wiener Werkstätten, unser Wagner, unser Loos,
unser Kraus,‘‘ heißt es dann, mit dem Unterton anbie-
dernder Kennerschaft und dem Identifikationswunsch im
Anschlag. Vielleicht wollte sich Karl Kraus gegen ein un-
gewolltes Nachleben verwahren, als er auf der „Bitte um
Totschweigen“ (,,Recht und Pflicht, mich totzuschweigen“
März 1912) in seinem Buch der „Untergang der Welt
durch Schwarze Magie“ insistierte:

,, . . . Aus allerinnerster, tiefster und auf Wunsch eid-
lich zu erhärtender Überzeugung erkläre ich, daß mir
persönlich, so groß die Infamie auch sein mag, das Verhalten der Wiener Tagespresse, dieses sich mit der Welt
Verhalten, dieses Verhalten der Rede über mich eine
Wohltat bedeutet. Ein diesem Heft beigelegter Verlags-
prospekt behauptet, sie wolle mich in Schweigen er-
sticken. Das mag sein, aber es kitzelt so angenehm. Die
größte Lust, die meine Haut kennt, ist hinterm Ohr
rasiert zu werden; ich hatte nie dabei die üble Empfindung, daß es an den Hals geht, auch wenn man mir hun-
dertmal versichert hätte, daß dem Friseur nicht zu trauen
sei. Doch wenn er zu reden anfinge wär‘s um mich geschehen; ich würde mich langweilen. Was die Feuilleto-
nisten hinter meinem Rücken mit mir treiben, ist wohl
getan. Es gibt Schwarzsehen, die mir mit der Vermutung
aufwarten, es könne nicht immer so bleiben, eines Tages
müßten sie, über kurz oder lang würden sie. Ich wünsche
es nicht zu erleben. Die Vorstellung, daß sie eines Tages
müßten oder würden, weil sie dürften; daß sie es über sich
brächten oder daß es ihnen angeschafft würde; daß die
Begeisterung der Wiener Redaktionen über jedes Heft der
Fackel sogar in die Wiener Blätter dränge – hat bei Gott
wenig Reiz für mich. Es gibt Ironiker (merkwürdiger
Weise gibt es Ironiker über mir), die sagen werden: aha,
er fürchtet für seine Unabhängigkeit. Aber das ist ja Un-
sinn. Ich bin meiner so sicher, daß keine Beachtung im-

stande ist, mir meine Verachtung abzukaufen. Ich wäre
dann endlich für sie auf der Welt: aber was nützte es, da
sie ja noch immer für mich auf der Welt wären? Sie hätten
dann an einem ‚Fall' ihre Pflicht erfüllt und an der Sache
noch immer, noch schlimmer, versäumt. Sie hätten sie aus
den schlechtesten Motiven erfüllt. Sie hätten gesagt, ich
sei etwas, um mich darüber zu täuschen, daß sie nichts
sind. Das würde nicht nur nicht gelingen, sondern der
Versuch wäre eine Vermehrung meiner Argumente gegen
sie. Noch nie habe ich einen Schuft deshalb für ehrlich gehalten, weil er so unehrlich war, zu sagen, ich sei kein
Schuft. Wenn sie mir einen Beweis geben wollen, genügt
es nicht, mich leben zu lassen. Aufhören, selbst zu leben:
das ist die Friedensbedingung, von der ich auch kein Jota
abhandeln lasse. Primum non vivere, deinde wird sich
finden. Eines Tages mögen sie – bei mir verändert sich
nichts! Sie könnten einen letzten Bestechungsversuch
machen, indem sie mir in Aussicht stellen, daß sich auch
bei ihnen nichts verändert und daß ich keines Tages anerkannt würde. Aber selbst wenn sie meine Bitte um Totschweigen erfüllten, könnte ich mich ihnen nicht erkenntlich zeigen. Ob sie mich loben oder nicht: da ich meiner
privaten Behaglichkeit kein Opfer bringe und die Pflicht
mich zwingt, sie für den Auswurf der Menschheit zu
halten, so läßt sich leider nichts machen und alles bleibt
zwischen uns beim Alten. Der Friseur schweige. Ich
spreche weiter."

AUTOREN

Hubert Ch. Ehalt, Dr., Leiter des Wissenschaftsreferates des Kulturamtes der Stadt Wien und Lehrbeauftragter an den Instituten für Wirtschafts- und Sozialgeschichte und Humanbiologie, Universität Wien

Silvia Ehalt, Dr., pädagogische Mitarbeiterin des Bundesministeriums für Unterricht, Kunst und Sport, Wien

Josef Ehmer, Dr., Assistent und Lehrbeauftragter am Institut für Wirtschafts- und Sozialgeschichte, Universität Wien

Gernot Heiß, Dr., Assistent und Lehrbeauftragter am Institut für Geschichte, Universität Wien

Herbert Hrachovec, Dr., Dozent am Institut für Philosophie, Universität Wien

Michael John, Dr., Historiker, Wien

Sabina Kolleth, Dr., Historikerin, Wien

Herbert Lachmayer, Dr., Lehrbeauftragter am Institut für Philosophie, Universität Wien

Gertrude Langer-Ostrawsky, Dr., Archivarin im Niederösterreichischen Landesarchiv, Wien

Konrad Paul Liessmann, Mag., Dr., Lehrbeauftragter am Institut für Philosophie, Universität Wien

Gottfried Pirhofer, Dipl.-Ing., Kulturwissenschafter, Wien

Inge Pronay-Strasser, Mag., Historikerin, Wien

Roman Sandgruber, Dr., Dozent am Institut für Wirtschafts- und Sozialgeschichte, Universität Wien

Dieter Schrage, Dr., Kurator am Museum für Moderne Kunst, Wien

Reinhard Sieder, Dr., Assistent und Lehrbeauftragter am Institut für Wirtschafts- und Sozialgeschichte, Universität Wien

Hannes Stekl, Dr., Dozent am Institut für Wirtschafts- und Sozialgeschichte, Universität Wien

Hans Strotzka, Dr., Professor am Institut für Tiefenpsychologie, Universität Wien

Jan Tabor, Kulturpublizist, Wien

Elisabeth Wiesmayr, Dr., Lehrbeauftragte am Institut für Literaturwissenschaft, Universität Wien

VERLAG BÖHLAU ⟨VB⟩ WIEN · KÖLN · GRAZ

KULTURSTUDIEN BEI BÖHLAU

Herausgegeben von Hubert Ch. Ehalt und
Helmut Konrad

Band 1:
Hubert Ch. Ehalt (Hg.):
Geschichte von unten
Fragestellungen, Methoden und Projekte einer
Geschichte des Alltags.
1984. 13,5 × 21 cm. 375 Seiten, 18 SW-Abb.,
9 Zeichnungen, 3 Tab. Brosch.
ISBN 3-205-08851-4

Band 2:
Reinhard Kannonier:
Zeitwenden und Stilwenden.
Sozial- und geistesgeschichtliche Anmerkungen
zur Entwicklung der europäischen Kunstmusik.
1984. 13,5 × 21 cm. 294 Seiten, 30 SW-Abb.,
Notenbeispiele und Graphiken i. T. Brosch.
ISBN 3-205-08852-2

Band 3:
Marina Tichy: Alltag und Traum
Leben und Lektüre der Wiener Dienstmädchen
um die Jahrhundertwende.
1984. 13,5 × 21 cm. 164 Seiten, 13 SW-Abb. i. T.
14 SW-Abb. auf 8 Tafeln. Brosch.
ISBN 3-205-08853-0.

A-1014 Wien, Dr. Karl Lueger-Ring 12, Tel. (0222) 63 87 35-0*

VERLAG BÖHLAU WIEN · KÖLN · GRAZ

KULTURSTUDIEN BEI BÖHLAU

Herausgegeben von Hubert Ch. Ehalt und
Helmut Konrad

Band 4:
Hubert Ch. Ehalt (Hg.):
Zwischen Natur und Kultur
Zur Kritik biologistischer Ansätze.
1985. 13,5 × 21 cm. 414 Seiten, 9 SW-Abb.,
Brosch.
ISBN 3-205-08855-7

Band 5:
Anton Bammer:
Architektur und Gesellschaft in der Antike
Zur Deutung baulicher Symbole.
1985. 13,5 × 21 cm. 163 Seiten, 28 SW-Abb. i. T.
33 SW-Abb. auf Tafeln. Brosch.
ISBN 3-205-08854-9

Band 7:
Kurt Luger: Medien im Jugendalltag
Wie gehen die Jugendlichen mit Medien um –
Was machen die Medien mit den Jugendlichen.
1985. 13,5 × 21 cm. 294 Seiten, 41 SW-Abb.
auf 36 Tafeln. Brosch.
ISBN 3-205-08856-5

A-1014 Wien, Dr. Karl Lueger-Ring 12, Tel. (0222) 63 87 35-0*